개정 유아 교육 심리학

김 광 웅 · 김 숙 경

JN435200

창지사

PREFACE

유아 교육의 중요성은 시대를 불문하고 변함이 없다. 이는 교육 철학적, 또는 정치 사회학적 이유로도 당연하지만 교육 심리학적 근거에서 보다 구체적으로 분명해진다. 그럼에도 불구하고 유아 교육의 심리학적 이해와 접근에 대한 우리의 정성은 아직 깊지 못하다.

유아 교육에 대한 심리학적 접근을 주로 기술적, 효율성 차원에서 보려는 시각이 있다. 그러나 유아 교육 심리학은 그 이상의 교육적 성찰에서 다루어져야 한다고 저자는 생각한다. 유아를 교육의 객체적 대상으로서만이 아니라 유아의 인격성 그 자체를 목적으로 존중하고 개성적이고 창의적인 발달을 이루게 하는데 집중해야 할 것이다. 적어도 저자들은 이러한 기본적 입장에서 본서를 꾸며보고자 노력하였다. 금번 공동저자로 함께 한 김숙경 박사는 현상학적 접근을 전공한 젊은 학자로서 원저자의 이러한 시도들을 잘 반영하고자 심혈을 기울였고 최근의 자료들을 반영하고자 하는 노력을 기울였다. 아직도 부족한 점은 앞으로 계속 보완해 나갈 것을 스스로 다짐해 본다.

본서를 출판해 주신 창지사는 저자의 오랜 친구이다. 출판사 초창기부터 인연을 맺어왔기 때문이기도 하지만 그 동안 유아 교육의 발전을 위해 음으로 양으로 많은 공헌을 하였기 때문이다. 김기섭 사장님께 심심한 감사를 드리며 21세기 지식기반 사회에서는 창지사라는 이름답게 더욱더 번창하기를 기원하는 바이다.

2009년 7월

저 자

Early Childhood Education & Psychology

CONTENTS

CONTENTS

Early Childhood Education & Psychology

CONTENTS

CHAPTER

01 유아 교육 심리학의 기초

Early Childhood Education & Psychology

01 유아 교육 심리학의 학문적 성격

교육이라고 하는 현상이 언제부터 인간에게 존재해왔는가를 상상하기는 쉽지 않다. 그러나 인간이 집단을 이루고 살기 시작하면서 당연히 교육과 비슷한 현상은 있었으리라고 짐작할 수 있다. 원시생활을 하던 아주 오래 전부터도 오늘날처럼 잘 구조화된 형태는 아니었겠지만 분명히 교육이라는 현상이 있었다고 보아야 할 것이다.

학교라고 하는 교육 기관이 존재한 지도 수천 년이 지났다고 한다. 그러나 초기의 학교는 소수의 지도자나 전문 직업인을 길러내기 위한 도구에 지나지 않았다. 서양에 공립학교(public school)가 설립되어 모든 사람들에게 읽기, 쓰기, 셈하기 등의 기초 기능을 가르친 것도 그리 오래된 일이 아니다.

19세기의 산업 사회에 들어오면서부터 교육은 많은 사람들에게 개방되었다. 교육을 시키지 않고는 산업 사회와 도시 사회를 유지할 수 없었기 때문이었다. 이제 우리는 근대사회를 넘어 세계적 안목에서 볼 때 대전환의 시기에 살고 있다. 단순히 새로운 천 년대에 접어들어 살고 있다는 연대기적 변화를 의미하는 것이 아니라 지난 200여 년 동안의 근대화 산업화의 과정이 "새로운 굴절의 현상"을 경험하는 "지식 기반 사회"에 살고 있다(이돈희, 2003). 지식은 생산의 핵심적 요소가 되어 일과 교육이 산업화 이전의 사회와 같이 분리되지 않고 통합될 뿐만 아니라, 소수 엘리트 집단에 의해서 생산되는 것이 아니라 대중에 의해서 생산된다. 이러한 이유로 지식은 생산 활동과 밀접하며 교육의 양상도 변화하고 있다. 따라서 교육은 더욱 국가 사회의 존속과 발전을 위해 거시적 가치가 강조되고 있다.

교육에 대한 거시적 접근은 교육의 집단화와 대중화를 초래케 하였다. 또한 교육의 집단화와 대중화는 자연적으로 교육 활동의 효율성에 관한 문제를 제기하게 되었다. 소수의 엘리트를 대상으로 전문적 지식과 기술만을 교육하던 시절에는 교육 방법에 관한 논의가 그리 심각하지 않았다. 그러나 교육 집단과 교육 내용이 방대해지면서부터 교육 방법의 효율성에 관한 문제는 아주 심각한 문제로 대두되었다.

교육 심리학은 바로 이러한 문제를 해결하기 위한 중추적 역할을 담당하는 학문이다. 교육은 배우는 사람과 가르치는 사람 사이의 상호 작용을 통해서 지식, 태도, 기능 등을 체계적으로 전달하고 변화시키려는 인간의 계획적 활동이다. 따라서 교육의 주된 관심사는 배우는 사람, 가르치는 사람, 이들 간의 상호 작용, 그리고 전달 변화시키려는 내용들이다. 이상의 네 가지 요소에 대한 이해가 충분히 되어 있으면 어떤 학습자에게 어떤 교사가 어떤 내용을 어떻게 조직하여 어떤 방법으로 가르치는 것이 효과적일 것이냐에 대한 해답을 얻을 수 있다. 교육 심리학은 이상의 네 가지 요소 중, 특히 배우는 사람, 가르치는 사람, 그리고 이들 간의 상호 작용 등 세 가지 요소에 대한 이해를 증진시키려는 학문이다. 이 세 가지 요소에 대한 이해는 간접적으로 어떤 내용을 어떻게 선정하고 조직하여 가르치느냐를 결정하는 데 중요한 영향을 미치기는 하지만, 교육 심리학의 일차적 관심은 학습자, 교사 및 이들 간의 상호 작용에 관한 것이라고 보아야 할 것이다.

유아 교육 심리학은 심리학과 유아 교육이라는 두 개의 전통적 학문이 합쳐진 학문 영역이다. 따라서 유아 교육 심리학은 인간의 행동과 교육의 과정에 관한 지식을 종합시키려는 성격을 갖게 된다. 전통적으로 심리학자들은 인간의 행동과 학습 과정에 관한 이해에 관심을 집중하였고, 교육자들은 아동들을 가장 효과적으로 가르칠 수 있는 방법과 전략을 고안해 내는 데 관심을 집중하였다. 즉, 심리학자들은 배우는 사람의 행동에 일차적 관심을 두었고, 교육학은 가르치는 사람의 행동에 일차적 관심을 두어 왔다. 유아 교육 심리학의 관심은 이상의 두 가지를 하나로 엮어 보려는 것이라고 할 수 있다. 배우는 사람의 발달, 학습, 행동, 환경 등을 이해하고, 가르치는 사람의 행동과 특징도 이해하고, 이들 간의 상호 작용 관계도 이해함으로써 보다 효과적인 교육이 이루어지게 하려는 데 유아 교육 심리학의 근본 목적이 있다.

02 교육 사상과 유아 교육 심리학

유아 교육 심리학이 교육의 효율을 높이려는 과학적 입장을 취하고 있지만 그 접근 방법은 교육 사상과 밀접한 관련을 맺는다. 따라서 교육 사상 또는 인간관에 관한 이해는 유아 교육 심리학을 이해하는 데 기초가 될 수 있다.

현재 우리의 교육을 지배하는 교육 사상은 다음과 같은 세 가지 주류로 구분될 수 있다(Kohlberg & Mayer, 1972).

① 서양의 전통적 교육 사상인 문화 전달 주의이다. 이 입장의 주된 가정은 "인간에게 바람직한 지식과 도덕적 가치는 그 문화가 갖고 있기 때문에 교육의 과제는 바로 새로운 세대에게 현존하는 문화를 전달해 주는 일"이라는 것이다.

② Rousseau(1712~1778) 등의 교육 사상에 뿌리를 둔 낭만주의이다. 낭만주의 교육 사상가들은 "학교는 어린이들로 하여금 그들이 스스로 신체적 · 지적 · 정서적 · 윤리적 성숙을 이룩하도록 최대로 허용적이어야 한다."고 주장한다. 따라서 아동들을 가르친다고 암기나 훈련을 통해 어른들의 생각과 가치를 주입시키는 것은 아동들의 자발적인 내적 선의 발달을 억압하는 무의미한 것이라고 한다.

③ Dewey(1859~1952) 등에 의한 진보주의 교육 사상이다. 이들의 주장에 의하면 "교육의 과제는 아동들로 하여금 성인이나 물리적 환경과의 끊임없는 접촉을 통해 그들의 발달을 자극하는 일"이라는 것이다. 교육자들은 아동들에게 해결 가능하고 순수한 문제와 갈등을 계속 제공해 줌으로써 그들의 발달을 촉진시킬 수 있다고 보는 것이다. 따라서 아동들이 교육을 통해 경험할 수 있는 가장 중요한 측면은 능동적 사고이며 이러한 사고력을 기르는 것만이 아동들을 현실에 만족스럽게 적응시키는 최선의 길이라고 보는 것이다.

이상의 세 가지 교육 사상은 현대 유아 교육 심리학의 접근 방법과 밀접한 관련을 맺으면서 영향을 미쳐왔다. 즉, 문화 전달 주의 교육 사상은 행동주의 유아 교육 심리학에, 낭만주의 교육 사상은 인본주의 유아 교육 심리학에, 그리고 진보주의 교육 사상은 인지주의 유아 교육 심리학에 근본을 이루어 왔다고 할 수 있다(Zanden, 1984). 따라서 유아 교육 심리학의 이론적 바탕을 보다 잘 이해하기 위해서는 교육 사상에 대한 이해가 우선되어야 할지 모른다. 그러나 본서에서는 교육 사상에 관한 문제를 깊이 취급할 수 없기 때문에 이 부분에 대해서는 다른 문헌을 참고해야 할 것이다.

03 유아 교육 심리학의 문제 영역

앞에서도 언급했듯이 유아 교육 심리학은 심리학의 지식을 교육 문제의 해결에 적용하려는 학문이고, 과학적 접근 방법을 견지하면서도 교육 사상과 밀접한 관련을 갖고 있다. 따라서 학문적으로 독자적인 영역을 갖고 있지 못한 것처럼 이해될 수도 있으나, 오늘날의 유아 교육 심리학은 분명히 독립된 하나의 학문적 체계를 갖고 있다.

우선 유아 교육 심리학의 초점은 교육이라는 점이다. 교육을 심리학적 관점에서 들여다보고 이해하자는 것이다. 교육은 분명히 인간 활동이기 때문에 거기에는 반드시 인간 행동을 연구하는 심리학적 이해가 필요하다. 교육은 인간의 발달을 촉진 내지는 돕는 것이고, 인간 행동의 변화를 계획적으로 시도하는 노력이기 때문에 심리학적 이해 없이 교육을 논의한다는 것은 어리석은 일이다. 유아 교육 심리학은 성인이 아닌 유아를 대상으로 할 학문으로 따라서 교육 심리학에서 취급되는 문제들은 모두 '교육을 위하여', 또는 '교육적 관점에서'라는 전제가 붙게 되는 것이다.

이렇게 교육이라는 중심 과제를 놓고 인간 행동을 보려는 것, 또는 교육 현상을 심리학적 관점에서 들여다보려는 것이 교육 심리학이기 때문에 교육 심리학에서 취급하는 문제 영역을 명확하게 규정짓기는 어렵다. 또한 학문이 발달할수록 취급하는 문제 영역도 늘어날 가능성이 크지만, 대체로 지금까지의 관심 영역을 기술하면 다음과 같다. 유아 교육 심리학의 문제 영역에 대한 이해는 당연히 이 학문을 하려는 분들에게 좋은 안내자 역할을 할 것이다.

첫 번째 관심은 배우는 사람(학습자, 즉 유아)에 대한 이해이다. 이 부분에 속하는 문제는 인간, 특히 유아의 발달과 개인차에 관한 것이다.

두 번째 관심은 가르치는 사람(교사)에 대한 이해이다. 이 부분에 속하는 문제는 교사의 행동과 역할에 관한 것이다.

세 번째 관심은 배우는 사람과 가르치는 사람의 상호 작용에 대한 이해이다. 여기에 속하는 문제는 학습과 교수에 관한 것이다.

본서는 이상의 관심 영역을 중심으로 종합적으로 정리하여 엮었다.

CHAPTER

02

인간의 발달

유아 교육 심리학의 중요한 관심 영역의 하나는 인간의 발달이다. 교육의 목적이 인간의 발달을 돕는 것이기 때문에 일차적으로 인간의 발달에 관한 이해가 되어 있지 않으면 안 된다. 발달에 관한 이해는 학습자를 이해하는 첫 번째 과제에 해당되며 발달에 관한 지식은 교육 목표의 설정, 교육 경험(내용)의 선정과 조직, 교육 방법의 고안 및 교육 결과의 평가에 기초 자료를 제공해준다. 인간의 발달에 관한 이해에서 제기되는 문제는 주로 두 가지 측면이다.

그 하나는 인간의 행동 및 그 변화 과정에 관한 일반적 가정과 원리에 관한 측면이고, 다른 하나는 변화 과정에 나타나는 구체적인 행동 특징의 기술에 관한 측면이다. 전자는 발달 이론을 형성하게 되고, 후자는 여러 개의 실증적 연구에서 얻어진 자료들을 종합하여 얻게 되는 것이다. 이 두 가지 측면의 발달에 관한 지식은 유아 교육에서 포괄적으로 고려하지 않으면 안 되는 내용들이다. 본 장에서는 먼저, 인간의 발달의 의미에 있어서의 발달과 성숙을 살펴보고, 발달의 원리를 기술하여 발달에 대한 개념을 정리하였고, 교육적 활용 가치가 높은 몇 가지 대표적인 발달 이론을 소개하고, 다음에 각 연령에 따른 행동 특징을 기술하고자 한다. 그러나 단순한 소개와 기술은 이들 지식을 유아 교육에 어떻게 활용해야 하는가에 관한 구체적 방향을 제시해 주지 못하기 때문에 각 이론이나 발달 특징 뒤에는 그것이 갖는 교육적 의미를 논의해 보고자 하였다.

01 유아의 성장과 발달

1) 발달의 의미

인간의 발달을 가장 잘 설명하는 단어로서 '변화'를 들 수 있다. 인간은 끊임없이 변화하기 때문이다. 다시 말해 인간은 태어나면서부터 죽음에 이를 때까지 계속적으로 변화를 반복하며 발달한다고 할 수 있다.

즉, 발달이란 체계적인 과정에 따라서 이루어지는 일련의 변화로, 연령이 증가함에 따라 나타나는 신체적인 변화뿐만 아니라 심리적인 변화도 발달로 보고, 진보적 변화 혹은 양적 변화를 포함한 질적 변화를 발달이라고 한다.

한편 유아가 영아기를 거쳐 시간이 경과함에 따라 엎드리고, 뒤집고, 기고, 앉고, 서고, 걷는 것이나 알아들을 수 없는 옹알이(babbling)를 하다가 한 단어(one word)를 말하고, 두 단어(two word)를 말하고, 다어문(more than three word)을 말하면서 차츰 자신의 의사를 말로 표시하는 것과 같이 연령의 증가와 함께 보다 나은 방향으로 변화한다. 그러므로 발달은 인간이 수정되는 순간부터 죽게 되는 순간까지의 계속적이고 진보적인 변화의 과정을 말하는 것이다.

Hurlock(1978)은 위의 변화를 다음과 같이 세분하여 나누었다.

연령의 증가에 따른 신체적 성장으로서 신장, 체중, 흉위의 증대와 증감, 위, 폐 등의 내장 기관의 구조에 있어서의 증대를 크기의 변화라고 하였다. 그리고 태아기에 신체의 절반에 가까운 머리의 크기가 점점 작아져 출생 시는 신체의 3분의 1정도의 비율에서 성인이 되면 머리의 크기가 신장의 10분의 1 정도의 비율로 작아지는 것을 신체 비율의 변화라고 하였다. 유아기의 자기 중심적 언어에서 차츰 사회 중심적 언어로 바뀌어 가고, 자기 신변의 관심에서 이웃과 학교, 그리고 타인들에게로 관심이 확대되어 가는, 현실과 먼 공상을 생각하다가 점점 현실과 결부된 사고를 하는 등의 관심에 차이가 생기는 것을 새로운 특징의 획득이라고 설명하였다. 그리고 낡은 특징의 소거라고 하여 나이가 증가함에 따라 잘 사용되지 않는 낡은 특징들은 사라져 간다. 예를 들면, 신체적으로는 바빈스킨 반사(Barbinski reflex), 모로 반사(Moro reflex)와 같은 반사 행동이 없어지고, 유치를 갈고 영구치가 생기는 것을 들 수 있고, 정신적으로는 유아의 옹알이나 의미 없는 한 단어, 그리고 자기 중심적인 행위나 사고 등이 점차로 없어지는 과정을 들 수 있다.

인간의 행동은 학습된 행동과 학습되지 않은 행동으로 구분해 볼 수 있다.

즉 생득적인 행동과 후천적인 행동으로 나누어 볼 수 있는데, 이는 각각 성숙과 학습으로 설명하며, 인간의 행동 발달에 있어서 어떤 것이 학습되었는지 또는 어떤 것이 생득적인 행동인지를 식별하는 것은 극히 어렵다. 그렇기 때문에 성숙과 학습에 대한 논란(유전이냐 환경이냐)이 계속되어 아직까지도 연구의 대상이 되고 있다. 그 이유는 발달이란 결국 후천적인 것을 대상으로 하는 것이며 학습은 발달을 이루게 하는 배경과 원인에 속하기 때문이다. 따라서 발달과 함께 사용되는 성장, 성숙, 학습에 대한 개념을 정리해 보는 것도 발달에 대한 의미를 이해하는 데 참고가 되리라 생각한다.

발달은 성장이나 성숙의 의미를 포함하고 있고, 때로는 하나의 같은 의미로 혼용되기도 하는데, 먼저 성장이란 신체의 변화 중 신장, 체중, 신체 기관의 무게 등의 증가를 예로 들을 수 있어 신체적 변화 중 양적 증가에만 국한해서 사용된다.

한편 성숙은 부모로부터 받은 유전적인 요인으로 인하여 태아의 발달이나 영구치의 돌출, 사춘기의 도래, 제1차 성징, 제2차 성징의 출현 등을 예로 들 수 있다.

또 성숙이라는 의미에는 학습이라는 개념이 포함되는데 학습은 언어, 지식, 태도, 습관과 같은 후천적인 획득성을 뜻하는 것으로 환경이나 경험에 의하여 생기는 행동의 변화를 뜻하며 성숙과 학습은 발달에 있어서 밀접한 관련이 있으므로 발달은 이 두 상호 작용의 결과로서 인간의 행동 수준을 높이고 변화시키는 일이며 점진적인 성장과 확장이며, 낮은 단계에서 복잡한 단계로 나아가는 것으로, 발달은 위에서 설명한 성장과 성숙, 학습을 통하여 이루어진다.

2) 발달의 원리

인간의 발달은 신체적 성장과 밀접하게 관련되어 있다. 유아가 연령이 증가함에 따라 신체적으로 성장하면서 동시에 심리적 발달 역시 점차적으로 중요하게 된다.

신체 발달과 심리적 발달은 별개의 것이 아니라 상호 연결되어 있는 복잡한 것으로, 신체 발달은 심리적 발달에 영향을 주고, 심리적 발달 역시 신체 발달에 영향을 준다. 그러나 유아의 심리적 발달은 여러 가지 요인들과 매우 복잡하게 결부되어 있으나 지금까지 연구된 결과 다음과 같은 몇 개의 기본적인 발달의 원리로 일정한 패턴에 따라 이루어진다.

(1) 발달의 각 영역은 상호 관련성을 가지고 있다.

인간의 신체적, 정서적, 사회적, 인지적, 언어적 발달은 각각 다른 속도로 발달하지만 밀접하게 상호 관련 되어 있어 출생에서부터 성인에 이르기까지 점진적으로 발달한다.

예를 들어, 유아의 읽기 능력은 인지적인 기능인 글자를 아는 것만으로 발달하는 것이 아니라 신체적으로 청력이나 시력, 혀의 구조에 이상이 없을 때 읽기 능력이 발달하는 것이고, 유아에게 있어 신체적으로 발달이 되지 않았다면 읽기 능력은 발달하지 못할 것이다. 여기에 사회적 측면인 견학이나 여행이 함께 한다면 인지적 발달에 영향을 주고, 이것이 신체적 발달에 영향을 미치는 등 상호 연관적으로 발달한다.

다른 예로 10세의 아동이 신체적 발달이 뛰어나 신장이 170cm에 이르는 성인의 수준에 이른다고 하여 그 아동의 인지적, 언어적, 사회적 발달이 성인 수준이라고 할 수 있는가? 그렇지 않다.

이처럼 인간의 발달은 어느 한 영역의 발달만으로 이루어지는 것이 아니라, 각 영역들이 서로 관련성을 가지고 있다고 하겠다.

(2) 발달은 연속적이며 점진적이다.

인간이 출생하여 신생아기를 지나 영아기를 거치면서 유아가 자신의 신체를 뒤집고, 엎드리고, 기고, 걷게 되는 것과 같이 연속적이고 점진적으로 발달한다.

언어적인 발달 역시 옹알이를 하다가 한 단어를 말하고, 두 단어를 말하고,

문장을 말하여 자신의 의사를 표현하듯이 옹알이 없이 갑자기 문장을 말하는 것은 아니라는 것이다. 이런 일련의 과정이 점진적으로 서서히 끊이지 않고 기초에 근거해서 발달한다는 것이다. 다른 예로 아동이 독립심을 갖게 되는 것은 아동에게 적절한 신뢰감이 형성된 후에야 가능한 것이며, 수에 대한 개념은 사물의 영속성과 일대일 대응과 같은 개념이 형성된 다음에 가능한 것이다.

이와 같이 신체 각 부위 발달에 있어서 그 시기는 같지 않지만 변화의 과정을 기초로 하여 그 다음 단계로의 성장이 연속적이고 점진적으로 이루어진다.

(3) 발달은 계속적이지만 그 속도는 다르다.

발달에는 순서가 있지만 항상 같은 속도로 발달하지는 않는다. 성장의 속도가 빠를 때도 있고 늦을 때도 있다. 출생 직후에 빠른 신체적 성장률은 아동 초기에서 아동 중기로 갈수록 비교적 느려지다가 청년 초기에는 그 속도가 현저하게 증가하여 청년 후기까지 신체적 성장이 이어지기도 한다.

(4) 발달은 일정한 순서와 방향성을 가지고 있다.

출생에서 아동기까지의 신체적 발달은 대부분 유전과 영양이라는 성숙에 의해 결정되며, 이것은 예측이 가능한 일련의 원칙에 따라 이루어진다. 첫째, 상체에서 하체로 발달하는 것으로 손과 발을 움직이기 보다는 머리를 가누며 주변의 것을 탐색하고, 손을 사용하기 전에 눈을 사용하고, 다리의 조절보다는 손의 조절이 빠르다. 둘째, 신체의 중심부에서부터 중심부에서 먼 곳으로 발달한다. 영아의 경우, 어깨 조절이 손의 발달보다 먼저 이루어지고, 손가락의 사용보다는 손 전체를 먼저 사용하는 것을 볼 수 있다.

신체적 발달은 세대가 변함에 따라 더 빠르게 나타나는데 이는 사회 경제적 수준의 향상이 그 원인이라고 할 수 있다.

(5) 발달에는 반드시 개인차가 있다.

신체적 발달이나 정신적 발달에 있어 아동 개인에 따라 큰 차이가 있다. 발달 속도뿐만 아니라 발달 유형에도 개인차가 있고, 남녀 성별에 따른 차이도 있다.

이와 같은 개인차는 신체적인 변화, 학습 방법, 동기 유발, 학습 기회, 연습 등과 같은 여러 가지 요인에 의해 일어난다. 또한 사춘기의 급성장과 같은 빠른 성장기는 아동에 따라 일찍 또는 늦게 나타날 수 있고, 신체적 발달(신장의 발달) 역시 청년 초기에 급격히 성장하는가 하면 청년 후기까지 꾸준히 성장하기도 한다.

이처럼, 인간의 신체적, 정신적 발달은 여러 측면에서 볼 때 각각의 개인차를 가지고 있다는 것을 알 수 있다.

(6) 발달은 성숙과 학습의 상호 결과이다.

인간의 연령이 증가함에 따라 생기는 발달적인 변화는 성숙과 학습의 결과로 발달에 영향을 미치는 요인 중에서 성숙 요인(선천적, 유전적 요인)이 큰가, 또는 학습 요인(후천적 요인)이 큰가하는 문제는 오랫동안 연구의 논란이 되어 오고 있고 아직도 결론을 내리지 못하고 있다.

예를 들어, 유아가 혼자 걷는 것은 다리 근육 및 그 외 신체 기관의 성숙이 먼저 준비되어야 하지만, 유아가 걸으려고 할 때 옆에서 성인이 잡고 걷는 연습을 시키면 더 빨리 걷게 된다. 이처럼 성숙과 학습은 서로 영향을 준다는 것을 볼 수 있다.

(7) 발달에는 결정적 시기가 있다.

유아의 발달에 있어서 출생에서부터 3세까지의 어머니와의 따뜻한 관계(애착)가 그 어느 시기보다 특히 중요하다는 것과 같이 일정한 이 특정 시기를 결정적 시기(critical period) 또는 민감기(sensitive period)라고 한다. 만약 이 시기에 적절한 어머니 또는 주양육자와 유아 사이에 애착이 형성되지 않으면 신뢰감과 같은 특정한 사회적 행동은 발달되지 못하고 심하면 성인이 되어서까지도 신뢰감뿐 아니라 다른 여러 가지 행동의 문제를 일으키게 된다.

이처럼 3세 이전 시기 동안의 상호 작용의 질은 다른 시기의 상호 작용보다 유아의 정서적 발달에 결정적인 영향을 미칠 수 있다는 것이다.

(8) 발달은 누적적인 결과를 가져온다.

유아의 초기 경험은 그 당시의 경험으로만 남는 것이 아니라 그 후 유아가 성인이 된 뒤에도 영향을 미칠 수 있어 초기 경험이 바람직한 경험이라면 유아가 더 잘 발달할 수 있고, 반대로 바람직하지 못한 경험이라면 발달이 지연되거나 문제 행동으로 나타날 수도 있다는 것이다.

예를 들어, 부모로부터 학대를 당한 아동 중 일부 아동은 아동기에는 잘 적응하는 것처럼 보이다가 사춘기 또는 성인기에 가서 과거에 학대받은 것이 자신도 모르게 나타나 자신의 아동을 자기 부모처럼 학대하는 등의 또 다른 학대의 문제를 가져올 수 있다.

02 발달 이론과 그 교육적 의미

인간의 발달을 잘 이해하기 위해서는 인간의 신체적 · 지적 · 사회적 · 정서적 발달 등 여러 영역의 행동 변화를 포괄적으로 고려하지 않으면 안 된다. 이러한 제 영역의 행동은 아동들이 성장함에 따라 변화하게 마련이다. 또한 이러한 행동 변화는 유전적 요인, 생물학적 조건, 과거와 현재의 경험, 그리고 그 시대의 사회 문화적 배경의 종합적 산물이다. 이러한 여러 요소들이 어떻게 상호 작용 하여 인간의 행동에 변화를 일으키는지를 정확하게 한 마디로 규정하기는 불가능한 일이다. 따라서 인간의 발달 전반을 포괄하는 하나의 이론이 있는 것이 아니라 어쩔 수 없이 특정의 행동 형태를 강조하여 구성되는 여러 이론들이 있게 마련이다.

여기서는 이상의 여러 영역을 기능적으로 잘 포괄할 수 있는 6개의 발달 이론을 소개하고 그 교육적 의미와 시사를 논하고자 한다. 소개되는 6개의 발달 이론은 Erick H. Erikson, Robert Havighurst, Jean Piaget, Jerome Bruner, 행동주의 이론 및 Abraham H. Maslow 등의 발달 이론이다.

1) Erikson의 성격 발달 이론

인류에게 최초로 인간 행동과 그 발날에 대한 통찰을 심어 준 학자는 Freud(1856~1939)였다. 그러나 그는 인간의 생물적 충동, 무의식적 사고와 감정, 부모-자녀 사이의 갈등 관계, 성적 요인의 확대 해석 등을 지나치게 강조했기 때문에 그의 많은 후계자들은 Freud 이론에 반대하고 새로운 이론들을 전개하였다. 새로 전개된 정신 분석의 발달 이론들은 주로 Freud가 고려하지 못한 사회문화적 요인과 또래 친구를 포함한 폭넓은 인간관계를 중요시한 것이고, 무의식과 성에 대한 지나친 강조를 감소시킨 것들이다. Erikson도 Freud의 탁월한 제자 중의 한 사람이었다. 그는 문화가 다르면 인간의 행동과 성격도 전혀 다를 수 있다는 점을 간파하고, Freud의 심리 성적 발달 이론(psychosexual developmental theory)을 수정하여 심리 사회적 발달 이론(psychosocial developmental theory)을 창안하였다.

(1) Erikson 발달 이론의 원리

Erikson의 발달 이론은 Freud의 정신 분석론에 그 뿌리를 두고 있긴 하지만 Freud의 이론과 기본적인 차이가 있고, Erikson 특유의 발달 원리를 지니고 있다. 이들 특징을 간단히 소개하면 다음과 같다(Maier, 1988).

▲ Erikson

① 인간의 성격 발달도 발생학적 원리(epigenetic principle)에 따른다.

② 이러한 성격의 발달은 명확한 위계를 가진 단계를 따라 이루어지며 한 단계의 발달은 다음 단계의 발달에 기초가 된다(발달의 계열성과 기초성).

③ 각 발달 단계는 해당 성격 특징의 발달에 최적기이다. 그러나 그 이후에도 그 성격 특징의 발달은 계속해서 이루어지며 변화될 수도 있다(발달의 적기성과 연속성).

④ 각 단계의 발달은 그 단계에 직면하게 되는 발달적 위기(developmental crisis)에 의하며, 이러한 위기를 성공적으로 극복했을 때에는 긍정적인 성격 특징이 형성되나, 실패했을 때에는 반대의 부정적 성격 특징이 형성된다.

⑤ 그러나 성공적으로 해결했다고 해서 반드시 긍정적인 성격 특징만이 형성되는 것도 아니며 부정적인 성격 특징의 형성이 반드시 바람직하지 못한 것만을 의미하는 것은 아니다. 이는 상대적 의미를 지니는 것으로 부정적 측면이 긍정적 측면보다 강하게 작용할 때에 발달상의 어려움이 존재한다는 뜻이다.

(2) 성격 발달 단계

Erikson이 주장하는 인간 발달의 8단계와 그 연령 범위 및 성격 특징은 다음과 같다(Erikson, 1995).

1 신뢰감 대 불신감(trust vs mistrust, 0~1세)

생후 초기의 어린아이가 해결해야 될 첫 번째의 심리적 과업은 세상에 대한 믿음을 얻는 것이다. 이러한 기본 신뢰감은 부모로부터 어린 아기가 기본적 욕구를 충족시켜 가는 과정에서 일관된 계속적 경험을 함으로써 형성된다. 음식의 양이나 애정의 외현적 표시보다는 모자 관계의 질이 더 중요하다. 만일 아기의 생리적 욕구가 잘 충족되고 부모와 순수한 애정 관계를 갖게 되면, 어린이는 세상을 안전하고 믿을 수 있는 곳이라고 생각하게 된다.

그러나 만일 아기를 돌보는 것이 부적절하고 일관성이 없고 부정적이면, 유아는 공포와 의심을 가지고 세상을 살아가려 하게 된다. 즉, 기본 불신감이 형성되는 것이다. 기본 신뢰감은 이후에 생의 의욕과 긍정적 세계관을 기르는 데 기초가 된다.

2 자율감 대 수치감(autonomy vs shame and doubt, 2~3세)

부모로부터 신뢰감을 얻게 되면 유아는 독립하고자 하는 강한 욕구를 갖게 된다. 만일 부모들이 유아 스스로 할 수 있는 신체 동작이나 놀이 등을 허용해 주고 격려해 주면 유아는 자율성을 형성하게 된다. 물론 이러한 격려와 허용의 과정에서도 적당한 만큼의 감독과 제재가 있어야 하지만, 부모나 교사가 참을성 없이 유아의 모든 것을 대신 다 해주고 지나치게 간섭하고 통제하면, 유아들은 스스로의 자율감과 자신의 능력에 대해 의심을 갖게 된다. 더욱이 유아의 미숙하고 부적절한 행동에 대해 수치심을 심어주면 자율감은 고사하고 심한 자기 회의에 빠지게 된다. 이러한 자율감은 이후에 독립심과 자기 존중감 등을 기르는 데 기초가 된다.

3 주도성 대 죄책감(initiative vs guilt, 4~5세)

자기의 요구에 따른 자율과 독립의 기초가 마련되면 아동은 외부 세계에 대해 적극적이고 능동적인 신체 활동과 언어의 사용이 증가된다. 이를 자발성의 요구라고 하며 자발성은 자율성에 덧붙여 자신의 활동을 스스로 계획하고 추진하며 또 외부 세계에 도전하는 행동 특징을 말한다. 4~5세 아동에게 적당한 만큼의 자유를 가지고 탐색하고 실험하도록 허용해 주고, 부모나 교사는 이들의 질문에 진지하게 응해 주며, 스스로의 문제 해결에 자발적 의지를 갖도록 격려해 주면 자발성이 발달된다. 만일 아동들의 요구와 신체 활동을 지나치게 제한하고, 질문이나 탐색 활동을 의미 없고 귀찮은 것으로만 취급해 주면, 아동들은 자신에 대해 심한 죄책감을 갖게 된다. 순수한 자발성은 이후에 포부와 야망의 형성에 중요한 기초가 된다.

4 근면성 대 열등감의 형성(industry vs inferiority, 6~11세)

아동이 초등학교에 입학할 때쯤 되면 아동들의 활동은 지적 호기심과 지적 수행에 의해 행동이 지배되는 발달시기에 들어서게 된다. 즉 뭔가 스스로 알아내고 결과물을 산출함으로써 인정받고 싶어 하고, 자신의 능력과 가능성을 확인하려는 욕구가 강하게 나타난다.

아동이 과제를 완수할 수 있도록 기회를 부여받고, 과업에 대해 인정을 받으며, 또다시 시도해 보도록 격려를 받고 자라면 근면성이 길러진다. 그러나 성공하지 못하거나 해봐도 좌절감만을 경험하며 어른과 비교하여 낮은 평가만을 받게 되면, 아동은 심한 열등감을 형성하게 된다.

5 정체감 대 역할 혼란(identity vs role confusion, 12~18세)

신체적 성숙이 이루어지고 부모로부터 심리적으로 어느 정도 독립을 하게 되면 청소년들은 자신이 어떠한 사람이 될 것인가에 대해 깊은 관심을 갖게 된다. 즉 청소년들의 마음속에 심리적 혁명이 일어난다. 나는 어떤 사람인가, 나는 다른 사람들에게 어떻게 보여지고 있는가, 나는 무엇을 위해 살아야 하는가 등 끊임없는 자기 질문을 통해 자신에 대한 통찰과 자기상을 찾기 위한 노력을 하게 된다. 그 결과 얻는 것이 자아 정체감(ego-identity)이며 이는 자신의 장래 진로와 직업 선택, 배우자 선택, 인생관의 확립 등에 있어서 중요한 역할을 하게 된다. 이것이 해결되지 아니하고 방황하는 사태가 바로 역할 혼란(role confusion), 또는 정체감 분산(identity diffusion)으로 이는 직업 선택이나 성 역할 등에 혼란을 가져오고, 인생관과 가치관의 확립에 심한 갈등을 야기시키게 된다.

6 친밀감 대 고립감(intimacy vs isolation, 성인 전기)

청소년기의 자아 정체감이 확립되면 자신의 정체감을 타인의 정체감과 연결시키고 조화시키려는 노력을 하게 된다. 즉 부모, 배우자, 동료 등 사회의 여러 다른 성인들과 친밀한 관계를 맺으면서 자신의 고립과 고독을 극복하게 된다. 만일 다른 성인들과 친밀한 관계를 맺지 못하고, 고립되면 불행한 인생을 영위하게 된다.

7 생산성 대 정체감(generative vs stagnation, 성인 중기)

가정에서는 배우자와 부모, 직장에서는 동료 및 사회의 다른 성인들과 원만한 관계가 성취되면 중년기에는 자신에게 몰두하기보다는 생산적인 일에 몰두하며, 자녀를 낳고 기르고 돌보는 일에 전념하게 된다. 여기서 말하는 생산성은 일차적으로 다음 세대를 길러내고 돌봐 주는 일을 의미하지만 넓은 의미로는 자신보다는 남과 사회를 위해 일하는 것을 의미한다. 즉 사회적 성취를 포함하는 넓은 의미로 보아야 할 것이다.

이러한 과정이 원만하게 이루어지지 못하는 사람은 어릴 적과 마찬가지로 계속 자신에게만 몰두해 있고, 사회적 · 발달적 정체를 면하지 못한다.

8 통합감 대 절망감(integrity vs despair, 성인 후기)

통합감은 자신의 인생을 그대로 인정하고 받아들이며 생(生)에 대한 통찰과 관조로서 유한성과 다가올 죽음까지도 수용하는 것을 의미한다. 이러한 통합이 이루어지지 못하면 인생의 짧음을 탓하게 되고, 불가능함에도 불구하고 다른 인생을 시도해 보려고 급급해 하며 급기야는 생에 대한 절망 속에서 헤매게 되는 것이다.

(3) Erikson 이론의 교육적 의미

Erikson의 성격 발달론은 인생 전체를 두고 각 단계에서 일어나는 대인 관계와 사회 관계의 변화 및 그 속에서의 자아의 변화와 발달에 대한 포괄적인 통찰을 한 것으로 교육에 주는 의미는 대단히 큰 것이다. 유아기와 학령기 아동의 경우 Erikson 이론이 갖는 교육적 의미를 살펴보면 다음과 같다(Biehler & Snowman, 2006).

1 유아기 아동

유아기는 3~6세쯤이 해당되며, 이는 Erikson의 발달 단계로 보아 자율성과 자발성이 형성되는 시기이다. 자율성은 유아들이 스스로 하고자 하고, 할 수 있는 활동과 놀이를 허용해 주며, 또 이를 격려해 줌으로써 길러질 수 있는 것이다. 따라서 유아를 지도하는 교사나 부모들은 가능한 대로 유아들 스스로 탐색하고, 활동하고, 실험해 볼 수 있는 경험들을 풍부하게 주는 것이 중요하다. 이런 경험을 통해서 유아들은 자신의 요구와 능력에 대한 긍정적인 확신이 생기며 독립적으로 생활할 수 있는 기반을 형성하게 되는 것이다.

그렇지 못하고 유아들이 너무 어려운 것과 많은 것을 하거나, 또는 성인들의 지나친 통제와 구속으로 좌절만을 경험하게 되면 의심과 회의에 빠지게 된다. 그러면 유아들은 자신감이 결여되고, 자기 표현과 자기 주장을 하지 못하며 자신을 존중하지 못하는 회의적인 사람으로 자라게 될 수 있다.

따라서 유아 초기의 아동들에게는 적절한 자유와 선택의 기회, 그리고 그들의 요구와 신체 활동에 대한 존중과 격려가 일차적으로 중요하다고 하겠다.

2~3세가 지나 유아교육기관 취원 연령이 되면 자발성을 획득하는 것이 주요한 과업이다. 물론 자발성은 튼튼한 자율성 위에서 형성되는 것이다. 유아들에게 자발성의 발달이 이루어지도록 도와주려면 누가 시켜서 하는 일을 하도록 하기보다는 스스로 할 일을 고안해서 하게 하고, 그들의 호기심과 상상 활동을 긍정적으로 받아 주는 일이 중요하다. 교사나 부모는 유아들의 활동에 위협을 동반하거나 윤리 도덕적으로 문제를 야기 시킬 때에만 개입하고, 나머지 경우에는 그들 스스로 활동과 놀이를 계획하고 실천하고 성취할 수 있도록 최대한의 배려를 해야 할 것이다.

아동 스스로의 생각에 따른 활동을 지나치게 제한하고, 성인의 요구와 틀에 맞추어 넣으려고 행동을 구속하게 되면, 그들은 자신에 대해 죄책감을 느끼게 된다. 왜냐하면 이 시기 이동의 행동을 통제하고 구속하려면, 또 잘못된 행동(성인의 판단에 따른)을 교정하려면 자연적으로 벌이 사용되기 때문이다.

아동들에게 불필요한 심한 죄책감을 심어 주지 않으려면 형제나 또래 친구 사이에서 일어나게 되는 시기와 질투심을 최소한으로 줄여 주는 일이 중요하다. 이를 위해서는 아동들의 동기, 활동, 성취 결과 등을 상대적으로 비교해서는 절대로 안 된다. 또한 다른 아이들을 생각하지 말고 자기 스스로 하는 일, 할 수 있는 일, 그리고 해놓은 일이 귀중하고 보람 있다고 하는 확신을 갖도록 격려해 주어야 한다.

뿐만 아니라 유아들의 순수한 호기심에 의한 질문과 탐색 활동, 그리고 그들의 풍부한 상상력에 의한 말과 행동을 소중하게 받아 주고, 진지하게 응해주는 일이 중요하다. 교사나 부모가 귀찮다든지 엉뚱한 짓을 하는 것으로만 돌리지 말고, 이것이 유아들의 성장욕에 의한 자연스러운 결과이므로 최대한 수용적 태도를 가져야 한다.

앞에서도 언급했듯이 유아들에게 행동의 자유를 주고, 성인이 수용적 태도를 갖는다는 것이 방임을 의미하는 것은 절대로 아니다. 교사나 부모들은 유아의 생활과 행동을 면밀히 관찰하고 그들을 이해해야 하며 교육적으로 보다 의미 있는 활동이 되도록 사극을 주고 여건을 마련해 주어야 한다. 그러나 그들의 행동이 위험을 동반하거나, 남을 해치거나, 윤리 도덕적인 문제를 야기 시킬 때에는 이들의 활동과 행동에 개입하여 적절한 통제와 구속을 가해야 한다. 필요한 경우에는 벌이 주어질 수도 있으나 벌의 사용에 있어서는 벌이 가져오는 효과와 부작용에 대한 면밀한 검토가 있어야 할 것이다. 이 시기가 Freud의 이론에 따르면 초자아, 즉 양심의 형성에 있어서 가장 중요한 시기이기 때문에 Erikson은 그 문화 안에서 적절한 만큼의 죄책감(잘못했다는 생각)을 갖는 것도 중요하다는 점을 강조한 바 있다.

2 학령기 아동

Erikson의 발달 단계로 보아 학령기 아동들은 대부분 근면성을 형성하는 시기에 해당된다. 이 시기의 아동들은 학교에서의 공부도, 또 그들 사이의 놀이에서도 또래들 상호간의 비교가 불가피하게 된다. 일부의 아동들만이 학교 공부나 놀이 상황에서 만족한 성취를 경험할 가능성이 있기 때문에 많은 수의 아동들이 좌절과 불만을 경험하게 된다. 이러한 좌절과 불만은 곧 열등감을 형성하게 된다. 그러나 일반적으로 어린이들은 다소의 열등감을 갖게 된다고 하여 그대로 포기하지는 않는다. 어떤 측면에서든, 어떤 방법으로든 자기도 능력이 있고 완수할 수도 있다는 확신을 얻기 위해 노력한다. 이 힘이 바로 근면성을 형성하게 되는 원동력이 되는 것이다.

교사와 부모는 이들의 이러한 노력을 도와주어야 한다. 될수록 다양한 성취의 기회를 마련해 주고(공부뿐 아니라 문화적으로 유용한 어떤 일에서든), 어떤 일을 성취하려면 노력과 인내가 필요하며, 그렇게 하면 누구도 성취할 수 있다는 신념을 갖도록 지도하고 격려해 주어야 한다. 학교에서의 공부도 그 교육 목표는 다양하기 때문에 반드시 인지적 목표뿐 아니라 신체적 · 정의적 목표를 통해서도 성취할 수 있는 기회를 만들어 주는 일이 중요하다. 가정에서도 공부하는 일에서 기대한 만큼의 성취를 이루지 못한다고 아동들이 위축되지 않도록 다른 신체적 활동이나 기능, 덕행 등에서 성취의 경험을 가질 수 있도록 도와주어야 할 것이다. 공부하는 일, 즉 인지적 작업에서의 성취도 다른 측면에서의 성취 경험을 통해 훨씬 더 향상될 수 있다는 점을 잊어서는 안 될 것이다.

(4) Erikson 이론의 교육적 시사점

① 어떤 단계의 성격 특징이나 행동, 그리고 이들의 관계는 연령 단계에 따라 각기 특별한 의의를 갖고 발달한다는 점을 잊어서는 안 된다.

② 2~3세경의 유아들에게는 자율성이 발달될 수 있도록 풍부한 자유 놀이와 탐색 활동 및 실험의 기회를 주어야 한다. 반면 유아들이 자신의 요구나 능력에 대해 회의를 느낄 가능성이 있는 경우에는 특별한 지도를 통해 격려해 주어야 한다. 특히 유아들의 요구와 활동에 대해 성인들이 부정적인 태도를 보이거나 존중해 주지 않음으로써 수치심을 갖도록 해서는 안 된다.

③ 유치원 연령의 유아들에게는 자발성을 키울 수 있는 활동을 많이 하도록 허용해 주고, 스스로 계획하고 실천하고 성취할 수 있도록 도와주어야 한다. 교사에게 불필요하거나 교사를 불편하게 만드는 질문과 행동을 한다고 꾸지람과 벌을 주어서 유아가 죄의식을 느끼게 해서는 안 된다. 특히 또래들 사이에서 시기와 질투를 심하게 느끼는 유아에게는 남과 비교하지 말고 스스로의 활동 속에서 만족을 얻도록 지도해 주어야 한다.

④ 학령기의 아동들에게는 그들의 능력으로 완수할 수 있는 과업들을 주어서 근면의 경험을 갖도록 도와주는 일이 가장 중요하다. 따라서 교사는 아동들이 근면을 경험할 만한 다양한 과업들을 준비하고, 다른 친구들과 상대적으로 비교하지 말며, 스스로의 내적 경쟁(self-competition)을 통해 만족을 얻도록 격려해 주어야 한다. 이것만이 열등감을 극복하게 하는 최선의 길이다.

2) Havighurst의 발달 과업

Erikson은 각 연령 단계에서 중요하게 강조되는 행동 유형과 관계를 가지고 발달 이론을 전개하였다. Erikson의 이론에 영향을 받은 Havighurst는 각 연령 단계에 따른 행동 특징을 어떤 특정의 행동 유형에만 국한시키지 않고 인간 활동의 모든 영역을 포함시키고자 시도하였다. 또한 Erikson은 각 발달단계에 따른 행동 특징을 긍정적 측면과 부정적 측면으로 양분하였으나, Havighurst는 부정적 측면을 배제하고 긍정적 측면만을 기술하여 이를 발달과업(developmental task)이라고 칭하였다.

Havighurst는 Erikson의 발생학적 발달 원리, 발달의 기초성과 계열성 등을 그대로 받아들였다. 또한 그는 Erikson보다 한 단계 교육에 접근한 입장에서 발달 이론을 상정하였다. 즉, 자신이 고안한 발달 과업 이론이 다음과 같은 두 가지 측면에서 교육자들에게 도움이 된다고 강조한 것이다. 그 첫째는 발달 과업은 교육의 목적과 목표를 설정하는 데 중요한 준거가 되며, 둘째는 특정의 능력과 태도를 교육시킬 수 있는 최적의 기회(teachable moment)를 알려

준다는 것이다(Havighurst, 1972).

Havighurst가 주장한 유아기와 학령기 및 청소년기의 발달 과업과 이에 따른 교육적 시사점은 다음과 같다.

(1) 유아기(3~6세)의 발달 과업

① 사회와 물리적 세계에 관한 기본 개념을 습득하기

이러한 개념들로는 어머니, 아버지, 학교 선생님, 물건의 이름 등과 같은 일상의 생활 경험에 관련된 대상물이 포함된다. 유아들에게 이러한 개념을 습득시키는 방법은 될수록 다양한 대상을 접하게 하고, 여러 가지 감각 기관을 통해 경험시키며 유아들의 질문에 인내심을 가지고 구조화된 언어로 응답해 주는 것이다.

② 부모, 형제, 기타의 사람들과 정서적 관계를 맺는 방법을 학습하기

이것은 대체로 다른 사람의 행동을 모방함으로써 배우게 되기 때문에 부모나 교사는 유아들에게 인간관계를 맺는 바람직한 모델을 제시해 주어야 한다.

③ 옳고 그름을 구별하고 양심의 발달을 도와주기

구체적인 생활 상황에서 행위의 옳고 그름을 분별하도록 가르쳐 주고, 그 근거를 알려 주며 유아들의 바람직하지 못한 행위에 대해서는 적절한 통제와 벌도 필요하다. 부모나 교사 자신이 문화 규범에 맞는 행동을 하여 모범을 보이는 일이 선행되어야 교육적 효과가 있을 것이다.

(2) 학령기(6~12세)의 발달 과업

① 보통의 놀이와 게임에 필요한 신체 기능을 숙달하기

이러한 기능들은 대개 또래 친구들과의 놀이를 통해서 습득된다. 운동 기능과 협응 기능에 어려움을 느끼는 아동들에게 교사들은 적절한 가르침과 연습을 시키고 또 격려를 해주어야 한다.

② 성장하는 개체로서 필요한 일상의 습관과 생활 태도를 익히기

청결의 중요성 알기, 음식 골고루 먹기, 양치질하기, 일찍 자고 일찍 일어나기, 시간 지키기 등 일상생활에 필요한 제반 생활 규칙을 지키고 기본 생활 습관을 익히는 것이 여기에 해당된다.

③ 또래 친구들과 잘 어울리기

또래 친구와 어울리지 못하거나, 부끄럼을 심하게 타거나, 다른 아동들을 못살게 구는 등 친구 사귀기를 제대로 하지 못하는 아동들에게는 부모와 교사들이 친구와 어울리는 방법을 가르쳐 주고 또 그런 기회를 만들어 주도록 해야 한다.

④ 적절한 성역할을 학습하기

그 문화에 적절한 성역할을 가르쳐 주고 생활하게 하되, 남성과 여성의 역할은 상호 보완적이라는 점을 명백히 해줄 필요가 있다. 또한 교과 과정 자체가 남성과 여성의 직업을 엄격하게 갈라놓는다든지 여성은 수동적이고, 의존적이어야 한다는 등을 강조하는 것은 피해야 할 것이다.

⑤ 읽기, 쓰기, 셈하기 등의 기초 기능을 숙달하기

이런 것들은 앞으로의 인지 발달과 생활에 필요한 기초이기 때문에 지루하더라도 인내하고 숙달하도록 지도해야 할 것이다.

⑥ 일상생활에 필요한 기본 개념을 형성하기

언어의 발달과 더불어 이루어지지만 모양 · 크기 · 색 · 위치 · 방향 등에 대한 기본 개념을 이해하고, 분류 · 보존 · 계열화 등의 사고 능력을 갖추도록 지도해야 한다.

⑦ 양심 · 도덕성 및 가치 척도를 발달시키기

유아기에 이어 문화 규범에 따른 양심의 형성과 도덕률을 생활화하도록 하고, 가치 판단을 할 수 있는 준거를 마련하도록 도와주어야 한다.

⑧ 개인적 독립을 성취하기

자기의 생활을 스스로 통제하고 이끌어 나가도록 도와주어야 한다. 학교

나 가정에서의 공부는 물론, 자신의 문제는 자기가 스스로 판단하고 해결하는 생활 태도를 갖추도록 해야 한다.

⑨ 사회 집단과 기관에 대해 올바른 태도 갖기
아동들로 하여금 다른 사람의 권리를 존중하게 하고, 집단의 질서와 규칙을 존중하도록 가르쳐야 한다.

(3) 청소년기(12~20세)의 발달 과업

① 남녀의 또래 친구들과 새롭고, 또 보다 성숙한 인간 관계를 형성하기
② 남아는 남성다운, 여아는 여성다운 성역할을 습득하기
③ 자신의 신체적 특징을 있는 그대로 긍정적으로 수용하고, 자기의 신체 기능을 효율적으로 활용하기
④ 부모, 교사, 또는 다른 성인들로부터 정서적으로 독립하기
⑤ 부모로부터 경제적으로 독립할 수 있다는 확신을 갖고 스스로 장래의 진로나 직업 선택에 대해 준비하기
⑥ 장래의 결혼과 가정생활에 대해서 관심을 가지고 스스로 심리적인 준비를 하기
⑦ 사회가 기대하는 교양인으로서의 지적 기능을 갖추기
⑧ 사회적으로 바람직한 태도와 행동을 갖추고 사회와 자신에 대해서 책임을 지는 인간으로 성숙하기
⑨ 일생을 꿰뚫어 일관성 있는 생활을 영위할 수 있는 가치관, 인생관, 윤리관 및 철학을 가지기

3) Piaget의 인지 발달론

Freud, Erikson 등의 발달 이론은 정서 사회적 적응을 중심으로 하는 성격의 발달에 관심을 두고 이루어진다. 반면 Piaget는 인간의 적응과 발달을 인지적 문제로 다루어 현대의 가장 탁월한 인지 발달 이론을 구성하였다. Piaget는

초기에 생물학과 인식론에 관심을 갖고 인간의 적응을 연구하다가 인간의 인지 구조의 변화가 적응과 밀접한 관련이 있음을 발견하고, 인지 발달에 관한 체계적인 이론으로 그의 독특한 연구 방법에 의해 규명하게 되었던 것이다.

▲ Piaget

오늘날 Piaget의 이론은 인간의 발달 과정을 이해하는 데 가장 중요한 지식으로 활용되고 있으며, 특히 지적 측면과 도덕적 측면의 발달에 관해서는 가장 탁월한 공헌을 했다고 말할 수 있다. 따라서 아동의 교육 문제를 해결하는 데 있어서 Piaget의 이론은 없어서는 안 될 중요한 근거를 제시해 주고 있다.

(1) Piaget 인지 발달 이론의 원리

Piaget의 인지 발달 이론을 이해하는 데 기본이 되는 가정과 원리를 간단히 소개하면 다음과 같다(Maier, 1988).

① 인간의 발날은 석응 과정이며 적응은 동화(assimilation)와 조절(accommodation)이라는 두 가지 작용에 의해 균형(equilibrium)을 이루어 가는 과정이다.

② 인간의 지적 발달도 동화와 조절에 의해 인지적 균형을 이루어 가는 과정이며 이는 새로운 지적 구조를 조직해 가는 원천이 된다.

③ 따라서 지적 발달이란 인지 구조의 변화를 의미하며 지적 기능은 적응과 조직이라는 불변하는 요소로서 존재한다.

④ 인간의 지적 발달은 계속적으로 이루어지지만, 인지 구조는 질적으로 명확하게 구분되는 발달 단계를 거쳐서 변화하게 된다(발달의 계속성과 단계성).

⑤ 한 단계의 인지 구조는 항상 전 단계의 인지 구조에 기초를 두고 이루어진다(발달의 기초성).

⑥ 개인의 경험과 문화의 차이로 인해 한 단계의 발달이 성취되는 연령에는 차이가 있을 수 있으나, 발달 단계의 계열은 불변이다.

(2) 인지 발달 단계

Piaget가 상정한 인지 발달의 단계와 각 단계에서 나타나는 인지 구조의 특징은 다음과 같다(Maier, 1988).

1 감각 운동기(sensory motor period: 0~2세)

생후 초기 유아들의 인지 활동은 감각적이고 운동적인데 제한된다. 타고난 단순한 반사 기능이 점차로 복잡하여 협응된 감각 운동적 행동으로 발달되어 가고, 1년 6개월을 전후하여 표상 능력이 생기면서부터 간단한 문제 해결 행동이 가능해진다. 특히 4개월에서 8개월 사이에 인지 발달의 중요한 지표인 대상 영속성(object permanence)을 획득하여 의도적인 탐색활동은 점차적으로 분명해진다. 풍부하고 다양한 감각적 경험과 운동이 이 시기의 지능을 발달시키는데 원천이 된다.

2 전조작기(preoperational period: 3~5세)

2세가 지나면서부터 유아들은 이제까지 감각 운동적 행동에만 의존하던 것을 차츰 새로이 습득한 언어와 대치해 가게 되고, 언어 이외의 다양한 상징적 능력이 발달하게 된다. 또한 감각 동작기의 단순한 감각적이고 동작적인 놀이가 상징화된 놀이로 변모하게 되고, 자기가 경험하는 사상과 사물을 대상으로 그 변화에 대한 유추와 판단이 가능해진다.

그러나 아직 개념의 형성은 충실하지 못하여 한 개념을, 한 대상을 지칭하는 말로만 이해하고, 그 부류에 속하는 여러 대상을 포괄한다는 추상성을 이해하지 못한다. 유추와 판단은 외형이나 가시적인 조건에 의존할 뿐 내적 조건이나 객관적 기준에 의한 사고는 불가능하다. 따라서 이 시기의 유아들에게는, 논리와 지각이 대립된 채 결론을 내려야 할 경우에는 늘 지각이 우위에 서는 사고를 하게 된다. 이 시기를 전조작기라고 부르는 이유는 이 시기의 유아들은 분류, 보존, 가역성, 계열, 유추, 관계의 개념이 완전히 형성되지 못한 채 자기 중심적이고 직관적인 판단에 의존하여 사고하기 때문이다. 즉 객관적 기준에 의하여 사물을 분류하지 못하고, 자기 혼자만 의미를 갖는 자기 중심적인 분류를 하거나, 다른 사람의 생각도 자기의 생각과 같다고 생각하는 경향이 있다. 또한 보존의 개념이 형성되어 있지 않고 가역적 사고를 하지 못하기 때문에 물질의 모양이 바뀌면 늘 그 양도 변화한다고 생각한다. 그리고 동시에 두 가지 이상의 요인을 고려하여 사고하지 못하며 사물과 사상의 관계를 상대적으로 비교하기보다는 절대적인 속성으로만 판단하는 경향이 있다. 사람들과의 관계를 이해할 때에도 자기와의 관계에 대해서만 이해할 수 있을 뿐, 다른 사람들 간의 관계를 제대로 이해하지는 못한다. 또한 포섭 관계를 이해하지 못하기 때문에 논리적인 사고를 완벽하게 할 수가 없다.

3 구체적 조작기(concrete operational period: 6~11세)

초등학교에 입학할 연령이면 전조작기에서 할 수 없었던 여러 가지 정신적 조작이 이루어지기 시작한다. 즉, 분류, 보존, 계열, 유추, 관계 및 포섭에 관한 개념이 형성되어 이에 관련된 사고를 거의 완전하게 하게 된다. 또한 자기 중심적인 언어와 사고로부터 차츰 벗어나게 되고, 가역적 사고가 가능해지며 한 대상에 대해 두 가지 이상의 요인을 고려하여 사고할 줄 알게 된다.

그러나 구체적 조작기의 특징은 지각없이는 사고가 이루어질 수 없다는 것이다. 즉 어떤 구체적인 사물을 통한 지각이 이루어진 후에 그것에 근거한 지적 조작만이 가능할 뿐 완전한 추상적 사고가 이루어지지 않는다는 것이다. 논리적 사고도 단순할 뿐 아니라, 그것도 구체적인 대상을 통해서만 가능하다는 것이다.

4 형식적 조작기(formal operational period: 12세 이후)

이 시기에 이르면 완전한 논리적인 사고가 가능해지기 시작하며, 추상적 개념과 상징물을 대상으로 하는 지적 조작이 가능해진다. 또한 문제 해결에 있어서도 가설을 설정하고 이를 연역적으로 추리하며, 실증적으로 검증하는 등의 과학적 사고 방법이 가능해진다. 또한 자기의 사고에서 논리성을 분석하고 평가하는 등의 고등한 정신 기능이 발달된다.

앞의 구체적 조작기의 사고방식과 비교해 보면, 구체적 조작기에서는 지적 조작이 '지금, 여기'(Here & Now)에 국한되고, '시행착오적 문제 해결 방법'을 사용하게 되지만 형식적 조작기에서는 "미래와 눈에 보이지 않는 먼 곳"(Remote& Future)에까지 사고가 가능하며 "가설-연역적 문제 해결 방법"을 사용할 줄 알게 된다. 구체적 조작기와 비교할 때 두드러진 차이의 하나는 도덕적 사고와 판단에 관한 것이다.

Piaget는 도덕적 사실주의(moral realism)와 도덕적 상대주의(moral relativism)로 구분하였다. 도덕적 사실주의는 도덕적 사고를 하는 데 있어서 융통성이 없기 때문에 규칙을 말 그대로 받아들인다든지, 도덕적 판단을 하는 데 있어서도 행위의 결과만을 중시하는 등 형식적 조작기 이전의 아동들의 도덕성을 의미한다. 반면 도덕적 상대주의는 규칙의 해석과 적용에 융통성을 부여할 줄 알며, 도덕적 판단을 내리는 데 있어서도 행위의 결과보다는 행위의 동기나 의도를 중시하는 청년들의 도덕성을 의미한다.

예를 들면 엄마를 도와주다가 접시를 다섯 개 깨뜨린 아동과 과자를 몰래 꺼내먹다가 접시를 두 개 깨뜨린 아동 중 누가 더 잘못했는가를 따지는 도덕적 판단에 있어서 7~8세 이전의 아동들은 대부분 단지 깨뜨린 접시의 수가 많다는 이유로 접시 5개를 깨뜨린 아동이 더 잘못했다고 판단한다는 것이다. 즉, 도덕적 사실주의에 얽매어 있기 때문에 행위의 동기나 의도를 고려할 줄 모르는 것이 형식적 조작기 이전 아동들의 도덕성이라는 것이다.

(3) Piaget 이론의 교육적 시사점

① 아동들이 어떻게 자기의 경험을 지적으로 조직하고 종합하는가를 알기 위해서 교사들은 Piaget 이론을 숙지할 필요가 있다. 또 교사 자신이 자신의 사고를 분석해 볼 필요가 있다. 왜냐하면 교사는 형식적 조작기의 사고 구조를 갖고 있으며, 아동들은 전조작기나 구체적 조작기의 사고

구조를 갖고 있기 때문에 교사는 스스로의 사고에 대한 통찰을 가짐으로써 보다 아동들의 사고를 잘 이해할 수 있을 것이기 때문이다.

② 가능하다면 자기가 가르치는 아동들의 사고의 수준과 유형을 조사 관찰해 두면 좋다. 이를 위해서는 Piaget가 시행한 실험을 그대로 아동들에게 제시해 주고 그들이 여기에서 나타내는 반응을 면밀히 관찰해 보는 것도 중요하다(부록 'Piaget 경험' 참고).

③ 유아나 학령기 아동들에게는 구체적 활동과 직접적 경험이 그들의 학습에 있어서 본질적으로 중요하다는 점을 잊어서는 안 될 것이다. 따라서 아동들에게 이러한 활동과 경험을 통해 스스로 학습할 수 있도록 풍부한 기회와 자료를 제공해 주어야 한다.

④ 아동들끼리 상호 간의 교류를 통해 서로서로 배울 수 있도록 학습 상황을 꾸며 주는 것이 좋다. 이를 보다 효과적으로 하기 위해서 동질적인 능력을 가진 아동들끼리만 학습 집단을 조성해 주기보다는 이질적으로 구성하는 것이 좋다.

⑤ 아동들에게 주는 학습 경험은 사고 구조의 위계에 맞게 제시해 주어야 한다. 예를 들면 모양 · 색 · 크기가 서로 다른 나무토막(블록)을 두 가지나 세 가지 속성을 동시에 고려하여 분류하는 과제를 주기 전에, 먼저 한 가지 속성으로 분류하는 문제부터 주어야 한다는 것이다. 그리고 아동들이 이러한 문제를 해결하는 데 있어서 교사는 답만 맞았는가 틀렸는가를 보지 말고, 그 답이 나오기까지의 사고 과정에 관한 여러 가지 질문을 통해 아동들로 하여금 자기의 경험과 사고에 대한 충분한 설명을 할 수 있는 기회를 주는 것이 중요하다. 이는 아동들에게는 지적 능력을 발달시키는 기회가 되고, 교사에게는 아동들의 사고 구조를 이해하는 기회가 되기 때문이다.

⑥ 아동들은 자주 자기 중심적인 사고에 빠지기 쉽기 때문에 어느 경우에는 또래들끼리도 의사소통이 잘 안 되고 좌절을 느끼거나 혼란을 경험할

가능성이 있음을 잊어서는 안 된다. 교사는 아동들(특히 유아)은 다른 사람들의 생각과 자기의 생각이 다르다는 점을 깊이 이해하고 있지 못하기 때문에 자주 의사소통에 실패한다는 점을 이해해야 한다. 따라서 언제든지 되묻고 다른 말로 풀이해 주고, 아동들로 하여금 어떤 대상이나 상황에 대한 개념과 의미를 충분히 설명케 하여 서로의 생각이 다른 데서 문제가 생길 수 있다는 점을 깨우쳐 주어야 한다.

⑦ 유아기 아동들에게는 분류, 보존, 관계, 포섭, 계열, 유추 등의 개념을 이해하고, 가역적 사고 등을 경험할 수 있는 학습 기회를 풍부하게 주는 것이 중요하다. 또한 학령기 아동들에게는 구체적 사물을 통한 논리적 사고와 더불어 상징물을 통한 사고나 추상적 사고를 할 수 있는 기회를 제공해 주는 것이 좋을 것이다.

⑧ 아동들로 하여금 질서나 규칙을 따르도록 하고 옳은 행동이 무엇인가를 가르치는 것도 중요하지만, 동시에 왜 질서나 규칙을 지켜야 하며, 왜 그것이 옳고 저것은 옳지 않은가 하는 도덕적 사고의 기회를 제공해 주어야 할 것이다(부록 'Piaget의 실험' 참고).

4) Bruner의 표상 발달론

Bruner는 Piaget의 인지 발달론에 근거를 두고 나름대로 표상 체계(representation system)의 발달에 관한 이론을 전개하였다.

(1) Bruner 발달 이론의 원리

그는 표상 체계는 곧 인지 능력을 나타낸다고 보고, Piaget와 상당히 유사한 인지 발달론을 구성하였다. 그러나 Bruner는 사고의 발달에 있어서의 언어의 역할에 관해서 Piaget와 다른 입장을 취하였다

Piaget는 사고와 언어가 밀접한 관련을 갖고 있지만 서로 다른 체계라고 보았다. 즉, Piaget는 언어가 충분히 발달되지 않아도 내적 논리 체계에 의하여

▲ Bruner

복잡한 행동을 흉내 낼 수 있다고 생각했다. 그러나 Bruner는 사고란 언어가 내면화된 것이기 때문에 보존 개념이 형성되었는가를 알아보는 데 있어서도 논리 자체가 중요하다기보다는 질문에 사용된 언어의 구문적(構文的) 규칙이 더 중요하게 작용한다는 것이다. 즉 사고는 언어로부터 독립된 것이 아니기 때문에 사고는 언어의 구속을 받을 수밖에 없다는 것이다.

이상과 같은 차이 이외에 Bruner는 인지 발달 과정에 관해서도 Piaget와 다른 견해를 갖고 있다. 즉 Bruner가 Piaget와 마찬가지로 발달 단계의 위계(hierachical sequence)를 인정한 것은 동일하였다. 그러나 Piaget가 한 단계의 아동들에게는 그 단계의 사고 구조에 의해서만 사고를 하도록 요구해야 하며 그 이상 단계에서의 사고를 요구하는 것은 잘못이라는 생각을 갖고 있지만, Bruner는 고등한 사고 구조에 의한 사고도 방법만 적당하다면 아동들에게까지도 가능하다는 생각을 갖고 있다. 즉 Bruner는 Piaget가 말하는 성숙에 의한 내적 논리 구조의 발달이라는 인지 발달의 선행 조건을 부정한 것이다.

(2) 인지 발달 단계

Bruner가 주장하는 표상의 발달 단계는 Piaget의 감각 운동기, 구체적 조작기, 형식적 조작기 등 3단계와 아주 유사하다. Bruner의 용어를 사용하여 표상 발달 단계를 제시하면 다음과 같다.

1 행동 표상 단계(stage of enactive representation)

2~3세 이전의 유아들은 사건이나 물체를 정의하고 이해하는 데 있어 행동이 그려지거나 상징적인 방법에 의한 사고는 불가능하다. 이와 같이 직접적인 행위에 의해서만 인지 작용이 가능한 단계를 행동 표상 단계라고 한다.

2 상의 표상 단계(stage of iconic representation)

3세쯤부터 유아들의 사고는 눈이나 귀 등 감각 기관으로부터 받아들여 만들어진 상에 의존하여 이루어진다. Bruner는 특히 유아들은 시각을 통해 아주 구체적으로 지각된 상을 통해 사고 작용이 잘 이루어진다고 보았다.

3 상징적 표상 단계(stage of symbolic representation)

가장 발달된 표상은 언어 · 수 · 기호 등 인간의 상징물에 의하여 일어나는 아주 추상적인 사고를 말한다. Bruner는 이 단계에 이르는 연령을 구체적으로 제시하지는 않았으나, 10세 전후한 시기로 보아야 할 것 같다. 이 단계가 되면 아동들은 자기의 모든 경험을 언어로 조직하여 저장하게 되고, 또한 언어를 사고의 도구로 사용하게 된다.

(3) Bruner 이론의 교육적 시사점

① 유아와 초등학교 저학년 아동들에게는 풍부한 시각 및 감각적 경험을 통해 학습할 수 있도록 해야 한다.

② 만일 학습 준비도에 대한 Bruner의 견해를 존중한다면 무작정 준비도만을 강조하지 말고, 앞으로 학습할 심화과제에 필요한 개념과 기능을 체계적으로 제시할 수 있는 교과 과정을 고안해야 한다. 이에 대한 Bruner의 권고를 그대로 인용해 보면 다음과 같다. "6학년 아동들에게 연산법을 가르쳐야 한다면 그것을 배우는 데 필요한 아이디어와 기능을 1학년 때부터 연습하도록 가르쳐야 한다"(Bruner, 1978).

③ 연령과 성숙에 관계없이 인지 발달을 촉진시킬 수 있다는 Bruner의 견해를 받아들인다면 시각에 지나치게 의존하는 아동들의 사고를 언어화시켜 문제를 해결하도록 격려해 주어야 할 것이다.

④ 학령기 아동들은 어느 때는 시각적 관찰을 하기도 하고, 어느 때는 상징적 사고를 하기도 한다는 점을 기억해야 한다. 따라서 교사는 어떤 과제에 대해서는 시각을 강조하여 제시하기도 하고, 또 어떤 과제에 대해서는

언어를 강조하여 제시하기도 해야 한다. 또한 가능한 대로 아동들끼리의 언어적 상호 작용을 풍부하게 갖게 하며 스스로 탐구할 수 있는 기회를 제공해 주는 것이 필요하다.

5) 행동주의 발달 이론

앞에서 살펴본 바와 같이 Piaget는 성숙이 이루어지기 전에 인지 발달을 촉진시키는 노력은 현명치 못한 처사라고 보았다. 또한 Bruner는 Piaget와 같은 인지 발달 단계는 인정하면서도 이후의 학습을 잘 하도록 촉진시키려면 특별히 계획된 과제들을 스스로 탐구하도록 경험시켜야 한다고 확신하고 있다.

미국을 중심으로 발달된 행동주의 이론(S—R 이론)에서는 발달을 촉진시킬 수 있다는 견해는 Bruner와 같지만, 이에 필요한 경험들을 제공하는 방법에서는 Bruner와 다르다. Bruner는 학생들이 스스로 탐구할 수 있도록 경험을 제공해야 한다는 입장이지만, S—R 이론가들은 특수한 반응을 일으키는(즉 발달시키는) 특수한 자극들을 교사가 체계적으로 조직하여 제공해 주어야 한다는 입장을 취하고 있다.

(1) 행동주의 이론의 배경과 원리

인간의 학습과 발달에 대한 S—R 이론가들의 생각도 모두 같은 것은 아니지만 그 중에 공통적이고 대표적인 원리들을 살펴보면 다음과 같다.

① 인간은 태어날 때 백지(tabula rasa)와 같은 상태여서 태어난 이후의 경험에 따라 아주 다른 발달을 성취할 수 있다. 이러한 사상의 뿌리는 고대 철학자 Aristoteles나 중세 철학자 John Locke의 사상에서 유래된 것이다.

② 인간도 다른 어떤 물리적 대상과 마찬가지로 자연의 한 부분이기 때문에 과학적 연구의 대상이 되며, 인간의 마음에 관한 연구는 실제로 관찰이 가능한 행동을 통해 실증적으로 이루어져야 한다(Watson, 1913; Skinner, 1953).

③ 인간의 행동은 주어진 자극에 대한 반응이 서로 연결됨으로써 습득되는

것이다. 또한 특정 자극에 대한 반응이 학습되고 나면 그와 유사한 자극에 대해서는 동일한 반응을 일으키는 경향이 있다(자극 일반화). 유사한 자극이 동일한 반응을 일으키긴 하지만 유사한 자극 중 어떤 자극이 있은 뒤에는 보상을 해주고, 어떤 자극 뒤에는 보상을 해주지 않으면 보상이 뒤따르는 자극에 대해서만 반응을 일으키게 된다(자극 식별).

④ 인간의 행동은 그 행동이 가져온 결과의 영향을 받아 강화되거나 소거되거나 한다. 즉 어떤 행동의 결과가 그 개체에게 만족스러운 결과를 가져다주면 그 행동은 강화를 받아 지속되고, 반면 만족스럽지 못하거나 불쾌한 결과를 가져다주면 그 행동은 소거된다(Skinner의 강화의 원리).

⑤ 인간의 행동은 동일시(identification), 모방(imitation), 모델링(modeling) 등에 의해서도 습득되며, 일단 습득된 행동은 일반적으로 강화 원리의 지배를 받는다.

(2) 행동주의 이론의 교육적 시사점

① 인간의 행동은 경험에 의해서 형성되는 것이기 때문에 아동들에게 학습 경험을 제공해 주는 교사들은 곧 그들의 성장과 발달을 좌우한다는 점을 잊어서는 안 될 것이다.

② 행동은 보상에 의해 강화를 받지 못하면 소거되어 버린다. 따라서 만일 아동들이 교사가 원하지 않는 행동을 반복해서 할 때에는 그 행동에 관심을 두지 말고 무시해 버리면 자동적으로 소거되어 버릴 것이다.

③ 아동들의 행동은 보상에 의해 쉽게 강화된다. 따라서 바람직한 행동은 효율적으로 강화를 시켜 주어야 한다. 강화 자극(보상)을 줄 때에는 아무렇게나 비효과적으로 주지 말고 최대의 효과를 얻도록 체계적으로 주어야 한다. 먼저 바람직한 행동을 찾아내고, 그 행동이 나타날 때마다 즉각적으로 일관성 있게 강화 자극을 주면 효과적일 것이다. 일단 잘 형성된 행동에 대해서는 간헐적 강화를 주는 것이 더 큰 지속 효과를 나타낼 것이다.

④ 바람직하지 못한 행동을 소거시킨다고 벌을 사용할 때에는 효과적인 방법으로 사용해야 하며, 벌의 부작용에 대해서 충분히 이해하고 사용해야 한다.

⑤ 아동들은 다른 사람을 모방함으로써 많은 행동을 배운다. 특히 부모나 교사와 같이 그들이 동일시하는 대상의 경우에는 모방이 더 심하다. 따라서 교사들은 많은 아동들이 자신을 동일시하고 있다는 사실을 잊지 말고 늘 모범적인 생활과 언행을 갖도록 해야 한다('제9장 행동의 강화와 소거에 관한 방법' 참고).

6) Maslow의 인본주의 발달 이론

▲ Maslow

Freud를 주축으로 하는 정신 분석학적 발달 이론이나 미국의 행동주의 발달 이론과는 입장을 달리하면서도 두 가지 입장을 개선적으로 종합하는 입장을 취한 심리학의 한 주류가 인본주의 발달 이론이다. 이러한 입장에 해당하는 학자로는 Abraham H. Maslow, Carl Rogers, Arthur Combs 등이 있으나, 그 중 아동의 발달과 깊이 관련되고, 또 대표적인 인본주의 심리학자는 Maslow이다.

Maslow는 처음에 Freud의 정신 분석을 공부하고 깊은 감명을 받았다. 그러나 그는 Freud의 이론이 비정상적인 신경증 환자들로부터 관찰된 자료로 인간의 발달을 규명하려 했기 때문에 아동들을 무의식적 욕구에만 지배를 받는 어쩔 수 없는 존재로 보았다는 사실을 발견하였다. 그래서 그는 Freud처럼 비정상적인 사람을 관찰하여 행동 이론을 만들지 아니하고, 아주 잘 적응된 인간을 관찰하여 행동 이론을 구성하고자 하였다. 그 결과 잘 적응된 아동들은 무의식적 욕구에 따라 행동하고 성장 발달하는 것이 아니라, 그들 스스로 성장을 즐기고 새로운 것을 학습하고 능력을 키워나가며 전진하고 있다는 것을 발견하였다.

또한 Maslow는 인간은 환경의 조건에 따라 수동적으로 자기의 행동과 발달이 결정된다는 행동주의 심리학에도 불만을 느끼고, 자신의 관찰 결과에 근거하여 인간은 스스로 자기의 행동을 선택한다는 주장을 내세웠다. 즉 인간은 수동적인 존재가 아니라 스스로를 형성할 수 있는 능동적이며, 창의적인 존재라는 것을 강력하게 주장하였다. Maslow 등의 이론에 인본주의(humanism)라는 이름이 붙은 이유도 이와 같이 인간의 자율적이고 자발적인 의지를 강조한 데 있다.

(1) 인본주의 발달 이론의 원리

① 인간은 기본적으로 성장하고자 하는 내적 본성을 갖고 태어난다.

② 이러한 인간의 내적 본성은 경험이나 무의식적 사고와 감정에 의해 변화되고 발달될 수 있으나, 근본적으로 이러한 힘(경험과 무의식 등)에 의해서만 지배를 받는 것은 아니다.

③ 인간 자신은 상당한 정도로 자기의 행동을 조절할 수 있는 힘(의지)을 지니고 있다.

④ 아동들도 자기의 성장과 발달을 스스로 즐기고, 또 선택할 수 있는 힘이 있기 때문에 그들 스스로 행동과 발달을 선택할 수 있도록 아동들에게도 자유가 허용되어야 한다.

⑤ 부모와 교사들이 아동들의 생리적 욕구와 안전, 애정 및 자존의 욕구만 잘 충족시켜 주면 아동들은 스스로 현명한 선택을 하여 발달해 나갈 수 있다.

⑥ 부모와 교사의 역할은 아동들의 성장을 통제하거나, 발달을 형성시켜 주는 일이 아니라 아동들 스스로 성장 발달하도록 도와주는 것이다.

(2) 인본주의 발달 이론의 교육적 시사점

① 유아나 학령기 아동을 막론하고 아동들은 모두 성장을 즐기고 스스로

새로운 경험을 찾을 줄 안다. 따라서 부모와 교사들은 아동들을 보호해 주고 돌봐 주어야 한다는 생각을 버리고, 아동들이 스스로 자신의 것을 탐색하고 선택할 수 있도록 기회를 제공해 주면 된다.

② 아동들의 행동과 발달은 완전히 외적인 힘(환경)에 의해서만 결정되는 것이 아니다. 각 아동들은 자신의 고유한 결정 요소를 갖고 있다. 따라서 부모나 교사가 아동들을 '이런 인간', '저런 인간'으로 마음대로 만들 수 있다고 생각하지 말고, 아동들 스스로 자신의 행동을 통제해 나갈 수 있도록 자유를 주도록 해야 한다.

③ 성인들이 아동들의 성장 발달을 위해 할 수 있는 최선의 길은 아동들의 안전, 애정, 소속, 자존의 욕구 등을 잘 충족시켜 주는 일과 아동들이 현명한 선택을 하도록 도와주는 일이다.

03 연령에 따른 발달 특징과 지도 방법

앞의 발달 이론에서 기술된 행동 특징들도 여러 부류의 행동을 포괄하고 있기는 하지만, 이론은 특정의 행동을 중심으로 구성되기 때문에 이론에서는 모든 행동을 대상으로 연령 수준에 따른 발달 특징을 취급할 수가 없다. 그러나 교육에서는 어떤 특정의 행동만을 대상으로 해야 되기 때문에 행동 전반에 걸친 발달 특징을 이해할 필요가 있다. 이러한 관점에서 본 단락에서는 유아기와 학령기 및 청소년기의 제반 행동 발달 특징을 신체적, 사회적, 정서적, 지적 영역으로 구분하여 포괄적으로 기술하고, 그러한 발달 특징을 고려하여 어떻게 아동들을 지도하는 것이 바람직한 것인가를 논의하고자 한다(아동기의 발달 특징에 대해서는 Snowman과 Biehler의 저서 3장을 주로 참고).

1) 유아기의 발달 특징

(1) 신체적 특징

① 유아들은 상당히 활동적이며, 활동 자체를 즐긴다. 따라서 유아들에게 달리고, 뛰고, 기어오르는 등의 다양한 운동 경험을 제공해 주는 것이 좋다. 특히 때때로 아주 자유스럽게 뛰어 놀 수 있는 기회를 마련해 주면 통제된 상황보다 유아들이 얼마나 더 활발하게 움직이기를 좋아하는가를 알 수 있다. 교사들은 가능한 대로 여러 가지 종류의 게임과 놀이를 준비하여 다소 통제된 상황에서 활동을 즐길 수 있도록 하는 것이 바람직할 것이다.

② 유아들은 너무 놀이 활동에 몰두하여 피로해지기 쉽기 때문에 놀이 도중 가끔 쉬게 해주어야 한다. 유아들 스스로는 쉬는 것의 중요성을 잘 알지 못하며, 신체 활동을 스스로 조절하지 못하기 때문이다.
강한 놀이 활동 뒤에는 조용한 활동을 하도록 시간표를 작성하여 쉬도록 해야 한다. 강한 활동이 너무 지나치고 흥분이 되면 난폭한 행동을 유발하게 된다는 점도 고려해야 한다.
따라서 교사는 이를 방지할 수 있는 방법을 사전에 준비해야 한다. 예컨대 베토벤 교향곡 제5번의 앞부분 "짜자자–잔"을 피아노로 치면 모든 행동을 중지하는 것으로 학습을 시켜 놓거나, 간단한 행진곡을 치면 지금까지의 행동을 멈추고 방을 빙빙 돌며 행진하는 것으로 학습을 시켜놓을 필요가 있다. 그러면 난폭한 행동이나 지나치게 피로할 만한 활동을 온순하고 조용한 활동으로 전환시키는 데 크게 도움이 될 것이다.

③ 유아들은 손가락 등을 움직이는 소근육 활동보다 몸 전체를 움직이는 대근육 활동이 더 발달해 있기 때문에 단추를 끼우거나 구두끈을 매는 것과 같은 기술은 아주 미숙하다.
따라서 색종이를 오려서 고리를 만들고 연결하는 것과 같이 세밀하고

정교한 기술을 요하는 활동을 강요해서는 안 된다. 솔, 크레용 등의 도구도 큰 것을 주고, 유아들의 신경이나 근육의 발달에 알맞은 활동을 준비하여야 한다. 교사에게 알맞고 재미있는 활동이 꼭 유아들에게도 알맞고 재미있는 것은 아니다.

④ 유아들은 아직 시력의 발달이 완전하지 못하고 작은 물건을 집중하여 보는 것도 어렵기 때문에 눈과 손의 협응 기능이 미숙하다.
따라서 유아들이 지나치게 작은 물건을 세심하게 들여다보아야 하는 일은 피하게 하는 것이 좋다. 유아들이 보는 책의 글자를 크게 인쇄하는 것은 아직 시력이 완전히 발달하지 않았기 때문이다. 너무 작은 활동을 지나치게 요구하지 않도록 한다.

⑤ 유아들의 몸은 유연하지만 뇌를 보호하는 머리뼈는 아직 약하기 때문에 머리를 다치지 않도록 각별히 조심하여야 한다. 유아들이 난폭하게 놀다가 딱딱한 곳에 머리를 부딪치거나, 물건을 던져서 머리에 맞지 않도록 조심해야 한다. 이런 상황이 벌어질 가능성이 있으면 교사는 즉시 개입하여 위험을 예방하고, 유아들에게 왜 위험한가를 설명해 주어야 한다.

⑥ 여아들은 신체의 크기가 남아들보다 작지만 손재주, 말재주, 눈치 등 다른 여러 면에서 남아들을 앞선다. 그렇다고 해서 남아들의 미숙함을 걱정할 필요는 없다.
특히, 여아들은 소근육 활동에서 남아들보다 우수하다. 따라서 이러한 활동을 놓고 남녀를 비교하거나 기술을 경쟁시키는 것은 피해야 한다. 이런 상황만 만들지 않으면 걱정할 것은 없다.

⑦ 약 90% 이상의 유아들은 오른손잡이지만 일부 유아는 왼손잡이다. 왼손잡이는 잘못된 것이 아니기 때문에 특별히 신경을 쓸 필요가 없다. 유아가 편하게 쓰도록 내버려두어야 한다. 왼손잡이를 교정하려는 것은 바람직하지 못하다. 일반적으로 다수의 오른손잡이를 위한 물리적 환경이 대부분이지만 그렇다고 억지로 교정시키려면 교정도 되지 않을 뿐 아니라 유아는

부적당감, 죄책감, 당황감을 느끼게 되고, 이는 말더듬이와 같은 부적응 행동과 신경증의 원인이 된다.

(2) 사회적 특징

① 유아들은 한두 명의 친한 친구를 갖고 있지만 이 우정은 수시로 변한다. 왜냐하면 유아들은 사회적 융통성과 유연성이 크기 때문이다. 유아들은 모든 유아들과 친해지고 잘 놀 수 있다. 대개 좋아하는 친구는 동성이지만 이성 사이의 우정도 쉽게 형성된다.

교사는 늘 어떤 유아들이 친구들과 어울리지 못하며 왜 접근에 자신이 없는지 관찰하는 습관을 가져야 한다. 어떤 유아들은 참여하는 것보다 관망하는 것을 좋아하는 경우도 있다. 진정으로 친구를 사귀고 싶은데 하지 못하는 유아가 발견되면 적극적으로 도와주어야 한다. 유아들 사이의 교우 관계를 알아보기 위해서 사회 측정법(sociometric technique)을 사용하는 것은 크게 도움이 된다. 이런 자료에 의해서, 친구를 사귀고 싶은데 자신이 없는 유아가 발견되면 그가 좋아하는 유아와 접촉할 수 있도록 적극적으로 도와주어야 한다.

② 유아의 놀이 집단은 작고, 또 잘 조직되어 있지 않기 때문에 쉽게 변한다. 유아들의 놀이 활동 내용은 아주 잘 바뀌는데 교사들이 이를 지나치게 걱정할 필요는 없다.

이 연령에서는 그러한 변덕이 정상이다. 대개 교사들은 자유 놀이 시간 등에 어떻게 하면 교사가 바람직하다고 판단하는 놀이 활동을 하게 할까 하는 걱정을 하는데 이에 지나치게 민감할 필요는 없다.

③ 2~3세의 유아들은 서로 간의 별다른 상호 작용이 없는 평행 놀이(parallel play)를 하지만, 4~5세가 지나면서부터 서로 밀접한 관계를 갖고 규칙이나 조직을 가진 협동 놀이(cooperative play)를 즐긴다.

유아들의 놀이 활동에는 어떤 유형이 있으며 그 특징은 무엇인가를 체계적으로 분석하는 데에는 Parten(1932)의 관찰에 의한 '놀이 속에 나타난 유아의 사회적 행동 유형'이 크게 참고가 될 것이다. 이를 간단히 소개하면 다음과 같다.

비참여 행동 (unoccupied behavior)	노는 것은 아니지만 순간적으로 관심이 가는 것을 보고 흥미가 없을 때에는 자기 몸을 가지고 놀거나 주위를 돌아다니며, 보는 상태이다.
방관자적 행동 (onlooker behavior)	다른 유아가 노는 것을 지켜보느라고 많은 시간을 보내고, 어쩌다가 말참견이나 훈수를 둘뿐 자신이 직접 놀이에 참여하려고 하지는 않는다.
혼자 놀이 (solitary play)	말하면 들릴 정도의 거리에 앉아서 놀지만 서로 나른 상난감과 서로 다른 놀이를 한다. 다른 유아의 놀이에 전혀 관심이 없다.
평행 놀이 (parallel play)	바로 옆에 함께 앉아서 같은 장난감을 가지고 노는 것이지만 각자의 놀이 방식대로 놀뿐 서로 유기적인 관계는 없다.
연합 놀이 (associative play)	여럿이 어울려 함께 놀지만 놀이 활동에 따른 역할이나 지위가 없고 어떤 조직을 갖고 있지 않다.
협동 놀이 (cooperative play)	지도자도 있고, 할당된 역할도 있고, 규칙 등이 잘 조직되어 있는 놀이 활동이다.

교사는 유아의 놀이 장면을 관찰하고 이러한 유형으로 구분하여 분석해 본다면 혼자 놀기를 좋아해서 혼자 노는지, 또는 함께 놀고 싶은데 어울리는 방법을 모르거나 부끄럽기 때문에 어울리지 못하는지 등에 관한 보다 분명한 자료를 얻을 수 있을 것이다.

④ 유아들은 자주 싸운다. 그러나 금방 기분이 풀리고 잊어버린다.

좁은 공간에서 20명 정도의 유아들이 제한된 놀이 도구를 함께 가지고 놀아야 하기 때문에 자주 충돌이 생기고 싸움이 벌어지는 것은 불가피하다. 웬만한 경우에는 그들 스스로 자연스럽게 충돌이 해결되도록 두고, 심한 싸움으로 벌어질 가능성이 있을 때에만 교사가 개입하는 것이 좋다. 조그만 문제에까지 늘 교사가 개입하면 버릇이 되어 모든 경우에 교사의 심판이 필요한 의존적인 유아들이 되고 만다.

⑤ 유아들은 극 놀이를 즐긴다. 유아들이 좋아하는 극 놀이의 내용은 TV나 만화 등에서 본 것이나 자신의 직접적 경험에 의한 것이다.

교사가 바람직한 내용이라고 판단하는 극 놀이들을 조직하여 놀게 할 필요가 있다. 어떤 경우에는 교사가 바람직하지 못하다고 생각하는 극 놀이를 하자고 할 때도 있을 것이다. 그러나 일방적으로 교사의 생각대로만 판단할 것은 아니며, 어느 정도 유아들의 생각과 요구를 반영해 줄 필요도 있다. 예컨대, 전쟁 놀이의 경우를 보자. 어떤 어른들은 난폭한 행동이나 공격적인 행동을 학습하거나 조장하게 되고, 또 남의 고통에 대해 둔감해진다고 그런 놀이를 반대한다. 그러나 어떤 어른들은 전쟁 놀이 속의 공격적인 행동이 유아들의 억압되고 긴장된 감정을 해소시켜 주기 때문에 바람직하다고 장려하기도 한다.

⑥ 유아들에게도 성역할에 대한 인식과 학습이 이루어진다.

우리나라의 유아들은 이미 유아교육기관에 들어가기 전부터 가정에서 성역할(gender role)에 대한 경직된 의식을 가질 가능성이 높다. 근래에는 이러한 경향이 다소 줄어들었지만 전통적인 뿌리는 아직도 크게 영향을 미칠 가능성이 있다. 따라서 교사들은 유아들이 크게 혼란을 겪지 않는 범위 내에서 성역할에 대한 경직된 생각을 갖지 않도록 도와주어야 한다. Ruble과 Martin(1998)에 의하면, 성고정 관념은 과거 30년에 걸쳐 놀랄 만큼 일관성 있게 남아 있다고 한다. 3세 된 유아도 사회의 고정관념에 따라, 장난감 등을 분류하고 선호한다. 특히 어린 시기에는 자신의 선호를 나타낼 수 없기 때문에 부모에 의해서 성 유형적인 장난감 등을 제공하기 때문일 것이다. 따라서 교사들은 유아기부터 성역할에 대한 편견을 갖지 않도록 지도해 주어야 한다.

(3) 정서적 특징

① 유아들은 그들의 감정을 자유롭게 마음대로 표현하는 경향이 있다. 아직

감정의 통제가 잘 되지 않기 때문에 화나는 일이 있으면 자주 그대로 터뜨려 버리기도 한다.

이 시기 유아들에게는 언짢은 감정이라도 그대로 자유롭게 표현할 수 있도록 내버려두는 것도 좋다. 그래야만 자신의 감정을 이해하고, 또 조절할 수 있는 힘을 길러갈 수 있기 때문이다. 감정 폭발에 대하여 정면으로 나무라거나 간섭하기보다는 관망하면서 스스로 통제하도록 기회를 주는 것이 좋을 것이다. 잘못 개입하면 감정을 폭발시키는 행동을 계속 강화시켜 줄 수도 있고, 또 스스로의 행동에 대한 통찰을 갖게 하지 못할 가능성이 있다.

② 유아들 간의 질투와 시기는 흔히 있는 일이다. 왜냐하면 유아들은 가장 심하게 교사들의 사랑을 받고 싶어 하고, 또 적극적으로 인정을 구하기 때문이다. 한 반에 20명 정도의 유아들이 있고 모두 한 선생님을 원하고 있기 때문에 시기와 질투는 불가피한 일이다. 따라서 교사는 가능한 대로 모든 유아들에게 골고루 관심을 가지도록 하고, 어떤 유아를 칭찬해야 될 경우가 있으면 개인적으로 칭찬을 해주는 것도 좋은 방법이다. 그러나 모든 유아가 따라야 할 모범적인 행동에 대해서는 공개적으로 칭찬을 하되, 유아를 칭찬하기보다는 그 행동을 칭찬하는 것이 좋다.

한 유아만 계속 공공연하게 칭찬을 받으면 다른 유아들이 언짢아하고 시기심을 느끼는 것은 당연하기 때문에 교사는 늘 모든 유아들이 선생님과의 관계에서 사랑의 갈등을 느끼지 않도록 각별히 조심해야 한다.

(4) 지적 특징

① 유아들의 언어 표현력은 놀라울 정도로 발달해 있다. 그리고 대부분의 유아들이 남들 앞에서 말하기를 좋아한다.

따라서 유아들에게 자유롭게 자기의 생각, 감정, 경험 등을 말로 표현할 수 있는 기회를 만들어 주는 것이 중요하다. 간단하게라도 돌아가면서 말할 수 있는 기회를 주어야만 말이 많은 유아에게는 자연적인 통제가 되고, 말이 별로 없는 유아에게는 말을 하도록 만들 수 있다.

자유롭게 이야기를 하도록 하면 간혹 하지 말아야 될 이야기를 꺼내는 경우도 있다. 예컨대 어젯밤에 엄마 아빠가 싸운 얘기를 자세히 늘어놓으면 교사는 당황하지 말고 자연스럽게 개입하여야 한다. "한 개인이나 가정에는 비밀이 있을 수 있고 그러한 것을 다른 사람들 앞에서 이야기하지 않는 것이 좋다."는 식의 이야기로 중단시키는 것이 좋다.

듣는 유아들에게는 남의 이야기를 경청하는 태도를 가르쳐 주고, 또 앞서 든 예와 같은 이야기를 듣고 '낄낄거리는 것'은 예의 바르지 못한 행동이라는 것도 가르쳐야 할 것이다.

② 유아기에는 상상력과 창의력이 아주 풍부한 때이다.

나이가 더 들어가면서 상상력이나 창의력을 마음껏 발휘할 기회는 점점 줄어들기 때문에 가능한 대로 유아 교사는 유아들이 놀이, 이야기하기, 그리고 만들기 등에서 마음껏 창의력과 상상력을 발휘하도록 격려해 주어야 한다.

그러나 일부 유아 중에는 현실과 상상의 세계를 지나치게 혼동하여 적응상의 문제를 일으키는 경우도 있음에 주의하여야 한다. 상상 욕구를 손상시키지 않으면서 이런 유아를 지도하려면 이야기를 꾸미는 특별한 시간을 마련하여 그 시간에만 그런 이야기를 하도록 하면 좋을 것이다. 그리고 교사는 그 유아에게 이야기를 꾸미게 하는 것도 참 좋은 일이지만, 우리는 자주 있는 사실을 그대로 이야기하지 않으면 안 된다는 점을 거듭 강조해 주어야 한다.

이러한 경우를 제외하면 가능한 대로 사실 세계에 근거한 상상과 유아들의 자유로운 상상을 충분히 경험하고, 또 이를 언어로 표현할 수 있는 기회를 많이 만들어 주는 것이 좋다. 이 시기의 상상 활동은 앞으로의 창의적 사고력을 기르는 데 기초가 되기 때문이다.

③ 유아들은 언어를 사용하는 데 있어서 자기 나름대로의 규칙을 적용하는 경우가 많다.

예컨대 두 살 반짜리 꼬마가 "아빠 밥 먹어."라고 말하는 것을 "아빠 진지 잡수셔요."하는 것이라고 가르쳐 주었더니, 그 다음부터는 "나도 진지 잡수셔요."라고 말을 하는 것과 같은 경우이다. 일단 습득한 언어 규칙을 유아들은 모든 경우에 쉽게 일반화시켜 버린다. 아직 식별 학습이 되지 않은 것이고, 오히려 이러한 일반화의 능력은 지적 능력이 잘 발달된다는 증거이기 때문에 말을 잘 가르쳐도 멋대로 적용해 쓴다고 걱정할 필요는 없다. 적당한 기회에 식별 학습을 시키면 되는 것이기 때문이다.

④ 최선을 다하고 자기 능력에 확신을 갖게 하는 경쟁심을 적당한 만큼 심어주는 것은 이 시기의 지적 발달을 위해서 도움이 된다.

- 다른 유아들의 행동을 관찰할 수 있도록 여러 장면에서 유아들끼리만 어울리도록 한다.
- 다른 유아들의 바람직한 말과 행동에 교사는 관심과 흥미를 보인다.
- 유아들로 하여금 많은 것을 스스로 조사하고 탐구할 수 있는 기회를 만들어 준다.
- 유아들 스스로 자신들의 문제를 처리하도록 격려해 준다.
- 유아들이 보다 능숙한 기능이나 성숙한 행동을 해보도록 격려한다.
- 바람직하지 못한 행동에 대해서는 일관성 있게 제한을 가하고, 그 이유를 설명해 준다.
- 유아들의 성취에 대해서는 아낌없는 칭찬과 존경을 표시한다.
- 유아들과의 대화는 될수록 부드럽고 진지하게 한다.
- 교사나 부모 자신이 늘 열심히 노력하고 자신 있게 행동하는 규범을 보인다.
- 유아들의 실패나 부족한 것에 대해서 함부로 과소평가하거나 좌절시키지 않도록 하고, 성취 결과에 대해서도 어른이나 다른 유아와 비교하지 않는다. 다만 성취하려는 마음과 그 과정을 격려해 주고 높이 평가해 준다.

2) 학령기의 발달 특징

(1) 신체적 특징

① 학령기 초기까지는 아동들이 상당히 활동적이다. 그러나 학령기 아동들은 자주 가만히 앉아서 공부를 하거나 놀기를 강요당하고 있기 때문에 쌓인 에너지가 때때로 신경증적 형태로 발산되는 경우가 있다. 예를 들면 연필을 씹는다든지, 손톱을 깨문다든지, 머리털을 만지작거리거나 안절부절 하는 등의 행동을 하는 것이다.

교사들은 아동들이 수업 시간에 좀 떠들고 움직이고 하는 것에 대해 지나치게 강압적으로 다루지만 말고 다소의 융통성을 가질 필요가 있다. 일부의 선생님들은 수업 시간에는 절대로 조용하고 얌전하기를 고집하기도 하는데, 그런 정도로 심하게 제재를 가하면 선생님의 꾸중 때문에 포용하기는 하지만 오히려 수업에는 열중하지 못하는 아동들도 있다는 점을 주의해야 한다. 많은 선생님들은 다소의 말소리나 움직임에 대해서 허용적일 것이다. 이것은 교사의 기준에 따라 다르겠으나 어쨌든 지나친 제재나 지나친 방임은 모두 학습의 효과를 낮추는 결과를 가져온다.

지나치게 오랫동안 조용히 집중하도록 하지만 않는다면 별 문제는 없을 것이다. 그러나 조용하도록 요구한다고 하더라도 가끔 아동들로 하여금 질문에 응하도록 한다든지, 칠판에 나가 쓰게 한다든지, 각자 간단히 쓰게 하고, 이것을 선생님께 보이게 하는 등 수업 상황을 유동성 있게 이끌어 가면 조용하도록 요구하는 것도 큰 무리 없이 이루어질 것이다. 즉 아동들의 활동 의욕을 학습 활동에서 해소시키도록 하자는 것이다.

② 저학년 아동들도 유아와 마찬가지로 자주 휴식을 가져야 한다. 심한 신체 활동과 정신적 집중 때문에 피로해지기 쉽기 때문이다.

따라서 학습 진행 계획을 운동이나 심한 정신적 집중을 요구하는 학습(읽기, 쓰기, 셈하기 등)과 조용히 쉴 수 있는 시간(감상하기, 듣기)이 번갈아 오도록 짜야 할 것이다.

③ 저학년 아동들은 유아기 아동들과 마찬가지로 소근육 활동보다 대근육 활동에 능숙하다. 그래서 연필을 쥐고 쓰는 것 등이(특히 남아들에게) 어색하고 힘든 경우가 많다.

따라서 한꺼번에 너무 많은 것을 쓰도록 요구하는 것은 바람직하지 못하다. 쓰기 시간이 너무 길어지면 쓰는 기능도 오히려 후퇴되고, 쓰거나 공부하는 일에 대해서 부정적인 태도를 형성하게 될 우려가 있다.

④ 만 8세가 되기까지는 아직 시력이 충분히 발달되어 있지 않기 때문에 조그만 글씨로 인쇄된 것이나 작고 정교한 모양을 쉽게 식별하지 못한다. 극히 적은 수이지만 몇몇 아동은 안구의 발육이 미흡해서 원시안(遠視眼)인 경우도 있다.

따라서 너무 긴 시간 동안 많은 양의 독서를 시키는 것을 피해 눈의 피로를 막아야 한다. 아동들에게도 큰 글자의 책을 읽도록 권고해 주고, 선생님도 큰 글씨를 쓰도록 주의할 필요가 있다.

⑤ 고학년 아동들은 소근육에 의한 기능과 활동이 잘 발달된다. 따라서 대부분의 아동들은 작고 정교한 물건을 가지고 하는 작업을 즐긴다. 특히 그리기, 만들기, 악기 다루기 등을 썩 잘하고 즐기는 경향이 증가한다.

그러한 활동들은 손의 기능을 발달시켜 줄뿐 아니라 창의적 표현력을 길러 주기 때문에 아동들의 발달에 아주 유익한 활동이 될 수 있다. 또한 언어나 수를 잘 다루지 못하는 아동들이 그러한 활동을 통해서 높은 성취감을 느낄 수 있기 때문에 장려할 필요가 있다.

⑥ 학령기 아동들의 신체 활동은 아주 격렬하기 때문에 위험에 대비하는 준비를 시켜 주어야 한다. 아동들이 자신의 기능과 힘을 과신하고 위험을 과소평가하여 3~4학년쯤 되면 사고율이 가장 높다.

따라서 위험한 놀이나 운동을 삼가하며 사고를 예방할 수 있도록 지도하고, 상해를 입었을 경우 응급조치를 취하는 방법에 대해서도 지도해 줄 필요가 있다. 그리고 교사들은 좀 난폭하지만 안전한 놀이나 게임을 준비하여 이러한 활동욕을 해소시켜 주어야 한다.

⑦ 뼈의 발달은 아직 완전치 않기 때문에 무거운 물건을 들기나 무모하게 힘을 겨루거나, 강한 한 가지 동작에만 치우치는 운동은 피해야 한다. 항복할 때까지 펀치를 치거나, 너무 힘든 운동으로 힘을 겨루는 데에 몰두해 있는 아동들에게는 협응 기능을 가지고 게임을 하도록 유도해 주어야 한다. 또한 야구의 피처를 혼자서만 하지 말고 돌아가면서 나누어 하도록 지도해 주어야 한다.

⑧ 일부의 남아들과 대부분의 여아들은 5~6학년 때부터 성장 역주(growth spurt) 현상이 나타난다. 여아의 성숙이 빠르기 때문에 11~14세 사이에는 대체로 여아들이 남아보다 신장이나 체중에서 우세하다. 여아의 성숙은 남아보다 약 2년이 앞선다. 성장 역주 현상이 지나고 나면 남아들은 신체도 아주 커지고 강한 힘과 인내력을 지니게 되지만, 그 이전까지도 여아가 발육이 빠르기 때문에 동일 연령의 남녀 사이에 갈등이 생길 수도 있다. 일부의 아동들은 성장 역주로 신체가 급격히 자라기 때문에 이를 수용하지 못하거나, 신체 발달과 성 역할 사이에서 갈등을 느끼는 경우도 있다. 이러한 아동들에게는 신체적 변화와 발달에 대한 충분한 이해와 준비를 시켜 주고, 그러한 변화 뒤에 오는 일에 대해서도 이해를 시켜주어야 한다.

⑨ 많은 아동들이 사춘기에 접어들게 되면 성에 대한 관심과 호기심이 크게 증가된다. 이는 특히 여아에게서 더 심하다.

사춘기의 시작은 대개 12~13세가 보통이며 이르면 10세쯤부터 시작되는 경우도 있다. 따라서 학령기 후반에는 그러한 성적 변화가 나타나기 시작하고 호기심과 관심이 커지기 때문에 적절한 지도가 필요하다.

아동들의 성에 대한 질문은 될수록 과학적 입장에서 정확하게, 그리고 감정적 요소를 배제시키고 응답을 해주도록 해야 할 것이다.

(2) 사회적 특징

① 학령기의 아동들은 친구를 사귀는 데 있어서도 선택적이 되고, 상당히 항구적인 우정 관계를 형성하기도 한다. 또 어떤 경우에는 지속적인 몇몇 친구들과의 적대 관계를 갖기도 한다.

앞에서도 제시한 바와 같이 교사들은 사회 측정법(sociometric technique) 등을 통해서 교우 관계를 알아보고, 아동들 사이의 우정 관계와 배타적 관계를 확인하여 이해할 필요가 있다. 그리고 다른 아동들한테 인기를 얻고 싶어 하지만 그렇게 하지 못하는 아동들이나 따돌림을 당하는 아동들을 도와주어야 할 것이다. 또한 자연스럽고 선한 싸움이 아닌 적대 관계에 의한 싸움에 대해서는 늘 주의를 해야 할 것이다. 특히 집단을 구성하여 패거리를 짓고, 다른 패거리와 적대 행위를 하는 경우도 있을 수 있음에 유의해야 한다.

② 학령기의 아동들은 작은 집단으로 구성된 조직적인 놀이나 게임을 즐긴다. 일단 몇 집단으로 나누어 활동을 시키면 심한 경쟁에 빠질 수도 있고, 게임의 규칙을 따르는 데 있어서도 아직 융통성이 없다. 집단 간의 심한 경쟁은 감소시켜 주어야 하며, 이를 위해서는 될수록 재미있는 게임을 준비하고, 집단의 구성원을 자주 교체시켜 주어야 한다.

게임의 규칙을 고지식하게 지키려는 것은 이 시기 아동들의 도덕적 발달 특징이기 때문에 규칙에 대한 융통성 있는 해석과 적용은 어려울 것이다. 적당한 경우에는 교사가 개입하여 도덕적 상대주의에 해당하는 해석과 적용을 권고해 줄 수 있을 것이다. 그리고 가능한 대로 재미있는 게임을 메모해 두었다가 소개해 주면 조직적인 놀이는 그들의 사회적 발달에 도움이 될 것이다.

③ 아직 싸움이 잦다. 대개는 신체적인 공격 행동보다 말로써 상호 간의 공격성을 표현하겠지만, 일부 아동들은 아직도 주먹으로 때리고, 넘어뜨리고, 밀치고 하는 난폭한 행동을 서슴치 않고 한다. 어쩌다가 다투는 일은

있을 수 있지만 어떤 대상과 계속해서 적대 관계를 가지고 싸움을 반복하는 경우는 교사가 개입하여 그 근원을 캐고 휴전과 화해를 하도록 도와주어야 할 것이다.

④ 학령기 아동들은 놀이, 공부 또는 기타의 활동을 하는 데 있어서 남녀에 따라 상당히 다른 관심을 보이기 시작한다. 그 정도는 개인이나 집단 또는 상황에 따라 상당히 다를 수 있으나, 만일 교사가 남녀에게 다른 역할이나 일을 지나치게 구분하여 제시하면 남녀 갈등을 조장하는 결과를 초래할 수도 있음을 기억할 필요가 있다. 남녀 사이의 성적 반항(sexual antagonism)을 다소라도 줄이기 위해서는 남녀의 경쟁을 조장하는 활동을 억제시키고, 억지로 남녀를 짝지어 앉히는 규칙을 강요하지 말아야 할 것이다.

⑤ 고학년이 되면 교사나 부모가 제시한 행동 규범보다 또래 집단의 요구와 또래의 인정에 따라 행동하게 될 가능성이 커진다.

유아기나 학령기 초기에는 부모와 교사의 행위 기준에 따라 움직이고, 어른들의 인정을 받고 즐거워하지만, 사춘기가 가까워 오면 이러한 경향은 많이 감소되고, 친구들 사이의 인정과 의리 때문에 규범을 어기는 행동을 하게 되는 경향이 증가한다. 어떤 경우에는 불행하게도 선생님을 골탕먹이거나 무시하거나 선생님한테 벌을 받음으로써 친구들을 즐겁게 해줄 수 있다고 믿는 아동들도 있음에 유의해야 할 것이다.

또한 몇 명씩 배타적인 또래 집단을 구성하여 싸우거나 남녀의 패거리를 나누는 등의 움직임도 있을 수 있다. 그리고 어떤 경우에는 그 집단에 처음으로 가입하는 아동에게는 가게에서 어떤 물건을 훔치는 용기나, 집에서 부모가 귀중하게 여기는 물건이나 돈을 집어 오는 용기를 보여야 한다는 등의 반사회적인 행동을 자행할 수도 있음에 유의해야 한다. 이런 사태가 적발되었을 때에는 처벌보다는 이해와 사랑이 앞서야 한다는 점도 잊어서는 안 된다.

(3) 정서적 특징

① 학령기 아동들은 다른 사람의 감정에 대해서 상당히 예민하다. 그런데 때때로 그들은 남의 감정을 상하게 하는 것이 얼마나 언짢은 것인지를 깊이 생각지 않고 감정적으로 또래 친구들을 괴롭히는 일이 있다.

몇 명이 어울려 한 아동을 장난삼아 놀리고 비웃고 조롱하지만 이를 당하는 아동의 고통은 이루 말할 수 없다. 급기야 학교를 버리고 비뚤어지게 만드는 원인이 되기도 한다. 이런 상황을 발견하면 교사는 즉시 이러한 일을 금지시키고 조그만 일이라도 아동들의 장난의 희생물이 되는 일이 있어서는 안 될 것이다.

② 저학년 아동들은 특히 비판이나 놀림에 민감하기 때문에 실패에 대한 적응력이 약하다. 따라서 이 시기에는 자주 칭찬을 해주고 인정을 해줄 필요가 있다.

저학년 때에는 특히 선생님을 따르고 존경하며 심지어는 숭배까지 하기 때문에 선생님의 비판이나 조롱으로 인하여 심한 상처를 입을 수도 있다. 따라서 교사들은 가능한 대로 긍정적 강화를 해주고, 공부를 잘 안 하거나 잘못된 행동에 대한 부정적 반응은 될수록 보류시키는 것이 좋다. 어쨌든 아동들을 비웃거나 비꼬는 일이 있어서는 절대로 안 된다.

③ 대부분의 저학년 아동들은 선생님을 즐겁게 해주려고 무척이나 노력한다. 그래서 선생님의 일을 도와주거나 심부름하는 것을 좋아하여 학급내의 일을 서로 맡아서 하려고도 한다.

그래서 교사는 아동들에게 심부름을 시키거나, 무슨 일을 맡기거나, 질문을 할 때에도 돌아가면서 차례로 시켜야 한다. 그렇게 하지 않으면 곧 편애한다는 오해를 받게 된다.

④ 고학년 시기 동안 아동들은 전체적이며 비교적 안정적인 자아상을 발달시킨다. 고학년 아동들이 자신에 대해 가지는 전체적인 모습은 두 가지로 구성되어 있는데, 하나는 자신의 신체적 · 사회적 · 정서적 · 인지적 속성에

대한 묘사(자아 개념, self concept)이고, 다른 하나는 스스로 그러한 속성에 내리는 평가적 판단(자아 존중감, self esteem)이다.

아동의 자아상 형성에 중요한 사실이 있다. 첫째, 아동의 자아상은 시간, 과제 및 상황에 따라 얻어진 정보에 기초하기 때문에 저학년 때보다 더 일반화된다. 둘째, 다른 사람들과의 비교가 고학년 동안에 자아상을 형성하는 기본적인 토대가 된다. 이것은 초기에 자기 중심성에서 벗어나 다양한 견지에서 생각할 수 있는 능력이 발달하고 있다는 것이다. 셋째, 자아는 처음에는 정서와 그 정서가 얼마나 잘 통제될 수 있는가의 견지에서 묘사된다. 넷째, 아동의 자아의식은 부모와 교사 및 친구들과 같은 중요한 타인들에 의해 의사 전달되는 정보와 태도에 의해서, 그리고 성공에 의해서 유능감을 느끼는가에 의해 영향을 받는다.

⑤ 고학년 아동들은 또래 집단의 규칙이나 요구와 어른들이 제시한 규범 사이의 갈등 때문에 심하게 외로움을 겪기도 한다. 어느 때는 이러한 갈등이 청소년의 비행으로까지 진전되기도 한다. 교사들이 아동들의 행위 기준의 갈등에 대해 공정하고 일관성 있는 태도로 임하게 되면 갈등으로 인한 고통은 크게 문제되지 않을 수 있다. 만일 이러한 노력에도 불구하고 말썽을 일으키게 되면 이것은 심각한 문제라기보다는 또래들 사이에서 인정을 받고, 뽐내기 위한 동기에서 이루어진 것이기 때문에 다른 좋은 행위를 통해서 교사나 또래들의 관심과 인정을 받도록 지도해 주는 것으로 어렵지 않게 문제가 해결될 것이다. 별다른 전과가 없는데도 이러한 한두 가지 잘못으로 심하게 다루고, 문제아로 낙인을 찍게 되면 지도의 길은 더욱 요원해질 수밖에 없다는 점을 잊지 말아야 한다.

⑥ 파괴적 가족 관계, 사회적 거부, 학교에서 부적응은 비행으로 이끌 수 있다. 빈약하고 역기능적 부모–자녀 관계는 행동 문제를 가져오고, 행동 문제로 또래의 따돌림과 학업에서 실패를 하게 된다. 따라서 비정상적인 또래 집단과 동일시하게 되고, 비행의 결과를 초래하게 된다. 비행 아동의

부모는 거칠고 일관성 없이 벌을 주고, 긍정적 강화를 제공하지 못하며, 자녀에 대해 점검과 감독을 소홀히 한다. 특히 교과에 대한 흥미를 상실하여, 기본적인 학습기능을 숙달하지 못한다. 따라서 초기에 이러한 경로를 차단하기 위한 노력이 성공의 기회를 많이 가져온다. 상담과 부모 교육 외에도 기본적인 학업기능을 숙달하도록 해야 한다.

(4) 지적 특징

① 초등학교 아동들은 대체로 낱개의 지식들을 암기하기를 좋아한다. 틀리고 맞는 일에 대한 관심보다는 많이 알고 그것을 나타내기를 더 좋아한다. 교실에서도 선생님의 질문에 답하기를 좋아하고, 토론에 될수록 많이 참여하려고 한다.

교사는 이때 아동들이 이야기하는 기회를 통제하여 몇몇 아동이 독점하지 않도록 하고, 돌아가면서 응답하고 발표하도록 조절해야 한다. 다른 아동들은 차례를 기다리며 발표하는 아동의 말을 경청하도록 해야 한다. 그러다 보면 교사는 아동들의 대답이 틀리고, 논리가 맞지 않고, 엉뚱한 이야기를 꺼내는 경우를 자주 경험하게 될 것이다. 이런 경우 교사는 부드럽고 유머러스한 말로 잘못된 이야기나 무관한 이야기를 지적해 주고 잘못을 교정해 주면 아동들의 지적 발달에 크게 도움이 될 것이다.

② 학령기에 아동들은 옳고 그름에 대한 개념이 분명해진다. 처음에는 특정의 구체적인 행위에 대해서만 이러한 판단을 하다가 차츰 일반화되어 간다. 공정성에 대한 생각이 차츰 분명해지고, 엉터리, 가짜라고 하는 판단이 증가한다. 또한 다른 사람의 비밀이나 험담 늘어놓기를 좋아하기도 한다. 학령기 중반이 지나면서부터 아동들의 도덕적 판단은 사실주의(moral realism)에서 상대주의(moral relativism)로 바뀌어간다. 도덕적 사실주의에 빠져있는 유아기나 학령기 초기에는 사고가 경직되어 있고, 사실이나 결과만이 중요할 뿐, 의도나 동기 등에 대한 고려가 부족하다. 그러나

도덕적 상대주의에 이르게 되면 규칙을 특정 상황에 적용할 때에도 융통성 있는 해석을 하려고 하며, 행위의 결과보다는 의도나 동기를 더 중요하게 고려하는 경향이 생긴다. 그러나 실제 생활 상황에서는 도덕적 사실주의와 상대주의에 대한 명확한 기준이 마련된 것이 아니기 때문에 심한 갈등을 겪기도 한다.

학령기 아동들로 하여금 도덕적 상대주의로 이끌어 주는 것은 중요하며 이는 교사들의 의도적인 노력으로 잘 성취될 수 있다. 즉 아동들이 학교의 일상생활에서 부딪히는 문제들을 놓고 토론을 벌이게 하면 좋을 것이다. 물건을 주었을 때 왜 주인을 찾아 주는 것이 좋은가, 걸을 때나 자전거를 탈 때는 왜 교통 규칙을 지켜야 하는가, 정직한 행동과 공정한 처리를 하는 것이 왜 중요한가 등 평범한 도덕적 문제들을 놓고 토론을 하게 하면 아동들이 거의 도덕적 상대주의의 사고에 다다르게 되는 것을 관찰할 수 있다.

③ 학령기 아동들은 모든 사물과 현상에 대해서 강한 호기심을 갖고 있다. 분명히 호기심은 지적 발달에 중요하며 잘 키워 주어야 한다. 그래서 아동은 의문을 가지고 질문을 해오거나 답을 찾으려고 할 때가 있다. 이러한 경우에 항상 즉각적으로 응답을 해주지 말고 스스로 답을 찾도록 격려해 주어야 한다. 그러나 이러한 조치가 지나쳐서 "왜 너 혼자서 하지, 매번 묻기만 하느냐?"고 면박을 주거나 창피를 주면 오히려 흥미가 줄어들게 된다는 점을 잊지 말아야 한다.

교사가 잘 알지 못하는 질문을 했을 때에는 여러 가지를 조심할 필요가 있다. 잘 모른다고 대답하거나 어물거리면 교사는 지적 신뢰를 잃게 된다. 질문을 무시해 버리면 인격에 손상을 입고 호기심이 좌절된다. 틀린 대답을 할 수도 없다. 실제로 교사가 모든 것을 다 알 수는 없기 때문에 유아기나 학령기의 교사들은 이런 경우를 자주 당한다. 이런 경우는 당황하지 말고 여유를 가지고 그 질문을 다른 아동들에게 되묻는 것이 좋다. 실제로 어떤 주제에 대해서 교사들보다 더 잘 아는 아동이 얼마든지 있을 수 있기 때문이다.

또한 그렇게 한 아동의 문제를 학급 전체의 문제로 전환시키면 질문을 한 아동도 아직 응답을 듣지는 못했어도 보람을 느끼며 함께 생각할 여유를 가질 수 있기 때문이다. 이렇게 이야기를 주고받은 결과를 교사가 종합해서 정리해 주고, 자세한 것은 더욱 조사를 해서 다음 시간에 이야기할 과제로 남겨 놓으면 좋을 것이다.

간혹 아동들의 관심과 호기심이 변덕스럽게 자주 바뀌는 것을 볼 수 있다. 그렇다고 이것이 아동들의 정신 능력이 낮다거나 반드시 인내심이 없기 때문이라고 단정할 수는 없다. 왜냐하면 아동들의 관심은 이렇게 여기저기를 날아다니다가 자기가 진실로 깊이 흥미를 갖는 일에 정착하게 되기 때문이다. 즉, 이러한 변덕은 무의식적인 탐색이라고 볼 수 있다. 그러나 아동들에게 관심이나 흥미에 지속적인 인내심을 길러 주는 것은 실제로 중요하기 때문에 한 가지 문제에 대해서 신중하고 깊이 있게 생각하고, 그럴듯한 해답이 얻어질 때까지 꾸준히 찾아보는 행동과 태도를 상려하고 키워 주어야 할 것이다.

④ 몇몇 아동들은 자신의 능력에 대해 비현실적인 기준을 설정해 놓고 지나치게 완벽해지려는 경우도 있다. 그리고 이것이 현실적으로 성취되지 못하는 데서 깊은 좌절과 죄의식을 느끼는 경우도 있을 수 있음에 유의해야 한다. 물론 아동들에게 최선을 다하는 태도를 길러 주고, 적절히 높은 수준의 포부와 기대를 갖도록 해주는 일은 중요하다. 그러나 실패만을 경험할 만큼 비현실적이면 이는 적절하게 조절해 주어야 한다.

그러기 위해서는 과업에 대해 현실적 목표를 세우는 일에서부터 조그만 성취도 귀중하게 여기는 것까지 잘 이해를 시켜주도록 해야 한다. 만일 아동의 이러한 문제가 부모의 요구나 압력에 그 원인이 있다면 당연히 부모들하고도 상담을 해야 할 것이다.

⑤ 학령기에는 몇 가지 지적 능력과 학업 성취에서 확실한 성차가 발견되기도 한다.

일반적으로 남아들은 수학적 추리력, 공간 이해 및 추리력 등에서 여아들보다 우세한 반면, 여아들은 읽기, 철자 쓰기, 언어 구사, 계산 능력 등에서 남아들보다 우세한 것으로 알려져 있다. 여아들은 일반적으로 남아들보다 부모(특히 어머니)와 언어적 교류가 많고, 남아들보다 그들의 요구를 행위보다는 말로 표현하는 경향이 강하기 때문에 언어 요인에서 남아들보다 우수성을 나타내는 것으로 설명하기도 한다. 또한 남아들에게는 부모들이 여아들보다 과학적 · 합리적 · 논리적 사고를 많이 요구하고, 남아들 자신이 독립적인 인지 양식을 갖기 때문에 수학적 추리나 공간 능력에서 여아보다 우수성을 나타낸다고 설명하기도 한다.

학업 성취에 있어서도 마찬가지로 남아는 수학 등에서 다소 높고, 여아는 언어 등에서 높은 점수를 얻는 경향이 있다.

이러한 인지와 성취도의 차이는 호르몬의 차이, 뇌 구조의 차이, 그리고 사회화의 차이가 모두 역할을 하고 있는 것으로 생각하고 있지만, 사실은 원인이 확실히 밝혀지지 않고 있다. 비록 인지적 기능 발현에서 성차를 줄이기 위해 단계적 조치를 취해야 하겠지만 Sternberg와 Gardner는 모든 인지적 기능은 잘 설계된 수업에서 향상될 수 있다고 한다(Halpern, 1997).

⑥ 학령기에는 인지 양식(cognitive style)에 분명한 개인차가 나타나기 시작한다. 인지 양식은 지능과 성격의 조합이다(Sternberg & Zhang, 2000). 인지 양식에도 여러 가지 종류가 있으나, 특히 아동들의 학습과 깊이 관련된 것으로는 Kagan(1976)이 규명한 충동적 인지 양식(impulsive style)과 사려적 인지 양식(reflective style)이 있다. 충동적인 어린이들은 반응 속도가 빨라서 즉각적으로 응답하여, 문제에 대한 깊은 생각 없이 첫 번째 떠오르는 것을 그대로 응답하는 경향이 있다. 반면에 사려적인 아동들은 말하기 전에 생각을 하느라고 시간이 걸려 반응 속도는 느리나, 여러 가지 가능한 답을 생각해

보고 그 중에서 정답이나 최선의 답을 찾으려는 노력을 한다. Kagan에 의하면 이러한 사고와 반응의 특징은 초등학교 2학년 정도부터 개인차가 분명히 드러나며 대개 나이가 들 때까지 여러 상황에서 지속적인 속성으로 작용한다는 것이다.

대개 사려적 사고가 문제 해결 사태나 학습 과정에서 바람직한 것으로 나타나기 때문에 교사들은 훈련을 통해서 지나치게 충동적인 아동들은 사려적 사고를 하도록 교정해 주어야 한다. 즉, 어린이들의 충동적 반응을 높이 평가하지 말고 늘 신중히 숙고하도록 요구하며, 교사 자신이 사려적으로 사고하는 태도를 보여 주면 자연스럽게 많은 교정이 이루어질 수 있다. 많은 경우 빨리 대답하면 그것 자체가 그냥 우수한 것으로 생각하는 경향이 있으나, 이는 큰 안목에서 보면 그리 장려할 학습 태도가 되지 못할 수도 있다는 점을 강조해야 할 것이다.

3) 청소년기의 발달 특징

(1) 신체적 특징

① 대부분의 여아들은 대개 청년 초기에 성장 역주(growth spurt) 현상이 끝나지만, 남아들은 고교 2~3학년이 되어도 성장 역주가 완전히 끝나지 않는 경우가 있다.

② 여아가 남아보다 약 2년 가량 빠르긴 하지만 사춘기(puberty)가 도래하여 여러 가지 성적 변화가 일어난다. 생식기가 급격히 성숙하고(제1차 성징), 제2차 성징으로 여아는 가슴 · 엉덩이 · 허리 등이 발달하며, 남아는 어깨 · 근육 등의 발달이 두드러진다. 또한 남녀 공통으로 음모나 겨드랑이에 변화가 일어나고 여드름 등 피부의 변화가 일어난다. 특히 남아에게 두드러지지만 변성이 된다.

이러한 사춘기의 신체적 변화는 외모, 생리 기능 및 심리 · 사회적 적응상에 심각한 영향을 미치게 된다. 이러한 연유로 인하여 조기 성교육이 필요하게 된다. 이미 사춘기에 도달했을 때의 성교육은 때가 늦은 것이라고 도 볼 수 있다. 오히려 잘못하면 성적 호기심을 자극할 수 있기 때문이다. 보다 바람직한 것은 유아기 때부터 자연스러운 상황에서 배우고 이해하도록 도와주어야 한다.

③ 청소년들은 자기의 외모에 대해서 심각할 정도의 관심을 나타낸다. 몸치장에 지나친 신경을 쓰기도 하고, 멋진 자태를 만들려고 노력하기도 하며, 특히 남아들은 기백이 있고 박력 있는 태도를 나타내려고 성인들 눈에는 부적절한 행동을 보이기도 한다.

④ 청년 중기가 지나면서부터 청소년들은 특히 남아의 경우, 성적 욕구의 처리 때문에 고민을 하거나 부적응 행동을 나타내기도 한다. 특히 남아의 경우 자위행위(masturbation) 등 적당한 방법으로 해소시키기도 하지만 어떤 경우에는 성적 비행을 저지르는 수도 있다.

(2) 사회적 특징

① 또래 집단의 규범이나 요구가 청소년들의 사회적 행동에 중요한 준거가 된다. 따라서 청소년들은 성인(특히 부모)들이 요구하는 행위 규범과 또래 집단에서 요구하는 행위 사이에서 갈등을 겪는 경우가 많다.

특히 오늘날에는 부모가 자녀에 대해 이해하고 수용적이지 못하면서 가정 내 규율만을 강조하고 엄격한 통제를 가하는 경우일수록 부적응 문제를 일으킬 가능성이 크다. 청소년 지도에서도 유아나 학령기 아동의 지도에서와 마찬가지로 일단은 이해하고 수용하며, 애정과 신뢰를 바탕으로 하는 훈육이 교육적으로 바람직하다는 점은 재삼 강조할 필요가 없다.

② 청소년들은 소외감을 느끼기 쉽다. 이는 가정, 동료 집단, 또는 사회에 대해서도 마찬가지이다. 우선 가정, 학교 등에서 소속감을 가지고 활동할 수 있는 기반을 마련해 주는 것이 일차적으로 필요하다고 하겠다.

청소년들이 소속감을 원하고 동류의식에 대한 강한 요구를 갖는 것은 사실이나, 개성을 찾고 자기 독특성을 지니고자 하는 욕구도 강하다는 점을 간과하여서는 안 된다. 따라서 청소년들이 나타내는 다소 특유한 행동, 감정 태도 등(개인에 따라 양상은 다르지만)을 이상한 것으로만 보지 말고 발달상에 나타나는 단순한 특징으로, 또 개인차로 이해해 주고 인정해 줄 필요도 있다.

(3) 정서적 특징

① 청소년들의 정서는 변덕스럽고, 우울하기도 하고, 어른들의 입장에서 보면 이해가 가지 않는 면이 많다. 그 이유에 대해서는 여러 가지 이론이 있지만 대체로 급격한 신체적 성장, 성적 성숙, 학업과 진로에 대한 부담감, 자아 정체감의 혼란, 생활 철학의 미숙 등에 의한 것이라고 볼 수 있다. 이러한 문제를 도와주기 위해서 교사는 일관성 있는 태도로 수용하고 가능한 대화를 통해 스스로 자아 정체감을 갖도록 지도해야 할 것이다.

② 청소년들은 참을성이 없고, 고집이 세고, 억지의 논리를 펴는 수가 있다. 이러한 원인은 자신감의 결여, 다른 사람의 생각이 다를 수 있다는 형식적 사고 경험의 결핍 등에 의해 일어나는 것이다.

③ 청소년들은 자아 정체감(sense of identity)을 확립해 가는 과정에서 대부분 혼란, 불안, 갈등, 분노 등의 부정적 정서를 자주 경험한다. 또한 여러 가지로 경험하게 되는 좌절감을 청소년들은 기성세대에 대한 반항, 기존 가치의 부정 등으로 표현하는 경향이 있다.

(4) 지적 특징

① 청소년기가 되면 차츰 사고가 형식적 조작 구조로 바뀌어 간다. 그러나 청소년들이 이러한 사고 능력을 갖고 있다고 하더라도 어느 사태에서나, 또 어느 경우에서나 형식적으로만 사고하면서 문제를 해결하는 것은 아니다.

② 청소년기 중반을 지나면서부터 청소년들은 정치, 사회, 문화를 보는 눈이 보다 이론적으로 변한다. 또한 이들 현상에 대한 지식이 풍부해지고, 태도의 측면에서는 자유주의적 성격이 강하게 나타난다.

③ 청소년들은 나름대로의 가치관 또는 인생관을 확립하는 과정에 있으며 교사는 이를 도와주어야 한다. 그러나 스스로 자기 방향을 찾도록 도와줄 뿐이며, 그 부모나 또는 청소년 자신의 생각과 요구를 존중해야 한다는 점을 간과해서는 안 된다.

④ 청소년들은 자아 존중감(self-esteem), 자기 규정(self-definition), 개성(individuality) 및 자기 능력에 대한 확신감(assurance of competence) 등을 얻고자 노력한다.

유아나 학령기 아동의 경우와 마찬가지로 성공의 경험을 갖는다든지, 부모나 교사들이 지지해 주고 격려해 주며, 그 나름의 개성을 인정하고 존중해 주는 것이 이들 속성의 발달에 크게 도움이 된다.

특히 세계나 타인 및 자기 자신을 호의적으로 지각하는 긍정적 자아 개념을 갖도록 도와주는 일은 대단히 중요한 것이다. 앞에서 기술한 방법들이 그대로 이들 청소년들의 긍정적 자아 개념을 갖는 데 바탕이 되는 것이지만, 또 한 가지 중요한 사실은 부모 자신이 지니고 있는 세상과 사회에 대한 태도, 인간과 타인에 대한 태도, 자아 개념 등이 그대로 청소년들에게 모델링(modeling)의 효과가 있다는 점을 잊어서도 안 될 것이다.

CHAPTER

03 학습 이론

아동들이 유아교육기관이나 학교에 다니는 것은 배우기 위해서이다. 교사는 아동들이 학습을 잘 할 수 있도록 학습 경험들을 효율적으로 조직하고 제시할 수 있는 기술이 있는 사람들이다. 그래서 학습에 관련된 문제는 유아 교육 심리학에서 중심이 되는 과제이다.

학습에서 가장 기본이 되는 문제는 학습 경험들을 어떻게 조직하여 아동들에게 제공하느냐 하는 것이다. 이에 관련된 수없이 많은 실험이 이루어져 왔고, 많은 이론이 제기되었으며 또 이론에 따라 실제에 적용해 보기도 하였다.

본 장에서는 우선 대표적인 몇 가지 학습 이론들을 검토하고, 그 이론들이 지니는 교육적 시사점을 탐구하고자 한다.

앞장에서 제시한 발달 이론은 학습 이론과 함께 유아 교육 심리학에서 기본이 되는 것이고 상호 일정한 관련을 맺고 있다. 이 두 측면을 조화 있게 고려하여야만 아동들의 학습 활동을 어떻게 효율적으로 또 활발하게 일어나게 하느냐 하는 방법이 고안될 수 있다. 따라서 본서에서는 학습 이론을 앞의 발달 이론의 세 가지 맥락에 맞추어 제시하고자 한다. 그 첫째는 Skinner 등을 중심으로 하는 행동주의 학습 이론이고, 둘째는 Piaget와 Bruner 등을 중심으로 하는 인지 · 발견 학습 이론, 그리고 셋째는 Maslow와 Rogers 등을 중심으로 하는 인본주의 학습 이론이다.

첫째 관점인 행동주의 학습 이론은 유사한 입장을 지지하는 심리학의 몇 개 주류가 종합된 것이다. 즉, 심리학은 겉으로 분명히 드러나는 행동을 관찰하여 연구해야 하다는 행동주의 심리학이 그 바탕의 중요한 부분을 이룬다. 또한 행동주의 학습 이론은 갓 태어난 아기가 백지 상태(tabula rasa)와 같아서 모든 학습은 경험을 통하여 이루어지며, 일생 동안 변화하지 않는 유전은 별다른 중요성을 지니지 못한다고 주장하는 주관적인 환경론을 취한다. 또한 행동주의 학습 이론은 환경이 주는 자극에 대해 아동들이 일으킨 반응이 강화를 받을 때 학습이 이루어진다는 연합주의(associationism)를 그 바탕으로 한다.

둘째 관점인 인지 · 발견 학습 이론도 유사한 입장을 나타내는 심리학의 몇 가지 주류가 종합된 것이다. 즉 형태 심리학을 이어 받은 Bruner의 학습 이론, Piaget의 인지 발달론 등이 종합된 것이다. 이들은 겉으로 드러난 행동의 관찰만으로는 인간을 충분히 이해할 수 없고, 개인이 상황을 어떻게 지각하고 사고하느냐에 관한 정보를 이해하는 것이 더 중요하다고 본다. 그래서 이들은 인간의 사고 구조와 사고 과정이라는 입장에서 학습을 이해하려고 한다.

셋째 관점인 인본주의 학습 이론은 아동의 자발적인 성장 욕구를 강조하는 Maslow와 아동은 스스로 자기의 행동과 학습을 통제할 수 있다는 Rogers의 입장이 종합된 것이다. 이 관점은 적어도 지적 학습에 있어서 둘째 관점인 인지·발견 학습 이론과 동일하다. 그러나 둘째 관점이 학습에서 인지적 측면만을 취급한 반면, 셋째 관점은 인지적 측면과 동시에 정의적 측면의 중요성을 크게 강조했다는 점이다.

이상의 세 관점에 따라 학습 이론을 제시하면 다음과 같다.

01 행동주의 학습 이론

1) 기본 가정과 원리

행동주의 학습 이론인 S−R 이론에서 가장 기본이 되는 가정들은 다음과 같다.

첫째, 인간의 행동은 자연 현상과 마찬가지로 자연 법칙의 지배를 받기 때문에 엄밀한 과학적 입장에서 탐구되어야 하며 겉으로 명백하게 드러나는 행동만이 연구의 대상이 된다는 것이다. 따라서 인간의 학습 현상도 이러한 과학적 방법과 명백한 행동(overt behavior)을 대상으로 규명되어야 한다는 것이다.

둘째, 환경이 인간의 행동에 일방적으로 작용한다는 것이다. 따라서 행동의 변화로 정의되는 학습도 환경이 개체에 작용한 결과로서 이루어진다는 것이다.

Bandura(1974)는 환경이 주는 자극에 인간이 기계적으로만 반응하는 것이 아니라, 예견하고 통제하는 능력(anticipatory control)을 가지고 있다는 견해를 가지고 있었으나, Pavlov나 Skinner 등에 있어서는 환경의 자극과 개체의 반응이 기계적으로 연합된다는 견해를 갖고 있다.

셋째, 환경을 조절함으로써 인간의 행동을 조절할 수 있다는 것이다. 따라서 환경을 적절히 조절하면 인간의 모든 학습도 마음대로 조절이 가능하다는 것이다. 즉 학습 경험을 체계적으로 조직하여 제공하면 어떠한 행동도 학습이 가능하다는 것이다.

이상과 같은 기본 가정에 근거하여 가장 체계적으로 학습의 원리를 제공한 학자는 Skinner이다. 그의 학습 원리를 대표하는 중요한 개념은 강화(reinforcement), 소거(extinction), 자발적 회복(spontaneous recovery), 일반화(generalization) 및 식별(discrimination) 등이다. Skinner의 이론은 초기의 Pavlov 이론과 근본적인 차이는 없다. 다만 Pavlov는 중립 자극으로 수동 행동(involuntary behavior)을 일으키는 학습이고, Skinner는 강화 자극으로 작동 행동(voluntary behavior)을 학습시키는 것이 다를 뿐이다. Skinner의 학습 원리와 Skinner의 이론을 보충한 Sears와 Bandura의 모방(imitation)과 모델링(modeling)의 원리를 살펴보면 간단히 다음과 같다.

(1) 강화(reinforcement)의 원리

유기체가 취한 어떤 행동이 그 개체에게 만족스러운 결과를 가져다 줄 때 유기체는 그 행동을 반복해서 지속시키거나, 더 심하게 하려는 경향이 있다. 즉, 행동은 그 행동의 결과의 지배를 받는다는 것이다. 이와 같이 인간의 행동이 그 행동의 결과로서 얻은 만족스러운 자극에 의해 지속, 반복, 강화되는 현상을 강화의 원리라고 한다.

Skinner의 실험에서 쥐가 지렛대를 누를 때마다 또는 비둘기가 단추를 쫄 때마다 먹이가 한 개씩 떨어지기 때문에 그러한 행동이 지속 · 반복되고 더욱 강화되는 현상이 바로 여기에 해당된다. 또한 인사를 할 때마다 칭찬을 받은 아동이 계속 인사를 잘 하게 되는 것도 이러한 현상에 해당된다.

Skinner의 실험에서 쥐가 지렛대를 누르거나, 비둘기가 단추를 쪼는 행동은 작동 행동(voluntary behavior)이다. 또한 아동이 인사를 하거나 미소를 짓는 행동도 작동 행동이다. 이러한 행동은 처음에는 우연히 일어나거나 지시, 요구 등에 의해서 유발되나, 그 행동이 만족스러운 결과를 가져다 줄 때에는 보다 빈번히 일어나게 되고, 더욱 강력한 행동으로 학습되는 것이다. 또한 비둘기와 쥐가 얻은 먹이나 아동이 받는 칭찬은 강화 자극이 되어 그들이 취한 작동 행동의 원인으로 작용하는 것이다. 이러한 원리에 의해 어떤 부류의 행동도 습득시키고 강화시킬 수 있다는 입장이 바로 행동주의 학습 이론의 기본이다.

(2) 소거(extinction)의 원리

유기체가 취한 행동이 만족스러운 결과를 가져다주지 않거나, 불쾌한 경험을 동반하게 될 때에는 개체는 그 행동을 지속하거나 반복하지 않으려는 경향이 있다. 이 경우도 강화의 경우와 마찬가지로 행동은 그 행동의 결과의 지배를 받는다는 원리에 해당된다. 다만 강화와 다른 점은 방향이 반대라는 것이다. 이러한 소거를 적용하여 행동주의 학습 이론에서는 일단 습득된 행동을 제거시키거나, 강한 행동을 약화시킬 수 있다는 것이다.

Skinner의 실험에서 쥐가 지렛대를 아무리 눌러도 먹이를 떨어뜨려 주지 않으면 지렛대를 누르는 행동은 줄어들게 되고, 마지막에는 그러한 행동을 하지 않게 된다. 아동들이 아무리 공손하게 인사를 잘 해도 선생님이 인사를 받아 주지 않고 무시해 버리면 차츰 인사하는 빈도가 줄어들게 되고, 결국에는 인사를 하는 행동은 없어지게 된다. 이러한 현상은 모두 자기가 취한 행동이 기대하는 만족스러운 결과를 가져다주지 않기 때문에 생긴 소거이다.

만일 먹이를 주지 않거나 인사하는 것을 무시하는 정도가 아니라 지렛대를 누를 때마다 불쾌한 전기 자극을 주거나 인사하는 아동에게 상을 찌푸리는 불쾌한 표시를 한다면 이러한 소거 현상은 더욱 급격히 일어나게 된다.

대개 아동들의 바람직하지 못한 행동을 중지시키거나 감소시키고자 할 때 이러한 소거의 원리가 적용된다. 즉 무시해 버리거나 벌을 주는 것은 모두 행동주의 학습 이론에서는 행동의 소거를 위하여 사용되는 것이다.

(3) 자발적 회복(spontaneous recovery)의 원리

앞의 소거의 원리에서 일단 습득된 행동에 대해 만족스러운 결과가 주어지지 않는다고 해서 즉시 그 행동이 소거되지는 않는다는 점을 밝혔다. 즉 지렛대 누르는 행동을 학습한 쥐가 먹이가 나오지 않는다고 해서 즉시 그 행동을 중지하는 것은 아니다. 지렛대를 눌러도 먹이가 나오지 않는다는 것을 경험한 쥐는 다음번에 똑같은 상황에 처하게 되면 또 지렛대를 누르는 행동을 반복한다. 다만 먼저처럼 오랫동안 강하게 이루어지지는 않지만 일단 학습된 행동은 계속 지속하려는 경향이 있다. 이러한 현상을 자발적 회복이라고 한다.

이 원리는 학습이 지니는 힘의 강도를 나타내기도 한다. 보다 강하게 학습된 행동일수록 자발적 회복력도 강하다. 우리가 보통 '습관이 돼서'라는 말은 이러한 현상을 잘 나타내 주는 원리이다.

(4) 일반화(generalization)의 원리

자극과 반응이 연합되어 학습이 이루어지거나, 작동 행동이 강화를 받아 학습되고 나면 일반화시키려는 현상이 나타난다. 즉 학습이 이루어지게 되었던 원래 자극과 유사한 자극을 받게 되면 동일한 반응을 나타낸다는 것이다. 예컨대 '자라 보고 놀랜 놈 솥뚜껑 보고도 놀란다.'는 식의 이야기가 이에 해당된다. 또한 어떤 일정한 자극에 대해서 학습된 특정의 반응만을 하는 것이 아니라 그와 유사한 반응을 보이는 것도 일반화에 해당된다. 예컨대 장난감을 손으로 쳐서 소리를 내게 하던 어린이가 손뿐 아니라 말로도 한다든지 다른 물건으로도 쳐보는 등의 반응이 이에 해당된다. 전자를 자극 일반화, 후자를 반응 일반화라고 구분해서 부르기도 한다.

또한 어떤 작동 행동으로 만족한 결과를 얻어 강화되고 나면 그와 유사한 작동 행동을 하여 마찬가지의 만족스러운 결과를 얻고자 하는 시도도 일반화에 해당된다. 동생에게 과자를 나누어 주어서 어머니로부터 칭찬을 받은 아동이 동생에게 장난감을 준다든지 동생을 즐겁게 해주려는 기타의 시도를 하는 것은 반응 일반화에 해당된다.

Skinner의 작동 행동 이론에서는 선행 자극이 중요한 것이 아니라 그 행동 뒤에 따르는 보상(강화 자극)이 중요한 것이기 때문에, 잘한 일에 대해서 과자를 받던 것(강화 자극)이, 장난감을 받거나 말로 칭찬을 하는 것에 대해서도 동일한 반응을 보이는 것은 자극 일반화에 해당된다고 볼 수 있다.

그러나 일반적으로 교육 상황에서 일반화를 자극과 반응으로 구별하는 것은 큰 의미를 지니지 못한다. 왜냐하면 그 원리는 동일한 것이기 때문이다.

(5) 식별(discrimination)의 원리

식별이란 보다 정밀하고 정교하게 학습이 이루어지는 것으로 유사한 자극에서 나타나는 조그만 차이에 따라 조금씩 다른 반응을 보이는 것을 의미한다. 즉 Skinner의 실험에서 지렛대를 당길 때 방안의 불빛이 다르면 그 결과가 다르다는 것을 알게 되어 반응이 달라진다든지 불빛에 따라 여러 개의 지렛대 중 어느 것(만족한 결과를 주는 것)을 선택하여 누르는 반응을 하게 되는 것 등이 이에 해당된다.

아동들이 어른에게 인사하는 법과 아동들끼리 인사하는 법을 구별하여 할 수 있게 되는 것도 식별 현상이다. 이는 어른들께 인사하는 식으로 친구에게 했을 때나, 또는 친구와 인사하는 방식으로 어른들께 인사를 했을 때 그 결과가 달랐기 때문에 식별 학습을 하게 된 것이다.

(6) 모방과 모델링의 원리

행동이 습득되는 기제에 관해 Skinner의 강화 이론이 상당히 과학적인 증거를 제시하였지만, 강화 이론이 설명하지 못하는 부분이 있다. 즉 어떤 행동은 강화와는 별 상관없이 습득되기 때문이다. 이 부분을 설정한 행동주의 심리학자는 Sears와 Bandura(1963) 등이다.

그들은 강화 자극이 필연적으로 수반되지 않아도 많은 아동들이 부모의 행동이나 또래 친구의 행동을 학습하는 것을 관찰하였다. 특히 아동이 그 대상과 동일시(identification)하는 정도가 강할수록 이러한 학습은 보다 강력하게 이루어진다는 점을 발견하였다. Sears는 이러한 현상을 모방 학습(imitation learning)이라고 설명하고, Bandura는 모델링(modeling)라는 개념으로 설명하였다. 모방과 모델링 간에 엄밀한 구별을 하기는 쉽지 않으나, 한 가지 분명한 것은 Skinner가 말하는 강화 자극과 별 관계없이 행동이 습득된다는 것이다. 모방이나 모델링에 의해 습득된 행동도 강화의 원리의 지배를 받기는 하나, 최초에 습득되는 과정에서는 분명히 특별한 강화 자극 없이 학습이 이루어진다는 것이 이들의 주장이다.

특히 Bandura는 앞에서도 언급했듯이 인간 행동은 자극에 의해 기계적으로 반응하기만 하는 것이 아니라, 자기의 판단과 생각에 따라 예견하고 선택적으로 반응하는 경향이 있음도 발견하고 이를 예견 통제(anticipatory control)라고 불렀다.

▲ Bandura

모방이나 모델링, 그리고 예견 통제는 Skinner의 학습 원리에 포함되는 것은 아니나, 일반적으로 현대의 행동주의 학습 이론에서 중요하게 고려되는 학습 원리이다.

2) 행동주의 학습 이론에 대한 비판

미국의 많은 심리학자들과 교육학자들이 행동주의 학습 이론을 교육에 적용하였다. 특히 프로그램 학습, 학습 기계(teaching machine) 및 컴퓨터에 의한 학습 등은 이 이론을 그대로 적용한 대표적인 예이다. 또한 Skinner의 동료인

Keller(1968)는 Skinner의 조작적 조건화(operant conditioning), 강화(reinforcement), 행동 형성(behavior shaping) 등을 종합적으로 교육에 적용하여 개별화된 교수 프로그램(Keller는 이를 Personalized System of Instruction, PSI라고 불렀음)을 만들었다. 이 프로그램은 각 학생들이 자기의 보조에 맞게 독립적으로 학습할 수 있는 것이며 이후 여러 가지 행동주의적 교수 학습 프로그램 개발에 크게 기여하기도 하였다. 그러나 이러한 발전과 기여에도 불구하고 행동주의 학습 이론이 지니는 여러 가지 제한점과 부족한 점이 지적되었다. 이러한 문제점들은 행동주의 학습 이론을 잘 이해하는 데에도 도움이 되고, 또 이를 교육에 적용하는 데에도 중요한 참고가 되기 때문에 간단히 논의하고자 한다.

첫째, 행동주의 학습 이론의 기본 가정인 "인간의 행동은 환경의 지배를 받는다."는 것에 대한 비판이다. 즉 Bandura의 예견 통제(anticipatory control)를 제외하면 모든 행동주의 학습 이론가들은 인간은 자기 행동을 스스로 통제할 수 없고 환경의 일방적인 지배를 받는다고 주장하고 있으나, 이러한 기본 가정이 잘못되었다는 점이다. 특히 이 기본 가정을 비판하고 부정하는 학자들은 Rogers, Maslow 및 Combs 등으로 이들은 인간은 행동에 대한 자기 통제력을 갖고 있으며, 외부 환경에 의해 강화를 받을 뿐만 아니라 스스로의 내적 동기에 의해서도 강화를 받는다고 주장한다. 즉 행동주의 학습 이론은 그 기본 가정부터가 편협하고 부적당하기 때문에 인간의 학습 행동을 완전히 설명하지 못하고 있다는 것이다.

둘째, 프로그램 학습 등은 특정의 부분적인 과제를 학습하는 데에는 효과가 있을지 모르나 모든 교육 내용에 포괄적으로 적용될 수도 없으며, 비효율적, 비경제적이라는 비판이다.

셋째, 프로그램 학습 등에서는 학습자의 반응(응답)에 대해 맞고 틀림을 즉각적으로 판단해 주고 강화를 시키도록 되어 있으나, 이러한 방법이 늘 바람직하지 않다는 비판이다. 단순한 정보 자료를 학습하는 데 있어서는 가능한 방법이지만, 보다 복잡하고 깊이 있는 학습일 때에는 반드시 좋다고 할 수 없다는 것이다.

Skinner 등은 쥐나 비둘기와 인간의 경우를 혼동하고 있는데서 나온 결과라고 비판하고 있다.

넷째, 문제와 간단한 답으로만 학습을 진행해 가는 것에 대해 학습자들이 쉽게 싫증을 내게 된다는 점을 비판하고 있다, 결국 프로그램 학습 자료를 교육의 모든 상황에 널리 적용하지 못한다는 것이다.

다섯째, Skinner의 행동 수정 방법에 의하여 학생들을 통제하고 교육이 진행되면 교사들은 결국 아동들을 모두 아주 순종적이고 유순하기만한 존재로 만들게 된다는 점을 비판하고 있다.

3) 행동주의 학습 이론의 교육적 적용

앞에서 지적한 바와 같은 비판에도 불구하고 현대 심리학에서 과학적으로 가장 엄밀하게 인간의 학습 행동을 연구하고 체계화시킨 것은 행동주의이다.

특히 아동들의 학습 행동을 기술하고 설명하는 데 있어서는 독보적인 공헌을 하기도 하였다. 그만큼 행동주의 학습 이론이 아동 교육에 주는 시사는 크다고 하겠다. 여기에서는 이러한 시사점을 상세히 논의하고자 한다.

1 교사는 아동들이 나타내는 상당한 정도의 행동이 특정의 조건화에 의해서 습득된 것이라는 점을 기억할 필요가 있다.

Skinner 등이 주장하는 대로 주관적인 환경론을 반드시 지지하지 않는다고 하더라도 인간 행동의 상당한 정도가 환경으로부터 학습된 것이라는 점을 부인하기는 어렵다. 특히 아동들의 행동은 성인들보다 심하게 환경적 조건의 영향을 받는다. 즉 어떤 행동의 결과가 어떤 아동에게 만족을 가져다주면 그 행동은 강화되고, 그렇지 못하면 소거된다는 것이다. 따라서 아동들의 행동을 보다 잘 이해하기 위해서는 그 행동을 존속 또는 강화시켜 주는 원인(즉 그 행동이 낳은 결과)이 무엇인가를 규명해 내지 않으면 안 된다. 그래야만 그러한 행동을 교육 목표에 적합하도록 교정해 줄 수 있기 때문이다.

2 길러 주어야 할 바람직한 행동에 대해서는 강화의 원리를 체계적으로 활용해야 한다.

개인적으로든 학급 전체로든 아동들이 나타내는 바람직한 행동에 대해서 강화의 원리에 적합한 방법으로 강화시켜 주어야 한다. 강화의 원리를 체계적으로 사용하는 데에는 다음과 같은 점들을 고려해야 한다.

① 강화력이 있는 자극을 사용해야 한다. 이를 위해서 교사는 늘 어떤 자극이 그 대상에게 강화력이 있는가를 관찰해 두고 기록해 두어야 한다. 또한 동일한 자극이라고 하더라도 늘 강화력을 지니는 것은 아니기 때문에 상황에 따라 적절히 사용하여야 한다.

② 사실에 관련된 단순한 정보 자료나 단순한 행동에 대해서는 즉각적으로 빈번하게, 또 특정의 것에 대해서 구체적으로 강화 자극을 주는 것이 좋다. 유아나 학령기 아동들은 이러한 부류의 학습을 많이 하기 때문에 체계적으로 잘 사용하면 큰 성과를 거둘 수 있다.

③ 단순한 사실 정보나 단순한 행동이 아니고, 복잡하고 깊은 의미를 지닌 학습 자료인 경우에는 즉각적으로 강화 자극을 주지 않는 것이 더욱 효과적일 수 있다. 이러한 과제에 관한 어떤 답이나 방안을 제시하기 전에 아동들끼리 의견을 교환하고, 토론할 수 있는 여유를 주어야 한다. 또한 궁극적인 답이나 해결책을 제시하기 전에도 그 과정에 대한 적절한 강화 자극을 사용할 수 있을 것이다. 가능하면 소집단을 구성하여 이러한 과제를 취급하도록 하면 교사가 주는 강화보다 더 강력한 강화 자극을 아동들 상호간에 교환하게 될 수도 있다.

3 바람직하지 못한 행동을 감소시키거나 제거시키려면 소거의 원리를 사용하는 것이 좋다.

소거의 원리를 적용하는 방법은 간단하다. 교사나 부모가 원하지 않는 행동이 나타날 때마다 일관성 있게 무시해 버리는 것이다. 그러나 이것이 언제나 그리 쉬운 일은 아니다. 학생들 사이에서 진지한 토론이 벌어지고 있는 도중

한 친구가 교사의 주의를 끌려고 엉뚱한 소리를 했을 때 교사가 못 들은 체하고 무시해 버리면 된다. 그러나 대개는 그러한 행동에 대해 교사 혼자서만 무시해 버리는 것으로 문제가 해결되지 않는다. 만일 학생들이 "와~"하고 웃거나 기타의 반응(말썽꾸러기가 기대하는)을 보일 경우, 교사의 무시하는 노력은 허사가 될 수 있다. 유아들의 경우는 한 유아의 행동에 대해 다른 유아들의 관심이 그리 크지 않기 때문에 보다 쉽게 적용할 수 있다.

이 방법은 부모가 한 자녀를 두고 행동을 지도할 때나, 교사와 학생들이 합의하여 한두 학생의 문제 행동을 공동으로 지도할 때에도 효과를 볼 수 있다. 이 방법을 사용할 때 한 가지 유의할 점은 인내심이 필요하다는 것이다. 대개 소거시키려고 무시해 버리면 처음에는 그 문제 행동이 더욱 빈번하게, 또 더 강하게 나타나기 때문이다. 이때 더욱 심해진다고 무시해 버리는 조치를 철회하고 다른 반응을 보여서는 안 된다. 그러면 문제 행동을 더욱 강화시켜 놓는 결과를 얻게 될 뿐이다. 좀 심해지더라도 그 행동이 줄어들 때까지 꾸준히 참고 기다려야 한다. 문제 행동이 더욱 심해지는 이유는 자기의 행동이 미약해서 반응이 없는 것이라고 판단하기 때문이다. 결국에는 자기가 하는 행동이 아무리 강하더라도 아무런 소득을 얻을 수 없다고 판단하고 그 행동을 줄이거나 하지 않게 되는 것이다. 이러한 인내심이 없이, 또 예리한 관찰력이 없이 무분별하게 강화나 소거의 방법을 사용하면 문제를 더욱 악화시키게 된다는 점을 기억해야 한다.

4 바람직하지 못한 행동을 수정한다고 벌을 사용할 때에는 주의할 점이 많다.

① 바람직하지 못한 행동에 벌을 주어 중단시킨다고 해서 자동적으로 바람직한 행동을 습득하게 되는 것은 아니다.

② 벌을 주는 이유는 교사나 부모가 원하지 않는 행동을 제거시키거나 감소시키려는 것이기 때문에 벌을 준 뒤 그 행동이 어떻게 변화되는가를 관찰해야 한다. 관찰 결과 감소되면 벌의 효과가 있는 것이지만, 그렇지 못하면 즉시 벌의 사용을 중단해야 한다. 이런 경우에는 벌이 강화 자극으로

작용했을 가능성이 크기 때문이다.

③ 벌은 주는 사람이나 받는 사람 모두에게 불쾌한 감정을 야기 시키기 때문에 가능하면 사용하지 않는 것이 좋다.

④ 벌은 아동으로 하여금 도피 행동을 유발시키게 할 우려가 있다. 벌은 혐오 자극이기 때문에 혐오 자극을 피하려는 반응은 당연한 것이다. 또 눈치를 보고 행동하는 아동으로 만들 수도 있음에 유의해야 한다.

⑤ 벌을 받으면 벌을 주는 교사는 물론 교실, 공부, 학교 모두가 이차적으로 조건화되어 이와 관련된 것들에 대해 모두 부정적 감정과 태도를 갖고 도피하려는 행동이 생긴다.

⑥ 즉시 중단시키지 않으면 위험이 동반되거나 부도덕한 행위에 대해서는 벌의 사용이 가능하다.

이상과 같은 이유로 인하여 벌의 사용은 늘 주의를 요하며 될수록 잘못한 행동에 대해서는 무시하는 방법을 사용하면서 동시에 바람직한 행동에 대해서는 강화를 주는 방법을 사용하는 것이 좋다.

5 아동들은 지식이나 행동을 쉽게 일반화시키는 경향이 있음에 주의할 필요가 있다.

바람직한 행동을 적절하게 일반화시키거나, 자기가 습득한 원리를 옳게 일반화시키는 것은 격려해야 할 일이다. 그러나 때때로 행동을 잘못 일반화시키거나, 원리를 잘못 일반화시켜 적용하는 경우도 있다. 따라서 이러한 경우에는 식별하여 적용하도록 도와주어야 한다.

유치원에 처음 온 아동에게 친구들과 인사하는 방법을 "영이야, 안녕." 하는 식으로 가르쳐 주었더니, 선생님께도 "선생님, 안녕" 한다면 이것은 잘못된 일반화라고 할 수 있다. 선생님께 인사할 때에는 "선생님, 안녕하세요!"라고 식별 학습을 시켜야 할 것이다.

또한 "소의 새끼는 송아지", "말의 새끼는 망아지" 등으로 배운 어린이가 "양의 새끼는 양아지"라고 한다면 이것도 잘못된 일반화의 경우일 것이다.

6 항구적이고 지속적인 학습 효과를 거두기 위해서는 여러 가지 강화 계획(reinforcement schedule)을 잘 변별하여 적절하게 사용하여야 한다.

① 새로운 지식이나 행동을 학습하였을 때 초기에는 자주 강화 자극을 주고 차츰 그 빈도를 줄여가는 것이 좋다.

Skinner가 쥐에게 지렛대를 누르는 행동을 강화시킬 때에도 처음에는 지렛대를 누를 때마다 먹이를 주다가 일단 지렛대를 누르는 행동이 학습되고 난 후에는 고정 비율 강화(fixed ratio schedule)나 간헐적 강화(intermittent schedule)를 사용하였더니 지렛대 누르는 행동이 더욱 강력하게 학습되었다. 아동들의 바람직한 행동이나 지식을 습득시키는 데에도 이러한 원리가 좋은 효과를 거둘 것이다.

예컨대 새로운 자료나 정보를 습득하면 답이 맞을 때마다 점수를 주거나 칭찬을 하고, 어느 정도 잘 맞힐 수 있게 되면 3번 맞힐 때마다 1점을 준다든지 칭찬을 해주는 것이 좋다. 기능을 익히는 경우에도 처음에는 잘못하더라도 한 번씩 해볼 때마다 칭찬을 해주고, 어느 정도 숙달되고 나면 잘 했을 때에만 칭찬을 해주는 것이 기능을 숙달시키는 데 효과적이다. 마지막에는 칭찬 받은 것을 예견치 못할 정도로 간헐적으로 강화를 시켜주면 더욱 효과적임을 잊지 말자.

② 한 번에 많은 활동을 해야 하는 과제에 대해서는 횟수에 따라 고정 비율로 강화시키는 것이 불가능하기 때문에 이때에는 고정 시간 간격 강화(fixed interval schedule)를 사용하는 것이 좋다.

그래서 매일 아침 아이들마다 30초씩 돌아가며 간단한 퀴즈 게임을 한다든지, 기능을 숙달하는 공 던지기 운동 시간에 돌아가며 시행케 하고 칭찬을 해주는 방법을 쓸 수 있다. 또한 처음에는 낱개의 행동이나 기능 및 지식에 대해 강화 자극을 주다가, 차츰 그런 것들이 하나의 체계와 조직을 이룬 전체로서 잘 습득되었을 때 칭찬을 해주는 것도 중요하다.

강화를 줄 때 조심할 사항의 하나를 들면 교사가 무엇을 묻거나, 행동 및 기능을 시킬 때 아동들에게 손을 들게 하고 그 중에서 몇 아동을 지적하는 경우이다. 이 경우에 대개는 손을 드는 아동만 계속 들고, 지적을 당하는 아동만 계속 지적을 당하게 되는 경향이 있다. 능숙한 교사일수록 모든 아동이 골고루 강화를 받도록 배려한다는 점을 잊어서는 안 된다.

7 수업 시간에 열중하지 않고 다른 것을 심하게 하는 아동들을 지도할 때에는 몇 단계의 조치를 통해서 지도하는 것이 좋다.

① 첫 번째로 시도해 볼 것은 그러한 행동을 일방적으로 무시해 버리는 것이다. 일반적으로 교사나 다른 학생들로부터 강화를 받지 못하면 그러한 행동은 소거된다.

② 충분히 무시하여 소거될 만한데도 그러한 행동을 지속하면 두 번째 단계로 강화의 방법을 적용한다. 그러나 이것도 처음에는 학급 전체를 대상으로 빨리 과제를 끝내는 학생이나 집단은 보너스 점수를 받는다든지 휴식 시간을 준다든지 하는 등 그럴 듯한 강화 자극을 준다고 알려 준다.

③ 그러한 조치에도 반응 없이 바람직하지 못한 행동이 지속되면, 다음 단계로 교사는 그들에게 접근하여 일종의 경고를 한다. 즉 "정해진 시간에 과제를 수행하지 않고 딴 짓을 하는 것은 다른 사람들에게도 방해가 되며, 자신의 학교생활을 망치게 된다. 따라서 할 수 없이 방과 후에 남아서 그 과제를 끝내고 가야 한다."고 경고하고 요구한다. 그러나 야단치는 식으로 말하지 말고 부드럽게 타이르는 방법을 택한다.

④ 그러한 조치에도 응하지 아니하고 다음 날도 계속 학업 태도가 불량하면 즉각 교실에서 나가 다른 장소(상담실이나 교감실 등)에 가서 수업이 끝날 시간까지 그 과제를 해결하도록 한다. 이때에 교사는 엄한 태도로 말해야 한다.

⑤ 이렇게 해서 과업을 잘 끝내면 다시 교실 수업 시간에 참여케 하고 격려해 주면 좋은 결과를 얻을 수 있다. 이러한 방법으로 뒤늦은 공부를 따라가게 하고 다른 학생들과 마찬가지 성취를 이루게 한 실험 사례는 많다(Hall, et. al., 1971).

이 경우는 수업에 열중하지 않은 행동을 벌하여 그것을 못하게 한 것이라기보다, 수업에 열중하지 않음으로써 생기는 혐오 자극(방과후에 남는다든지, 다른 방에 가서 별도로 공부를 한다든지)을 피하기 위해 공부에 열중하도록 만드는 부적 강화(negative reinforcement)에 해당된다고 할 수 있다. 부적 강화도 좋은 효과를 거둘 수 있는 방법이기는 하지만, 벌과 마찬가지로 혐오 자극이나 불쾌 자극으로부터 도피하려 하고, 학교 상황 모두가 혐오 자극으로 조건화되어 아동들이 며칠씩 학교에 결석하고 다른 곳으로 놀러 가는 일이 생길 수 있다. 따라서 어느 경우든 꾸준히 정적 강화의 방법을 사용하도록 노력해야 할 것이다.

8 유아나 학령기 아동들은 그림으로 된 자료든 글씨로 된 것이든 프로그램 학습 자료일 경우 상당히 흥미를 나타낸다.

이때에는 아동들이 그 학습을 통해 도달하게 될 최종 목표 행동(지식, 기능, 태도 모두 포함)을 잘 기술하고, 학습하는 과정에서 취급하게 될 내용과 그 조직 체계 및 보상(강화 자극)에 대한 상세한 계획을 세워서 시행해야 소기의 성과를 거둘 수 있다.

① 최종적으로 달성해야 할 교육 목표를 명확하게 정해야 한다. 목표는 학습 단위를 중심으로 하고 구체적인 행동으로 기술하여야 한다.

② 가능하면 그 목표를 달성하는 데 관련되는 학습 내용들을 위계나 단계에 따라 정리하여야 한다. 학습 내용이 논리적 체계를 갖고 있지 않은 경우가 있을 수 있으나 이 경우에도 요점들을 난이도의 순서나, 아동들의 관심도의 순서에 따라 정리할 수 있을 것이다.

아동들에게 어휘를 가르칠 때 처음에는 구어체를 가르치고, 차츰 문어체의 어휘를 가르치는 것도 이 예에 해당된다.

③ 아동들이 잘못 알고 있는 것을 인식하고 교정 할 수 있도록 피드백을

주고, 학습이 잘 이루어진 경우에는 보상을 주어야 한다. Skinner의 조작적 조건화(operant conditioning)에서 가장 중요한 것은 강화이기 때문에 올바른 반응에 대해서는 즉시 강화를 시켜주고, 잘못된 반응에 대해서는 즉시 잘못된 점을 지적해 주는 일이 학습의 본질이 된다. 따라서 앞의 (2)항에서 제시했던 대로 강화 계획을 수립하고, 자주 구체적이고 또 고무적으로 피드백을 주어야 한다. 또한 다음과 같은 방법도 활용해 보는 것이 도움이 될 것이다.

유아들에게 동화나 이야기를 들려준 뒤 그 내용에 대해 퀴즈 문제를 주고 한두 아동으로 하여금 응답케 하고, 다른 아동들에게 맞고 틀림을 확인시킨 뒤 올바른 반응은 칭찬을 해주고, 잘못된 반응은 즉시 교정해 준다. 혹시 잘못된 반응에 대해 토론할 것이 있으면 아동들 사이에 토론이 벌어지도록 이끌어 준다.

초등학교 아동들에게는 강의를 한 뒤나, 책을 읽게 한 뒤 위와 같은 절차에 따라 진행할 수 있을 것이다.

9 가능한 개별 학습을 시킬 수 있는 기회를 만드는 것이 좋다.

아동들은 개인차가 심하기 때문에 각 아동의 발달 수준과 학습 단계에 맞는 학습을 시키려면 개별 학습이 필요하다. 행동주의 학습 이론에서 강조하는 학습 방법이 바로 개별 학습이기 때문에 앞에서 예로 들었던 바와 같은 Keller의 P. S. I.와 같이 엄격하게 조직된 프로그램은 아니더라도 각 아동에게 적절한 개별적 학습을 시도해 보는 것은 대단히 중요한 일이다.

10 아동들의 자발적인 흥미를 유발시키지 못하는 과제를 학습시켜야 할 경우에는 인내심을 길러줄 수 있는 특별한 강화 계획을 활용해야 한다.

아동들이 좀 어려워하거나 재미를 느끼지는 못하나 반드시 이수하지 않으면 안 될 지식이나 기능 등이 있을 수 있다. 초등학교 아동들이 더하기, 빼기, 곱하기, 나누기 등의 셈하기를 배울 때나 철자에 맞게 글씨 쓰기 등을 배울 때에도 이런 현상이 자주 일어난다. 이러한 경우에는 다음과 같은 행동 수정의 방법들이 적용될 수 있다.

① 우선 강화 자극을 각 아동들에게 아주 매력적인 것으로 선정할 필요가 있다. 이러한 강화 자극을 찾으려고 할 때에는 아동들의 직접적인 도움을 받는 것도 좋다. 즉 자기가 가장 하고 싶어 하거나, 갖고 싶어 하는 것, 원하는 것이 무엇인가를 각 아동별로 조사하여 아동들의 강화 자극 메뉴를 작성해 놓고, 그러한 과제를 잘 성취했을 때 이 메뉴에 따라 강화를 시켜주면 효과적이라는 것이다.
이러한 방법이 체계적으로 활용된 행동 수정 방법이 프리맥 원리(Premack Principle)이다. 프리맥 원리란 빈도가 높은 행동이 빈도가 낮은 행동을 강화한다는 것이다. 즉, 운동장에 나가 공 놀이를 즐기는 아동에게 수학 문제 열 개를 5분 동안 풀면 10분 동안 나가서 공 놀이를 하게 해준다고 약속하고 공부를 시키는 것이다. 그러면 아동은 자기가 가장 즐기는 공 놀이를 하고 싶은 마음에서 하기 싫은 것이지만 5분 동안 열심히 수학 공부를 할 것이다. 여기서 공 놀이는 빈도가 높은 행동이고 수학 공부는 빈도가 낮은 행동이다. 이런 식으로 하기 싫은 수학 공부를 시작하여 차츰 공부 시간과 놀이 시간의 비율을 조종해 가면 나중에는 커다란 지루함 없이 수학의 기초 기능을 모두 배우게 된다는 것이다.
② 이상과 같은 일종의 행동 계약을 사용해서 각 아동과 개별적으로 그 아동의 능력 수준에 맞도록 계약하고 활용하는 것은 더욱 효과적이다. 이러한 행동 계약을 집단으로만 처리해 버리면 잘하는 아동은 계속해서 강화를 받을 수 있지만, 잘못하는 아동은 좌절만을 경험할 가능성이 있기 때문이다. 또한 이 경우 강화의 메뉴를 각 아동 스스로 작성하도록 해보는 것도 효과적일 수 있다.
③ 이러한 부류의 별 흥미 없고 어려운 과제에 대해서는 조그만 성취에 대해 즉각적으로 자주 강화를 주는 것이 좋다. 조작적 조건화에서는 강화의 빈도는 강화의 양보다 강화력이 더 높다. 따라서 많은 성취를 이루면

큰 상을 준다는 식의 접근 방법보다는 조그만 성취를 하고, 참으며 공부를 하면 즉각적으로 자주 상을 주는 것이 훨씬 효과적임을 기억하자.

11 행동주의 학습 이론에 따른 통제된 교육 방법이 지니는 문제점과 그 비판에 대해서 늘 수용적인 태도로 대비해야 할 것이다.

앞에서도 언급했듯이 행동주의 학습 이론은 몇 가지 문제점과 제한점을 갖고 있다. 그 중 대표적인 것으로 세 가지를 들 수 있으며, 이 세 가지 점에 대해서 교사는 늘 유의해야 할 것이다.

① 행동 수정 방법으로 학생들을 통제하기 시작하면 차츰 아동들은 의존적·수동적으로 변하고, 아주 유순하지만 계산에 빠르고 물질에 민감한 아동으로 변해 간다. 여기서 의존적·수동적이란 외부 환경이나 교사의 요구에만 잘 반응할 뿐 능동적·적극적으로 행동하는 경향이 감소된다는 것이다. 또한 유순하다는 것은 여러 행동이 조건화되기 때문에 교사의 지시에 잘 따르게 된다는 것이다. 유순하면서도 계산이 빠르고 물질에 민감해지는 것은 강화 자극에 관련된 것이다. '몇 점 받고, 몇 개 맞추고, 또 몇 분 동안 뭘 하면' 하는 등의 세상살이를 야박하게 계산만 하려 한다든지, 그 보상으로만 어떤 물질을 획득하게 되면 아동은 물질주의자로 변할 수 있다는 것을 의미한다. 바꾸어 말하면 독립심, 자발성 및 자기 방향감의 설정과 결정 등의 바람직한 특성을 기르는 데 장애가 있을 가능성이 있다는 것이다. 또한 아동들은 교육이라고 하는 것을 주어진 문제에 대해서 단순히 대답만 잘하면 되는 것으로 이해할 가능성이 있다는 문제점이 있다. 마찬가지로 인간의 모든 행동은 칭찬이나 상을 받기 위해서 하는 것으로 오해될 가능성도 충분히 있다.

② 두 번째 문제점은 기계적이고 빈번한 보상이 계속해서 주어지면 차츰 그러한 칭찬이나 보상은 강화력을 잃어가게 된다는 것이다. 따라서 차츰 보다 강화력이 강한 보상(강화 자극)을 개발해 내고 제공해 주어야 하는데, 이는 현실적으로 어려움이 많기 때문에 결국 행동 수정의 방법이 동일한

대상에게 지속적인 효과를 내기는 어렵다는 난관에 봉착하게 된다.

③ 세 번째 문제점은 교사가 행동 수정 방법을 계속 사용하게 되면 교사 자신에게 유리하게만 아동들의 행동을 조절해버릴 가능성이 있다는 것이다. 즉, 아동들의 교육과 발달을 위해서라기보다도 교사가 편하기 위해서 또는 교사의 만족을 위해서 잘못 사용될 가능성이 있다는 것이다. 이러한 문제점을 극복하기 위해서 교사는 늘 자기가 적용하는 행동 통제의 목적과 방법이 과연 아동들을 위한 것인가, 학습 분위기를 위한 것인가를 스스로 평가해 보아야 한다. 평가 결과 조금이라도 교사 자신을 위한 것이거나 통제를 통해 교사의 위력을 과시하기 위한 것이라면 즉시 그 사용을 중지하도록 해야 할 것이다.

02 인지 · 발견 학습 이론

1) 기본 가정과 원리

앞에서 밝힌 바와 같이 인지 · 발견 학습 이론은 미국을 중심으로 발달된 행동주의 학습 이론에 대한 반동적 성격을 지닌 것으로 초기에는 유럽을 중심으로 발달된 것이다. 이들은 인간의 사고(인지, cognition)와 관계를 발견하는 방법을 중시하고 강조하기 때문에 인지 · 발견 이론이라고 한다. 인지 · 발견 이론의 기본 가정을 구성하는 것은 단일하지 않고 몇 가지 이론들이 이를 뒷받침하고 있다. 이들 이론을 살펴보면 다음과 같다.

첫째, 아동들이 학습을 하게 되는 동기는 교사가 자극을 하고 옳은 반응을 강화시켜 주기 때문이 아니라, 아동들 자신이 관찰하고 경험한 것에 대해 스스로 조직하고 학습하려는 내적 욕구에 의한 것이다. 따라서 학습은 외적 보상에 의해 이루어지는 것이 아니라 학습 그 자체가 보상의 역할을 한다는 것이다.

아동이 무엇을 경험하고 자극을 받게 되면 그것은 아동에게 정신적 불균형(disequilibrium)을 일으키게 되고, 동화(assimilation) 또는 조절(accommodation)을 통해 균형(equilibrium)과 안정을 취하게 된다. 이때 얻게 되는 안정이 그대로 강화의 역할을 하게 되는 것이다. 따라서 인지 이론의 대표자인 Piaget에 의하면 교사들은 아동들에게 무엇을 주입시키려고 할 것이 아니라, 아동들이 대상, 상황, 그리고 다른 아동들, 즉 환경과 상호 작용을 하도록 허용해 주기만 하면 된다는 것이다. 이러한 과정을 통해 아동들은 스스로 자신의 정신 구조를 발달시켜 가게 되고, 이러한 변화와 발달이 곧 강화 자극이 된다는 것이다. 그리고 교사에 의해서 수동적으로 암기되고 숙달된 지식이나 기능보다 아동 스스로 터득하고 발견한 지식과 기능이 훨씬 아동들에게 의미 있고 장기적인 학습 효과가 있다고 보는 것이다.

둘째, 인지 · 발견 학습 이론은 장(場) 이론(field theory)이 시사하는 것처럼 인간의 지각은 자극이 어떻게 배열되어 제시하느냐에 따라 달라지기 때문에 학습도 낱개의 자극들이 반응과 기계적으로 연합되는 것이 아니라, 그러한 자극들이 어떤 구조와 관계를 가지고 지각되느냐에 따라 달라진다는 것이다. 지각장의 자극들을 구조화시키고 관계를 형성하는 것이 곧 인간의 사고 작용이기 때문에 학습은 사고 과정을 통해서 이루어진다는 것이다.

이러한 입장을 가진 이론은 Lewin의 장(場) 이론이나, 형태 심리학의 통찰이론(insight theory)들이다. 이들 이론은 모두 학습은 자극과 반응이 기계적으로 연결되는 것이 아니라 학습자가 자기의 지각장(知覺場)에 있는 것들을 의미 있게 조직함으로써 이루어진다는 주장을 하고 있는 것이다.

셋째, 인간의 지각을 결정하는 요소로서 또 한 가지 중요한 것은 개인의 과거 경험과 현재의 관심이라는 것이다. 자기의 과거 경험과 현재의 관심이 지각을 결정하기 때문에 학습에서도 과거의 경험이 고려되어야 하며, 더욱이 현재 학습자가 관심을 갖고 있는 것을 학습하도록 해야 효율적으로 학습이 이루어진다는 것이다.

넷째, 인지 · 발견 학습 이론에서 가장 중요한 개념의 하나는 구조이다. Bruner는 특히 학습에서 구조를 중요시하였다. 그는 구조는 기억이나 원리의 이해 등 모든 학습을 용이하게 한다는 것이다. 특히 복잡한 지식이나 고등한 정신 기능을 요구하는 학습일수록 구조에 대한 이해가 없이는 학습이 불가능하다는 것이다. 따라서 교사는 낱개의 정보를 제시해 주고 그것에 대한 올바른 반응을 하면 보상을 주는 식으로 가르칠 것이 아니라, 아동들이 구조를 이해하도록 도와주어야 한다고 주장한다.

다섯째, 또 한 가지 Bruner 등에게서 중요한 개념은 Piaget의 경우와 마찬가지로 발견(discovery)이다. 아동들에게 문제와 답을 주어가며 강화시키는 것이 아니라, 아동들이 자기에게 직면한 문제에 대해 스스로 답을 찾고, 해결책을 마련하도록 해주는 것이 곧 발견이다. 그래서 인지 · 발견 학습 이론에서는 사고와 토론이 요구된다. 이러한 과정이 없으면 아동들 스스로 답을 얻을 수 없기 때문이다.

이렇게 아동들이 선택한 문제에 대해 스스로 해결책을 찾게 되면 이것은 자동적으로 그들에게 의미 있는 것으로 되고, 그 발견 자체가 보상이 되기 때문에 외적 강화가 반드시 요구되지는 않는다는 것이다. 또한 이러한 학습 과정을 거치면 자연스럽게 아동들의 문제 해결력이 발달될 뿐 아니라, 스스로의 학습 능력에 대해 자신이 생기게 되고 이는 중요한 학습 동기로 작용하게 된다고 할 수 있다.

이상과 같은 기본 가정에 근거하여 인지 · 발견 학습 이론을 가능케 하는 몇 가지 실험적 증거들을 제시하면 다음과 같다.

(1) Köhler의 침팬지 실험

Skinner가 쥐나 비둘기를 가지고 학습 행동을 관찰했듯이 형태주의(gestalt) 심리학자인 Wolfgang Köhler는 침팬지를 가지고 학습 행동을 연구하였다. Sultan이라는 침팬지는 울 밖 멀리 있는 바나나를 끌어당기기 위해 처음에는 울

안에 있는 짧은 막대기로 해보았다. 그것으로는 짧아서 할 수 없다는 것을 깨달은 Sultan은 울 밖에 아무렇게나 놓여 있는 긴 막대기(바나나보다는 가깝게 놓여 있는)를 짧은 막대기로 잡아당긴 후 그것으로 바나나를 끌어당겨 먹는 것을 관찰할 수 있었다. Köhler는 이때 Sultan의 문제 해결 과정에서 통찰이라는 것을 발견하고, 이것은 곧 Sultan이 자기의 사고 구조를 변화시키는 것(지각장에서 새로운 관계를 발견하는 것)이라고 규정하였다. 그러나 여기서 Sultan이 막대기로 끌어 잡아당겨 본 사전 경험이 없었다면 이 문제 해결은 불가능하였을 것이다. 그래서 학습에서는 과거 경험이 중요시되는 것이다. Köhler 등은 이러한 실험을 통해서 학습이란 단순히 자극과 반응의 연결이 아니라 유기체가 당면한 과제를 해결하기 위하여 지각장의 관계를 재확인하는 것(정신 구조 내에서 통찰이 생기는 것)이라고 보았다.

(2) Bruner의 실험(The values of self-selected mediators)

앞의 Köhler의 실험에서 관계의 발견이 얼마나 중요한가는 증명이 되었다. Bruner(1961)는 이에 덧붙여 스스로 고안한 방법으로 학습하는 것이 얼마나 중요한 것인가를 관찰하였다. Bruner는 두 개씩 짝지어진 단어 30개를 아동들에게 기억하도록 하였는데, 기억하는 방법에 따라 세 집단으로 나누고 그 결과를 비교하였다. 첫 번째 집단은 그냥 단순히 외우라고만 하고, 두 번째 집단에게는 각 단어마다 외우는 방법(예컨대 '의자-숲'인 경우, 의자는 숲으로부터 나오는 나무로 만든다는 식으로)을 각자 고안해서 외우도록 하였다. 그리고 세 번째 집단에게는 두 번째 집단의 아동들이 고안해 낸 방법 중에서 선택케 하여 기억하도록 하였다 그 결과 자기가 기억하는 방법을 고안해 낸 집단의 아동들은 95%의 기억률을 보였으나, 이러한 방법 없이 그냥 외운 아동들은 기억률이 50%에 불과하였다. 남이 만든 방법을 적용하여 기억한 아동들은 75%의 기억률을 나타내었다. 이 연구를 통해 Bruner는 스스로 탐구하여 하는 학습이 얼마나 효과적인가를 명백히 증명하였다.

2) 인지 · 발견 학습 이론에 대한 비판

Bruner 등이 주도하는 발견 학습에 대한 비판은 주로 Skinner와 그의 동료들에 의해 행해졌다. 이들이 중시하는 발견 학습의 문제점을 정리하면 다음과 같다.

첫째, 교사가 직접 제시해 주지 않고 학생들에게만 발견을 맡기면 그들이 학습해야 할 만큼의 충분한 발견을 하기란 불가능하다는 것이다. 특히 오늘날처럼 자연과 인간에 관한 지식이 폭발적으로 쏟아져 나오고, 그러한 지식이 논리적으로 축적되지 않으면 의미를 갖지 못하는 상황에서 학생들이 스스로 발견하도록 맡겨 놓는 것은 학습을 포기하는 것과 같다는 것이다.

둘째, 아무리 유능하게 발견 학습을 지도할 수 있는 교사라고 하더라도 학생들이 순수한 발견을 성취하는 일은 아주 희귀한 일이며, 따라서 비효율적인 교육이 되고 시간의 낭비라는 점이다.

셋째, 발견 학습에서는 아동들 상호간에도 인간관계에 관련된 문제가 발생할 가능성이 있다는 것이다. 왜냐하면 일부 우수한 아동들에게 발견이라는 것이 가능할 뿐, 나머지 대다수의 아동들은 재빨리 스스로 발견하지 못하게 되고, 결국 많은 아동들이 일부 우수한 아동들에 대해 시기와 질투 또는 열등감을 갖게 되기 때문이라는 것이다. 더욱이 일부의 아동들은 한 학기 동안 전혀 한 번도 발견의 기쁨을 누리지 못하게 될 수도 있을 것이다.

또 한 가지 인간관계상의 문제는 결국 발견하고 발표하는 아동은 한 명일 뿐, 여러 명이 발견했다고 하더라도 동시에 여러 명이 발표할 수는 없다는 점이다. 결국 나머지 아동은 청취자의 입장일 수밖에 없기 때문에 발견의 기쁨과 보람을 여럿이 누릴 수 없다는 문제가 생길 수 있다.

넷째, 또 한 가지 비판의 초점은 아동들은 다른 아동들이 제시한 정보보다는 선생님이 제시한 정보에 보다 큰 흥미를 갖는다는 점이다. 결국 발견학습에서 어떤 한 아동이 발견하고 제시한 것에 대해 다른 아동들이 큰 값어치를 두고 관심을 두기는 어렵다는 문제가 생길 수 있다는 것이다.

다섯째, 마지막 문제로 지적되는 것은 인지 · 발견 학습 이론가들은 그들의 접근 방법이 아동들의 학습과 기억에 보다 큰 기여를 하고, 보다 큰 자신감과 문제 해결력을 발달시킬 수 있다고 주장하지만, 이를 뒷받침할 만한 뚜렷한 증거들이 별로 많지 않다는 것이다. 더구나 많은 학부모들이 그러한 학습 방법에 대해 불안해하며 교사가 제대로 지도하지 못하는 것이 아닌가 하는 의심을 갖고 있다는 점이 지적되고 있다.

그러나 이상과 같은 비판은 완전히 배타적으로 인지 · 발견 학습 방법만을 적용했을 때 야기될 수 있는 것이며 이 접근 방법을 적절히 활용하면 커다란 교육적 효과를 거둘 수 있다는 점은 일반적으로 인정을 받고 있다. 특히 집단 토의(group discussion)나 자율 학습 및 학생들 상호 간의 학습에 대해서는 높은 평가를 받고 있다.

3) 인지 · 발견 학습 이론의 교육적 적용

앞에서 지적한 바와 같은 문제점의 제기가 가능하더라도 Piaget의 인지적 접근이나 Bruner의 발견적 접근은 아동들의 지력(知力)의 발달에 대단히 중요한 역할을 한다. 이러한 관점에서 이 학습 이론이 지니는 교육적 시사점을 살펴보면 다음과 같다.

1 아동들은 개인적으로 의미 있고 관심 있는 문제에 대해서는 훨씬 적극적으로 해결책을 찾으려는 경향이 있다는 점을 최대한 활용해야 한다.

일반적으로 학교 교육이 비판받는 중요한 측면의 하나는 교육 내용이나 교육 방법이 개인적인 의미를 지니지 못하고 획일적으로 통제되고 있다는 점이다. 그래서 아동들은 다른 사람이 배워야 될 내용을 배우느라고 많은 시간을 허비하게 될는지도 모른다. 이러한 점을 제기하려면 교사는 자주 여러 가지 주제에 관해 아동들 스스로 토론케 하고 선택케 할 필요가 있다. 그들 스스로 선택한 문제는 그만큼 그들에게 가치 있고 의미 있는 것이기 때문에 높은 학습 동기가 유발되고 보다 학습(기억, 이해 등)이 잘될 것이기 때문이다.

2 아동들의 생각은 상당히 자기중심적이라는 Piaget의 권고를 교사들은 마음 속 깊이 간직해야 할 것이다.

유아인 경우는 이러한 경향이 더욱 심하다. 따라서 자주 아동들에게 그들의 생각을 서로 이야기할 수 있는 기회를 만들어 주는 것이 좋다.

동일한 대상이나 사건에 대해서 아동들이 갖는 개념과 의미 및 지각은 모두 다르다. 이는 그들의 과거 경험이 모두 다르기 때문에 그들의 머리 속에서 일어난 동화(assimilation)와 조절(accommodation)의 결과도 달라진 것이다. 더구나 아동이 전조작기냐 아니면 구체적 조작기냐에 따라 또 다른 양상을 나타낸다. 따라서 교사들은 아동들의 생각이 모두 다르고 엉뚱한 것에 대해 지나치게 민감할 필요가 없다. 교사에게는 의미 없는 어떤 것이 아동에게는 특별한 의미를 가짐으로써 나타난 현상들이기 때문이다.

아동들이 자주 그들의 생각을 펴내게 하고, 상호 의사 교환을 시키고, 교사는 이에 대해 수용의 태도를 보이게 되면 아동들은 자연스럽게 지나친 자기 중심성에 대해 통찰을 갖게 될 것이다. 수업 시간에 엉뚱한 소리를 하는 것도, 수업으로부터 이탈되는 것도 그 아동에게는 수업보다 더 중요하고 의미 있는 문제가 있기 때문이다. 이러한 문제들을 포괄적으로 해결하는 방법은 바로 앞에서도 언급했듯이 아동들로 하여금 그들이 생각하는 것을 자주 이야기하도록 하는 것이다. 그 예를 몇 가지 들어보면 다음과 같다.

① 간단한 질의 응답을 자주 실시하여 아동들이 그들의 답을 설명할 수 있는 기회를 만들어 준다.

② 책을 읽게 하고 아동들을 소집단으로 나누고 서로 자기의 해석과 생각을 이야기해 보도록 한다.

③ 아동들이 잘못된 응답을 할 때에는 겁주지 말고 은밀하게 그 응답의 근거를 설명해 보도록 한다.

3 아동들이 나타내는 이러한 행동도 그 아동의 생활 공간(life space)에서 적용하는 여러 가지 요소에 의한 것임을 이해해야 한다.

교사가 원하지 않는 어떠한 행동을 하더라도 화를 내지 말고 그 아동을 그렇게 만든 요소가 어떤 것일까를 생각해 보는 것이 좋을 것이다.

만일 수줍음이 심하거나 약간의 언어 장애 때문에 토론이나 대화 시간을 기피하는 아동에게 강압적으로 참여시키거나, 또는 창피를 주는 일이 있어서는 안 될 것이다. 혹시 잠을 자더라도 망신을 주면서까지 깨어서 참여하도록 강요해서는 안 된다. 입장을 바꾸어 이해해 주고, 될수록 작은 집단으로 세분하여 그 중의 한 멤버로 참여토록 도와주면 좋을 것이다.

4 구조에 대한 이해가 학습에 크게 도움이 된다는 점을 잊어서는 안 된다.

특히 초등학교 고학년에서는 한 주제와 다른 주제와의 관계, 한 주제 내에서의 지식들의 관계를 이해시켜 주는 것은 대단히 중요하다.

유아의 학습에 있어서도 구조의 중요성이 무시되어서는 안 된다. 그들이 조금이라도 이해할 수만 있다면 전체적 맥락, 구조, 관계에 대한 설명을 게을리할 필요가 없다. 오히려 유아들이 일반화를 쉽게 시키고, 보다 쉽게 관련시키는 면도 있음을 상기할 필요가 있다.

특히 복잡한 내용을 가진 주제에 대해서는 사전에 전체적인 윤곽이나 구조를 소개해 주어야 한다. 그렇다고 아동들이 이것을 완전히 기억하고 이해하리라고 기대해서는 안 된다. 이것은 단순한 사전 학습으로 충분히 기억하고 이해하지 못하더라도 이후의 학습에 은연중에 큰 도움이 된다.

만일 어떤 과제가 아동들의 내재적 동기를 자극할 만큼 그들에게 의미 없는 것일 때에는 앞의 Bruner의 실험에서처럼 아동 스스로 고안하거나 선택한 방법으로 학습하도록 격려해 주어야 할 것이다.

5 개방 교육(open education)에서 채택하고 있는 여러 가지 기술이 발견 학습과 일치한다.

대개 아래의 4가지 속성이 개방 교육의 본질이며 이는 발견 학습에서 시도하는 접근 방법과 일치한다. 다음의 방법들을 적절하게 활용하여 볼 필요가 있다.

① 자유 활동과 허용적 분위기: 개방 교육의 전형적 방법은 아동들 나름의 여러 가지 활동이 동시에 진행되는 것이다. 아동들은 자유롭게 여기저기를 돌아다니며 이 활동 저 활동에 참여한다. 학급의 분위기는 아주 안정되어 있고 아동들은 서로서로 마음 놓고 이야기하여 생각을 교환하도록 격려를 해준다.

② 개방 교육의 학습 영역은 다양하고 넓은 것이 특징이다. 만들기, 그리기, 읽기, 말하기, 자연과 과학, 수와 셈하기, 연극, 놀이 등 여러 영역의 활동을 지나치게 구분 짓지 말고 자유롭게 학습할 수 있는 여건을 만들어 준다.

③ 개방 교육은 학습의 계획도 아동들이 상호 협동하여 작성하도록 하는 것이다. 나아가서는 아동들 각자가 자기의 학습 활동도 스스로 계획하도록 하고 이에 따라 진행하도록 허용하는 것이다.

개방 교육의 첫 시간에는 아동들이 자유롭게 탐색하고, 위에 제시한 바와 같은 여러 활동 영역에서 마음대로 실험하고 연구하도록 허용해 준다. 두 번째 시간쯤에는 함께 모여 자신의 관심사를 서로 이야기하며 함께 활동 계획을 짜도록 유도한다. 교사들은 아동들의 관심과 생각들을 조정해 주고 참고가 될 만한 자료나 이야기를 해주며 아동들 자신이 선택한 활동을 하도록 이끌어 주면 된다. 집단으로 한 활동은 집단적으로 진행하지만, 개별적으로 활동한 부분은 개별적인 계획에 따라 진행하도록 한다. 마지막 시간에는 지금까지 소집단으로 또는 개별적으로 진행한 활동을 서로 보고하고 토론하면서 종합하도록 하는 것이다, 이렇게 하는 가운데 자기의 것을 발표하기도 하고, 새로운 발견을 소개하며, 다른 아동들의 활동 보고를 통해 새로운 자극을 받는 것이다.

④ 개방 교육의 특징은 교사가 각각 아동들의 계획과 활동에 대해 개별적인 관심을 가져 주는 것이다. 즉 개별 학습이 이루어지도록 이끌어 주는 것이다. 교사는 각 아동들의 활동을 관찰하고 기록하면서 아동들도 소집단으로

또는 개별적으로 자신들의 활동을 정리하고 기록하도록 격려해 준다. 그러나 이러한 개별적인 활동이나 학습으로 끝내지 아니하고, 상호 교환하게 함으로써 보다 높은 수준의 학습이 이루어지도록 자극하고 돕는 것이다.

6 토론 학습을 적용하려면 먼저 학급의 분위기를 안락하고 평온하게 하는 것이 제일 중요하다.

토론을 통한 발견 학습이 실효를 거두려면 아동들이 자기의 생각을 자유롭게 표현할 수 있고 실패감을 느끼거나 조롱을 받는 일이 있어서는 안 된다. 교사는 늘 아동들이 자신을 표현하는 일에 확신을 가지고 임하도록 격려해 주어야 한다.

어떤 아동이 초점 없이 다소 어리석은 생각을 제시한다고 하더라도 교사는 다른 아동들이 비웃거나 놀리지 않도록 경계해야 한다. 혹시 그런 사태가 벌어지면 놀리는 아동들에게 어떤 아이디어이건 늘 탐구할 가치가 있는 것이기 때문에 소중히 해야 한다고 주의를 주어야 한다. 옛날에도 많은 사람들은 콜럼버스를 비웃었다는 등의 실례를 들려주면 더욱 좋을 것이다.

7 발견이 잘 일어나도록 학습 상황을 잘 조성해야 한다. 제일 기본이 되는 것은 자기가 다루는 학습 자료나 활동에 대해 통찰을 갖게 하는 것이다.

마치 Köhler의 침팬지 실험에서처럼 문제와 상황이 통찰을 유발시키도록 조성되어야 할 것이다.

① 주제의 선정에 있어서는 우선 아동들에게 친숙한 것이나 알고 싶어 하는 것 또는 의견이 분분한 것을 선택하는 것이 좋다. 교사가 주제를 선택해 줄 수도 있지만 아동들이 스스로 선택하도록 할 수도 있다.

② 필요한 경우에는 교사가 선정된 주제에 대해 배경 정보를 설명해 줄 수도 있다. 이때 아동들에게 교재나 참고 자료의 어느 부분을 미리 읽고, 기록하여 참고하도록 제시해 줄 수도 있다.

8 토론의 체계적 방법에 대해서도 연구를 해야 한다. 이를 위해서 교사의 적절한 개입도 고려해 볼 수 있다.

교사도 토론에 참여하여 구체적인 질문을 한다든지, 좀 더 흥미를 돋우는 문제를 제기해 본다든지 학생들로 하여금 소주제를 설정하고 분담토록 하는 것도 좋은 일이다. 대개 토론은 논리적으로 체계를 갖고 이루어질 때 더욱 효과적이다. 아무 이야기나 질서 없이 쏟아져 나오면 결론에 이를 수도 없고, 발견의 기쁨도 누리지 못할 수 있다. 토론이 학습과 발견에 실효를 거둘 수 있도록 하려면 교사는 아동들에게만 맡겨 두지 말고 다음과 같은 몇 가지 방법을 참고하여 토론을 구조화할 필요가 있다.

① 이 방법은 Bruner가 제안한 것을 다소 수정한 것이다.

비교하기	우리나라 옷과 외국 옷 비교하기, 예절이나 관습 비교하기
추측하기	자연이나 사회 현상 또는 사람의 생활에 관한 왜, 어떻게 등의 질문을 주고 그 응답을 추측해 보기
참여하기	학급에서 이루어지는 모든 활동에 아동들이 적극적으로 참여하도록 격려해 주기
이해하기	관련된 자료나 정보를 올바르게 이해하도록 도와주기
주제 전환하기	자연 보전에 관한 주제에서 여러 가지 이야기를 주고받다가 그 중 핵연료에 의한 오염 이야기가 나올 경우, 새로운 에너지 개발에 관한 이야기로 주제를 전환하기
잘못된 것 찾아내기	어떤 작업이나 문제를 해결한 후 잘못된 부분을 찾아내고 그 원인을 조사하기(교사가 의도적으로 잘못될 수밖에 없는 문제나 작업을 줄 수도 있다.)

② 원래 구체적이고 확정된 정답이 없는 문제를 토론의 주제로 정하고 여러 가지 가능성을 탐색해 보도록 하는 것이다.
예컨대 장래 자기가 택한 직업과 왜 그것을 택했는가에 관한 이야기를 교환한다든지, 과학이 어디까지 발달될 수 있을까, 1000년 뒤에 인간의 생활은 어떠할까에 관한 문제를 이야기하기 등이다.

③ 만일 주제의 내용이 복잡한 것이면 소주제로 나누도록 하고, 소집단별로 각각의 소주제를 취급하고 맨 나중에 종합하도록 한다.

예컨대 인간이 다른 동물과 다른 조건을 언어, 도구 사용, 사회 조직의 구성 등 몇 가지로 나누어 자세히 토의한다.

9 시간이 제한되어 있어서 소집단 토의를 한 후 종합할 수 없는 상황이면 소집단으로 나누지 말고 학급 인원 모두를 빙 둘러앉히고 토론을 벌일 수도 있다.

이렇게 하면 모든 아동이 서로 마주 볼 수 있기 때문에 좋은 점이 많다. 빙 둘러앉고 나면 교사는 아동들에게 질문을 하거나 이야기를 하도록 시킨다. 그러나 중요한 점은 미리 응답을 정해 놓고 그 반응이 나오도록 유도하지 말고 자유로이 자기 생각을 펴도록 해주어야 한다.

만일 한두 아동만 발언을 하고 토의를 지배하면 교사가 개입하여 다른 아동들의 생각을 모두 들어볼 수 있도록 한다.

교사가 아동들의 토의나 토론이 진지하게 벌어지게 하려면 질문을 할 때 다음과 같은 점을 고려해야 할 것이다.

① 질문은 아동들 자신이 갖고 있는 지식을 잘 분석하여 적용하거나, 또는 종합하거나 평가하는 사고가 유발되도록 해야 한다. 즉 단순한 사실을 묻는 질문이어서는 사고 작용도 토론도 또 발견도 있을 수 없다.

② 사고를 유발하는 질문에 대해서는 첫 번째 반응을 하는 데 충분한 시간을 주어야 한다. 또 필요한 경우에는 추가의 정보를 줄 수도 있다. 많은 교사들은 아동들이 충분히 사고하여 반응하도록 인내심 있게 기다리지 못하고 성급한 경향이 있다. 잠깐 기다려서 응답이 안 나오면 곧 다른 아동에게 질문이 날아가 버리기 때문에 아동들은 불필요한 좌절을 경험하게 된다. 성급한 교사는 대부분 충동적(impulsive) 인지 양식을 가진 경우가 많으며, 참고 기다릴 수 있는 교사는 대부분 사려적(reflective) 인지 양식을 가진 경우일 가능성이 크다. 교사가 아동들에게 사려 깊게 반응함으로써 아동들은 사려적 인지 양식으로 바뀐다는 사실을 기억해야 할 것이다. 아동들에게 생각할 수 있는 충분한 시간을 주고, 보충적인 정보를 주면

대부분 그럴 듯한 반응을 보일 것이다. 만일 언어 구사력이 미약하면 교사가 이를 받아서 정리해 주며, 그 아동이 생각하는 결론에 도달하도록 도와주어야 할 것이다.

10 시간이 충분할 때에는 소주제에 따라 5~6명씩 소집단을 구성하고 토론하도록 하는 것이 좋다.

2~3명씩 소집단을 구성하면 상호 작용의 양이 너무 적게 되고, 5~6명이 넘어가면 모든 구성원이 토론에 참여하지 못하게 되는 폐단이 있어서 5명 정도가 가장 이상적이다.

소집단의 구성원을 정하는 방법도 여러 가지일 것이나 다음과 같은 두 가지 점이 고려되어야 할 것이다. 주제가 여러 개일 경우에는 자기가 좋아하는 주제를 가지고 토론하도록 한다는 원칙과 될수록 둥그렇게 모여 앉아 이야기를 나눌 수 있도록 좌석의 배치를 조정해야 한다는 점이 고려되어야 한다.

11 집단 토의에서 형식상 중요한 점은 사회자와 기록자를 선정하는 일이다.

이는 소집단이라도 마찬가지이다. 사회자는 토의의 내용이 지나치게 장황하지 않고 주제에 맞도록 조정하고, 모든 구성원으로 하여금 충실히 참여케 하는 역할을 맡는다. 기록자는 토의의 주요 내용을 기록하여 정리하고 전체토의에 보고할 준비를 하는 것이다. 그러나 유아의 경우에는 교사가 이들의 역할을 대신해야 할 것이다.

12 발견 학습법은 영리하고 신념이 뚜렷하고 학습 동기가 잘 유발된 아동들에게는 아주 좋은 방법이다.

또한 이 방법은 고정된 답이 있는 문제보다 여러 가지 가능성을 가지고 탐색해야 하는 문제에 있어서 아주 효과적이다. 그러나 이 방법은 근본적으로 많은 제한점을 가진 것도 사실이다. 우선 유아나 학령기 초기의 아동들에게는 활용상 제한을 받을 수밖에 없다. 자연이나 사회 현상을 함께 관찰하고 이야기를 나누는 정도는 괜찮지만, 고등한 정신 작용을 발휘하여 결론을 얻어야 하는 문제에서는 난점이 크다. 나이가 적은 아동들은 논리적 사고도 부족하고 심하게 자기 중심적이기 때문이다. 고학년 아동이나 청소년들에게도 학습 동기가 낮거나 지적 발달이 미흡한 경우에는 크게 유용하지 못한 방법이 될 수도 있다. 이 경우에는 오히려 행동주의 학습 이론이 더 큰 효과를 거둘 것이라는 점을 쉽게 짐작할 수 있다.

그리고 이러한 발견 학습 방법에 대한 토론이나 토의를 계획할 때에는 그에 적절한 문제가 제기될 가능성이 있을 때에만 효과적인 것이다. 무턱대고 방법만을 고수할 것이 아니라 여러 가지 조건을 살펴보고 계획하여야 할 것이다.

이상과 같은 학습 방법상의 장단점이 있기 때문에 이러한 점을 고려하고 인지·발견 학습 방법을 활용해야 효과를 얻을 수 있다는 점을 잊어서는 안 된다.

03 인본주의 학습 이론

1) 기본 가정과 원리

▲ Rogers

인본주의는 행동주의나 인지 이론처럼 실험적 자료에 근거하여 이론을 형성한 것이 아니라 인간에 대한 관찰, 사상 및 인상적 근거에 기초를 두고 있다. 이는 Maslow, Rogers 및 Combs 등의 인본주의 심리학이 그 바탕이다. 따라서 이 학습 이론의 기본 가정도 이들의 심리학 이론과 동일하다.

첫째, 아동들에게 자유 선택의 기회를 부여하면 그들은 최선의 것을 선택하게 된다. 따라서 교사나 부모들은 아동들의 성장 발달에 지나치게 개입하여 행동을 형성하려고 하지 말고 아동들 스스로 자기의 길을 찾아가도록 도와주기만 하면 된다. 이 가정은 Maslow(1987)의 사상에 따른 것으로 아동들에게 안전과 안락이 보장된 환경에서 자유롭게 먹고, 자고, 놀고, 탐색할 수 있도록 해주는 것이 곧 최선의 학습이 일어나도록 하는 길이라는 점을 강조하는 입장이다.

둘째, 모든 교육은 학습자 중심으로 이루어져야 최대의 효과를 거둘 수 있다는 것이다. 즉 교사나 부모가 아동들에게 따뜻하고 긍정적이고, 수용적인 태도로 받아 주면 그들은 스스로 자신을 가르칠 수 있는 능력을 지니게 된다는 것이다. 이 가정은 주로 Rogers(1975)의 내담자 중심의 정신 치료법과 같은 입장으로 교육을 보려는 것이다. 결국 이는 Maslow의 생각과 거의 동일한 것이라고 볼 수 있다.

셋째, 아동들에게 긍정적 자아 개념을 갖도록 도와주는 것이 곧 교육이라는 점이다. 즉 교육은 인지 학습에 그 강조점을 둘 것이 아니라 아동들의 정의적 성장에 강조점을 두어야 한다는 것이다. 이러한 생각의 주장자는 Combs(1974)로서 그는 인간의 행동은 적절성의 요구(need for adequacy)에 의해 유발되며 학습자들도 바로 이 적절성을 성취하기 위해 학습 행동이 일어난다는 것이다. 그래서 인본주의 이론에서의 교사의 역할은 행동주의 등과는 전혀 다르다. 행동주의 학습 이론에서 교사의 역할은 학생에게 학습 처방을 주고, 학생의 행동을 조절하고, 강요하며, 부추기거나, 꾀어서라도 학습의 성과만 거두면 되는 것이다. 그러나 인본주의 학습 이론에서 교사의 역할은 아동들의 학습과 성장을 돕고, 격려하고 촉진시키며 아동들의 친구로서 행동하는 것이다. 특히 Combs(1974)는 훌륭한 교사는 다음과 같은 특징을 지닌 경우라고 강조한다. ① 자기의 담당 교과에 관한 지식이 많고, ② 아동들이나 동료 교사의 감정에 예민하고, ③ 아동들은 반드시 학습할 수 있다는 신념을 갖고 있고, ④ 긍정적 자아 개념을 갖고 있고, ⑤ 모든 아동들이 최선을 다하도록 도와 줄 의지가 굳고, ⑥ 여러 가지 교수 방법을 사용하는 교사가 인본주의 학습 이론에 걸맞는 좋은 교사라는 것이다.

넷째, 인본주의 학습 이론에서는 사고(인지), 감정(정의), 기능의 세 가지 요소를 구분하지 아니하고 함께 조화롭게 발달시키려는 목적을 갖고 있다. 인본주의는 인간의 속성을 지(知)·정(情)·기(技) 등으로 구분하여 취급하는 것부터 잘못이라고 보기 때문에 이 세 가지를 구분하여 교육시키는 것도 잘못이라고 보고 있다. 따라서 교육은 통합적이어야 하며, 오히려 각 개인의 독특성을 최대로 발달시켜 주어야 한다는 것이다. 그래서 인본주의에서는 아동들을 객관적으로 이해하여 측정하거나 평가하는 일은 무의미하다고 본다.

다섯째, 인본주의 학습 이론에서 가장 중요한 것은 학습자로 하여금 그들의 신념과 태도와 가치를 분명히 의식하여 행동하도록 돕는 것이다. 특히 오늘날과 같이 선택과 판단이 연속적으로 요구되는 사회에서는 이것이 교육의 가장 중요한 요소라고 본다. 이는 Howe와 Howe(1975)가 주장하는 바 우리의 가치관이 분명하고 일관성 있고, 또 건전하게 선택된 것이라면 우리는 우리의 인생을 가장 의미 있고 만족스럽게 보낼 수 있다는 말에 근거를 둔 것으로 현대 인본주의 교육 이론의 중요한 기틀이 되고 있다.

이상의 몇 가지 기본 입장이 인본주의 학습 이론의 기본 가정이라고 볼 수 있는 바, 일면 인지·발견 학습 이론과 유사한 면이 있다. 즉, 아동들에게 학습을 맡겨 놓으면 스스로 발견하고 배우게 된다는 점이나, 행동주의 학습 이론을 비판하는 관점이 같다. 그러나 인본주의 학습 이론은 정서, 감정, 개인의 실현, 대인 관계 등의 중요성을 크게 강조한다는 점에서 인지·발견 학습 이론과 차이가 있다. 인지 이론은 지적 발달이 우선적으로 강조된 이론인 반면, 인본주의 이론은 정의적 발달이 우선적으로 강조된 이론이라고 볼 수 있다.

인본주의 학습 이론에 따라 교육을 실천한 대표적인 예는 Neil의 섬머힐(Summerhill)이다. Neil(1960)은 Maslow, Rogers 등의 이론을 그대로 받아들여 "아동들은 선천적으로 현명하고 현실적이기 때문에 어른들이 특별한 간섭이나 지시를 하지 않아도 스스로의 학습을 통해 그가 발달할 수 있을 만큼 발달한다."는 전제를 두고 인본주의 실험학교를 설립하고 아동들을 지도하였다. 섬머힐에도 교사는 있고 공부를 가르친다. 그러나 아동들이 수업을 받도록 강요당하지는 않는다. 만일 여러 시간 수업에 빠질 경우에만 교사는 무엇을 배우지 못했는가를 설명하도록 한다. 또한 정기적으로 수업에 잘 참여한 학생들만이 계속 섬머힐에 다닐 수 있도록 되어 있을 뿐 다른 제재는 가하지 않는다. 섬머힐에서는 모두 기숙사에 있는데 저녁 시간에는 아동이나 교사나 모두 자유로이 자기가 하고 싶은 일을 하게 되어 있다. 대부분의 학생들이 자신의 흥미와 특기 등에 따른 활동에 몰두한다. 토요일 저녁에는 모든 학생과 교사가 모여 회의를 한다. 여기서는 모든 참석자의 의견이 존중된다. 나이가 어리다고 해서 무시되지도 않고, 교사라고 해서 지배적일 수 없다. 다수의 의견과 결정에 따르고, 일단 결정된 사항에 대해서는 충실히 지킨다. 또한 교사는 부모의 역할까지 대신하여 아동들의 생활 전부를 돌보게 된다.

2) 인본주의 학습 이론에 대한 비판

인본주의적 접근이 아동에 대해 깊은 신뢰를 둔 것이고, 인간의 선한 의지를 최대로 개발하려는 것이며, 단순한 지(知)와 기(技)보다는 인간의 정서와 가치에 대한 중요성을 강조한 것이기 때문에 많은 교육자들로부터 각광을 받았다. 그럼에도 불구하고 다음과 같은 몇 가지 점에서 부정적인 지적을 받고 있기 때문에 인본주의 이론을 교육 현장에 적용할 때에는 이 점을 고려해야 할 것이다.

첫째, 인본주의 이론은 행동주의나 인지 · 발견 이론과 달리 아주 모호한 전제에 근거를 두고 있다는 점이다. 행동주의 학습 이론은 아주 엄밀한 실험적 근거로 만들어진 것이고, 이에 따라 고안된 프로그램 학습이나 행동 수정 기법도 명확한 실증적 근거를 갖고 있다. 마찬가지로 인지 · 발견 이론도 장(場) 이론, 형태 심리학 및 Piaget의 실험 연구 등을 통한 실증적 근거에서 고안된 것이다. 그러나 인본주의는 단순한 가정과 관찰에만 의존되어 있다. 교사는 아동들을 믿고, 그들 스스로 성장할 수 있는 힘이 있기 때문에 방해하지 않도록 해야 한다는 등 아주 모호하고 구체성이 결여되어 있는 근거에서의 주장에 불과한 면이 있다.

구태여 인본주의 이론의 실증적 근거를 댄다면 섬머힐의 경우인데, 섬머힐이 얼마나 성공적이냐에 대해서도 그 구체적인 증거에서 회의적인 면이 강하다. 예컨대 섬머힐의 아동들이 이룬 학습 성취가 별로 인상적이지 못하다는 것이다. Neil 자신은 섬머힐의 아동들이 다른 학교의 아동들만큼 많은 것을 학습했고, 졸업 후에는 보다 창의적인 일에 종사하기를 좋아하게 되었다고 평가한다. 그러나 영국 문부성의 평가에서는 "섬머힐의 아동들이 자신의 뜻과 관심에 따라 참신한 기분으로 공부를 한 것은 사실이나 학업 성취도는 빈약했다. 만일 섬머힐의 교사들이 보다 감독을 잘 하고 아동들의 학습을 보다 적극적이고 통합적으로 지도했다면 더 좋았을 것이다."(British Ministry of Education, 1968, p.80)라고 평가하였다. 결국 학생들에게 스스로 학습하도록 한 Neil의 시도(the self-directed learning system)는 별 성과를 거두지 못했다는 평가를 받았다.

또한 Bernstein(1968)의 평가에 따르면 섬머힐의 졸업생 50명과 인터뷰를 통해 조사한 결과, 보통 사람보다 더 창의적인 일에 종사한다는 증거를 전혀 찾아볼 수 없었다는 것이다. 또한 섬머힐의 경험이 그들에게 굳은 신념과 의지, 그리고 성숙하게 세상을 살도록 도와주었다고 회고하는 졸업생들의 수만큼이나 많은 졸업생들이 섬머힐의 경험이 이후 그들의 생활에 많은 어려움을 주었고, 적응상의 문제를 안겨다 주었다고 회고하였다고 한다.

이상의 증거보다 더욱 결정적인 것은 섬머힐을 졸업한 대부분의 사람들이 섬머힐은 학문적 기회와 영감이 빈약하고, 별 볼일이 없는 교사들뿐이기 때문에 자신의 자녀를 섬머힐에 입학시키겠다는 졸업생은 거의 없었다는 사실이다.

둘째, 일부 인본주의 교사들은 자기들만이 신성하고 좋으며, 다른 교사들은 모두 비인도적인 교육을 하는 것처럼 취급한다는 점이다. 그리고 자기가 가르치는 아동들만이 모두 믿을 수 있고, 영리하고, 최선을 다하는 특수한 아동이나 되는 것처럼 자찬이 너무 심하다. 반면 다른 아동들은 마치 믿을 수 없고 잘못된 것처럼 오인하고 있다. 지나친 자만감에 빠져 있다는 비판을 받고 있다.

셋째, 아동들을 지도하는 과정에서 나타나는 인본주의적 정신 치료나 상담 기법은 마치 아마추어들이 상담하는 것과 같기 때문에 오히려 치료를 그르칠 수 있다는 비판이다. 이는 Carl Rogers의 비지시적 방법을 능숙하게 사용할 수 없는 교사들이 저지르는 잘못이라는 것이다.

넷째, 교사와 아동들 사이의 인간 관계가 인본주의 학습 이론에서 주장하는 바와 같은 친애적인 관계만으로 계속 몇 년 동안 유지되면서 공부를 가르친다는 것은 거의 불가능하다는 비판이다. 더구나 모든 아동들에게 그런 식의 교육과 관계가 가능하겠느냐는 것이다. 그래서 실은 Neil의 섬머힐이 50년이나 유지되기는 하였지만, 그와 같은 인본주의 학교는 미국 몇몇 조그만 학교에서 시도되었을 뿐 보편화될 수가 없었다.

이상과 같은 비판이 있음에도 인본주의 학습 이론이 각광을 받는 이유는 다른 교수-학습 방법들이 인본주의적 사고를 지나치게 무시한 데서 비롯되었다고 볼 수 있다. 따라서 인본주의 하나만을 고집할 때에는 이상의 비판을 감수해야 하겠지만, 인본주의의 기본 입장의 철학을 잘 살려서 적용한다면 좋은 교육 성과를 거둘 수 있을 것이다. 특히 유아 교육이나 초등 교육에서는 이 입장이 충분히 고려되어야 할 것이라고 판단된다.

3) 인본주의 학습 이론의 교육적 적용

인본주의 학습 이론에서 주장하고 있는 내용이 모호하고 뒷받침할 만한 실증적 증거가 빈약하지만, 이 이론은 많은 교육자들로부터 긍정적 지지를 받고 있다. 그 중요한 근거는 바로 인간에 대한 깊은 신뢰와 존중이 인본주의 이론의 뿌리이기 때문이다. 이러한 관점에서 인본주의 학습 이론이 지닌 교육적 의미와 시사점을 논의하면 다음과 같다.

1 교사가 아동들의 행동 방향을 지시하고 통제하는 데는 한계가 있다는 점을 잊지 말아야 한다.

가능한 대로 아동들 자신이 그들의 학습을 선택하고 조절할 수 있도록 허용해야 하며, 거기에서 그칠 것이 아니라, 어느 경우에서든 이를 격려하는 노력을 해야 할 것이다.

인본주의 심리학은 정신 분석 이론이나 극단적인 환경론을 주장하는 행동주의에 반대하여 나온 이론이다. Maslow, Rogers, Combs 등은 교육자들에게 극단적인 환경론의 유혹에 빠지지 않도록 경고한다. 즉 환경적 조작에 의해서 마음대로 아동들의 행동과 발달을 조절할 수 있다거나, 늘 아동들을 보호하고 간섭하지 않으면 안 된다는 생각이 얼마나 잘못된 것인가를 지적한다. 따라서 인본주의 교육의 제일 원리는 아동들에게 스스로 학습할 수 있도록 선택의 기회와 자유를 주자는 것이다. 사실 이 원리는 나이가 어린 아동들에게는 논리적으로나 현실적으로 적합하지 않다. 아동들은 무엇을 어떻게 배워야 오늘날과 같은 고도의 산업 사회에서 살아남을 수 있는가에 대한 통찰이 없다. 또한 부모나 학교 당국에서는 교사들이 아동들의 학습에 적극적으로 개입하여 도와 줄 것을 요구하고 있으며, 이러한 방법이 또한 큰 성과를 거두고 있다. 그래서 인본주의에서 주장하는 대로만 교육하라는 것에는 분명히 문제가 있다. 그러나 어떤 교사이든 다음과 같은 인본주의적 반성에는 귀를 기울일 필요가 있다.

“내가 아동들의 학습과 행동을 통제하는 이유는 어디에 있는가? 과연 그것은 아동들의 최선의 흥미 속에서 행해진 것인가? 혹시 그렇게 하는 것이 내게 편리하고 내 권위를 유지하는 데 유리하기 때문은 아닌가?”

어느 연령의 아동들을 지도하는 교사이든 아동들에게 스스로 그들의 학습을 선택할 수 있는 기회를 만들어 주려고 한다면 다음과 같은 방법들을 그려 볼 수 있을 것이다.

① 아동들이 관심과 흥미가 있는 일들이 어떤 것인가를 자유롭게 이야기해 보도록 한다.

② 몇 가지 공통적인 것이 발견된다면 그러한 것들에 대해 어떻게 해서 깊은 관심을 갖게 되었는가를 이야기해 보게 한다(공통적인 관심이 없더라도 걱정할 필요는 없다. 개인적 관심 중 몇 가지를 아동들에게 선택하도록 하면 되는 것이다).

③ 그 주제에 관해 교사 자신도 깊은 관심이 있음을 표현해 주고 지지해 준다. 그리고 교사 자신이 이에 관해 약간의 보충 설명을 하여 모든 아동들이 관심을 갖도록 자극한다.

④ 주제와 문제가 명확해지면 이를 좀 더 깊이 이해하거나 해결하기 위한 방법과 활동에 관해 아동들 스스로 고안하고 계획하도록 한다.

⑤ 아동들의 계획에 대해 교사가 적당한 만큼의 보충이나 교정을 해주고 계획대로 실천하도록 한다.

⑥ 실천한 결과에 대해 아동들로 하여금 평가하고, 부족한 점에 대해서 스스로 통찰을 갖고 다른 학습을 선택하도록 한다.

이상과 같은 학습 활동 과정에서 가장 중요한 점은 모든 학습을 아동들의 판단과 선택에 따라서 하도록 허용해 주고, 교사는 그렇게 되도록 도와주기만 해야 한다는 점이다. 즉 돕는다는 것은 그들의 능력이나 여건에 맞는 활동을 선택하고 계획하게 한다는 것이다.

2 학습 분위기를 따뜻하고 긍정적이고 수용적으로 유지해야 한다.

교사는 모든 아동들이 잘 배우기를 원하고 또 모든 아동들이 잘 배울 수 있다는 확신을 갖고 있다는 점을 아동들에게 알려 주어야 한다.

일반적으로 행동주의에서는 교사의 태도라는 면을 상당히 무시하는 경향이 있다. 그러나 교사가 지닌 태도는 지식이나 기술보다 훨씬 중요한 영향을 미칠 수 있음에 주의해야 한다. 교사와 아동들 사이의 인간관계가 어느 부류의 학습에도 중요한 영향을 미친다. 교사는 권위만을 내세워도 안 되고 지도자와 같이 군림해도 안 된다. 교사는 아동들에게 따뜻한 정을 느끼게 하고, 열성이 있고, 아동들을 신뢰하고 아동들에게 높은 기대감을 가질 때 아동들은 교사를 따르게 되고 교육의 성과가 높아지는 것이다.

3 교사는 가르치는 사람으로서의 역할뿐 아니라 학습의 격려자, 촉진자, 조력자로서의 역할을 기꺼이 또 열심히 해야 한다.

격려자, 촉진자, 조력자라는 말은 교사가 아동들의 학습을 마치 의사가 처방하듯이 처리한다든지 기존의 지식을 주입시켜 지식 기계처럼 만든다든지 또는 뭔가 교사의 요구대로 배우도록 강요하는 사람이 되어서는 안 된다는 말이다. 배우고 성장·발달하는 것은 아동 자신이기 때문에 그들의 요구, 관심, 가치를 최대로 인정하면서 이를 사회의 요구나 교육의 요구와 조화시키도록 도와주어야 한다는 것이다. 또한 그들의 성장 발달과 생활을 늘 지지해 주고 격려해 주어 스스로 학습하고 세상을 소화해 나갈 수 있는 기본적인 힘을 길러 주어야 한다는 것이다.

4 교사는 때때로 아동들에 대한 감정을 그대로 표현해 주어서 선생님도 하나의 평범한 사람임을 알려 줄 필요가 있다.

화가 날 때에는 아동들의 성격이나 사람됨을 탓하지 말고, 상황에 대해서 언짢음을 표시하는 것이 좋다.

교사가 자신의 감정을 이해하고 통제하는 것을 아동들이 관찰하면 아동들도 자신의 감정에 깊은 관심을 갖고 이해하는 힘이 길러진다. 또한 교사의 감정 표현이나 설명을 듣고 아동들은 자기의 행동이 다른 사람의 마음을 상하게 한다는 데 대해 민감해질 수 있다. 따라서 아동들 앞에서 기쁨, 슬픔, 분노, 실망, 즐거움 등의 감정을 나타내는 것을 특별히 꺼려할 필요는 없다. 이때 주의할 점은 다음과 같다.

① 부정적 감정을 표현할 때에도 아동들의 성격이나 인격을 탓하지 말고 그 상황을 탓해야 한다. 예컨대 "너 나쁜 애다. 이걸 닦아! 이렇게 말썽만

부리면 부모님한테 이야기할 수밖에 없다."는 식으로 표현하기보다는, "교실이 더럽혀져서 나는 아주 기분이 나쁘다. 이것은 장난을 하는 물건이 아니잖아. 깨끗이 닦아야 되겠지?"하는 식으로 표현하여 인격이 손상을 받지 않도록 해야 할 것이다.

② 그러나 너무 자주 부정적 감정을 표현하면(교사의 성격이 너무 참을성이 없으면), 아동들은 선생님도 평범한(순수한) 사람이라고 생각해 주지 않고, 불평만 늘어놓는 사람이라고 생각하게 된다는 점에 유의해야 한다.

5 만일 교사 자신이 긍정적 자아 개념을 갖고 있지 못하거나, 선생님으로서의 역할에 보람을 느끼지 못한다고 판단하면 주저하지 말고 선배 교사나 전문가와 상담을 해볼 필요가 있다.

만일 가르치는 기술이 부족하여 그러한 느낌을 갖게 되었다면 교육 기술을 개선할 수 있도록 훈련을 받아야 할 것이다.

앞에서도 지적했듯이 훌륭한 교사의 두 가지 중요한 조건은 긍정적 자아 개념을 갖고 다양한 교수 방법을 활용하는 것이라는 점을 잊어서는 안 된다.

6 아동들이 자신에 대해 긍정적인 감정을 지니도록 최선을 다해야 한다. 이를 이루기 위해 다음과 같은 점들을 충실히 고려할 필요가 있다.

① 아동들의 생각과 감정에 공감을 갖고 민감하게 반응을 해준다.

② 아동의 입장에서 사물을 보고 이해하도록 노력한다.

③ 자기를 낮게 평가하고 부정적 자아 개념을 가진 아동들에게는 이전에 자랑스러웠던 일, 칭찬 받았던 일, 잘 성취했던 일들을 생각해 내고 이야기할 수 있는 기회를 만들어 준다.

7 아동들이 자신의 감정을 이해하고 통찰을 가질 수 있는 기회를 많이 만들어 주는 것이 좋다.

유아나 학령기 아동들에게는 때때로 둥그렇게 둘러앉아서 "내가 가장 기분이 좋을 때는 ________일 때이다." 또는 "내가 가장 기분이 나쁠 때는

________일 때이다."라고 문장을 완성하는 식의 말 놀이를 하는 것이 좋다. 이러한 기회에 아동들은 자기의 감정을 투사하기도 하고, 자신의 감정에 대한 통찰을 갖게도 된다.

8 아동들로 하여금 사람의 감정을 잘 이해하고 민감하게 반응하도록 도와주는 것이 좋다.

이를 위해서 여러 가지 가정 놀이를 해보는 것이 좋다. 즉 아동들에게 "내가 만일 먹을 것도 없는 아주 가난한 사람이라면 ________" 등과 같이 동화나 옛날이야기에 나오는 주인공과 같이 가정을 하고 자기의 기분이 어떠하며 어떻게 대처할 것이고 다른 사람들이 어떻게 해주었으면 좋겠는가 등을 이야기해 보도록 하는 것이다. 이와 같이 사람들이 처할 수 있는 가능한 여러 가지 상황을 상상해 보고, 그러한 상황에서 어떻게 서로 이해하고 반응해야 하는가를 스스로 터득할 수 있는 기회를 만들어 주는 것이 큰 도움이 될 것이다.

9 아동들로 하여금 자신의 생각과 감정을 말뿐 아니라, 여러 가지 신체적 동작이나 창작극 등으로 표현하게 해주는 것이 좋다.

대개 아동들은 직접적인 신체 활동과 감각에 예민하게 반응한다. 따라서 춤이나 노래로 자신을 표현하고, 또 짤막한 곡을 만들어 역할을 맡게 해주면 보다 쉽게 서로를 이해하게 될 것이다. 또한 친구들끼리 손을 잡거나, 서로 등을 대고 팔을 걸어 차례로 업어 주기 등 신체적 접촉의 기회를 주면 보다 친근하게 인간관계를 맺게 되고 교육의 성과가 높아질 것이다.

또한 연극 등 역할 놀이를 할 때에는 연기하는 기술을 고려할 필요 없이 누구나 한 번씩 돌아가며 역할을 맡게 해야 한다. 역할의 대상은 평범한 인물도 좋고, 가끔 역사상 위대한 인물의 역할을 해보도록 계획하는 것이 좋다. 이러한 역할극은 아동들이 다른 사람을 이해하는 데에도 도움이 되지만 자기의 동일시 대상을 찾고, 가치관의 확립이나 포부와 야망을 기르는 데에도 크게 도움이 된다.

10 교사는 항상 아동들 앞에 행동의 모범을 보여야 한다.

아동들은 교사가 직접 가르치는 행동보다 더 많은 양의 행동을 모방으로 배운다. 이것은 나이가 어릴수록 더 심하다. 따라서 일차적으로 교사가 생활과 행동에 있어서 모범을 보여야 한다.

아동들에게서 잘못된 행동이 관찰되었을 때 우선적으로 그 행동이 선생님을 통해서 습득된 것이 아닌가를 살펴보아야 한다. 다음 사항을 염두에 두자.

① 다른 사람의 감정에 예민하게 반응하는 아동들이 되기를 바라면, 먼저 교사 자신이 아동들의 감정에 민감하게 반응해 주어야 한다.
② 다른 사람의 생각이나 의견에 대해 수용적인 태도를 갖는 아동들이 되기를 원한다면, 먼저 교사 자신이 아동들의 생각과 의견을 존중해 주어야 한다.
③ 신중하게 생각하고 정직한 아동이 되기를 원한다면, 먼저 교사가 아동들을 신중하고 정직하게 대해 주어야 한다.
④ 자기가 맡은 과제(학교든 집이든)를 약속된 시간에 완수하는 아동들이 되기를 바란다면, 아동들을 격려하고 그들의 성취를 인정해 주어야 한다.

11 아동들의 도덕적 발달 수준을 알아보고 그들의 도덕적 판단 능력이 발달하도록 도와주어야 할 것이다.

아동들도 자주 도덕적 판단을 내려야 할 도덕적 갈등 상황에 직면하게 된다. 이때 그냥 선생님이 그렇게 하라고 하였으니까, 야단을 맞을 테니까 하는 수준에서 도덕적 선택을 하도록 내버려두어서는 안 될 것이다.

아동들도 어른과 마찬가지로 잘 조화된 도덕 기준이나 인격을 갖추고 있으면 그 행동이 정직하고 바르다. 그러나 올바른 도덕적 기준이나 인격을 갖출 만한 경험이 없었던 아동들은 이익이 되는 기회나 엿보고, 속이거나, 반사회적 행동을 서슴지 않고 해버린다. 특히 요즘에는 아동이나 청소년의 인격 교육이 소홀하다는 반성이 심하게 대두되기 때문에 유아 교육에서부터 아동들이 인격을 잘 갖추도록 도와주어야 할 것이다.

아동들의 도덕 교육이나 인격 교육을 위해 인본주의에서는 다음 사항을 고려할 필요가 있다.

① 먼저 교사 자신이나 성인들이 인격적 행동을 해야 할 것이다.

② "정직은 최선의 정책이다"를 기계적으로 암기하는 인격 교육은 쓸모없다. 시험 문제에 나온 것은 옳게 답하지만, 정직하게 행동하는 것을 찾아보기는 힘들 수도 있기 때문이다. 이보다 더 나은 방법은 유아기부터 도덕적 판단을 내려야 할 상황을 상정하고 이를 분석해 보는 것이다. Piaget의 도덕적 사실주의나 도덕적 상대주의에 관련된 문제가 반드시 청소년에게만 해당되지는 않는다. 도덕적으로 성숙한 유아들은 얼마든지 상대주의적 판단을 할 수 있다. 또한 Kohlberg(1966)가 연구했듯이 도덕적 판단의 근거가 어디에 있었는가를 분석해 보는 것도 인격 교육에 큰 도움이 될 것이다. 즉 아동들이 단순히 벌을 피하거나 칭찬을 받기 위해서 또는 부모나 교사의 말이니까 도덕적 행위를 선택하는지 또는 그냥 따르는 것인지, 아니면 좀 더 높은 수준의 가치를 생각하고 있는지를 분석해볼 필요가 있다. 이렇게 하면 교사가 아동들의 도덕성을 이해하는 기회도 되고 아동들로 하여금 인격이 보다 성숙해지도록 도와주는 기회도 될 것이다.

CHAPTER

04 학습에서의 연습, 전이, 동기

Early Childhood Education Psychology

전(前)장에서는 학습 이론과 그러한 이론이 교육 현장에 시사하는 것이 무엇인가를 살펴보았다. 학습에 관한 문제에서 중요한 다른 측면은 연습, 전이, 동기에 관한 것이다.

기능과 지식의 습득은 교육의 중요한 목표이며 이를 이루기 위해서는 연습이 필요하고 효율적으로 기억하도록 도와주어야 한다.

또한 학습에는 언제나 전이 현상이 존재한다. 학습 내용과 방법에서 모두 전이가 일어난다. 넓게는 학교에서 배운 것을 실생활에 적용하는 전이가 있고, 좁게는 학과목 간에 또 낱개의 기능이나 지식 사이에도 전이가 일어난다. 하나의 학습이 다른 것의 학습에 도움이 되는 전이도 있으나, 방해가 되는 전이 현상도 있다. 전이의 역기능적 요소가 있음에도 전이는 교육의 중요한 목표이며, 전이의 효율적 활용은 교육의 성과를 높이는 데 있어서 필수적 요소이다.

학습 행동을 지배하는 가장 중요한 요소의 하나는 학습 동기이다. 훌륭한 교육 목표, 교육 내용, 교재, 시설을 갖추어 놓았다고 하더라도 학습자가 배우려 하지 않는다면 학습은 이루어질 수가 없다. 따라서 교육 방법이나 교사의 역할에서 가장 중요하게 고려되어야 할 것은 바로 아동들에게 학습하고자 하는 동기를 유발시키는 것이다.

앞의 학습 이론과 유기적 관련을 맺고 있기는 하지만, 본(本) 장에서는 연습 · 기억 · 전이 · 동기에 관련된 문제와 이를 효율적으로 지도하는 방법을 논의하고자 한다.

01 기능의 숙달과 기억

1) 기능의 숙달을 도와주는 방법

(1) 이론적 배경

아동들에게 일상생활에 필요한 운동 기능이나 협응 기능을 숙달시키는 것은 교육의 중요한 목표가 된다. 특히 유아들에게는 대근육 활동을 충분히 시켜주고 이것이 원만하게 이루어지게 된 후 소근육 활동을 시켜야 하는 등 까다로운 문제가 있다. 또한 율동 · 공작 · 그리기 · 악기 다루기 · 운동 · 놀이 등 여러 가지 활동을 통해 기능이 골고루 발달될 수 있는 기회가 자연스럽게 만들어지기는 하지만, 어떤 경우에는 집중적인 훈련을 필요로 하는 수도 있을 것이다. 초등학교 아동의 경우에는 예능계 시간이나 과학 공작 시간 등에서 운동 기능이나 협응 기능을 많이 발달시킬 수 있는 기회가 있을 것이다. 그 밖의 시간에도 직접 간접으로 기능을 요구하거나 숙달시키는 기회가 있기 때문에 사실 운동 기능이나 협응 기능의 숙달은 모든 학습 활동의 기초가 된다고 할 수 있다.

기능을 숙달시키는 학습에 기초가 되는 이론을 제시한 경우는 많이 찾아볼 수 있으나, 그 중에서 대표적인 경우는 아마도 Kibler 등(1970)이 선정한 정신 운동 영역(psychomotor domain)의 교육 목표의 분류와 행동주의 학습 이론에 근거하여 학습 위계를 설정한 Gagné(1970)의 이론일 것이다. 아동들에게 운동 기능이나 협응 기능을 숙달시키기 위한 구체적인 방법을 제시하기 전에 이들 이론을 간단히 살펴보면 다음과 같다.

정신 운동 기능의 교육 목표 분류

❶ 대근육 운동(gross body movements)

눈과 손의 협응을 통해 팔 · 다리 · 몸통을 움직이는 운동으로 대개 힘과 속도가 요구된다. 예컨대 공 던지기 · 뛰기 · 공차기 · 공 굴리기 · 달리기 · 자전거 타기 · 수영 등이 이에 속한다.

❷ 소근육 운동 (finely coordinated movements)
눈과 손의 협응 기능을 요구하는 것은 대근육 운동과 같으나, 팔 · 다리 · 몸통뿐 아니라 손과 손가락 · 발 등의 섬세하고 정교한 운동 기능이다. 예컨대 단추끼우기 · 옷입기 · 만들기 · 악기 다루기 · 뜨개질이나 바느질 · 블록 쌓기 · 가위바위보 등이 이에 속한다.

❸ 비언어적 표현 운동(nonverbal communication sets)
말을 사용하지 않고 이미 습득된 시그널(signal)로 의사를 전달하거나 표현하는 부류의 운동 기능으로 연극이나 놀이에서 감정(기쁨, 슬픔, 공포 등)을 얼굴 표정으로 나타내기, 교통 신호나 운동 경기에서의 손이나 신체 동작으로 표현하기, 춤으로 표현하기 등이 이에 속한다.

❹ 언어적 행동(speech behaviors)
언어를 통해서 자기를 표현하는 기능으로 모음 소리를 낸다든지, 낱말의 발음을 정확하게 내어 본다든지, 또는 문장을 구성하여 표현하는 것, 그리고 소리나 남의 말을 듣는 것도 포함된다. 또한 말에 맞추어 몸짓(gesture)을 해보거나, 노래를 부르며 리듬감 있게 움직이는 것이 포함된다.
이상에 제시된 바와 같은 운동 기능의 분류는 그 교육을 위한 구체적인 시사를 하는 것은 아니지만, 교육 프로그램을 작성할 때 충실히 고려해 볼만 한 것이다.

Gagné의 연쇄 학습

기능 학습에서 보다 구체적인 방법에 관한 시사를 받을 수 있는 것은 Gagné의 연쇄 학습(chaining)이다. 이것은 원래 행동주의 학습 이론에 근거를 둔 것으로, 연쇄의 의미는 목표 행동을 향해 한 단계씩 학습을 시켜나간다는 뜻이다. 이 방법은 학교 학습에서 뿐 아니라, 성인들이 작업장에서 새로운 기능이나 기술을 학습하는 과정에서도 널리 사용되는 것이다.
연쇄에 의한 기능 학습은 Skinner가 제시한 프로그램 교수 학습 방법과 동일하다. 우선 목표 행동(terminal behavior)을 구체적으로 상세하게 기술하고 이 행동을 습득하는 데 관련된 기초 기능과 행동을 될수록 작은 단계(step)로 나누는 것이다. 그 다음 낱개의 작은 단계의 행동을 연습을 통해 학습하고, 습득된 두 가지 또는 그 이상의 낱개 행동을 연결시켜 연습하면서 목표 행동에 접근해 가는 것이다. 이 과정을 몇 단계로 나누어 정리해 보면 다음과 같다.

❶ 목표 행동(기능)의 설정
❷ 현재 가능한 행동과 목표 행동 사이를 분석하여 세분된 단계별 행동을 설정
❸ 단계별로 간단한 낱개의 행동(기능)을 학습(연습)
❹ 전 단계에서 학습된 행동(기능)과 새로이 습득한 행동(기능)을 연결시켜 연습
❺ 일단 습득된 낱개의 행동이나, 연결된(또는 협응된) 행동을 익숙해지도록 여러 번 반복해서 연습(이때 적절한 강화 자극이 주어져야 함은 당연하다.)
❻ 지금까지 습득한 행동을 하나로 조직하여 목표 행동을 시도하고 연습

❼ 일단 목표 행동이 학습되면 적절한 강화 자극을 주고, 일반화시킬 수 있는 학습 상황을 마련
❽ 만일 다음번에 학습할 다른 목표 행동이 습득한 행동(기능)과 의미 있는 차이가 있을 때에는 함부로 일반화시키지 않도록 하고, 식별 학습을 시킴

Gagné의 연쇄 학습 방법은 적절히 활용하면 기능의 습득과 숙달에 큰 도움을 줄 수 있는 방법으로 알려져 있다. 즉 교사가 아동들이 습득할 기능에 대한 행동을 상세히 분석하여 구체적인 학습 단계로 나누고, 각 단계마다 적절한 시범(demonstration)과 언어적 지도(verbal guidance)를 통해 연습을 시켜 가면 되는 것이다.

(2) 시범과 연습을 지도하는 방법

앞에서도 밝혔듯이 Gagné의 연쇄(chaining)에 의한 기능 학습법은 아동들의 지도에 좋은 참고가 된다. 여기서는 Gagné의 방법과 Skinner의 강화 방법 및 시범(demonstration)을 통한 아동 운동 기능 지도의 구체적인 방안을 논의하고자 한다.

① 학습하고자 하는 운동 기능을 가능한 상세히 분석하여 그 기능의 습득에 필요한 기본 행동을 단계별로 정리한다. 그리고 이에 근거한 학습 프로그램을 작성한다.
S–R 이론에 따른 학습에서 최초로 할 일은 목표 행동을 확정짓고, 다음에는 이 행동을 낱개의 작은 행동으로 분석하는 것이다. 행동 분석이 끝나면 이것들을 습득되는 순서에 따라 나열하면서 연결을 통해 목표 행동에 도달되도록 조직하는 것이다. 이러한 단계가 대체로 기능 학습 계획에 해당된다.

② 각 단계의 낱개 행동(기능)을 학습시키기 위해서는 우선 교사의 시범이 필요하다.
교사가 시범을 보일 때에는 최초의 것이라도 행동 하나만을 보여 주는 것은 별 의미가 없고, 우선 해야 할 일은 아동들에게 궁극적으로 무엇을 가르치려 한다는 전체적인 계획을 이야기해 주어야 한다. 그 다음에는

교사가 먼저 처음 배울 기능부터 차례로 시범을 보이고, 목표 행동(기능)이 무엇인가도 명확하게 보여 준다. 한 번으로 부족하면 두 번 정도를 보여 주는 것도 좋다.

그 다음에는 맨 처음 배워야 할 단계의 행동을 보여 주고 연습을 하도록 하면 되는 것이다.

③ 첫 번째 단계의 행동에 대한 시범이 끝나면 곧 연습을 하게 하되 충분한 시간을 주어야 한다. 초기일수록 충분한 시간을 주어 잘 숙달되게 해서 자신감과 용기를 갖게 해야 할 것이다. 교사는 반드시 아동들의 학습을 강화시켜 주어야 한다. 가능한 대로 개별적으로 학습 결과를 점검하면서 강화자극을 주는 것이 좋다. 어떤 아동은 미흡할 수도 있으므로 교정을 시켜 주되 좌절감을 경험하지 않도록 배려해야 한다.

어느 부류의 학습이든 학습자가 능동적인 태도로 임할 때 효과적이다. 따라서 모든 아동이 흥미를 갖고 학습에 임하도록 격려해 주는 일이 중요하다. 또한 시범을 한두 번으로 그치지 말고 잘못하는 부분에 대해서는 여러 번 시범을 보여 주는 것이 좋다. 한 아동을 시범자로 등장시키는 것도 하나의 방법일 수 있는데, 어느 한 아동이나 잘 하는 아동만을 내세우는 것보다, 모든 아동이 시범자가 될 수 있도록 배려하는 것이 좋다. 잘못하는 아동이 시범을 보일 때에는 "이것을 이렇게만 하면 참 잘하는 것이다."라고 미흡한 부분을 구체적으로 지적하면 더욱 효과적일 것이다.

④ 시범과 이에 따른 연습이 있은 후에는 교사의 언어에 따른 지도가 있어야 한다. 즉, 교정 학습이나 두 가지 동작이나 기능을 연결시켜 학습시킬 때에는 반드시 언어적 지도가 필요하다. 대개는 시범과 언어적 지도가 동시에 이루어지지만 아동들이 반복해서 연습할 때도 언어적 지도가 많이 활용된다.

언어적 지도라고 해서 아동들의 연습 장면을 꼬치꼬치 간섭하고 개입하는 것은 비효과적일 수 있다. 그렇게 해야 할 필요가 있다고 교사가 판단할 때에는 깊이 관여하여 개별적으로 지도할 수도 있지만, 아동 스스로 자유스럽게 연습할 수 있는 시간과 기회를 주는 것도 대단히 중요하다는 점을 잊지 말아야 한다.

⑤ 연습을 지도할 때 교사의 태도와 학습 분위기는 대단히 중요하다. 지나치게 엄격하거나 긴장을 시키거나, 아동들의 성취에 대해 잘못된 것만을 비판하고 꾸짖는 식의 지도는 큰 효과를 거두기 어렵다. 될수록 자신감과 성취감을 가질 수 있도록 격려해 주고 부드러운 학습 분위기를 유지하도록 해야 할 것이다.

⑥ 아동이 잘못 습득한 어떤 기능을 여러 번 교정을 해주어도 계속 잘못을 반복할 때에는 잘못(error)을 과장해서 지적해 주고, 처음부터 재학습을 시키는 방법을 적용할 필요가 있다. Dunlap(1949)은 이러한 방법을 베타 가설(Beta Hypothesis)이라고 불렀다. 베타 가설이란 잘못된 반응이 완전히 학습되어 반사적으로 반복하게 되는 경우, 자기의 잘못된 반응에 대해 신중하게 생각하며, 의식적으로 반응을 조절할 수 있게 도와주고 올바른 반응을 재학습하도록 도와주는 것을 의미한다. Dunlap은 이 방법으로 말더듬이를 교정하여 큰 효과를 얻었다고 한다.

⑦ 아동들의 기능 습득에 있어서 일반화와 부적 전이에 유의해야 한다. 여기에서 일반화란 이미 습득한 기능을 새로 학습할 과제의 해결에 적용하는 것이다. 만일 새로운 과제가 이미 습득한 것과 동일한 기능으로 해결이 가능한 것이라면 일반화는 도움이 되고, 또 필요한 현상이다. 그러나 새로운 과제가 앞의 과제와 관계는 있지만 전혀 다른 기능을 요구하는 것이라면 일반화는 새로운 기능의 습득이나 과제의 해결에 장애가 된다. 이러한 현상을 부적 전이라고 한다.

함부로 일반화시킴으로 인해 일어날 부적 전이를 방지하기 위해서는 아동들에게 새로 배울 기능은 이전에 배운 것과 다른 것이며, 그 나름대로의 동작을 해야 한다고 가르쳐 주어야 한다.

(3) 학습 곡선

기능의 습득 과정이나 인지 학습의 과정을 살펴보면 일반적으로 중간에 부진한 현상을 나타내는 경향이 있다. 이 현상을 그림으로 나타내면 다음과 같다. 이를 학습 곡선 또는 연습 곡선이라고 한다.

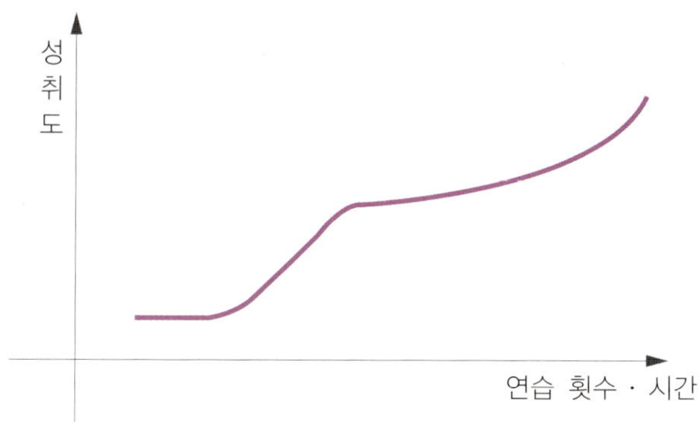

학습 곡선

이 곡선은 아주 복잡한 학습 현상을 단순하게 표시한 것이지만 대체로 학습의 초기 단계에서는 서서히 상승해가다가 차츰 가속적으로 발전해 간다. 어느 정도 발전을 이루는가 싶다고 판단할 때쯤 되어서 대개 중간 부진 현상(plateau)이 나타난다. 중간에 부진한 결과가 나와도 다소의 휴식을 가지면서 꾸준히 노력을 하면 다시 학습의 성과는 급진전을 보이게 된다.

학습 곡선에 대해서도 이론이 있기는 하다. 중간 부진 현상은 전혀 존재하지 않는다는 학자도 있고, 또는 신뢰할 만한 가치를 지니지 못한다고 반박하는 경우도 있다. 그러나 그러한 현상이 있음을 전제하고 기능 학습이나 인지학습을 지도하는 것은 결코 해롭지는 않다는 것이 일반적인 견해이다. 왜냐하면 가르치는 사람이든 배우는 사람 스스로이든 자신의 성취가 지지 부진 할 때 이를 수용하고 격려해 줄 수 있는 근거가 되기 때문이다. 즉 좌절의 경험을 감소시킬 수 있기 때문이라는 것이다.

학습 곡선으로부터 시사 받을 수 있는 몇 가지를 정리하면 다음과 같다.

① 새로운 기능을 학습할 초기 단계에 아주 늦은 진전을 보이는 아동들에게는 교사의 특별한 보조와 격려가 필요하다.

학습 곡선의 초기 단계에 진전이 빠르냐 늦느냐 하는 것은 그 아동의 타고난 능력이나 과거 경험 및 준비도(readiness)에 달려 있기 때문에 늦은 진전을 보인다고 해서 궁극의 성취 결과도 낮으리라고 볼 수는 없다. 준비도를 높여 주는 보조와 격려를 통해 쉽게 다른 아동들과 동일한 수준의 성취를 이룰 수 있다. 초기에 성취 수준이 낮다고 좌절감을 경험시키게 되면 아동은 그 기능뿐 아니라 자신과 노력을 모두 함께 버리게 된다.

② 특히 아동들의 학습에서는 최초의 경험에서 흥미와 열성을 발휘할 수 있도록 도와주어야 한다. 아동들은 자신의 의도적 의지에 의해서 학습하는 일은 쉽지 않기 때문에 될수록 흥미를 유발시켜 주고 이를 격려해 주어야 한다. 특히 최초의 인상과 경험이 아동들에게는 대단히 중요하기 때문에 교사의 특별한 배려가 요구된다.

③ 초기의 진전이 있은 후 중간 부진 현상(plateau)이 나타나면 이를 이해하고 꾸준히 노력하도록 격려해 주어야 한다.

상당한 성취를 이룬 뒤에 중간 부진 현상이 나타나면 가끔 연습하는 것으로 그 기능은 유지될 수 있기 때문에 다소 쉬어가면서 연습하도록 하는 것도 좋다. 중간 부진이 일어났을 때 지나치게 무리한 연습은 오히려 비효과적일 수도 있음에 유의해야 한다.

일단 중간 부진기가 지나가면 다시 괄목할 만한 성취를 이루기 때문에 이 시기만 잘 넘기도록 도와주면 된다.

④ 기능이 완전히 숙달되고 나면 그 소거는 쉽지 않다. 자전거 타는 방법을 잊거나 수영하는 방법을 잊는 일은 드물다. 특히 많은 반복을 통해 충분히 연습이 있었던 경우에는 스스로 강화를 받았기 때문에 거의 소거되지 않는다.

2) 기억을 도와주는 방법

(1) 이론적 배경

우리는 배우는 것의 상당한 부분을 기억한다. 지식이나 정보는 기억하지 못하면 거의 쓸모없게 되는 수가 많다. 특히 아동들은 일상생활을 하는 데 필요하거나 자연과 인간에 관한 기초적인 지식이나 기능을 습득해야 하기 때문에 기억이라는 요소는 대단히 중요하다. 유아나 학령기, 그리고 중학교 학생들이 배우는 내용 중에서 어떤 것들은 거의 기억에 의존된 것들이다. 예컨대 언어라든가 수학의 기초 기능, 사회나 과학에서의 기초 지식들은 모두 기억이 중요한 학습 수단으로 사용되는 것들이다.

아동들에게 보다 잘 기억할 수 있도록 도와주는 방법을 논의하기 전에 먼저 고려할 사항은 기억의 구조를 이해하는 것이다.

심리학자들이 밝힌 바에 의하면 기억은 단기 기억(short-term memory)과 장기 기억(long-term memory)의 두 가지로 구분된다고 한다. 우리가 경험하는 많은 자극과 정보들은 대부분 특별히 기억하고자 하는 조치를 취하지 않는 한 오랫동안 기억되지 않는다. 우리가 의도적으로 교육하는 많은 지식이나 정보는 장기 기억을 목표로 하고 있다. 따라서 아동들의 기억을 도와준다는 것은 단기 기억을 장기 기억으로 전환시킨다는 것을 의미한다.

단기 기억을 장기 기억으로 전환시키는 방법은 새로 유입된 경험이나 자극들을 자기가 이미 갖고 있는 정신 구조에 동화시키는 것이다. 우리의 대뇌 기능은 어느 정도 일정한 양의 정보밖에는 저장하지 못하기 때문에 새로운 자극이나 경험이 유입되면 구조화되어 있지 않은 정보들은 밀려나가게 된다. 따라서 유입되는 정보들을 의미 있는 것들로 구조화시키는 것이 장기 기억의 가장 근본적인 방법이 된다. 이는 Piaget의 동화(assimilation)라는 개념이나 Lewin의 장(場) 이론에 나오는 생활 공간(life space) 개념에 비추어 보더라도 그럴 듯하다.

장기간 기억한다는 것은 망각을 방지한다는 것과도 같은 의미이다. 따라서 망각이 일어나는 원인을 이해하는 것도 아동들의 장기 기억을 돕는 데 중요한 근거가 된다. 지금까지 심리학에서 알려진바 망각의 근원은 다음과 같다(Biehler & Snowman, 2003). 그 첫째는 일단 유입된 정보, 지식, 기능 등을 다시 사용하지 않기 때문에 망각이 일어난다는 것이다. 둘째는 일단 유입된 정보가 새로 유입되는 다른 자극이나 정보에 의해 간섭을 받거나 재구성되거나, 혼동을 일으키기 때문에 망각이 일어난다는 것이다. 셋째는 불쾌한 자극이나 경험, 이러한 부정적 감정과 동반된 정보는 의식에서 남아 있지 않고 무의식에 억압된다는 것이다. 이는 정신 분석에 근거를 둔 견해이다.

(2) 기억을 도와주는 방법

앞의 이론적 바탕을 근거로 아동들이 보다 장기간 기억하고 망각을 감소시킬 수 있는 방법들을 살펴보면 다음과 같다.

① 망각을 방지하기 위해서는 우선 반복해서 사용하고 재생(recall)해 낼 수 있는 기회를 많이 갖는 것이 중요하다. 처음 배울 때에도 중요한 것은 몇 번 반복해서 듣거나 아동들이 말할 수 있는 기회를 만들어 주고, 새로 배운 정보나 지식을 관계된 것에 적용시켜 볼 필요가 있다. 또한 적당한 간격을 두고 질문을 통해 다시 상기해 볼 수 있는 기회를 갖거나 공식적으로 복습의 기회를 갖는 것이 크게 도움이 된다.

② 재구성되거나 혼동을 일으키는 것을 방지하기 위해서는 여러 가지 자극이나 정보를 낱개의 단편적인 것으로 방치하지 말고 아동들의 생활이나 생각과 관련시켜 의미를 지니도록 해주는 것이 중요하다. 특히 혼동이 일어날 만한 내용이나 자극에 대해서는 식별 학습을 병행해야 할 것이다. 이를 위해서 교사는 아동들에게 전달해 준 정보나 경험을 그들의 말로 발표하도록 하여 주어진 정보나 자극들이 어떻게 조직되고 있는가를 관찰해 보는 것도 필요한 일이다. 혼동이 일어났다고 판단될 때에는 처음부터 다시 설명을 해주어 식별하도록 해야 한다.

③ 불쾌한 자극이나 경험에 의한 억압을 방지하기 위해서는 학급의 분위기를 온화하고 안락하게 만들고, 교사의 태도나 언행을 부드럽게 하여 아동들이 즐거운 마음으로 학습하도록 해야 한다. 이는 이미 인본주의 학습 이론에서 여러 번 시사된 바 있지만 어떤 종류의 학습이든 학습자의 정서적 안정과 지지는 학습 효과를 높이는 데 기본적으로 중요한 바탕이 된다.

④ 다른 새로운 것을 학습함으로 생기는 혼동을 방지하기 위해서는 다음과 같은 점들을 고려해야 할 것이다.

첫째, 한번 시작한 학습은 잘 학습하도록 해야 한다는 점이다. 학습이 잘된 경우일수록 다른 것을 학습함으로 생기는 간섭과 혼동을 잘 막을 수 있기 때문이다. 가능한 대로 완전 학습을 시도하거나 최소한 핵심이 되는 개념과 의미는 완전히 파악하도록 도와 줄 필요가 있다.

둘째, 학습이 잘 되었더라도 그 후 자주 복습할 수 있는 기회를 만들어 주어야 한다는 점이다. 한꺼번에 복습하려면 양이 너무 많을 경우에는 분습법(分習法)에 의한 복습을 시켜야 한다. 그러나 부분으로 나누어 복습을 한다고 하더라도 각 부분들이 서로 유의미한 관계를 맺도록 조절해야 한다는 점은 재론의 여지가 없다. 아동들이 노래 가사를 외우거나 연극 대사를 외울 때 대개는 처음 부분과 끝 부분의 말은 잘 기억하나 중간 부분은 잘 기억하지 못하고 혼동을 일으키는 경향이 있다. 이런 경우에는 전체의 의미를 파악하여 구조를 이해하도록 하는 것이 큰 도움이 될 것이다.

셋째, 집중적으로 어떤 내용을 학습한 후에는 쉬는 시간을 갖거나 가벼운 신체 활동을 하는 것이 좋다는 점이다. Gibson(1941)의 연구에 의하면 아동들이 가장 심하게 기억 혼동이 일어나는 경우는 하나의 인지 학습 뒤에 곧 이어서 유사한 인지 학습 활동을 계속한 경우이며, 혼동이 가장 적게 나타난 경우는 인지 학습 뒤에 잠을 자거나 쉬게 한 경우라고 한다. 이론적으로 보면 잠을 재우는 것이 가장 효과적이라고 볼 수 있으나, 잠을 재우는 것이 쉽게 될 수 없는 일이기 때문에 편안히 쉴 수 있는 시간을 주거나 비인지적 활동을 하도록 해야 할 것이다.

⑤ 기억을 요하는 학습에 있어서는 중요한 말이나 부분에 대해서 주의를 집중할 수 있도록 반복 발음, 색 있는 글씨, 큰 글씨 등 특징 있는 것으로 제시하여야 한다.

⑥ 장기 기억을 도와주기 위해서는 학습 내용의 의미를 강조해야 한다. 지금 배우고자 하는 것이 왜 배울 만한 가치가 있으며, 어디에 어떻게 활용하고, 또 아동 개인적으로 어떤 의미를 지닐 수 있는지 설명해 주어야 한다. 그리고 이전에 배운 것이나 아동들이 알고 있는 어떤 사실이나 정보가 어떻게 관련되며 이 지식 자체의 구조와 형태에 대해 이해하도록 하면 기억의 효과는 높을 것이다.

⑦ 언어나 신체 동작으로 표현하면 배울 때 장기 기억 효과가 크게 나타난다. Gates(1917)는 눈으로 보거나 귀로 들은 것을 머리 속으로만 생각하면서 외우는 것보다 학습자가 직접 언어로 표현하면서 외우는 것이 훨씬 기억 효과가 높다는 것을 밝혀냈다. 또한 Kunihara와 Asher(1965)는 외국어의 어휘를 외우는 아동들이 앉는나, 선다, 걷는다 등의 말을 배울 때 그 동작을 하면서 배우는 경우, 훨씬 장기 기억 효과가 크다는 것을 증명하였다. 유아들이 말을 배울 때 이러한 방법이 효과가 있다는 것은 이미 알려진 사실이다.

예컨대 위 · 아래 · 옆 · 오른쪽 · 왼쪽 등의 기초 개념을 익힐 때에도 말로 따라하며 손으로 동작을 하면 학습 효과가 크다는 것이다. 마찬가지로 그냥 말보다 노랫말을 쉽게 배우는 것도 이러한 원리에 근거한 것이라고 할 수 있다.

02 전 이

1) 전이의 원리

(1) 전이의 의미

전이(transfer)란 학습에서 배운 것을 학습 이외의 상황에 적용하거나, 하나의 학습내용이나 방법이 다른 것의 학습에 적용되는 것을 의미한다. 교육의 목적이 학습 그 자체에 있기보다는 활용과 적용에 있고, 하나를 배우면 열을 아는 것이 교육이 추구하는 바이기 때문에 전이는 대단히 중요한 의의를 지니는 것이다. 그러나 사실 전이 현상은 교사에 의해서 또는 어떤 평가에 의해서 완전히 파악될 수가 없다. 교사가 알지 못하는 사이에 아동들이 학습하고 있는 것도 많을 뿐 아니라, 아동들이 학습한 것을 일상생활에서나 그 후의 다른 학습에 얼마나 또 어떻게 적용하고 활용하는지도 알 수 없다. 다만 교사가 할 수 있는 일은 정적인 전이가 보다 많이 이루어지도록 도와 줄 수 있을 뿐이다.

(2) 전이의 원리와 종류

전이 학습에 관해 여러 가지로 연구된 것들을 종합한 Ellis(1985)는 전이의 원리를 다음과 같이 정리하였다.

① 전이는 하나의 학습 내용이 다른 학습 내용과 유사성이 클수록 극대화된다.
② 어떤 과제의 학습이나 문제 해결 방법에 관해 많은 경험을 통해 아주 익숙해질수록 다른 것을 학습하는 방법에 전이가 잘 일어난다.
③ 일반적으로 여러 가지 학습 과제에 관해 다양한 학습 경험을 가질수록 정적 전이(positive transfer)가 많이 일어난다.
④ 기본이 되는 원래(또는 이전의)의 학습 과제에 관해 연습량이 많을수록

정적 전이가 일어나고, 원래의 학습 과제에 관한 연습량이 적을수록 부적 전이의 가능성이 크다.

⑤ 학습자가 새로운 문제를 해결하는 데 적절한 원리나 규칙을 잘 알고 있을수록 전이 효과는 크다.

이상과 같은 전이의 몇 가지 기본 원리를 상정할 수 있으며 이러한 원리를 좀 더 잘 이해하는 데 도움이 되는 것은 Bruner(1960)가 중요시한 특수 전이와 일반 전이라는 개념이다. 특수 전이(specific transfer)는 새로 학습할 과제가 이미 학습한 것과 아주 유사하여 그것을 그대로 적용하면 해결되는 경우를 의미한다. 즉 특징의 구체적인 지식, 기능(skill) 등이 특정의 사태나 학습에 적용되는 것으로 그 활용 범위는 제한을 받는다. 그러나 이러한 특수 전이가 교육의 제일차적인 목표의 하나임은 재론의 여지가 없다. 일반 전이는 단편적이고 구체적인 지식이나 기능(skill)이 적용되는 것이 아니라 한 가지 학습에서 얻어진 원리나 태도가 다른 것을 학습하거나 문제를 해결하는 데 적용되는 경우를 말한다. Bruner에 따르면 교육에서 가장 핵심이 되는 목표는 바로 이 일반 전이를 도와주는 것이라고 한다. 일반 전이는 기본적이고 일반적인 생각(idea)으로서 계속적으로 지식과 기능을 보다 넓고 깊이 있게 만들어 가기 때문에 중요하다는 것이다. 또한 Bruner는 이러한 일반 전이에 의한 학습은 어떤 과목이나 지식의 구조를 이해하지 않고는 불가능하다고 보고, 지식 구조의 중요성을 강조하였다. Bruner의 이 주장에 대해서는 전(前) 장에서 설명한 바와 동일하다.

(3) 전이의 교육적 의미

Biehler와 Snowman(2003)은 이제까지 전이에 관해 연구된 결과에 근거하여 전이가 지니는 교육적 의미와 가치를 다음과 같이 정리하였다.

① 전이는 아동들이 학급 내에서 배운 것을 학습 외의 사태에 적용할 때 일어난다.

② 그러나 아동들은 선생님이 가르치는 상당한 부분의 지식을 잊어버린다. 특히 교사가 오래 간직하도록 어떤 조치를 취해 주지 않으면 망각은 더욱 심하게 일어나서 교육의 성과는 아주 낮다. 전이의 정도는 교육의 성과를 평가하는 중요한 근거가 된다.

③ 따라서 아동들이 교육의 장기적 목표에 관심을 갖게 할 필요가 있다. 설사 그것이 시간적으로 너무 멀고 추상적이라 잘 이해하지 못한다고 하더라도 전이를 위해 필요한 일이다.

④ 학급 내 학습 상황과 학교 외 사회의 것과 유사성을 높인다든지 많은 연습 시간을 준다든지, 가르치려는 개념과 원리에 대해 될수록 많은 사례를 제시해 주고 충분히 이해시켜 준다면 전이에 큰 도움이 될 것이다.

⑤ 특수한 기능(skill)에 의한 특수 전이(specific transfer)[1]와 원리나 태도에 의한 일반 전이(general transfer)[2]를 구분하고, 가능한 대로 앞으로 학습과 생활에 넓고 깊게 도움이 되는 원리의 학습을 강조할 필요가 있다.

⑥ 그렇다고 지식의 실용성과 현실과의 관련성(relevance)을 지나치게 배타적으로 강조하는 것은 오히려 전이를 제한시키는 결과를 초래한다.

⑦ 개념, 원리, 문제 해결 등 일반 전이의 기본 내용들이 모든 연령의 아동들이나, 모든 교과(subjects)에 해당되는 것은 아니다. 그러나 태도만은 모든 경우에 적용될 수 있는 일반 전이의 가장 큰 소득이다. 아동들은 어떤 지식과 기능을 습득하면서 뭔가 잘 되고, 마음이 편하고 즐거우며, 또 그것을 통해 성인들로부터 존중될 때 바로 학습에 대한 긍정적 태도가 형성된다. 즉 태도의 전이는 연령과 교과와 관계없이 가능하며, 그렇기 때문에 더욱 중요한 것이다.

1) 원래 어떤 것을 배운 상황과 유사한 상황에서만 배운 정보를 적용시킬 수 있는 능력으로 학습자가 라틴어, 그리스어, 수학과 같은 과목을 배움으로써 학습자의 전반적인 사고력이 강화된다는 것이다(Eggen & Kauchak, 2004)

2) 어떤 상황에서 배운 지식이나 기술을 더 넓은 범위의 다양한 상황에 적용할 수 있는 능력으로, 예를 들어, 사진이 그리스어로 '빛'을 의미한다는 것을 배운 뒤 사진학이나 광합성 등의 단어를 더 잘 이해할 수 있게 되는 것이다(Eggen & Kauchak, 2004).

2) 전이를 도와주는 방법

1 학습 계획을 세울 때 즉각적이고 구체적인 교육 목표와 마찬가지로 장기적이고 일반적인 목표를 고려해야 한다.

예컨대 유아들에게 몇 가지 색을 구별하고 그 이름을 학습시키는 계획에서 즉각적이고 단기적인 목표는 색을 식별하고 그 개념을 언어로 표시하는 것이다. 유아들이 이러한 반응을 정확하게 하도록 도와주는 것과 동시에 이러한 학습의 장기적이고 일반적인 목표로는 사물에 대한 이해와 관찰이라는 점을 고려하여 학습 계획을 세워야 한다는 것이다. 교사가 이러한 일반적인 목표를 고려하고 학습 준비를 할 경우와 그렇지 않은 경우와는 아동들의 전이 학습에 미치는 영향이 상당히 다르다는 것이다.

2 전이가 자동적으로 이루어진다고 생각하지는 말아야 할 것이다.

아동들에게 열심히 공부를 시켜 많은 양의 지식을 외우게 하거나 많은 숙제를 내주면 저절로 전이가 일어날 것이라고 생각해서는 안 된다. 또한 사회 문제에 대한 내용을 논리적으로 잘 가르쳤다고 해서 그들이 사회생활에 대한 바람직한 태도나 행동을 자동적으로 학습했다고 생각해서도 안 될 것이다. 특정의 학습 내용이 특정의 행동 특성을 기르는 데 도움이 되는 것은 사실이지만 이것은 전이가 일어나도록 계획적으로 면밀하게 준비된 학습에서만 가능한 일이다. 예컨대 교통 규칙을 잘 지키는 것이 어떻게 하는 것인가를 달달 외우는 아동들이 실제로 교통 규칙을 지키는 행동을 잘 하지 못한 것과 같은 경우이다. 면밀하게 계획된 전이 학습이 이루어져야만 이러한 행동이 쉽게 습득될 수 있는 것이다.

3 전이 효과를 높인다고 현실의 문제를 지나치게 강조하여 교육 내용을 마련하는 것은 전이를 신장시키는 것이 아니라 오히려 전이 효과를 제한할 수 있다.

교육은 현실 문제보다는 앞으로의 문제를 감안하여 실천해야 하기 때문에 직접적인 현실 문제를 배타적으로 강조한다는 것은 내일을 위한 준비에 장애가 된다. 오늘은 관련을 갖지만 내일은 관련을 상실할 수 있는 것이 현대의 급속한 변화이다. 따라서 가능한 대로 시간과 변화의 구속을 적게 받는 표준적인 교육 내용이 큰 안목에서 볼 때 최선의 전이 효과를 기대할 수 있다.

유아 교육이나 초등 교육에서도 현실적인 가치는 있으나 임시적이고 단편적인 지식과 정보를 지나치게 강조하지 말고, 기본이 되고 원리가 되는 사고력 · 태도 · 정서 · 도덕성 등을 학습할 수 있도록 도와주어야 할 것이다.

4 학급 내의 학습 상황을 가능한 대로 학교 밖의 실제 사태와 유사하게 하여 학습하고 토론할 수 있도록 하는 것이 전이 효과가 크다.

유아의 경우 놀이나 연구 등을 통해 그들이 실생활에서 접하는 것과 유사한 상황을 마련해 주고 학습을 시킨다든지 시청각 자료를 활용하는 것이 전이에 도움이 될 것이다. 말로만 또는 글로만 하는 것보다 현실적 상황을 충분히 상상하고 고려할 수 있도록 학습 사태를 마련해 주자는 것이다.

이러한 주장은 일면, 앞에서 제기된바 실용성(practicality)이나 현실 관련성(relevance)을 지나치게 강조하면 오히려 전이 효과가 제한된다는 주장과 상반되는 것처럼 이해될 수도 있으나, 이는 상반되는 것이 아니라 실용성이나 관련성을 배타적으로 지나치게 강조하면 변화하지 않는 기본적인 것을 놓치거나, 쉽게 변화해 버리는 단편적 정보에 매달려 있게 된다는 뜻이다. 또한 교육 내용을 말이나 글로만 취급하지 말고, 현실 생활과 유사한 학습 상황을 만들어 학습을 제공하자는 것은 상황의 유사성(similarity)을 강조한 것이다.

5 전이 효과를 높이려면 될수록 충분한 연습을 시켜야 한다.

연습이 기계적으로 반응하는 방법만을 숙달시키면 오히려 유사하지만 조금이라도 다른 과제를 학습하거나 문제를 해결하는 데 장애가 될 수 있다. 따라서 연습을 단순 반복에 의한 기계적 반응의 수준에서 하도록 하지 말고, 사고 중개적인 반응의 수준에서 연습을 하도록 지도해야 할 것이다. 그래야만 유사하면서도 내용이 다른 문제를 해결하는 데 전이가 잘 일어난다.

6 아동들에게 개념과 원리를 학습시킬 때에는 체계적 방법을 사용해야 한다.

원리의 학습이 교육의 과정에서 핵심이 된다고 하는 Bruner의 주장은 앞에서 지적한 바와 같다. Bruner에 의하면 아동들은 원리를 제대로 학습하기만 하면 그것을 여러 가지 방법으로 여러 가지 상황에 적용한다는 것이다. 그래서 개념과 원리의 학습은 특히 인지 학습에서 대단히 중요하다. 그러나 개념과 원리의 학습은 단편적 정보나 지식을 암기하는 식으로 학습되어서는 안 되며 Bruner의 주장과 같이 구조를 이해하는 체계적 방법에 의해야 할 것이다.

Gagné(1970)는 원리를 학습시키는 절차를 다음과 같이 제시하였다.

① 어떤 원리를 학습하게 될 것인가를 미리 예측할 수 있는 정보를 준다.

예 어떤 종류의 물건이 굴러다닐 수 있는지 생각해 봅시다.

② 그 원리를 구성하는 이미 배운 개념에 대해 토론하거나 생각해 볼 수 있는 질문을 한다.

예 둥글다는 뜻이 무엇이지요? 이 교실에서 둥근 것은 어떤 것들이 있나요?

③ 그 원리를 진술하는 몇 개의 개념을 적절히 나열해 볼 수 있도록 언어적 단서를 적어 본다.

예 경사진 곳에 둥근 물건을 놓으면 어떻게 될까요?

④ 질문을 통해 아동들로 하여금 그 원리에 해당되는 예를 한두 가지씩 들어보도록 한다.

예 경사진 탁자 높은 부분 끝에 농구공을 놓으면 어떤 일이 일어날까요?

⑤ 그 다음에는 마지막으로 그 원리를 아동들 자신의 말로 표현해 보도록 이끌어 주는 것이다.

7 원리가 적용되는 여러 가지 사례를 많이 들어주어야 한다.

어떤 경우에는 한 가지 원리가 무한한 사례에 적용할 수 있음을 강조할 필요가 있다. 만일 원리를 학습시키면서 한두 가지 사례만을 들고 말면 아동들은 그 원리가 한두 가지 경우에만 적용되는 것으로 오해하게 된다.

8 아동들에게 자기 힘으로 문제를 해결하고 탐구하는 경험을 많이 가질수록 전이 효과는 높다.

9 아동들이 안락한 상황에서 학습하도록 해야 전이의 효과가 크다.

여기에서 안락하다는 뜻은 맥이 빠져 있거나, 노력하지 않아도 되는 상태를 의미하는 것이 아니라, 교사나 학습 방법으로부터 위협받지 않고 유쾌한 기분으로 노력할 수 있는 학습 분위기를 의미한다.

03 동 기

1) 동기 이론

(1) S-R 이론

Skinner를 비롯한 자극-반응 이론가들은 인간은 태어날 때 백지 상태이기 때문에 환경과의 상호 작용에서 일어나는 경험을 통해 행동이 형성된다고 믿고 있다. 마찬가지로 인간 행동의 동기도 내재적이기보다는 외재적이라고 보고 있다.

이러한 주장의 초기 근거는 생리적 욕구를 충족시키는 동물 경험을 통해 확인한 것이다. 즉, 쥐나 비둘기에게 어떤 조작적 행동(operant behavior)을 일으키게 하고 그 결과로서 먹이를 주었더니 차츰 그 행동을 반복해서 지속하는 동기가 형성되었다는 것이다. 이러한 논리를 인간의 모든 행동에 적용하면 인간 행동의 동기도 칭찬 · 상 · 인정 · 물질적 보상 등 외적인 조건에 의해 유발된다는 것이다. 아동들의 학습 동기도 이러한 외적 보상에 의해 유발시키고자 하는 것이 S-R 이론의 기본 입장이다. 즉, 아동들이 학습 행동이나 학습과 관련된 어떤 행동을 하였을 경우 이를 강화시키면 학습 행동이 증가된다는 이론이다. 그러나 강화 자극(보상)이 적절한 방법으로 주어지지 않으면 이 효과를 거둘 수 없다는 것이 또한 이들의 주장이다.

(2) 인지론

Piaget는 동기를 균형(equilibrium), 동화(assimilation) 및 조절(accommodation)로서 설명했다. 아동들은 스스로 정신적 조직을 유지하고 또 세상에 대한 개념에서 균형을 취하고자 하는 욕구를 가지고 태어난다. 만일 아동들이 하게 된 새로운 경험이 이전의 경험(이미 정신적으로 구조화된)과 조금이라도 다를 때에는 사물을 보는 관점을 조절 또는 수정하고자 하는 동기가 유발된다는 것이다.

인지론에서는 인간의 행동을 그가 세계를 어떻게 지각하느냐에 따라 영향을 받는다는 점을 강조한다. Lewin은 생활 공간(life space)이라는 개념으로 인간의 행동을 설명하였는바, 이것도 결국은 세계를 어떻게 지각하느냐에 따라 어떻게 행동하느냐가 결정된다는 것이고, 생활 공간의 균형을 중시한 것이다. Lewin의 생활 공간은 유기체인 개인(person)과 심리적 환경(psychological environment)으로 구성되며, 심리적 환경은 그 사람에게 의미와 관계를 갖는 일체의 환경적 요소를 의미한다. Bruner에 의하여 제기된 발견 학습도 결국은 보다 많은 어떤 주제(topic)를 찾아내게 하고 이를 통해 학생들의 지각을 수정시키려는 것이다. Lewin이나 Bruner의 입장은 모두 Piaget의 동화와 조절 및 균형 이론과 유사한 것이다.

(3) 인본주의적 관점

인본주의의 동기 이론은 개인에게서 스스로 내재되는 동기를 강조한다는 점에서는 인지론의 입장과 유사하다. 그러나 인지론이 균형-불균형을 중요한 개념으로 사용한 반면, 인본주의는 인간 내부에 보다 나은 인생을 위해 발달하고자 하는 원동력이 있음을 강조한다. Combs와 Snygg(1959)가 중요시하는 적절성(adequacy)의 탐구라는 개념이나, White가 강조하는 능력(competence)의 탐구라는 개념 등이 이에 해당된다. 특히 White는 "인간의 많은 행동이 생리적 욕구를 충족시키기 위해서 유발되는 것만이 아니다. 인간은 생리적 욕구가 충족되어도 어떤 활동을 하고자하는 강한 욕구를 갖고 있다. 예컨대 호기심에 의한 활동, 탐색하고 탐구하고자 하는 행동 또는 단순히 활동 자체를 즐기기 위해서 하는 행동들은 얼마든지 있다."

인본주의 입장에서 가장 완벽하고 종합적으로 동기 이론을 체계화한 학자는 Maslow(1987, 98)이다. Maslow는 인간의 욕구를 결핍 욕구(deficiency needs)과 성장 욕구(growth needs)으로 구분하고, 이들 두 가지 욕구를 다시 일곱 가지로 세분하였다. Maslow는 이 일곱 가지 욕구를 단순히 구분하지 아니하고 각각의 욕구 간에는 위계(hierarchy)가 있음을 상정하고 하위의 욕구가 충족되어야만 상위의 욕구가 동기로서 작용하게 된다는 욕구 위계설을 주장하였다. Maslow의 욕구 위계 이론을 간단히 그림으로 나타내면 다음과 같다.

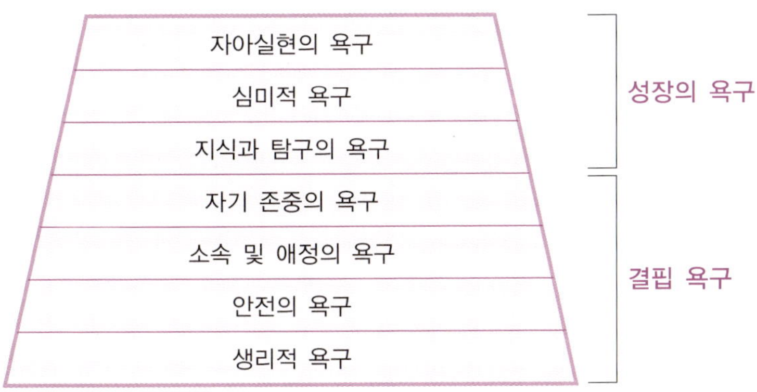

Maslow의 욕구 위계

Maslow가 제기한 성장 동기가 바로 Combs, Snygg 및 White 등이 주장하는 적절성이나 능력의 추구라는 것과 동일한 것이라고 볼 수 있다.

(4) Maslow의 성장 동기

Maslow는 인간의 결핍 욕구(생리적 욕구, 안전의 욕구, 소속과 애정의 욕구, 자기 존중의 욕구)와 성장 욕구(지식과 탐구의 욕구, 심미적 욕구, 자아실현의 욕구)를 구분하고, 이들 욕구가 인간의 행동을 유발시킨다는 것이다. 교육이라는 관점에서 보면 분명히 결핍 욕구보다는 성장 욕구가 학습 동기와 직접 관련된다. 따라서 성장 동기를 보다 높여 주는 일이 교육의 궁극적 목표가 될 수 있음을 상정할 수 있다. Maslow의 성장 동기에 관한 보다 깊은 이해를 위해서 결핍 욕구와 성장 욕구 간의 차이를 살펴보면 다음과 같다.

① 개체는 배고픔과 같은 결핍 욕구를 빨리 제거하고, 성장을 즐기려는 강한 동기를 갖고 있다.

② 결핍 동기는 불쾌한 긴장을 해소시키고 균형을 회복하려는 것이지만, 성장 동기는 쾌의 형태를 지속시키려는 것이다.

③ 결핍 욕구의 충족은 구원감이나 포화감(sense of satiation)의 경험으로 끝나지만, 성장 욕구의 충족은 쾌감과 보다 크고 발전적인 충족을 위한 동기를 무한히 유발시킨다.

④ 결핍 욕구는 다른 사람이나 환경에 의해 타에 의존하여 충족시킬 수밖에 없는 것이나(예컨대 다른 사람의 칭찬을 받는다든지), 성장 욕구는 보다 자율적으로 또 자기 방향감에 의해 충족될 수 있다. 마찬가지로 결핍 동기의 충족에만 인생을 걸고 사는 사람은 언제나 다른 사람의 도움을 청해야 하지만, 성장 동기에 의해 인생을 영위하는 사람은 자신을 스스로 도울 수 있다.

또한 이러한 Maslow의 이론을 학습 상황에 적용시켜 보면 다음과 같은 시사를 받을 수 있다.

① 아동들의 결핍 욕구를 충족시켜 주어야만 보다 높은 수준의 동기인 학습 동기가 유발된다. 따라서 교사는 결핍 욕구를 충족시키는 일차적인 책임을 질 수밖에 없다(생리적 욕구는 일부 제외하고).

② 결핍 욕구가 충족되지 못하면 아동들은 학습을 가치 있게 받아들이지 못하여 비뚤어지게 자라게 된다.

③ 아동들로 하여금 성장 동기에 의한 선택을 잘 하게 해주려면 학습에

대한 매력을 높여 주고 불쾌감, 압력, 위험감을 최소로 해야 한다.

④ 성장 욕구는 성취감과 동일하기 때문에 될수록 실패의 경험을 피하게 하고 성공적인 경험을 증가시켜 포부 수준(aspiration level)을 높여 주어야 한다.

2) 학습 동기의 유발을 도와주는 방법

1 교사들은 아동들의 생리적 욕구 · 안전 · 소속감 및 자존의 욕구 등 결핍욕을 충족시키도록 도와주어야 한다.

이를 위해서 다음과 같은 사항들을 고려할 필요가 있다.

① 나이가 어릴수록 배가 고프다거나 목이 마른 것 및 배설 문제를 스스로 통제하지 못하는 경우가 많으므로 간식 · 점심시간의 조절 등이 필요한 경우가 많다. 특히 유치원이나 학교와의 거리가 멀거나, 식습관이 나쁜 아동은 아침 식사를 제대로 하지 못한 경우가 많기 때문에 각별한 관심을 가지고 도와주어야 한다.

② 교실 내의 온도 · 습도 · 채광 등도 쾌적하게 해주어야 할 것이다. 때때로 아동들에게 춥거나 덥지 않은가를 묻고, 입은 옷을 조절해 주는 것도 좋은 방법이 될 것이다.

③ 물리적 · 심리적 안전도 교사의 배려와 태도 및 학습 분위기에 좌우된다고 볼 수 있기 때문에, 특히 유아의 경우일수록 이 점에 주의해야 한다. 교사의 사적인 불쾌 감정이나 교사간의 갈등에서 생긴 정서적 문제를 아동들에게 전이시키지 않도록 주의해야 한다.
특히 심리적인 안정감을 갖게 하기 위해서는 준비가 된 아동에게 응답이나 문제풀이를 시키고, 준비가 안 된 특정의 아동에게 강요하는 일은 피해야 할 것이다.

④ 교사가 아동들 개개인에게 깊은 관심과 애정을 갖고 있다는 점을 가능한 대로 자주 표현해 주어야 한다. 그러기 위해서는 우선 아동들의 이름을

빨리 외우도록 하고, 아동들의 과제물이나 작품 등을 그냥 돌려주지 말고 자상한 지도의 글을 간단하게라도 써서 주면 아동들은 교사에게 사랑과 인정을 받고 있음을 스스로 확인할 것이다.

⑤ 아동들의 학습 경험이 그들 자신에 대해 어느 정도의 만족과 보람을 느끼도록 평가해 줄 필요가 있다. 그래서 상대적 평가를 피하고 자신과의 스스로의 경쟁(self-competition)에 의해 노력하도록 해야 한다. 또 아동이 지닌 기존의 능력이나 여건에 맞는 학습 목표를 스스로 이해하고 설정하도록 도와주는 일을 잊어서는 안 될 것이다.

2 학습에 대한 매력을 최대한 높여 주고 성장을 위한 선택을 하는 데 위험감을 극소화시켜야 한다.

만일 아동들에게 지나친 압력 · 긴장 · 불안 또는 부담감을 주면서 학습을 진행하면 아동들은 안전(또는 안정)의 욕구를 추구하려는 데 급급하여 그 이상의 성장욕을 추구하려는 마음의 여유를 가질 수가 없다. 그러나 될수록 부담감을 줄여 주고, 배우는 일이라는 것이 아주 재미있고 가치 있는 일이라는 점을 확신시켜 준다면 가정에서의 문제나 교우 관계로 인하여 다소 불안정한 아동도 쉽게 학습에 몰두할 수도 있다.

기회 있는 대로 유아들에게까지도 여러 가지를 잘 배우고 학습 활동을 하는 것이 얼마나 가치 있는 일인가를 장래를 상상해가며 인식시켜 주는 일이 필요할지도 모른다. 초등학교 아동들에게는 시험 답안지를 작성할 때 모르는 문제를 추측해서 대답했다고 야단치지 말아야 한다. 또한 "죽기 아니면 살기" 식으로 공부하는 태도를 강요해서는 안 된다. 될수록 아동들로 하여금 자발적으로 학습 활동에 참여하도록 도와주고, 학습 시간에 교사의 질문에 대한 응답 등을 가지고 아동들에게 등급을 매기는 일을 해서는 안 된다. 즉 공부하는 행동을 벌이나 부정적 자극에 의해 강압적으로 키우려 하기보다는 호의적인 자극으로 학습 행동을 기르자는 것이다.

3 적절한 포부 수준과 긍정적 자아 개념을 가지고, 성취 경험을 갖도록 도와주는 것이 학습 동기의 유발에 좋다.

아동들에게 교사가 학습 목표를 제시할 때나 아동들 스스로 어떤 활동 목표를 세울 때(놀이에서도 마찬가지임) 적정 수준의 것을 선택하도록 도와주어야 한다. 즉, 다소 어려우나 도전해 볼 만하고 또 성취할 만한 정도의 목표를 설정하는 것이 동기의 유발에 크게 도움이 된다는 것이다.

학습이나 활동 전에 성취 결과 및 그 이득에 대한 정보를 주어 아동들이 호의적인 상상을 하도록 도와주어야 한다. 뿐만 아니라 아동들의 성취에 대해서는 즉시 긍정적 반응(즉 강화나 보상)을 보여 주고, 반면 실패에 대해서는 지나치게 민감하게 반응하지 않는 것이 좋다.

행동 수정 이론에서는 강화 자극으로서 칭찬을 널리 사용하도록 권장하고 있다. 칭찬이 사회적 강화 자극으로 상당한 효과가 있다는 것은 사실이나 기계적으로 너무 많이 또 자주, 그리고 어느 상황에서나 칭찬을 사용한 경우 오히려 동기 유발에 부정적 측면이 있음을 고려해야 한다. Farson(1968)은 칭찬이 지니는 숨은 문제점을 다음과 같이 가설적으로 제시한 바 있다.

① 칭찬이 제한된 효과나 그 효과에 대해서 의심스러운 면도 있으나, 또한 칭찬이 아동들에게는 위협으로 작용할 수도 있음에 유의해야 한다.

② 칭찬이 교사와 아동간의 유대를 강화시키는 다리 역할도 하지만, 어느 경우에는 오히려 사이를 멀리하게 만들 가능성도 있음을 배제할 수 없다.

③ 칭찬이 아동들에게 자신을 갖게 만들기도 하지만, 무의식적으로는 교사에 대한 우월감을 갖게도 만든다.

④ 칭찬이 창의력을 신장시켜 주기보다는 위축시키는 경우도 있음에 유의해야 한다.

⑤ 칭찬이 교사와 아동들 간의 새로운 접촉 기회를 확대시켜 주는 계기가 될 수도 있지만, 어느 경우에는 관계를 종식시킬 수도 있음에 유의해야 한다.

이상의 논의는 아직 가설적 수준에 불과하다고 하지만, 칭찬이라고 하는 도구를 지나치게 남용하는 것은 오히려 학습 동기 유발에 이롭지 못할 수도 있다는 경고에 대해서는 신중한 고려가 필요하다고 하겠다.

4 지나친 상대적 경쟁을 동기 유발에 사용하는 것은 될수록 피해야 한다.

전통적으로 교육에서 사용되어 온 학습 동기 유발의 주된 방법의 하나는 경쟁심을 자극하는 것이었다. 즉, 학생들에게 등급이나 석차를 매긴다든지 하는 경우뿐만 아니라 유아의 경우에도 다른 아동들의 작품이나 활동과 상대적으로 비교시킴으로써 경쟁심을 자극시켜 보려는 시도를 하는 수도 있다. 그러나 학습 상황에서의 이러한 지나친 상대적 경쟁심을 자극하는 것은 결과적으로 아동들로 하여금 학습을 목적으로 보지 아니하고 수단으로만 이해하게 만드는 원인이 된다. 즉, 아동들은 자기가 얼마나 성취를 이루고 성장하는가에 관심을 갖기보다는 다른 아동들과의 상대적 위치를 따지는 데 급급해지게 된다. 결국 소수의 상위 집단의 아동들이 성공감을 느끼고 학습 동기가 높아질 뿐, 나머지 대부분의 아동들은 오히려 학습 동기가 떨어져 버릴 위험이 크다.

상대적 평가의 이러한 부정적 결과를 극복하기 위해서는 자기 경쟁(self-competition)을 장려해야 한다. 즉, 스스로 성취 목표를 설정하게 하고 이를 성취했을 때에는 강화를 시켜 주는 것이다. 또한 아동들의 개인차를 인정하고 개인적으로 독특하게 지니고 있는 장점이나 능력(지적 능력뿐 아니라 사회 정서적 또는 도덕적 속성 등 여러 측면)을 높이 평가해 주어야 할 것이다. 예를 들면 시간을 잘 지키는 아동, 인사를 바르게 하는 아동, 부모님 말씀을 잘 듣는 아동, 말을 곱게 하는 아동, 옷을 단정하게 입는 아동, 만들기를 잘하는 아동, 남을 잘 돕는 아동, 휴지를 잘 줍는 아동, 노래를 잘 하는 아동, 사이좋게 노는 아동, 운동을 잘 하는 아동 등 아동들이 칭찬받고 격려 받을 수 있는 부분은 얼마든지 있다. 이러한 긍정적 수용이 결국은 전반적인 학습 동기를 높여 준다는 점을 잊어서는 안 될 것이다.

5 교사가 아동들의 학습의 방향을 일방적으로 정하고 또 학습 내용을 통제하는 데에는 한계가 있음을 충분히 고려해야 한다.

아동들 스스로 학습 내용을 선택하고 또 자기들의 학습 방법을 스스로 관리할 수 있는 기회를 주는 것이 동기 유발에 크게 도움이 된다.

이러한 아이디어는 이미 인본주의 학습 이론에서 강조되었던 것이다. 전통적인 교사 중심의 학습 방법이나 S-R 이론에서의 프로그램 학습 또는 목표를 엄밀하게 설정하고, 학습시키는 방법에서는 아동들이 학습하는 내용이나 방법을 교사가 미리 계획하고 준비한 대로 모든 학생들에게 거의 일방적으로 적용할 수밖에 없다는 약점이 있다. 즉, 아동들의 자발적이고 자율적인 학습 또는 능동적이고 적극적 참여라고 하는 데 문제가 있다. Howe와 Howe(1975)는 아동들이 학습에 능동적으로 참여하고, 그들의 요구가 반영되게 하기 위한 방법과 절차로서 다음과 같은 것을 제안하고 있다.

① 아동으로 하여금 학습하고자 하는 주제에 대한 자유로운 토론(brain storming)을 시킨다.
② 그 중에서 가장 좋은 것을 합의하여 선택하도록 한다.
③ 그 문제에 관해 학습하기 위한 준비 단계로서 여러 가지 질문을 한다.
④ 학습 활동 계획을 수립하고 필요한 학습 자료(resources)를 준비하게 한다.
⑤ 원래 상정되었던 교육 목표와 교사가 이미 계획적으로 세분해 놓았던 학습 목표와의 관련성을 분석한다. 이때에도 아동들을 토론에 참여시킨다.
⑥ 교사가 설정해 놓았던 학습 내용이나 방법을 수정하거나, 새로운 단원을 설정한다.
⑦ 계획에 따라 실천하고 평가한다.

Howe와 Howe의 이러한 방법은 바로 아동들의 요구가 있으면 이를 존중하여 받아들이고 성취시키게 하여 학습 동기를 높여 주는 좋은 길이 될 것이다.

6 내재적 동기로 전환시킨다.

칭찬이나 관심, 또는 물질적 보상 등 이른바 Skinner의 강화 이론에서 강조하는 바와 같은 외재적 동기는 그것에 의해서만 지속시키지 말고 학습에 대해 아동들이 스스로 관심과 흥미를 갖고 임할 수 있는 내재적 동기로 전환시켜 주는 노력을 해야 한다.

7 격려 · 칭찬, 필요한 만큼의 물질적 보상 등을 사용한다.

아동들 스스로 큰 흥미를 느끼거나 관심을 갖지는 못하지만, 필수적이고 기본적으로 중요한 학습 내용(예컨대 유치원이나 초등학교 저학년에서 하는 읽기, 쓰기, 셈하기 등)에 대해서 처음부터 내재적 동기를 유발하기 어려운 경우도 있으므로 이때에는 격려하고, 칭찬하고, 또 필요한 만큼의 물질적 보상 등을 사용할 필요가 있다.

CHAPTER

05 상담과 적응 지도

문명이 발달하고 사회가 점점 복잡해짐에 따라 인간이 가지고 있는 문제 역시 다양하고 복잡해져서 인간의 심리를 다루는 문제 역시 한 가지 방법으로는 접근하기 힘들고 다양한 방법으로의 접근이 요구되어지고 있는 실정이다. 이와 더불어 요즈음 아동을 교육하고 적응하도록 하는 문제 역시 복잡하고 쉽지 않다.

이에 본 장에서는 아동을 지도하는 데 있어서 요구되는 교사의 역할에 대해서 정리해 보고, 일부 어떠한 문제를 가진 아동을 현장에서 만났을 때 그 아동을 도와 줄 수 있는 아동 상담에 관련된 몇 가지 접근들로 정신 분석학적 접근, 인본주의적 접근, 행동주의적 접근에 대해서 살펴보았다. 또한 아동에게 가장 적합하고, 근래에 아동 상담에서 많이 쓰이고 있는 놀이 치료를 비롯해서 아동이 가장 잘 자신의 능력을 펼칠 수 있는 환경을 조성해 준다는 환경 치료, 아동뿐 아니라 그 아동과 가장 밀접한 관계를 가지고 있는 가족들을 치료하는 가족 치료와 같은 치료적인 것들에 대해서는 본 서가 치료적인 저서가 아니라는 점에서 심도 있게 다루기보다는 그 개념 정도만을 기술하였으며, 끝으로 상담자로서 갖추어야 할 다양한 자질과 역할에 대해서 살펴보았다.

01 교사의 역할

교사의 역할을 한마디로 규정짓기는 쉬운 일이 아니다. 이는 또한 교육이라고 하는 것을 어떻게 정의하느냐 하는 입장에 따라 상당히 달라질 수 있다.

일반적으로 행동주의 심리학의 입장을 고수하는 학자들은 "교육은 인간의 행동을 바람직한 방향으로 변화시키는 것"(정범모, 2000)이라고 정의한다. 이러한 교육에 대한 정의는 일반적으로 교육에서 교사가 주체적 역할을 담당해야 할 것이라는 점을 시사한다. 변화시키고자 하는 행동의 내용, 또 그 방법도 교사의 주체적 역할이 강조되지 않을 수 없다는 점을 내포한다.

또한 인본주의 심리학의 입장을 지지하는 학자들은 교육이란 배우는 사람과 가르치는 사람 사이의 인간적 상호 작용을 통해서 문화를 전달하고 또한 이를 창의적으로 발전시키는 것이라고 정의하는 경향이 있다. 여기에서 문화의 전달이나 창의적 발전은 앞의 행동주의 심리학에서 말하는 바람직한 행동의 변화란 말과 같은 의미를 가진다. 그러나 양자의 중요한 차이의 하나는 교사의 역할에 관한 것이다. 행동주의는 교육의 주체가 교사인 것처럼 해석될 가능성이 높은 반면, 인본주의에서는 교육에 있어 배우는 사람을 앞세우고 가르치는 사람과의 상호 작용을 강조하기 때문에 교육의 주체가 교사라기보다는 배우는 아동들이며, 다만 교사는 이를 도와주는 입장에 있다는 점을 강조하는 것으로 해석될 가능성이 크다.

이상의 토의는 교육에서 교사의 역할에 관한 상대적 비중이나 지위가 어떻게 다른가를 비교한 것에 불과하다. 그러나 한 가지 분명한 것은 어느 입장을 취하든 교육에서 교사의 역할이 대단히 중요하다는 점에 대해서는 이견이 있을 수 없다.

두말할 나위도 없이 교사의 주된 역할은 가르치는 일(아동들의 학습을 도와준다고 보아도 결국은 같은 뜻일 것이다)이다. 가르친다면 일반적으로 인지적 내용이나 기능적인 것만을 상정하기 쉬우나, 여기에서 가르친다든지 도와준다는 뜻은 이보다 훨씬 넓은 의미임에는 틀림없다. 즉, 교육이란 아동들로 하여금 최대의 성장 발달을 이루도록 도와주는 것이라는 말이 이러한 의미를 충분히 지지해 준다.

아동들의 성장 발달을 도와준다는 말에서 그 내용이 무엇이냐를 규정한다는 것도 쉬운 일은 아니다. 그야말로 신체적 · 지적 · 정서적 · 사회적 · 도덕적 발달 등을 나열할 수도 있으나 이러한 나열만 가지고 완전하다고 보기도 어렵다. 오히려 전인적 발달을 도와준다는 말이 더욱 잘 어울리는 표현일지 모른다.

이상의 논의는 교사의 역할이 무엇인가를 좀 더 분명히 하려는 노력이었지만 실상 상식적인 이야기 이상으로 분명해진 것은 없다. 그러나 교사의 역할에서 자칫 빈약하게 취급되는 부분이 있다. 즉, 아동들의 생활 적응을 도와주고(이를 좀 더 적극적으로 표현하면 생활 지도나 상담이라고 할 수도 있을 것이다) 사회적, 정서적 또는 도덕적으로 보다 성숙하도록 격려해 주는 일이다. 특히 오늘날 우리의 교육에서처럼 지적 측면과 기능적 측면만을 지나치게 강조하는 경향이 강한 상황에서는 더욱 그렇다.

적응 지도나 생활 지도만 하더라도 그 취급 영역은 방대하기 이를 데 없다.

특히 생활 지도의 경우, 더욱이 나이가 어린 유아의 경우 그 관련 영역은 교육의 전 영역을 포함할 수밖에 없다(김광웅, 1996). 본 장에서는 그 의미를 좁혀서 정서적 · 사회적 적응이나 도덕적 발달을 돕기 위한 노력(이를 넓은 의미의 상담이라고 해도 좋다)을 바로 교사의 가장 중요한 역할로 보고 이에 관한 이론을 간단히 정리하고, 아울러 교사가 이러한 역할을 수행하기 위해서 어떠한 인품과 기술을 지녀야 좋을까에 관해 개관을 해보고자 한다.

02 아동 상담 이론

1) 정신 분석학적 접근

(1) 기본 원리

아동의 부적응 행동을 설명하는 대표적인 이론의 하나는 Freud 등을 중심으로 발달한 정신 분석론이다.

우선 Freud 이론의 기본 가정은 다음과 같다.

▲ Freud

① 인간의 정신도 하나의 에너지 체계(energy system)로서 인간의 마음이라는 것도 자연 과학의 법칙의 지배를 받는다는 것이다.

② 그는 특히 열역학 제일 법칙인 에너지 보존의 법칙

으로 인간의 정신에너지(psychic energy)를 설명하려 했다. 따라서 인간의 성격 내에 존재하는 정신 에너지는 다른 어떠한 형태로든지 에너지의 전환이 가능하지만 그 에너지의 양은 어디엔가 영원히 보존된다는 것이다.

③ 부적응 행동은 바로 충족되지 아니한 욕구, 즉 억압된 정신 에너지의 변형이 잘못 되거나, 불만을 해소시키기 위한 에너지의 방출이 잘못된 것이라고 한다.

④ 인간의 성격은 기능적으로 분화된 세 가지의 구조를 갖고 있는 바, 이중 원초아(id)는 인간이 태어날 때 가지고 나온 본능적 충동의 덩어리로서 정신 에너지의 근원이 된다는 것이다. 또한 자아(ego)는 태어난 이후 세상과의 현실적 접촉을 통해 원초아의 욕구를 충족시키거나 통제시키기 위해 발달되는 것으로 이 자아의 일부가 인간의 의식이라는 것이다. 자아가 현실 세계와 접촉하면서 원초아의 욕구를 적절히 충족시키거나 적절히 통제하는 기능을 갖고 있기 때문에 자아의 발달이 미숙하거나 그 기능에 잘못이 생기는 것은 곧 부적응행동의 유발과 밀접한 관련을 갖는다. 초자아(super ego)는 문화 및 사회의 규범이 부모를 통해서 정신 내부에 깊이 내면화된 것으로 인간의 윤리적이고 도덕적인, 즉 양심과 이상을 대표하는 기능을 갖는다.

이상과 같은 세 가지 기관의 기능이 조화 있게 움직일 때에는 별 문제가 없지만, 만일 이 조화에 장애가 발생하게 되면 부적응 행동이 발생한다는 것이다.

⑤ 인간의 성격은 명확하게 구분할 수 있는 몇 가지 단계를 거쳐서 발달해 간다는 것이다. 즉 구강기(oral stage, 0~1.5세), 항문기(anal stage, 1.5~3세), 성기기(phallic stage, 4~5세) 등이 성격 발달에 중요한 단계이며 그 이후에는 잠복기(대개 학령기)를 지나 사춘기에 이르게 된다는 것이다.

이와 같이 Freud는 인간의 성격 발달에 있어서 5~6세경까지의 유아기를 중요시하였기 때문에 성격의 기본 구조는 이미 유아기에 형성되며 청소년이나 성인기에 나타나는 부적응 행동의 근원도 바로 이 시기의 발달에 잘못이 있기 때문이라는 것이다.

즉, 생후 초기인 구강기에는 적당한 만큼의 구순적 만족을 경험하고 자라야만 구순적 쾌락에 고착되지 아니한 원만한 성격이 형성된다는 것이다. 또한 항문기에도 배설을 통해 적당한 만큼의 배설 쾌감을 맛보아야만 다음 단계로의 발달이 원만해진다는 것이다.

만일 구순기에 젖을 충분히 빨고 구순적 만족을 적절히 취하게 되면 성격이 낙천적이고 여유 있는 사람이 되지만, 젖 빠는 행동에 심하게 제한을 받으면 불안의 형성은 물론 의존적이고, 비꼬기를 잘하는 성격을 갖게 될 수 있다는 것이다. 그러나 구순적 만족을 너무 오랫동안 충족시켜 지나치게 탐닉하게 되면 고착으로 인하여 정상적 발달을 기대하기 어렵게 된다는 것이다. 또한 너무 급작스럽고 조급한 이유(離乳)도 구순적 욕구 불만을 증대시켜 어머니에 대한 불안 · 적개심, 나아가서는 소화 불량 · 식사 거절 · 손가락 빨기 등의 신경증적인 부적응 행동을 일으키는 원인으로 작용한다는 것이다.

항문기의 유아들은 대변 등을 자기가 사랑하는 어머니에게 주는 선물이라고 생각하는데, 만일 어머니가 대소변 가리기 훈련을 너무 일찍 또 엄격하게 시키게 되면 유아의 성격 발달에 이상이 생기게 된다는 것이다. 즉 완고하고 인색할 뿐 아니라, 잔인하고 파괴적이며 짜증을 잘 내는 부적응 행동을 나타내게 된다는 것이다. 만일 대소변 훈련을 적절한 시기에 부드럽고 사랑스러운 태도로 받게 되면, 유아들은 자기의 배변 활동을 소중한 일이라고 생각하게 되고, 이는 후에 생산성과 창의성의 기초가 된다는 것이다.

세 번째 단계인 성기기에는 부모와의 동일시를 통해 초자아가 발달하게 되고, 이는 이후의 가치관, 태도 및 도덕성의 발달에 기초가 된다. 이 시기의 유아들은 이성의 부모에 대한 심한 애착과 동시에 경쟁과 적대적 감정을 지니는 갈등 상태를 경험하게 된다는 것이다. 그러나 이러한 동성 부모에 대해 갖게 되는 부정적 감정은 그 부모에 대한 동일시를 통해 해소하게 되고, 오히려 동성의 부모가 갖고 있는 가치관, 태도, 행동 양식 등을 자기에게 내면화시킴으로써 동성의 부모와 새로운 인간 관계를 형성하게 된다는 것이다. 그러나 만일 이러한 과정이 원만하게 이루어지지 못하면 심리 성적 발달(psychosexual development)에 이상이 생기게 된다는 것이다.

⑥ 결국 Freud의 이론은 아동들의 성장 과정에서 적절한 만족, 적절한 좌절을 경험하면서 자아와 초자아가 정상적인 발달을 이루어 조화가 이루어지면 정신적으로 건강한 사람이 되지만, 이러한 정상적 발달이 손상을 입게 되면 발달에도 장애가 생기게 되고 여러 가지 부적응 행동을 유발시키게 된다는 것이다.

(2) 방 법

Freud는 이상과 같은 인간 성격의 역동이나 발달에 관한 기본 원리에 근거하여 나름대로 독특한 정신 치료의 방법을 고안하였다.

Freud도 처음에는 신경증 환자를 치료하는 데 있어서 그 당시 유행하던 최면술(hypnosis)을 사용하였다. 그러나 최면술로 환자를 치료하는 도중 최면에 걸리지 않는 환자가 있다든지 근치(根治)가 되지 않는다는 등의 문제가 발견되었다. 그 다음으로 사용한 방법은 정신 정화법(cathartic method)이었다. 이 방법은 환자로 하여금 자기의 문제를 이야기하게 함으로써 문제를 야기 시킨 억압된 과거의 기억을 되살리고 이 기억과 관련된 나쁜 정서를 해소시키는 방법이다. Freud는 정신 정화법이 최면 요법보다는 상당히 유효하다는 결론을 얻고, 이를 개선하여 자유 연상법(free association method)이라고 하는 새로운 정신 치료 방법을 고안해 내었다. 이 방법은 환자를 아주 안락한 상태로 만들어 주고, 생각나는 대로 무엇이든 생각하고, 말하고 싶은 대로 말하도록 하는 것이다, 이렇게 생각하고 말하는 도중, 환자는 자기의 무의식 속에 억압되어 있는 감정과 기억을 의식화시켜 통찰(insight)을 갖게 되어 문제가 해소된다는 것이다. 또한 치료자의 적절한 해석(interpretation)은 환자 스스로 통찰을 갖고 문제를 해결하는 데 도움이 된다는 것이다.

정신 분석학적 상담 기술을 아동들에게 그대로 적용한다는 것은 거의 불가능한 일이다. 그러나 정신 분석의 기본 이론에 근거하여 아동들에게 적절한 상담 기술은 여러 학자들에 의하여 개발되었다. 그 대표적인 예가 놀이 치료로서 Levy, Freud 및 Erikson 등이 이를 아동들의 부적응 문제 해결에 활용하여 큰 성과를 거두었다. 이들의 놀이 치료 이론에 대해서는 다음 항에서 설명할 것이다.

2) 인본주의적 접근

(1) 기본 원리

인본주의를 대표하는 상담 이론은 Rogers(1942)의 비지시적 방법이다 Rogers 방법의 기본 원리는 다음과 같다.

① 자기를 가장 잘 아는 것은 자신뿐이다. 환자의 경우도 마찬가지로 자기의 문제는 자신밖에는 모른다. 즉 환자는 자기의 부적절한 행동이 왜 일어나는지를 알고 있으며, 알기 때문에 스스로 현실적이고, 균형 잡히고, 자신의 성장을 촉진시킬 수 있는 행동을 할 수 있다.

② 인간의 본성은 생득적으로 착하다. 환자가 자기를 선하지 않다고(즉 죄의식을 갖거나, 부정적 자아 개념을 갖는 것) 보는 것은 학습의 결과인 것이다.

③ 인간의 행동은 스스로 목적 지향적이다. 그 목적에는 자아를 실현시키고 성장하고자 하는 동기(master motive)가 포함되어 있다. 인간의 본성은 원래 선하고 목적 지향적이기 때문에 그대로 가만히 두어도 최대로 가능성을 꽃피울 수 있는 성취 동기가 있다. 그러나 잘못된 환경의 경험과 주위의

잘못된 지각, 잘못된 기대 때문에, 즉 학습이 잘못되어 선한 성장 동기(master motive)가 손상을 입게 되는 것이다. 그러나 실제로는 모든 사람에게 이와 같은 심리적 손상이 없을 수 없기 때문에 신경증적 행동도 정도의 차에 불과하다.

④ 환자는 자기를 스스로 변화시킬 수 있는 능력을 갖고 있다. 따라서 치료자라고 하더라도 남이 지시해 주고 해석해 주는 것은 잘못이다. 다만 환자가 자신의 능력과 선한 감성을 잘 꽃피울 수 있도록 여건만 마련해 주면 되는 것이다.

⑤ 신경증 환자가 문제를 갖게 되는 직접적인 원인은 학습에 의해 자아 개념에 이상이 생겼기 때문이다. 즉 자기가 자기를 지각하는 것과 남이 자기를 보아주고 평가해 주는 것 사이의 심한 불일치가 갈등을 유발시키고, 갈등은 불안을 조성시켜 결국 신경증적인 부적응 행동을 하게 되는 것이다. 자아와 경계 속에서의 자기 경험의 불일치는 환자로 하여금 자기 자신을 무시하고 과소평가하게 하며 죄의식을 갖게 만든다. 또한 자기의 행동의 진부 또는 일부를 정확하게 시각, 해석, 평가하지 못하게 되어 자아 개념이 파괴된다는 것이다.

(2) 방 법

Rogers의 상담 이론에서는 특별한 상담 기법이라든지 진단이란 없다. 왜냐하면 환자의 문제는 환자 자신밖에는 모르고, 환자가 현재보고 느끼는 주관적 감정만이 중요할 뿐 객관적 사태는 의미가 없기 때문이다. 또한 사람은 모두 각기 지각이 다르기 때문에 동일할 수 없으므로 진단이란 것은 Rogers에게서는 의미가 없다.

다만 치료자는 환자의 지각(perception)을 이해(understanding)해 주고 수용(acceptance)해 주고 공감(empathy)해 주는 것이 중요한 역할이라는 주장이 가능할 뿐이다. 여기에서 이해는 단순히 지적인 차원에서 이해해 주는 것이 아니고 환자의 입장에서 또는 환자의 입장이 되어 이해해 주는 것을 의미한다. 수용도 겉으로만 받아 주는 것이 아니라 정말로 치료자는 환자의 문제를 자기의 문제와 똑같이 받아 주는 것을 의미한다.

Rogers는 상담자의 역할이나 입장을 다음의 몇 가지 지침에 의해 규정하면서 상담에 임할 것을 제안하였다.

① 상담자(counsellor)는 친절하고 끈기 있게 내담자(client)의 말을 들을 수 있어야 한다.
② 상담자는 내담자에게 어떠한 권위 의식을 나타내서도 안 된다.
③ 상담자는 내담자에 대하여 어떠한 평가를 해서도 안 되고, 절대로 부정적인 용어를 사용해서도 안 된다.
④ 상담자는 내담자와 언쟁이나 논쟁을 벌여서도 안 된다.
⑤ 상담자는 내담자에게 어떠한 설득, 충고 또는 도덕적 훈시를 해서도 안 된다.
⑥ 다만 상담자는 내담자의 지각에 맞도록 같이 봐주고, 느껴 주고, 생각해 주고, 반응해야 한다는 역할만이 중요하다. 즉 상담자는 내담자에게 "나도 너와 똑같이 세상을 본다"는 지지와 격려의 심리적 과정이 치료의 핵심이 된다는 것이다.

이상과 같이 상담자가 여러 내담자의 제각기 다른 주관적 경험의 세계를 이해해 주고 수용해 주고 함께 보고 느껴줄 때, 내담자는 지금까지 문제로 갖고 있던 자기 지각과 경험의 세계와의 불일치와 간격이 감소되고, 스스로 차츰 올바르고 건전한 자아 개념을 재구성하게 된다는 것이 Rogers의 주장이다. 뿐만 아니라 이렇게 되면 내담자는 스스로 자기가 세상을 어떻게 보고 느끼고 극복하고 살아가야 될 것인가에 대한 통찰과 계획, 그리고 선택 할 수 있는 능력이 만들어지고, 세상을 자신 있고 용기 있게 살아갈 수 있는 힘을 얻게 된다는 것이다.

Rogers의 방법에서 내담자에 대한 상담자의 해석이 의미를 가질 수는 있다. 다만 상담자의 해석이 의미와 가치를 갖는 경우는 내담자가 상담자의 해석을 확신하고 받아들일 수 있을 때 뿐이다. 그 이외의 경우에는 상담자의 해석은 오히려 해롭다는 것이 Rogers의 주장이다.

Rogers의 상담 이론은 이러한 특징 때문에 상담자가 갖고 있는, 심리학적 지식이나 기술 그 자체만 가지고는 성공적인 상담가로서 큰 의미를 지니지 못한다는 것이다. 교육이나 훈련이 성공적인 상담가를 만든다기보다는 인간에 대한 폭넓고 깊은 이해, 인간의 문제에 대한 깊은 연민의 정, 그리고 선에 기초를 둔 인간관, 태도 등이 성공적인 상담가를 만든다는 것이다. 즉 교육이나 훈련(training)보다 임상가로서의 직접적인 경험이 훨씬 더 중요하다는 것이다.

상담에 있어서 인본주의적 접근도 성인의 경우와 같은 방법을 그대로 적용하는 데에는 어려움이 있다. 이 입장을 아동들에게 적용한 하나의 대표적인 방법이 놀이 치료이며 이는 다음 부분에서 상세히 설명될 것이다.

3) 행동주의적 접근

(1) 기본 원리

상담 이론의 주류를 이루는 대표적인 이론의 하나는 행동주의 심리학에 기초를 둔 행동 치료이다. 이 접근 방법의 기본 원리를 간단히 소개하면 다음과 같다.

① 인간의 모든 행동은 학습된 것이다. 즉 인간의 행동은 유기체와 환경과의 상호 작용의 결과로서 습득된 것이라는 점이다.

② 인간의 부적응 행동(maladaptive behavior)은 병이 아니라 행동 학습이 잘못된 것이다. 즉, 정신병이나 질환이 아니라 일종의 학습 착오이다. 더구나 정신적 질환에서 나타나는 부적응 행동은 문화적으로 상대적인 것이기 때문에 전혀 병이라고 볼 수 없다는 것이다. 어떤 문화권에서 완전히

병적이라고 해석되는 행동도 다른 문화에서는 완전히 정상인 경우도 얼마든지 있고, 반면 한 문화 내에서는 완전히 정상이고 권장되는 행동이 다른 문화권에서는 완전히 비정상적인 행동으로 규정되는 경우가 있는 것만 보아도 이를 쉽게 알 수 있다.

그러나 유기체의 신체적 결함(예컨대 뇌의 손상 등)에 의해 나타나는 비정상적인 행동은 병으로 보아야 한다는 것이 행동주의의 입장이다.

③ 인간의 행동은 학습 심리학 등 심리학에서 발견된 학습 원리(learning principle)의 지배를 받는다. 예컨대 고전적 조건화, 조작적 조건화, 모델링, 모방 학습 등의 학습 원리에 인간의 행동이 지배를 받는다는 것이다.

④ 부적응 행동은 적응 행동을 학습할 때와 마찬가지의 동일한 원리에 의해 변화시킬 수 있다. 이를 좀 더 세부적으로 살펴보면 대개 행동 치료의 목표를 다음과 같이 구분해 볼 수 있다.

이상의 목표를 요약하면 결손된 행동의 습득과 강화, 그리고 과잉된 행동의 제거와 약화가 행동 치료의 목표라고 볼 수 있다.

행동 치료의 이론적 근거는 제9장 '행동 수정의 이론과 실제'에서 상세히 다시 소개될 것이다.

(2) 방 법

행동 치료의 방법은 크게 두 가지로 구분될 수 있다. 그 하나는 전혀 하지 못하는 행동이나 빈약한 행동을 습득 또는 강화시키는 것이고, 다른 하나는 과도한 행동(그것이 바람직하지 않은 것이든 바람직한 것이든)을 약화시키거나 완전히 제거시키는 것이다.

전혀 하지 못하는 행동을 습득시키는 데에는 대개 다음과 같은 방법들이 제안되고 있다.

1 모방 학습(imitation learning 또는 modeling)

아동들은 전혀 해보지 않았기 때문에, 즉 제대로 보고 듣고 경험하지 않았기 때문에 잘못하는 행동이 많다. 즉 전혀 학습하지 않았거나 알지 못했기 때문에 그 행동을 하지 못하는 것이다.

이런 경우에는 성인이나 다른 아동의 행동을 모방케 함으로써 행동을 습득시킬 수 있다. 물론 자연적인 모방이 있으며, 자연적인 모방 학습이 어른들의 인위적인 노력보다 훨씬 넓고 깊게 아동들의 행동을 지배하게 될 것이다. 그러나 어느 경우에는 부모나 교사가 모범을 보임으로써, 또 슬라이드 · 필름 · 옛 이야기 · 모범적인 아동의 얘기를 소개하는 것 등이 모두 아동들의 좋은 행동 습득에 도움이 될 것이다.

2 지시(instruction)와 행동 형성(shaping)

아동들이 알지 못해서 못하는 행동은 그 행동을 해야 할 직전에 어른들이 말로 지시하여 하도록 하는 방법이 유효하다. 대개의 간단한 행동, 예컨대 인사하기 · 방에 드나들 때 문 닫기 등과 같은 것을 이러한 방법으로 쉽게 해결할 수 있을 것이다.

한편 한 번의 지시로 습득하기 어려운 복잡한 행동은 행동 형성에 의해 가능하다. 목표 행동에 도달하기까지의 조그만 행동을 단계화하고 한 단계씩 습득시켜 가며 결국은 목표 행동에 도달케 하는 것이다. 예컨대 선생님 말씀에 전혀 귀를 기울이지 않고 돌아다니는 아동의 경우 한 번의 지시로 이러한 행동을 습득시키기는 어렵다. 따라서 선생님이 말씀하시는 도중이 아니더라도 잠깐이라도 선생님에게 관심을 나타내는 행동을 하면 이를 강화시키고, 이것이 어느 정도 이루어진 뒤에는 좀 더 발전된 행동을 하도록 하거나 우연히 나타날 때 이를 강화하여 목표 행동을 습득시키면 될 것이다.

특히 유아의 경우에는 알지 못해서, 보고 듣지 못해서, 경험해 보지 못해서 하지 못하는 행동이 많다. 따라서 모방 학습이나 지시 또는 행동 형성은 유아들에게 아주 적절한 행동 지도 방법이 될 것이다.

3 정적 강화(positive reinforcement)

어떤 행동 뒤에 따른 결과는 그 행동이 미래에 다시 일어날 가능성과 강도에 영향을 미친다. 여기에서 그 결과가 아동이 원하는 좋은 것일 때에는 자연적으로 그 행동의 빈도와 강도를 증가시켜 주게 되는데 이를 정적 강화라고 한다.

예컨대 두 살짜리 꼬마가 방바닥에 떨어져 있는 수건을 수건걸이에 거는 행동(이것은 처음에는 우연히 모방한 것이나, 어른이 시켜서 해 본 경험에 의한 것일 것이다)을 보고 어머니가 "아이, 참 착하다"하여 칭찬을 해주었더니, 그 뒤부터 꼬마는 방바닥에 떨어진 수건을 보면 자주 수건걸이에 걸게 된다. 어머니의 칭찬이 수건 거는 행동을 강화시킨 것이다.

다섯 살짜리 유아가 유치원 선생님께 "안녕하세요?"라고 인사를 했을 때 선생님이 "철수는 참 인사를 잘 하는구나"하고 칭찬을 하면 이것도 정적 강화의 원리에 의해 인사하는 행동이 증강된 경우이다.

길거리에 떨어진 휴지를 휴지통에 넣는 유치원 유아의 행동을 보고 원장 선생님이 "참 착하구나." 하면서 칭찬을 했다면, 또 이런 정적 강화의 경험이 몇 번 반복된다면 결국 이 유아는 휴지를 잘 집어서 휴지통에 버리는 아동으로 발달하게 된다.

이상의 예에서와 같이 정적 강화란 인간의 어떤 행동에 대해 만족스럽고 즐거운 결과가 초래되면 그 행동이 증강되는 경우를 말하는데, 어떤 행동에 뒤따르는 결과는 결국 그 행동을 유발시키는 자극의 역할을 하게 되는 것이다.

정적 강화에 의해 행동을 증강시키는 것도 그리 단순한 것은 아니다. 여기에는 몇 가지 강화 제공의 원리가 있는 데, 이는 제9장 '행동 수정의 이론과 실제'에서 상세히 설명될 것이다.

4 부적 강화(negative reinforcement)

어떤 행동을 한 결과 그 때까지 주어지던 혐오 자극을 피할 수 있게 될 때 그 행동이 미래에 다시 발생할 빈도와 강도를 증가시킬 수 있다. 이를 부적 강화라고 한다.

예컨대 더운 여름에 윗저고리를 벗음으로써 더위(혐오 자극)를 피할 수 있다. 만일 아동이 이런 경험을 한두 번하게 되면 그 후부터는 더울 때마다 옷을 벗게 될 것이다. 아동들이 부모나 교사의 꾸중과 벌을 피하기 위해서 어른들의 지시나 요구를 잘 따르게 되는 것도 부적 강화에 해당된다. 반면 아동들이 징징거리고 조르는 것(혐오 자극)을 피하기 위해서 먹을 것을 사주거나 돈을 주는 것도 이 경우에 해당되는데, 이 경우에는 부모의 행동이 부적 강화를 받은 것이다.

마찬가지로 아동이 보챌 때마다(혐오 자극) 야단을 쳐서 부모가 아동으로부터 오는 그러한 혐오 자극을 피할 수 있게 되면 그 후는 자주 야단을 치게 된다. 이 경우도 부모의 야단치는 행동은 부적 강화를 받은 것이다.

5 행동 계약(behavior contract)

행동 계약은 프리맥 원리(premack principle)라고도 한다. 프리맥 원리란 빈도가 높은 행동은 빈도가 낮은 행동을 강화한다는 것이다.

아동들은 재미있는 일에는 밥 먹는 것조차 잊고 열심히 몰두하고, 심부름을 한다든가 공부를 하는 일에는 쉽게 싫증을 내고 안하려고 한다. 즉 재미있는 놀이는 빈도가 높은 행동이고, 공부를 하거나 심부름을 하는 일은 빈도가 낮은 행동에 해당된다. 프리맥 원리에 의하면 빈도가 높은 행동은 반드시 낮은 행동을 강화시키기 때문에 재미있는 놀이(예 만화 보기 등)는 재미없는 일(숙제하기)을 강화시킬 수 있다. 즉 숙제를 10분 동안만 열심히 하면 30분 동안 만화를 보기로 하자고 행동 계약을 맺고, 약속대로 이를 지켜주면 아동들로 하여금 열심히 공부에 임하게 할 수 있는 계기를 마련해 준다. 이를 몇 번 반복해 가면서 공부 시간을 조금씩 늘려가는 식으로 시간을 조정해 주며 공부하는 행동을 강화시켜 주면 차츰 공부에 열중하는 행동이 증가될 수 있다. 이러한 방법은 아동이 즐겨 노는 것을 강제로 좌절시키며, 억지로 공부를 하게 하는 것보다 훨씬 신사적이고 부드럽고 효과적일 수 있다. 더구나 아동들의 경우 놀이 자체도 중요한 학습의 기회이기 때문에 이러한 방법은 공부와 놀이를 모두 살려서 아동들의 성장 발달을 도와줄 수 있는 효과적인 지도 방법이 될 수 있을 것이다.

6 토큰 강화(token reinforcement)

토큰 강화란 아동이 바람직한 행동을 했을 때 물질적 또는 사회적 보상을 직접 제공하는 대신 구매력을 가진 상징적인 표나 점수 등을 주는 강화 방법을 말한다. 기본 원리는 정적 강화와 같은 것이나 물질적 보상 등이 직접적으로 즉시 주어지지 않고 대용품이 주어진 후 일정한 시간이 지난 다음에 본래 아동이 원하는 강화 자극이 주어진다는 점이 다르다. 그러나 토큰을 주는 것 자체도 측석에서 사회적 강화의 역할을 하게 되기 때문에 이중적인 강화 효과가 있다고 볼 수 있다. 여기에서 조심할 것은 토큰이 아동이 좋아하고 원하는 것을 획득할 수 있을 만큼의 강력한 구매력을 지녀야 한다는 점이다.

이상의 방법들은 모두 아동이 하지 못하던 행동을 습득시키거나 빈약한 행동을 증강시키는 것들이었다. 행동 치료에서 다른 하나의 중요한 측면은 과도한 행동을 감소시키거나, 바람직하지 못한 행동을 제거시키는 것이다. 이를 위해서 사용할 수 있는 방법들에는 다음과 같은 것들이 있다.

1 소거(extinction)

소거는 정적 강화와 더불어 행동 지도에서 가장 많이 쓰여지는 방법이다. 소거란 지금까지 어떤 행동을 지속하도록 강화시켜 준 보상(강화 자극)을 제거시킴으로써 문제된 행동을 감소 또는 종식시키는 것이다.

앞에서도 지적했듯이 조작적 행동(operant behavior)은 그 행동의 결과의 영향을 받으며 그 결과가 만족을 가져다 줄 때에는 그 행동의 빈도와 강도가 증가된다. 반면 조작적 행동의 결과가 만족을 가져다주지 않을 때에는 그 행동은 약화되거나 사라진다. 예컨대 아동이 징징거리고 울 때마다 엄마가 아이가 좋아하는 과자를 주면 이 아동은 과자가 먹고 싶을 때마다 징징거리는 행동을 하게 되고, 이것이 여러 번 반복되어 아동이 기대하던 효과를 얻게 되면 결국 이 아동은 울보가 될 것이다. 그러나 울고 징징거리더라도 과자도 주지 않고 모른 체 해버리면 아동은 차츰 자기의 징징거리며 우는 행동이 자기의 만족을 구하는 데 효과가 없다는 것을 알게 되어 우는 행동은 차츰 소거되어 버린다.

바람직하지 않은 행동을 없애기 위해서 소거의 방법을 단독으로 사용하는 수도 있지만 대개는 정적 강화와 병행해서 사용한다. 그래야만 바람직하지 못한 행동은 감소되면서 바람직한 행동으로 자기의 요구를 충족시키는 방법을 학습하게 되기 때문이다. 위의 예의 경우 울 때는 모르는 척하고 무관심해 버리고, 웃으며 잘 놀거나 다른 바람직한 행동을 할 때 과자를 주게 되면 더욱 나은 행동 지도의 효과를 얻게 되는 것이다.

그러나 소거의 방법으로 아동들의 바람직하지 못한 행동을 감소시키고자 할 때에는 몇 가지 주의가 필요하다. 즉 문제 행동을 지속시켜 주는 강화 자극이 구체적으로 무엇인가를 확인해야 한다는 점과 소거의 방법을 시행하는 초기에는 그 문제 행동이 더욱 격심해질 수 있으나 결국은 감소되기 때문에 중도에 포기하는 일이 있어서는 안 된다는 점 등이나.

2 벌(punishment)

아동들의 바람직하지 못한 행동을 없애는 데 가장 흔히 쓰이는 방법은 벌이다. 일반적으로 벌이란 신체적 고통이나 심리적 고통을 동반하는 일체의 조치라고 할 수 있지만 엄밀한 의미에서의 벌은 주어진 자극이 그 대상이 된 행동을 감소, 약화, 또는 소거시켰을 경우에 한해서만 사용될 수 있는 말이다. 만일 부모나 교사는 벌이라고 주었지만 그것을 받은 아동의 바람직하지 못한 행동이 전혀 변화를 나타내지 않거나 더욱 증가될 때에는 교사나 부모가 주었다고 하는 '벌'은 벌이 아니라 강화 자극으로 작용했을 가능성이 크기 때문이다.

예를 들면 수업 시간에 장난을 친다고 선생님으로부터 거의 매일 야단을 맞거나, 다른 종류의 체벌을 받아도 장난치는 행동을 계속한다면 그것은 벌이 아니다. 그 아동은 선생님으로부터 받는 꾸중이나 체벌이 선생님이 자기에게 갖는 관심으로, 또 다른 아동들의 주의를 끄는 방법으로 사용하고 있을지 모르기 때문이다. 체벌이라는 부정적 자극을 통해서라도 선생님과 관계를 맺고 다른 아동들의 주목의 대상이 되고 싶은 욕구가 충족되어지고 있기 때문이다.

부모나 교사가 준 벌이 벌로서의 가치를 제대로 지닌다면 벌은 아동들의 바람직하지 못한 행동을 약화시키는 데 유용하게 쓰여질 수 있는 방법이다. 벌은 행동 억제에 즉각적이고 가장 강력한 효과를 나타낼 수 있는 반면에 쌍방에 불쾌한 감정을 동반한다든지, 도피 행동을 유발시키고 벌을 피할 수 있다면 어떤 행동도 불사하려한다든지, 남이 보지 않는 곳에서는 그 행동을 더욱 강하게 나타낸다든지 하는 좋지 못한 부작용이 있기 때문에(주의해서 사용하면 규범 학습을 시키는 데 크게 도움을 줄 수도 있지만), 잘못 사용하거나 과도한 체벌은 오히려 문제아를 만들기도 한다. 더구나 부모와의 기본적인 애정과 신뢰 관계가 확립되지 못한 상태에서 주어지는 심한 체벌은 효과도 없을 뿐 아니라 적개심과 복수심에 찬 사람으로 길러내고 청소년 비행의 중요한 원인이 되기도 한다.

3 포화(satiation)

포화란 어떤 행동을 지속시키는 강화 자극이 너무 빈번히 주어지거나 일시에 너무 많이 제공되어 강화력을 잃게 되는 것을 말한다.

아동의 문제 행동이 자신이나 타인에게 위험을 동반하지 않거나 문제된 행동이 윤리 · 도덕적인 문제를 야기 시키지 않을 경우에 효과적으로 사용될 수 있다. 예컨대 아동들의 침 뱉는 행동을 고치는 데 또는 지나치게 빈번히 강박적으로 손을 씻는 아동의 행동을 교정하는 데 포화가 효과적으로 사용될 수 있을 것이다.

또한 유아의 편식하는 행동을 고치는 데에도 포화의 원리가 유효하게 활용될 수 있다. 편식하는 아동 중에는 자기가 편식을 할 때마다 어머니가 걱정을 해주고, 보다 맛있는 음식을 제공해 주기 때문에 편식을 계속하는 경우가 많다. 예컨대 계란만 먹는 아동의 경우 일단 걱정하거나 꾸짖는 반응을 보이지 말고 무관심하게 달라는 대로 계란만 주고, 계속 아무런 반응을 보이지 말고 계란만 먹도록 요구하면 얼마 지나지 않아서 싫증을 내고 다른 음식을 찾게 될 수 있다. 그러면 정적 강화의 원리에 의해 다른 음식 먹는 행동을 강화시켜 주면 되는 것이다. 우리의 옛말에도 "하던 짓도 멍석 깔면 안 한다"는 논리와 비슷한 방법이다.

문제 행동을 감소 · 약화시키는 소거 · 벌 · 포화 등은 모두 문제된 행동을 대치시킬 수 있는 행동을 강화시키는 정적 강화의 방법과 함께 사용할 때 효과가 있음을 다시 한 번 강조한다. 행동 수정의 이론적 근거, 기타의 기법들 그리고 행동의 관찰과 효과의 검증에 관한 보다 상세한 내용은 뒤에 나오는 '행동 수정의 이론과 실제'를 참고해 주기 바란다.

4) 놀이 치료

놀이에 의해 아동들이 갖고 있는 정서상의 문제나 적응상의 문제를 지도하려는 이론적인 근거는 정신 분석과 인본주의 심리학이다.

정신 분석학에 근거를 두고 아동들의 놀이가 정서적 문제의 치료에 효과가 있다고 인정하고 이를 활용한 최초의 학자는 Freud의 딸인 Anna Freud 였다. Anna Freud는 정신 분석에서 어른들을 대상으로 치료할 때 주된 도구가 언어이기 때문에 언어적 소통이 어렵고 표현력이 부족한 아동들을 언어를 도구로 하여 치료한다는 것이 부적합하다고 판단하였던 것이다. 그는 그 대신 아동들의 놀이를 잘 활용하면 마찬가지의 좋은 치료 효과를 얻을 수 있음에 착안하여 아동들의 놀이 상항을 면밀히 관찰하고, 여기에서 얻어진 자료들을 아동들과의 면담 자료 · 꿈 · 상상(백일몽 등) · 자유 연상 등에서 얻은 자료와 종합하여 아동들의 문제를 이해하고 도와주는 데 큰 성과를 거두었다(Freud, 1928).

놀이가 아동들의 정서적 문제를 해결해 주게 되는 정신 분석학의 기세는 투사(projection) 와 정화 작용(catharsis)이다. 아동들은 그들의 놀이 속에 자기가 가지고 있는 여러 가지 문제 · 불안 · 갈등 · 요구 등을 투사시키게 된다.

또한 이러한 놀이 속에서의 투사는 문제 등에 대한 단순한 표현이 아니라 문제 자체를 해소시키는 감정 정화의 기능도 갖게 된다. 뿐만 아니라 아동들은 놀이 속에 자기를 표현함으로써 자신에 대한 통찰을 갖게 되어 자연스럽게 정신 치료의 효과를 가져오게 된다는 것이다.

정신 분석의 이론을 가장 체계적으로 놀이 치료에 적용한 대표적인 학자는 Levy이다. Levy는 방출 요법(release therapy)이라고 불리는 놀이 치료법을 고안하여 주로 10세 이하의 아동들이 겪은 충격적 경험(traumatic experience)에 의한 정서 장애를 치료하는 데 사용하였다. 이 방법에서 치료자는 문제된 아동에게 인형과 기타 여러 가지 놀이 도구를 주고 그 놀이 속에 표현되는 문제들을 해소시키는 데 큰 효과를 거두었다. 특히 그가 임상적 경험을 통해 효과가 있다고 확신한 경우는 주로 유아들이 갖고 있는 충격적 경험에 의한 정서상의 문제였다. 예컨대 어머니와 급격한 격리로 해서 생겨나는 심한 분리 불안(separation anxiety), 외과적 수술에 의한 충격, 각종 사고 또는 부모의 이혼 등 파괴된 가정에서 경험할 수 있는 문제에 의한 공포 반응이나 야경증(night terrors) 등을 치료하는 데 유효하였다고 한다.

Erikson(1964)도 아동의 놀이는 아동이 자기의 경험을 재구성하는 유아적 형태이기 때문에 놀이는 아동들 스스로 자기의 문제를 해결하고 극복하는 가장 자연스러운 자기 치료법이라고 주장하였다. 즉, 문제를 가진 아동들은 놀이 속에서 자기의 불안 · 문제 · 정서 등을 자유스럽게 표현하면서 자신을 방어할 수 있는 기회를 갖게 된다는 것이다. 또한 치료자가 놀이로서 아동들의 적응 문제를 치료할 때 놀이는 치료자나 아동 모두에게 문제의 근원에 대한 상호 이해를 깊게 해줄 뿐 아니라 결국 아동으로 하여금 자신의 문제를 재구성하여 해결토록 하는데 지렛대와 같은 역할을 하게 된다는 것이 Erikson의 주장이다.

Levy 등과는 달리 Axline(1947)은 Rogers의 인본주의적인 비지시적 상담 방법을 놀이 치료에 도입하였다. Axline의 방법은 아동으로 하여금 원하는 대로 자유롭게 놀고 말하고 행동하도록 하고, 치료자는 아주 친절하고 관심 깊게 수용하기만 할 뿐 아동들의 놀이의 내용과 방법, 또는 놀이 자료 등에 대해서 일체의 지시를 하지 않는 것이다. 그래야만 아동들은 놀이 속에서 자기 내부에 누적된 긴장감 · 적대감 · 좌절 · 불안 · 공격성 · 공포 · 혼란 등을 말과 행동으로 표현하게 된다는 것이다. 이 때 치료자는 어떠한 간섭도 하지 말고 절대 자유를 주며 다만 수용자로서만 존재한다면 아동들은 스스로 자기의 잘못된 자아 개념과 세계에 대한 왜곡된 생각과 감정을 바르게 갖게 되고, 건전하고 적극적으로 답을 찾는 심리적 성숙을 이루게 된다는 것이 Axline의 주장이다.

Axline은 놀이에서의 아동의 표현을 중시하고 이러한 자기 표현이 자신의 문제에 대한 통찰을 가져온다고 보고 있다. 그래서 놀이 치료의 상황에서 놀이의 지배자는 아동 자신이어야 하며 어른의 권위와 지배로부터 벗어나야 한다는 것이다(1964). 그래서 Axline의 놀이 치료 방법은 비지시적 방법으로 알려져 있고, 앞에 기술한 Levy의 놀이 치료법은 지시적 방법으로 알려져 있다. 특히 Axline 자신의 임상적 경험을 통해 보고한 사례 연구인 「딥스(Dibs)」(Axline, 1976)는 비지시적 놀이 치료의 대표적 저서로 알려져 있다.

근래에 들어 우리나라에서는 놀이 치료가 임상 장면에서 많이 사용되고 있는 실정으로 아동 중심 놀이 치료를 비롯하여 모래 놀이 치료 등의 놀이 치료가 활발히 이루어지고 있는 실정이다.

5) 환경 치료

환경 치료를 넓은 의미로 해석하면 거의 대부분의 심리 치료가 이에 포함될 수 있다. 그러나 여기서는 의미를 좁혀 Bettelheim의 환경 치료(milieu therapy)를 간단히 소개하고자 한다.

Bettelheim은 시카고대학의 Sonia Shankman Orthogenic School에 아주 안락하고 수용적인 분위기로 꾸며진 치료실을 개설하고, 심한 정신 질환을 가진 아동들을 치료한 것으로 유명하게 알려져 있다.

Bettelheim은 Maslow나 Rogers 등과 동일한 아동 발달관을 가지고 있다. 즉 아동은 자연적으로 잘 성장 · 발달할 수 있는 잠재력을 갖고 있기 때문에 사회와 성인들은 아동들이 충분히 자신을 꽃피울 수 있도록 환경을 잘 조성해 주면 된다는 것이다. 그러나 실제로는 그렇게 하지 못하기 때문에 여러 가지 정신적 질환을 갖게 된다는 것이 그의 주장이다(Bettelheim, 1985).

예를 들면, 상당히 지적으로 우수하고 활동력이 강한 유아들 중에 자폐적 행동으로 진전되는 경우가 많다고 한다. Bettelheim에 의하면 이는 우수한 아동들이 자기가 현재 지니고 있는 신체 기능보다 높은 수준의 일을 성취하려고 해서 요구가 계속 좌절되기 때문이라는 것이다.

좌절의 근원은 첫째, 아동이 지닌 지적 능력이나 자기 실현의 욕구를 스스로 잘 충족시킬 만큼 운동 기능이나 신경 조직의 발달이 이루어져 있지 않기 때문이고 둘째, 부모의 이해가 부족하여 아동들의 요구와 이의 현실적 실현 사이에 존재하는 큰 간격을 적절히 조절하여 도와주지 못하고 더욱 좌절시키기 때문이라는 것이다. 이러한 좌절의 경험이 반복되면 유아들은 자기의 환경(세계)을 좌절의 장으로 규정하게 되고, 부모는 자기를 좌절시키는 대표자로 지각하기 때문에 결국 자폐적 생활을 할 수밖에 없는 상태로 변해 버리게 된다는 것이다.

이상과 같은 이유로 인하여 유아의 정신 질환을 치료하는 데 있어서는 아동의 자연적 요구와 능력을 스스로 잘 실현할 수 있는 환경을 마련해 주는 것이 기본이 된다는 것이다. 치료자는 아동이 좌절되지 않을 환경을 꾸며 주고, 그 능력에 맞는 방법으로 높은 요구를 충족시킬 수 있도록 안정과 안락을 보장해 주고 수용·지지해 주며 도와주는 역할을 해야 한다. 실제로 Bettelheim의 치료실에서 일하는 치료자들은 24시간 동안 각 아동들이 좌절당하지 않고 자신의 요구를 실현할 수 있도록 개인적으로 최대의 지원을 해주는 일을 한다고 한다. 아동들이 이러한 수용적이고 자기실현적인 환경에서 생활하게 되면 그들은 스스로 자기의 새로운 세계를 구성해 나간다고 하는 것이 이 치료 방법의 기본 입장이다.

6) 가족 치료

앞에서 Bettelheim의 환경 치료를 소개한 바 있지만 2차 대전 이후 미국에서는 폭넓은 환경 치료의 방법이 고안되었다. 그 중의 하나로서 시도되고 발전된 것이 가족 치료이다.

아동이 문제를 지니게 되는 데 있어서 가족 내 인간관계가 중요하다는 점은 이미 Freud 등의 정신 분석학에서 주장된 바이기는 하나 그 치료에 있어서는 가족 전체가 대상이 아니었으며 문제를 가진 개인만이 대상이 되었다.

Rogers의 상담 이론에서는 문제의 발생에 있어서는 가족이 중요하게 고려되었으나 그 치료에 있어서는 역시 문제를 가진 개인이 주 대상이 되었다.

가족 치료의 이론적 기초는 Sullivan(1953)의 대상관계론(the interpersonal theory of psychiatry)이라고 볼 수 있다. 그는 특히 아동의 문제를 가족 내 인간관계에 집중시켜 이해하고 치료하려는 시도를 하였기 때문에 문제 아동에 대한 가족 상담의 발달에 크게 공헌하였다고 평가받고 있다. 가족 치료의 직접적인 효시는 1953년 클라크 대학의 심리학 교수였던 Bell이 가족 집단 치료(family group therapy)라고 부르는 방법으로 가족을 면담과정에 참석시켜 문제를 발견하려고 하였다. 그 후 1960년대부터 미국에서는 가족 치료에 대한 연구와 이에 근거한 치료 방법들이 보급되었고, 아동 상담가들에게 널리 인정을 받게 되었다. 초기에는 주로 정신 분열증 아동과 그 어머니를 대상으로 면접하는 방법으로 시행되었으나, 차츰 어머니뿐 아니라 가족 전체가 치료의 대상이 되어 있다. 왜냐하면, 정신 분열증 아동의 가정을 면밀히 분석해 본 결과 그러한 가정은 정상의 가정에 비해서 부모와 아동의 의사 전달에 있어 말과 행동이 서로 다른 이중 의미 전달 현상이 있다든지, 아버지가 자녀에게 지나치게 무관심하고 무표정하다든지, 또는 부부 관계에서 심한 갈등이 상존해 있다는 점이 발견되었기 때문이다. 1970년대에는 가족치료가 보다 폭넓은 종류의 정신질환을 취급하기 시작하였다. 정신분열증 환자 가족에서 벗어나 정서적, 행동적 문제를 가진 아동, 비행청소년, 약물남용 환자 적응문제를 가지 부부 등 다양한 문제에 적용되기 시작되었다.

가족 치료의 기본 명제는 가족은 서로 상호 의존적, 공변 관계로 움직이는 체계(system)이기 때문에 개인의 행동을 변화시키려면 전 가족 내의 상호 작용이나 거래 관계를 변화시키지 않으면 안 된다는 것이다. 아동의 문제 행동은 어려움을 겪고 있는 아동이 가지고 있는 구조가 침범을 당해 그 구조가 흔들리기 때문에 생겨나는 것이라는 것이다(김유숙, 2002). 즉 개인의 행동은 환경의 역동성을 반영하는 것이라고 가정하는 것이다. 이것은 가족을 하나의 체계로 이해하는 체계 이론으로 정서적으로 섞여있는 인간을 이해하기 위해 증상을 선형적 인과 관계에서 순환적 인과 관계로 이해하려는 시도이다. 자녀의 문제 행동이 문제 어머니 때문이라고 생각하면 선형적 인과 관계일 것이다. 가족관계에서 모든 가족성원의 행동은 다른 가족들에게도 영향을 미치는 순환적 인과 관계(circular causality)를 형성하고 있으므로 원인과 결과를 말하는 것이 아니라 생활체계 안에서 발생하는 과정, 즉 가족 간에 영향을 주고받는 과정을 탐색하는 것이다. 이러한 맥락에서 아동의 문제는 아동을 둘러싼 전체로서의 가족을 이해하여 아동과 가족 전체 사이에 존재하는 고정되고 반복되는 상호작용의 양상을 변화시키려는데 초점을 맞춘다.

가족 치료의 방법은 가족치료 이론의 다양함만큼 매우 다양하다. Satir(1967)는 감정과 말과 행동의 일치를 목적으로 하는 상호 작용을 가족 치료의 가장 중심적인 방법으로 사용하였다. Satir는 가족 구성원들의 의사소통에서 감정과 행동이 일치하는 것이 가족 건강의 가장 중요한 문제로 보고, 치료자는 치료 장면에서 가족 구성원간의 의사소통을 건강하게 재구성시켜야 한다고 주장하였다. 즉 가족끼리 새로운 방법으로 이야기하게 하고, 상호 이해를 증진시키며, 가족 사이에 긍정적 변화가 일어나도록 상호 작용을 재구성시키는 것이 치료의 초점이 된다.

그 밖에 치료 상황에서 가족 중 한 사람으로 하여금 자기가 느낀 대로 가족의 위치를 만들게 함으로써 전 가족을 새롭게 볼 수 있는 기회를 주는 방법(sculpting),

가족 구성원간의 역할을 서로 바꾸어 연습하게 해 상호 이해를 돕게 해주는 역할 연습(role playing), 듣기(listening), 질문(questioning), 침묵(silence) 등을 효율적으로 사용함으로써 가족 내 인간 관계를 재구성시키는 방법들이 고안되어 있다.

03 상담자로서의 교사

교사는 가르치는 사람으로서의 역할을 충실히 해낼 수 있는 능력과 품성을 지녀야 한다. 즉 지적 측면과 인격적 측면이 잘 조화를 이루어야만 훌륭한 교사가 될 수 있음은 재론의 여지가 없다. 그러나 여기에 한 가지 더 첨가하여 상담자로서의 자질도 갖추어야 할 것이다. 상담자로서의 교사의 역할은 어느 수준의 학교 교육을 담당한 교사에게도 동일하게 요구되는 것이다. 그러나 특히 나이가 어린 유아나 학령기 아동들을 지도하는 교사에게는 보다 강조되어야 할 것 같다. 왜냐하면 아동일수록 학교 교육에서 생활 지도가 차지하는 비중이 높기 때문이다.

이러한 취지에서 본 단락에서는 바람직한 교사의 인성적 또는 행동적 특징을 간단히 살펴보고, 상담자로서의 인성 특징과 자세 등을 정리해 보고자 한다.

교사로서 바람직한 특징이 무엇인가에 관한 학문적 근거를 논의하기에 앞서 상식적인 생각을 정리해보는 것도 중요하리라고 본다. 즉 아동들을 사랑하고 귀하게 여긴다든지 남을 가르치고 돕는 일에 높은 가치를 부여하는 가치관을 지녔다든지 후 세대를 길러내는 일에 무엇보다도 큰 보람을 느끼는 소명감이 있다든지 하는 것들이 모두 중요한 의미를 지니는 이야기들이라고 본다.

Kerlinger(1985)는 Q방법과 요인 분석에 의해 인간 유형을 분류하고, 그 중 특히 교사의 바람직한 특징으로 두 가지 유형을 규명해낸 것으로 유명하다. Kerlinger의 연구에 의하면 성공적인 교사의 인간 유형은 두 가지라는 것이다.

이를 편의상 A 유형과 B 유형이라고 한다면 이들 두 가지 유형의 인성적 특징은 다음과 같다.

교사의 인성적 특징

A형	B형
지성적	양심적
창의적	도덕적
통찰적	종교적
온화함	지성적
개방적	능률적
신축적	적당함
목적적	자아 통제적

이상의 두 가지 유형은 요인 분석에 의해 추출된 것이기 때문에 두 가지로 구분되어 나왔을 뿐, 어떤 의미에서는 이상의 두 가지 유형의 특징을 겸비한 교사가 보다 바람직한 교사일 수 있다는 점을 상정해 볼 수 있다.

Sontag(1968)도 초등학교 교사들을 상대로 Q분류에 의한 요인 분석을 통해 크게는 두 가지 요인을, 각 요인별로는 다시 네 가지씩 모두 여덟 가지의 특징을 나타내는 교사가 성공적인 교사일 수 있다는 점을 밝힌 바 있다. 그 내용을 보면 다음과 같다.

① 아동들의 개별 학습에 관심을 두고 가르치고 자료를 제공하는 교사
② 아동들이 당면하는 여러 가지 개인적 문제에 진지한 관심을 갖고 도와주는 교사
③ 아동들이나 다른 사람들의 요구에 민감하게 대처하면서 가르치는 교사
④ 학습을 계획하고 준비하는 데 있어서 아동들의 관심과 흥미를 가능한 대로 많이 참고하는 교사
⑤ 잘 계획되고 준비된 학습 내용과 자료를 제공하는 교사
⑥ 일관성 있는 훈육을 하는 교사

⑦ 적절히 높은 수준의 학습 내용을 준비하는 교사
⑧ 교사 자신이 세운 규칙을 잘 준수하는 교사

이상의 논의는 주로 일반적으로 성공적인 교사의 인성이나 행동 특징에 관한 것이다. 앞에서도 여러 번 언급했듯이 교사의 역할은 단순하지가 않다. 즉, 생활 지도나 상담 등 전인 교육의 입장에서 아동들을 도와주어야 한다. 따라서 교사는 완전한 전문가는 아니더라도 상담자로서의 자질을 갖추어야 한다는 것이다. 이를 위해서 상담자(counsellor)로서 요구되는 몇 가지 중요한 특징과 상담 상황에 어떻게 임해야 하는가 하는 문제를 정리해 보고자 한다.

일반적으로 상담자에게 요구되는 인간적 특징은 다음과 같다.

① 마음과 몸이 건강해야 한다는 것이다. 즉 성숙한 인격과 건강한 신체를 소유한 사람이 상담자로서 성공적일 수 있다는 것이다. 자신과 세계를 객관적으로 정확하게 지각할 수 있고, 지적 · 정서적 · 도덕적으로 조화가 이루어진 인격을 갖추어야만 한다. 또한 능동적으로 자신의 생활과 환경을 극복할 수 있는 능력과 태도를 갖춘 사람이어야만 비록 아동들이라고 하더라도 남의 문제를 도와 줄 자격이 있다는 것이다.
② 친절하고 믿음직스럽고 정직하여 내담자(counsellee)가 호감을 느끼고 애착을 갖게 만들 수 있는 사람이어야 한다는 것이다. 아울러 예민한 감각과 예리한 관찰력, 정확한 판단력을 지닌 사람이 상담자로서 성공적일 수 있다.
③ 남의 이야기를 경청하고 성실하고 진지하게 들을 수 있는 사람이어야 한다. 일반적으로 성공적인 상담자는 말을 잘하는 것보다 남의 말을 잘 들어주는 특징을 지녔다고 볼 수 있다. 이러한 점은 Carl Rogers의 비지시적 상담에서도 강조되는 것이다.
④ 내담자에 관한 객관적 관찰과 자기의 주관적 관여(subjective involvement)를 분명히 구별할 수 있어야 한다. 즉, 내담자를 도와주기 위해서는 그의

문제를 충분히 이해해야 하는데 그렇다고 해서 상담자 자신이 내담자의 감정에만 지나치게 몰입하거나 말려 들어가서 상담자라고 하는 객관적 입장을 손상시키는 일이 있어서는 안 된다는 것이다. 내담자에 대한 이해와 공감이라는 측면과 그를 객관적 입장에서 도와준다는 두 가지의 다소 대립되는 역할을 잘 조화시킬 수 있는 사람이 성공적인 상담자라는 것이다. 그래서 상담은 어떤 의미에서는 기술이 아니라 오랜 경험을 통해서 얻어진 도(道)라고 할 수도 있다.

⑤ 상담자는 자기의 지적 자원(intellectual resources)과 정적 자원(affective resources)을 적절히 조화시켜가며 내담자를 도와주어야 한다는 것이다. 합리적으로 다지기만 한다고 내담자의 문제가 해결되는 것도 아니고 내담자의 정서에 대해 깊은 연민의 정을 갖는다고만 해서 문제가 해결되는 것도 아니다. 이 두 가지가 잘 조화되어야만 상담자는 내담자에게 현실적으로 필요한 도움을 줄 수 있다.

다음의 문제는 상담자가 상담에 임하는 자세 또는 상담 분위기 조성에 관한 것이다. 아동과의 상담이나 그 부모와의 상담에 다음과 같은 점들을 고려해야 할 것이다.

① 단시간 내에 너무 많은 것을 성취하려고 서둘지 말라는 것이다. 서서히 문제를 이해해 가면서 내담자와 신뢰 관계(rapport)를 형성하고, 스스로 문제를 이해하고 극복할 수 있도록 기다려 주는 마음의 여유가 필요하다. 상담 시간이나 기간, 횟수 등을 따질 때에도 객관적 시간(clock hour)으로 보지 말고 문제가 해결되어 가는 현상학적 시간(phenomenological hour)으로 보는 태도가 중요하다.

② 모든 내담자 또는 모든 아동이 다 다르다고 생각하고, 모든 내담자로부터 배운다고 하는 자세를 갖는 것이 중요하다. 어떤 이론에 기초해서 문제 해결을 도와준다고 외곬의 접근 방법만으로 성공적인 상담이 이루어지기

는 어렵다는 점을 충실히 고려해야 할 것이다.

③ 내담자와의 신뢰 관계가 잘 형성될 수 있도록 상담실의 물리적 조건을 잘 구성해야 한다는 점이다. 비교적 작으면서 아늑하고, 벽지의 색 등이 자극적(colour shock)이 아니도록 꾸며야 한다. 또한 의자 등도 안락하여 마음을 편하게 가질 수 있도록 하고, 외부의 잡음이 들리거나 상담하는 말소리가 밖으로 새어 나갈까봐 내담자가 의심을 할 정도의 분위기가 되어서는 안 될 것이다. 창밖의 환경도 내담자에게 자극적인 사건이 보이도록 된 상황이어서는 안 될 것이다.

④ 내담자와의 상담 도중 완전한 확신이 있기 전까지는, 또 내담자가 상담자의 해석을 완전히 수용할 수 있다고 판단하기 전까지는 함부로 서둘러서 내담자의 문제에 대한 해석을 해주어서는 안 된다.

⑤ 내담자가 생각중일 때에는 상담자가 당황해 하거나 어색해 하거나 조급하게 서두르지 말고 여유 있게 기다리면서 내담자 스스로 깊이 통찰할 수 있도록 해야 한다. 즉, 생각하는 중도에 다른 자극을 주어서는 안 된다는 말이다. 또한 내담자의 말에 개입할 때에도 계속 경청하는 태노를 유지하면서 적절한 기회를 포착하여 개입하여야 한다.

이상 논의된 상담자로서의 자질이나 태도 등을 참고하여 아동들이나 부모와 상담하는 임상적 경험을 쌓아간다면 교사도 어렵지 않게 성공적으로 아동들의 생활과 적응을 도와줄 수 있는 도(道)가 트이게 될 것이다.

CHAPTER 06

성격 형성

우리는 흔히 "인간은 사회적 동물이다"라는 말을 많이 한다. 이처럼 한 인간이 살아가기 위해서는 나 한사람이 아닌 여러 사람이 있는 집단 속에서 함께 어울려 살아야 하는 것으로 집단 속에서 우리는 성격이라는 것에 대해서 많이 이야기한다. ~한 성격은 좋은 성격, ~한 성격은 좋지 못한 성격이라는 말을 하곤 한다. 또 성격은 인간만이 가진 고유한 특성으로 한 개인을 평가할 때도 그 사람의 성격에 대해 먼저 말한다. 이처럼 성격이 개인의 특성을 말할 때 주요 요인이 되므로 근래에 들어서는 성격에 관한 연구도 많이 되고 있는 실정이다.

이에 본 장에서는 이미 성격이 유아기에 형성되어 좋은 성격 또는 좋지 못한 성격으로 자리하는 것으로서, 유아를 교육하는 데 있어 학문적인 교육만이 아니라, 한 인간의 인생을 다스릴 수 있는 성격 형성에 있어서 성격의 의미는 과연 무엇이고, 몇몇 학자의 성격에 대한 견해를 살펴보고, 어떻게 성격이 발달하며, 유아들의 성격에 가장 많은 영향을 주는 가정의 가족 환경에는 어떤 요인들이 있으며, 부모의 양육 방식에 따라 유아의 성격 형성에 미치는 영향은 어떠한지, 그 외에 또 영향을 미치는 것들은 무엇인지에 대해서 살펴보았다. 성격 발달 이론에 있어서 인간의 성격이 어떻게 형성되고 발달되어 가는지에 대한 문제에 관심을 갖고 최초로 이를 체계화시킨 Freud의 성격 발달 이론과 개인의 사회 심리적인 관계가 성격 발달에 있어서의 결정 요인이라고 주장하는 Sullivan의 성격 발달 이론, 성격 발달은 무엇보다도 가정 내에서의 부모-자녀 관계의 사회적 관계에 의한 것임을 강조하는 Horney의 성격 발달 이론을 기술하였다.

01 유아의 성격 형성

1) 성격의 의미

우리는 일상생활에서 성격(personality)이라는 말을 자주 쓴다. '성격이 원만하다'든지 '성격이 좀 비뚤어졌다'든지 또는 '성격이 괴팍하다'는 등 한 개인의 심리적 특징이나 사람의 됨됨이를 말 할 때 성격이란 용어를 빌어 쓴다. 그러나 성격이란 말이 쓰이는 경우를 세밀히 관찰해 보면 쓰는 사람마다 또 쓸 때마다 그 의미가 반드시 일치하지는 않는 것 같다.

인간의 많은 심리적 요인들이 그 개념 정의에 있어서 모호하며 완전한 합의에 도달하지 못하고 있으나, 그 가운데서도 성격만큼 그 개념 정의가 불명료하고 다양한 것은 없다. 그것은 성격이 눈에 보이지 않는 가설적 개념이어서 학문적으로 완전한 합의가 이루어지기 어렵기 때문이기도 하지만, 한편으로는 성격이 다양하고 포괄적인 측면을 내포하고 있기 때문이기도 하다.

성격 즉 personality의 어원은 리틴이 'persona'에서 출빌했다고 한다. persona는 희랍 시대의 극장에서 배우들이 쓰던 '가면'(mask)을 지칭하며 'per'는 ~을 통하여(through)라는 뜻이고, 'sona'의 원형 'sonare'는 '말한다'(speak) '소리 낸다'(sound)라는 뜻이다. 그러므로 'persona'는 '~을 통하여 말하는 것' 혹은 '~을 통하여 소리 내는 것' 즉 '가면'(mask)을 의미한다.

Allport(1937)는 Cicero의 저서에서 성격의 뜻이 네 가지로 쓰이고 있다고 했다. 즉 성격을 개인의 성질의 집합이라고 보는 의미, 성격을 한 개인이 다른 사람에게 어떻게 보이는가 하는 입장에서 보는 의미, 성격을 한 개인이 생활 장면에서 행사하는 역할로 보는 의미, 성격을 다른 사람과의 차이, 특징, 품격으로 보는 의미가 그것이다.

성격은 그것을 어떠한 이론적 관점에서 조명하느냐에 따라 다르게 정의될 수 있다. 또한 어떠한 기초 위에서 분류하느냐에 따라 성격 이론의 분류 방법도 달라진다. 그 한 가지 분류 방법으로 이원적 분류(dichotomized classification)와 다원적 분류(multi classification) 방법을 들 수 있다(황정규, 1968).

(1) 이원적 분류

첫째, 성격을 생물 물리학적 관점에서 보느냐, 생물 사회학적 관점에서 보느냐에 따라 성격의 이론 및 정의가 달라질 수 있다. 전자는 성격이란 실제로 존재하는 것이며, 그것은 생물적 및 물리적인 존재로 인지할 수 있다는 입장이며, 후자는 성격을 한 개인이 남에게 미치는 영향, 또는 자극으로 보는 입장이다. 생물 물리학적 관점에서 성격 이론을 전개한 대표적 인물은 Allport, Freud, Murray, Sheldon 등이며, 생물 사회학적 관점의 대표적 인물은 Adler, Sullivan, Horney 등이 있다.

둘째, 성격 이론의 조직 목적이 일반 법칙의 발견에 있느냐, 단일하고 특수한 개인을 이해하는 데 있느냐에 따라 법칙 발견적 이론과 개체 기술적 이론으로 나눌 수도 있다. 전자는 주로 미국을 중심으로 발달된 이론으로 성격의 부분 및 단위를 연구하고, 모든 성격 사이에 공통되는 추상적, 일반적, 과학적 법칙의 발견을 목적으로 하고 있다. 따라서 양적 처리에 강조를 둔다. 이에 비해 후자는 주로 유럽을 중심으로 발달된 이론으로 성격을 보다 더 작은 부분으로 분석할 수 없는 고유한 전체로 보며, 또한 성격은 이해할 수 있을 뿐 설명할 수 없는 것이라는 관점을 취한다. 따라서 성격의 고유하고 질적인 측면을 강조하는 입장의 이론이다. Eysenk, Cattell, Lewin, Guilford 등이 전자의 이론적 입장을 대표하며, Freud, Sheldon, Jung, Adler, Rogers 등이 후자의 이론적 입장을 대표하고 있다

셋째, 특성 이론과 유형 이론으로 분류하는 방법이다. 전자는 대개 영미를 중심으로 발달된 이론으로 성격을 여러 상황을 통해 항구적으로 혹은 일관해서 나타나는 행동 경향이라는 특성의 단위로 분석하고 이러한 행동 경향의 집합이 한 개인의 성격을 형성한다고 보는 입장이다. 그러므로 모든 특성은 누구에게나

공통되게 나타나며 다만 양적 차이가 있을 뿐이라고 한다. 유형론은 독일을 중심으로 한 성격학, 특히 임상 심리학을 배경으로 출발한 이론이다. 인간 행동을 무시한 개체적 행동이라는 일회적·개별적 행동의 무정부 상태에서 보편적·우주적 행동 사이에 펼쳐져 있는 연속체로 보고, 이러한 일회적인 것에서 보편적인 것으로 가는 중간 절차로서의 유형이 존재한다고 한다. 그러므로 유형론에서는 인간 행동의 항상성을 가정하며 이 기초 위에서 인간 성격은 전체성·통일성·구체성에서 파악하려고 한다. 예컨대 Kretschmer가 분류한 분열적 성격(schizophrenia)과 조울적 성격(manic depressive personality)의 분류 방법이 그 대표적인 예가 된다고 하겠다. 특성론의 성격 이론을 대표하는 학자는 Allport, Cattell, Guilford, Isenck, Murray 등이며, 유형론을 대표하고 있는 학자는 Kretschmer, Jaensch, Jung, Kraepelin, Horney 등이다.

그러나 영국의 Stephenson(1935)은 위의 두 개의 이론적 입장에 대해서 유형론은 주로 개인이 지니고 있는 여러 가지 특성이 개인 내의 상대적 강도를 문제 삼고 있는데 반하여, 특성론은 어떤 단일한 특성의 한 집단 내에 있어서의 비교를 문제 삼고 있다고 보았다. 즉 어떤 두 사람이 어떤 특정한 특성에 있어서는 그 집단 내에서는 같지만 유형은 같지 않을 수도 있고, 또 유형은 같아도 어떤 특정의 특성에서는 그 강도가 다를 수도 있다고 봄으로써 특성론과 유형론의 입장을 모두 다 인정하려 하고 있다.

(2) 다원적 분류

다원적 분류 방법을 사용한 사람 중에서 가장 대표적인 사람은 Allport(1937)이다. 그는 성격의 심리학적 개념 정의를 생물 물리적 정의(biophysical definition), 생물 사회적 정의(biosocial definition), 나열적 정의(omnibus definition), 통합적 정의(integrative definition), 위계적 정의(hierarchical definition), 적응적 정의(definition in terms of adjustment)의 여섯 가지로 나누고 있다. 또한 Guilford(1959)도 자극으로 보는 정의, 종합적 정의, 통합적 정의, 전체성을 강조하는 정의, 적응적 정의의 다섯 가지로 나누고 있으며, Hall과 Lindzey(1957)는 정신 분석 이론, 분석 심리학적 이론, 사회 심리학적 이론, 인간학적 이론, 장 이론, 생물 물리학적 이론, 유기체적 이론, 체질적 이론, 요인 분석적 이론, 자극 반응 이론, 자아 이론, 생물－사회적 이론 등 12가지로 세분하고 있다. 또 Bishof(1964)는 생물－물리적, 생물－철학적, 생물－사회적, 일반적 및 통합적, 수학적, 상징적, 유기적 혹은 전체적 이론으로 나누고 있다.

그 중에서 Guilford의 분류에 따라 성격 이론의 입장을 설명하면 다음과 같다 .

① 성격을 자극(stimulus)의 개념으로 정의하는 입장으로 성격이란 인간의 사회적 자극치(social-stimulus value)이며 다른 사람에게 어떤 자극치를 갖느냐 하는 것을 성격의 본질로 보는 입장이다. 이것은 Cicero의 의미로는 마스크(mask)의 뜻이 된다. 사람의 성격은 다른 사람에게 주는 자극 효과에 의해서만 알 수 있고 감지할 수 있기 때문에 이 자극치가 곧 사람의 성격이 된다고 본다.

② 나열식 혹은 합승식 정의 방법(omnibus definition)으로 "성격이란 사람이 할 수 있는 활동이나 과정, 예컨대 생득 경향, 충동, 식욕, 본능, 습관 등 모든 것이 다 포함된 산술적 합계이다."라는 입장이다. 이것은 단순한 집합이라는 단순성과 성격 특성을 설명하는 논리성의 결여 때문에 특히 형태 심리학파(gestalt psychologian)에게 많은 공격을 받았다.

③ 통합적 정의(integrative definition) 방법으로, 두 번째의 정의 방법의 결합을 보충한 입장이다. 여기서는 성격의 조직(organization)을 중요시하며 "성격이란 지적 · 정적 · 의지적 · 신체적 특성의 모든 것의 통합적 조직"이라고 본다.

④ 전체성(totality)을 강조하는 정의 방법으로 여기서는 부분을 완전히 무시하고 전체와 통합을 강조한다. 그래서 성격을 "개인의 전체 행동의 일반적 특징 및 유형", "개인의 전체 행동 유형의 특수성 및 형태"라고 정의한다.

⑤ 적응(adjustment)을 강조하는 입장으로 "성격이란 개인이 환경에 적응하는 그 개인의 독특한 형태"라고 보는 입장이다.

2) 성격의 발달

성격의 형성과 발달에 관한 두 가지 주장이 있다. 그 하나는 생물학적 · 유전론적 주장이며, 다른 하나는 사회학적 · 환경론적 주장이다. 유전론자들은 성격은 보다 유전적 요소에 의해 형성 · 발달된다고 보며, 환경론자들은 성격은 보다 환경적 요소에 의해 영향 받는다고 주장한다.

Murray와 Kluckhohn은 성격의 결정 요소 가운데 타고난 요인을 상소하며 Bevery Birns와 Alexander Thomas 및 그의 동료들은 신생아의 행동의 차이는 타고난 성향에 기인한다고 본다(Biehler, 1981). Scott와 Fuller(1998)는 5가지 종류의 개인 행동의 차이점을 발견하고 유전적 요인이 행동에 영향을 미친다는 결론을 내렸다. 그러나 이와 같은 동물 연구의 결과를 인간에게 일반화시키는 것은 위험하다는 주장과 함께 인간을 대상으로 유전적 영향의 정도를 밝히려는 연구가 진행되어 왔다.

인간에 대한 많은 연구는 친족들 간의 유사성과 쌍둥이의 비교 연구 등 가계 연구나 다른 종단적 연구들로 성격의 많은 핵심차원들이 유전적으로 영향을 받는다고 밝히고 있다(Shaffer, 2002). McClearn(1970)은 여러 연구를 검토한 후, 친족들 간의 일관성 있는 유사성은 행동에 대한 유전적 영향을 입증해 주고 있으며, 쌍둥이의 비교 연구 결과도 역시 유전 요인이 행동에 영향을 미친다는 견해를 뒷받침한다고 주장한다. 특히 행동 유전학자들은 일란성 쌍둥이와 이란성 쌍둥이의 유사성에 대한 비교를 통해 유전적 영향을 밝혔다(Shaffer, 2002). 초기에 활동수준, 주의에 대한 요구, 자극민감성, 사회성을 포함하는 대부분의 기질적 속성에서 일란성 쌍둥이들이 이란성 쌍둥이보다 더 유사하다.

그러나 정신 분열, 자폐증과 같은 비정상적 행동에 대한 연구들은 반드시 이런 견해에 동의하는 것은 아니다. 정신 분열의 특징은 은둔, 은둔이 왜곡됨으로써 나타나는 신경과민, 백일몽, 특이한 행동, 인간에 대한 관심 결여, 꾸중이나 비난에 민감함, 비활동성 등이다.

정신 분열은 유전적 성향 때문이라고 한다(Bender, 1956; Gottesman & Shields, 1966; Kallman, 1946). Moldin과 Gottesman(1997)은 정신 분열은 유전적 요인에 의한 것임을 입증했다. 40가족 이상을 대상으로 한 수십 년간의 연구에서 정신분열증의 위험도는 유전적 관계와 밀접한 관련이 있었다. 즉 100% 유전자를 공유한 일란성 쌍둥이들은 가장 높은 상관관계를 보였다. 일란성 쌍둥이의 위험도는 48%로 14%의 이란성 쌍둥이의 3배에 이른다.

그러나 유전자의 역할에도 불구하고 여전히 정신분열증의 궁극적 출현에는 환경적 요인이 중요한 역할을 한다(Goldfarb, Goldfarb, & Scholl, 1966; Jackson, 1960; Wenar & Kerig, 2004). 환경론자들은 이와 같은 주장을 부정하면서 쌍둥이 중 양쪽 모두 정신 분열일 확률은 다른 성의 이란성 쌍둥이에게서 보다 같은 성의 이란성 쌍둥이에게서 더 크다고 주장하고, 그것은 경험이 정신 분열증 유발에 부분적으로나마 영향을 미치고 있음을 시사한다고 주장한다.

정신 분열증에 대한 연구와 함께 자폐증에 대한 연구를 통해서도 성격에 미치는 유전과 환경의 영향을 살펴볼 수 있다. Tirbergen(1974)은 부모들이 유아기에 아동을 다룬 방식이 아동의 자폐증 유발에 영향을 미친다고 한다. 그는 자폐증을 가진 아동의 부모들은 보다 더 긴장되어 있거나, 지나치게 민감하며 근심한다고 한다. 그러나 이에 대해 Lovaas(1974)는 다르게 해석한다. 그는 자폐증 아동은 그들이 출생 시부터 이상한 행동을 보였기 때문에 그들의 부모가 긴장하고 염려하게 되고 과민하게 되었다고 주장하면서 자폐증은 유전적 요인에 의한 것이라고 주장한다.

환경론자들은 성격은 거의가 경험의 산물이라고 보고 문화, 사회 계층 및 아동 양육 방식과 성격과의 관계 연구를 통해 그들의 주장을 뒷받침한다. Benedict(1974), Kardiner(1959)는 여러 다른 문화권 내에서의 다양한 양육 방식으로 인해 성격의 형성이 영향을 받는다고 주장하며, Whiting과 Child(1953)도 비교 문화적 연구(cross cultural study)를 통해, 특정 행동의 사회화와 관련해서 한 문화의 성인이 특정한 행동 분야에 대해 비난할 때 그 행동 분야와 관련된 불안이 생기게 된다고 밝혔다. 한편 Warner(1941) 등은 사회 계층에 따라 적응적 행동에 차이가 나타남을 주장하고 있다. 문화, 사회 계층과 성격과의 관계에 관한 연구들은 그 매개 변인으로 양육 방식을 들고 있다. 따라서 환경론자들의 주된 관심사는 양육 방식이 성격 발달에 어떤 영향을 미치느냐 하는 것이다. 양육 방식과 성격 발달과의 관계에 대한 연구는 Kardiner, Whiting과 Child의 경우처럼 한 특정 부분의 아동 양육 습관과 아동의 성격과의 관계에 대한 연구뿐만 아니라, 부모–자녀 관계의 전체적인 분위기와 성격 발달과의 관계에 대한 연구도 행해져 왔다. 부모–자녀 관계의 분위기가 성격에 미치는 영향에 대해서는 Fromm, Siegel과 Hans, Stolz, Yarraw, Baldwin, Schaefer, Levy 등 많은 학자들의 연구가 있다.

성격 발달에 관한 이론을 전개한 학자들 가운데서도 성격에 미치는 유전과 환경의 영향에 대한 견해를 살펴볼 수 있다.

성격 형성에 있어서의 유전 요인의 역할을 중심 과제로 삼은 Sheldon의 구성 이론, Eysenck와 Cattell의 요인 이론, 유전 요인이 기본적 성격 형성에 중요한 작용을 함을 강조하는 Freud의 이론, Jung의 분석적 이론 등이 유전을 중요시하고 있으며, 성격 형성에 대해서 유전 요인의 작용은 인정하지만 그것의 중요성을 약화시키고 있는 Allport, Sullivan, Fromm, Adler, Horney 등의 신프로이트 학파 및 Lewin, Rogers 등은 환경의 중요성을 강조하고 있다(정원식, 1991).

이상에서 우리는 성격에 미치는 유전과 환경의 영향에 대한 여러 학자들의 연구를 살펴보았다. 그러나 유전과 환경이 성격 발달에 각기 어느 정도의 영향을 미치는지는 확실치 않으며, 다만 지능의 경우와 마찬가지로 성격도 유전과 환경의 상호 작용을 통해 발달한다는 점에 대해서는 의견의 일치를 보이고 있다. 그러나 성격의 경우에 있어서는 지능의 경우보다도 환경이 더 많은 영향을 미친다는 점은 일반적으로 합의되고 있다.

3) 가족 환경과 부모 역할

(1) 이론적 측면

우리는 앞서 환경이 성격 발달에 중요한 영향을 미치며 그 중 어렸을 때의 가정 내에서의 경험이 성격 형성에 중요한 역할을 한다는 점을 밝혔다. 가정생활과 성격과의 관계에 대해 생각할 때 무엇보다 중요하게 대두되는 것은 가정 내에서 어머니와 아동간의 상호 작용이나 자녀를 대하는 부모의 태도 등 자녀의 양육 방식의 문제이다. 많은 연구들이 양육 방식과 성격 간에 밀접한 관계가 있다는 점을 뒷받침해 주고 있다.

양육 방식과 성격 발달에 관한 연구는 편의상 이유, 배설 훈련, 공격성 다루기, 의존성 다루기와 같은 아동의 특정한 행동과 관련된 양육 방식과 성격발달간의 관계 연구, 그리고 부모-자녀 관계의 분위기와 성격 발달과의 관계에 관한 연구의 두 가지로 분류할 수 있다.

Freud는 이유가 성격 발달에 미치는 영향에 대해 너무 일찍 이유를 시작할 경우 아동은 불안과 적개심이 더욱 많아지며, 소화 불량, 식사 거부, 손가락 빠는 행동을 하게 된다고 한다. 한편 너무 늦게 이유를 하면 의존적인 성격이 되고, 자기가 들은 것은 모두 다 믿는 속기 쉬운 성격이 된다고 한다.

또한 Freud는 배설 훈련을 아주 엄하게 할 경우 폐쇄적인 성격이 되며 완고하고 인색해진다고 한다. 또한 권위적 인물에 복종하며 성인이 된 후 잔인하고 파괴적이며 무질서한 성격 특징을 갖게 될 수 있다고 한다. 반면 배설 훈련 시 엄마가 부드럽게 대해주고 칭찬해 주면 아동은 창조적이며 생산적인 성격을 발달시키게 된다고 한다.

앞에서 말한 학습 이론에 의하면 너무 일찍, 너무 엄격하고 심하게 배설 훈련을 받으면 아동은 신경과민, 신경 발작, 일시적인 통제 상실을 가져오고 부모에 대해 공격적이며 적의를 갖게 되고 심한 불안감을 일으키어 정신 신체적 증상(psychosomatic symptom)을 나타내게 된다는 것이다(Mussen, Conger, & Kagan,

1969). Despert(1944), Macfarlane(1954), Sears(1953) 등에 의하면 초기의 너무 심한 배설 훈련은 지나치게 소심하며 강박적이거나, 공격적이고 부정적인 성격을 기르거나 또는 지나치게 동조적인 성격을 기른다고 한다.

Maier(1988)는 아동이 나타내는 공격성과 그것을 다루는 부모의 양육 방식이 아동의 공격성에 영향을 미친다고 한다. 그에 의하면 아동은 좌절을 많이 경험하게 되면 공격적이 되고 이런 현상은 아이들에게 있어서 보편적인 것이라고 한다. 그는 부모의 양육 방식이 지나치게 허용적이거나 또는 지나치게 억압적인 경우 모두 공격성을 길러 준다고 한다. 아동이 나타내는 공격성에 대해 지나치게 허용적이 되고, 반면 공격에 대한 억압이 너무 심하면 아동은 좌절을 이겨내야 하며 노여움을 느끼면서 지내야 하게 되는데, 이로 인해 좌절이 더 증가되고 이를 해소할 돌파구가 필요하므로 공격성을 더 많이 느끼게 된다고 한다. 따라서 지나친 허용이나 지나친 통제는 모두 공격성을 기르므로 허용과 억압 간에 적절한 균형을 유지하는 것이 공격성을 줄이는 데 중요하다고 한다.

또한 Seart 등(1953)은 아동의 의존성에 대해서도 같은 맥락에서 설명하고 있는데 특히 그는 아동의 의존적 행동을 다섯 가지로 분류하고 이들은 모두 서로 다른 양육 방식의 결과라고 본다. 이를 구체적으로 살펴보면 다음과 같다.

① 부정적인 주의 끌기 : 방해, 공격적 행동, 도전, 반대 행동을 함으로써 주의를 끄는 것으로 이는 요구와 제한이 적은 양육 방식을 사용하였을 때 나타나는 결과이다.

② 재확인을 구하는 행동 : 사과하기, 불필요한 허락, 요청, 또는 보호, 위안, 위로, 지도 등을 요청하는 행동을 말하며, 이런 특징은 부모가 모두 아동에게 너무 높은 성취를 요구하기 때문이다.

③ 긍정적인 주의 끌기 : 칭찬을 바라고 협동 놀이를 함으로써 집단 내에 속하려 하고 또는 진행중인 집단 활동을 실제로 방해하는 등의 행동으로서, 이런 특징은 유아 때 엄마의 보살핌을 받지 못했거나, 공격적 행동에

대해 억압적인 제재를 받은 경우, 특히 엄마가 공격에 대한 통제를 많이 하고 아빠가 아동의 양육에 별로 참여하지 않을 때 나타나는 현상이다.

④ 만지고 껴안기 : 타인과의 비공격적인 만지기나 껴안기

⑤ 가까이 있기 : 한 특정의 아동이나, 성인, 또는 또래 집단 가까이 서 있거나 그들을 따르는 것

이런 특징들은 아동을 양육할 때 아버지의 엄격함이 너무 적거나 요구와 제한이 너무 적거나 지나칠 때 나타나는 결과라고 할 수 있다.

Sears는 아동이 보이는 의존적 행동에 너무 허용적이면 아동은 현상 유지에 그치게 되고 독립적인 발달에 지장을 초래한다고 한다.

부모－자녀 관계의 분위기와 아동의 성격 발달에 관한 연구도 많이 있다. 가정에서 일반적인 부모－자녀 관계의 분위기라고 할 때 이를 여러 가지 차원으로 분류할 수 있다.

Schaefer(1959)는 과거의 많은 부모－자녀 관계의 연구를 분석한 뒤, 사랑－적대, 통제－자율의 두 가지 차원을 기준으로 이들을 조합하여 여덟 가지 양육 방식을 개념화하고 이 각각의 양육 방식이 아동의 성격 발달에 미치는 영향을 밝혔다.

그는 양육 방식을 과방임, 과보호, 일관성 있는 민주적 방식, 일관성 없는 민주적 방식, 독재적인 방식, 적대적인 방식, 무관심, 거부의 여덟 형태로 분류하고 있다. Schaefer에 의하면 아동을 양육할 때 지나치게 방임적이면 아동은 불복종적이고 무질서하며, 무책임하고 불친절한 성격이 되며, 지나치게 과보호할 경우에는 아동은 복종적이고 의존적이 되며 사회성이 발달되지 못한다고 한다.

또한 일관성 있게 민주적인 방식으로 양육할 경우 아동은 사교적이 되고 자기 주장을 활발히 하며, 독립적이고 창조적이 된다고 한다. 반면 일관성 없는 민주적인 방법을 사용하면 아동은 지나치게 자기 주장을 하며 공격적이 되고 불복종적이며, 명백한 목표를 갖지 못하게 된다고 한다.

한편 독재적인 양육 방식은 공격적이며 적대적인 성격과 위축되고 방향 없는 성격을 형성하고 내적 갈등이 심한 성격을 만든다고 한다. 적대적인 방식으로 아동을 대할 경우 아동은 억압된 적의를 갖게 되고 사고를 일으키기 쉬우며, 자기 스스로를 벌주는 자학적인 성격을 갖게 된다고 한다.

무관심한 양육 방식은 충동적이며 공격적이고 통제력이 약한 성격을 기르며, 거부적인 양육 방식은 공격적이며 고분고분 하지 않은 범죄적인 성격을 기른다고 한다.

따라서 Schaefer는 일관성 있게 민주적인 방식으로 양육을 할 경우 아동의 성격 발달에 가장 바람직한 영향을 미친다고 보았다.

Levy(1943)는 어머니의 과보호가 아동의 성격에 미치는 영향을 연구하였다. 과보호란 아동을 제 나이보다 훨씬 아래의 아기로 취급해서 지나치게 보호적으로 돌보는 것을 말한다.

그는 과보호를 지배적인 과보호와 관대한 과보호의 두 가지 유형으로 분류하고 있다. 지배적인 과보호란 아동에게 지나친 통제를 하는 것이며, 관대한 과보호란 아이들이 자기늘 마음대로 행동하게 내버려두고 거의 통제하지 않는 것을 말한다. 지배적인 과보호를 받은 아동은 복종적이고 권위에 순종하며 소심하고 친구들과 사귀기를 수줍어한다. 그러나 관대한 과보호를 받은 아동은 불복종하며 요구를 많이 한다. 양쪽 모두 불안정하고 불안하며 사회성이 결여된 성격을 육성한다. 이들 두 가지 방식은 모두 위험에 대한 끊임없는 경계를 요구하므로 아동은 세상을 위험하고 무서운 것으로 지각하고 타인을 믿지 않으며, 타인과의 교제 기회가 없음으로 사회성을 발달시킬 수 없다. 지배적인 과보호를 받은 아동은 부모가 시킨 것이나 하며 주도권을 행사하지 않음으로써 위험한 세계를 피하는 것을 배우나 관대한 과보호를 받은 아동은 보호와 안전은 요구하기만 하면 얻어지는 것이라는 점을 배우고, 떼쓰기 등이나 여러 가지 다른 행동을 함으로써 자기의 요구를 관철시킬 수 있다는 것을 배운다.

Baumrind(1971, 1991a)는 네 가지 부모의 양육 기술이 아동에게 어떤 영향을 미치는가를 연구했다. 그의 결론은 다음과 같다.

권위 있고 신뢰로운 부모(authoritative parents)는 부모로서 유능감이 있고, 자녀에게 모델을 제공하고 한계점을 설명하고 그 이유를 설명할 때 자녀가 스스로 기준을 설정하고 어떤 절차에 따라야 하는지에 대해서 격려한다. 따뜻하고 온정적이며 자녀의 성숙된 행동에 대해서 긍정적인 반응을 보인다. 따라서 자녀들은 동기를 가지고 있고 믿고 있는 바를 지키고 타인들과 생산적으로 일한다.

반대로, 독재적인 부모(authoritarian parents)는 요구하고, 권력을 행사하고, 잘못된 것은 자녀의 탓으로 돌리며 온정적이지도 않는다. 따라서 자녀들은 분노와 불안정감을 보이고, 수동적이고 부모의 지시를 따르며, 불평하고 불안을 보이고, 애정이나 인정을 받고자 하는 욕구가 없으며, 타인 지향적인 경향이 있다.

허용적이고 방임적인 부모(permissive parents)는 비조직적이고, 일관성이 없으며, 자신감이 결여되어 있고, 자녀에 대한 요구가 없으며, 대부분 자녀 스스로 결정하도록 허용하고, 성숙한 행동에 대한 요구가 없고, 자녀와의 대결상황은 회피하는 경향이 있다. 따라서 자녀들은 자기표현과 자기주장이 약하고 지적기능도 떨어진다.

거부적이고 무시하는 부모(rejecting-neglecting parents)는 자녀에게 요구하지도 않고, 자녀의 정서적 욕구에서 반응하지 않고, 가정환경을 구조화하지 않고, 자녀의 목표와 활동을 지원하지 않으며, 자녀 양육에 대한 책임을 거부하거나 소홀히 한다. 이럴 경우, 자녀는 사회성과 지적 능력이 떨어진다고 한다.

따라서 부모가 단호하게 일관성 있는 훈육을 하면 남아는 독립적이며 단호한 성격이 되고 여아는 사회적인 성격이 된다. 부모가 아동에게 집안의 일을 시키고 스스로 일하는 능력에 대해 보상을 줄 경우 남아는 독립적이고 단호한 성격을 형성하게 된다. 한편 부모가 엄격하고 과보호적이면 남아는 의존적이고 수동적이 되기 쉽다. 부모가 지지적이며 사랑해 주고 따뜻하게 대해 주면서 단호한 통제를 하나, 그에 대한 이유를 밝히고 성숙한 행동을 요구하면 아동은 사회성이 발달하며 독립적이고 자율적이며 탐구적이고 유능해진다. 또한 부모가 강요를 많이 하고 따뜻이 대해 주지 않으면 아동은 불안하게 되며 스트레스로 적대적이 된다. 부모가 집안을 다스리는 데 있어 무질서하고 비효과적이며 자기의 능력에 만족하지 못하고 아이를 어린애처럼 다루면 아동은 의존적이 되고 미성숙하며 통제력이 부족하게 된다. 또 그는 부모가 아동의 목표 지향적 활동을 유도해 주고, 의존적이고 공격적인 행동을 고쳐주려고 아동에게 성인의 규범을 내면화 하도록 하는 통제 방식을 사용하고, 아동의 능력에 맞는 수준에서 아동 스스로 어떤 일을 하도록 하며, 아동의 의견을 묻고 부모의 요구에 대한 이유를 설명해 주는 것과 같이 의사소통을 명확히 하며, 부드럽게 대하고 사랑해 주며 칭찬을 잘해 주고 아동이 한 일에 대해 아주 기뻐하는 표현을 해 주면 아동은 유능하고 독립적이며, 자기 통제를 잘하고 탐구적인 성격이 된다고 한다.

Thomas와 Chess(1986)에 의하면 초기 기질[3]적 특성은 변할 수도 있고 유지될 수도 있다고 한다. 변화 여부를 결정하는 것이 부모가 사용하는 자녀양육 패턴 간 조화의 적합성(goodness of fit)[4]이다. 즉 까다로운 자녀의 경우, 부모가 규칙을 따르도록 지시할 때 평온을 유시하며 제지를 하고 보다 여유롭게 새로운 환경에 적응하도록 한다면 덜 까다롭고 보다 적응적이게 된다. 만일 부모가 성급하고 인내심이 없고 강제적이라면, 까다로운 자녀는 이후 삶에서 까다롭고 행동 문제를 보일 가능성이 있다.

(2) 부모의 양육 방식이 성격 형성에 미치는 영향

양육 방식이 성격 발달에 미치는 영향에 관한 연구는 많이 수행되어 왔다. 그러나 이들 연구들은 일치된 결과를 보고하고 있지는 않으며, 대체로 일반적인 경향을 제시하고 있을 뿐이다. 다음에서는 지금까지의 연구 결과를 토대로

3) 기질(temperament)은 환경적 사건들에 대해 예측 가능한 방식으로 반응하는 개인적 경향성으로 성인의 성격을 형성한다(Shaffer, 2002).

4) 부모의 자녀양육 방식이 아동의 기질적 특성과 민감하게 적응될 때 발달이 최적화될 가능성이 높다는 Thomas와 Chess의 개념이다.

양육 방식을 몇 가지로 나누고 그것이 성격 발달에 미치는 영향을 살펴보고자 한다.

1 엄격한 양육 방식과 허용적인 양육 방식

엄격한 양육 방식이란 통제적이고 필요에 따라서는 아동을 꾸짖고 때리기도 하며 금지나 제한이 많은 전통적인 가정 교육 방식과 유사한 방식을 말한다. 허용적인 양육 방식이란 자율적인 행동을 조장하고 자녀를 따뜻이 대해 주며 아동이 지니고 있는 장점과 단점을 과장 없이 그대로 인정하는 양육 방식을 의미한다.

Becker(1965)의 연구에 의하면 엄격한 양육 방식은 잘 통제되고 사회화된 행동을 기르나, 한편으로는 두려움이 많고 의존적이며 복종적인 성격으로 만들며 지적인 탐색이 활발하지 못하고 금지된 적의를 갖는 성격으로 만든다고 한다. 반면에 허용적인 방식은 사교성이 높은 사회적 성격을 기르고 지적 탐색을 활발히 하게하며, 독립적이고 자율적인 성격을 기르는 반면 인내력이 부족하고 공격적인 성격을 만든다고 한다. 따라서 두 가지 양육 방식 모두 위험을 내포하고 있다고 한다.

Waston은 허용적인 양육 방식은 아동의 사회성과 협동심을 발달시키고 원만한 친구 관계를 갖게 하고 남에게 친절하며 독립성과 자발성을 길러 주나, 엄격한 양육 방식에 의해 자란 아동은 남에게 적개심을 잘 품고 비협동적이며 원만한 사회생활을 영위하기 힘들다고 한다. 왜냐하면 엄격하게 자랐다는 것은 그만큼 제한과 지시를 많이 받고 자랐다는 것을 뜻하며, 지시를 받고 행동하는 경우 거의가 자기 의견이 개입될 수 없고 싫어도 지시에 따라야 하므로 자연히 남을 싫어하고 소극적이며 자발성이 결여되기 쉽게 된다는 것이다(Stagner, 1961).

그러나 반드시 허용적인 방법이 엄격한 방법보다 바람직하다고 하기는 어렵다. Lazarus(1976)에 의하면 엄격하게 양육했느냐 허용적으로 양육했느냐가 중요한 문제는 아니며, 보다 중요한 것은 부모가 어느 정도의 애정을 가지고 그런 양육 방식을 사용했느냐 하는 것이라고 한다. 엄격하게 키운다 해도 부모가 자기를 사랑하고 있다는 것을 아동 자신이 느낄 수만 있다면 그리 해로울 것은 없다는 것이다. 따라서 방법에 앞서 아동에게 애정을 갖고 엄격한 방법이든 허용적인 방법이든 그 방법 나름의 장점을 살려 나가는 것이 아동의 성격 형성을 위해 바람직하다고 하겠다.

2 수용적인 양육 방법과 거부적인 양육 방법

어머니가 아동에게 보이는 애정의 정도에 따라 수용적인 양육 방법과 거부적인 양육 방법으로 나눌 수 있다. 특히 이 애정의 문제는 다른 어떤 양육 방법상의 문제보다도 성격 형성과 가장 밀접한 관계를 가진다. 수용적인 양육 방법이란 아동에게 애정을 보이고 아동을 즐겁게 해 주며, 아동이 필요로 하는 것이 무엇인지 항상 신경을 써주고 아동을 있는 그대로 받아들이는 것을 의미한다. 만일 아동이 손놀림이 정확치 못해서 식사중에 밥을 흘린다든지 걸핏하면 넘어져서 옷을 버리곤 할 때 수용적인 어머니는 나무라지 않고 아동이 잘할 수 있을 때까지 참고 기다려 줄 것이다. 이런 분위기에서 자란 아동은 남을 신뢰할 줄 알고 자기 스스로 무엇인가 시도해 보려는 모험심과 실패하더라도 굽히지 않고 다시 해 보려는 의지와 자신감을 형성하게 된다. 또한 자기의 감정을 부담 없이 나타낼 줄 알고 자기 자신에 대해서 수용적이며 설령 자기가 못하는 일이 있어도 실망하거나 죄의식을 느끼지 않게 된다. 다시 말하면 자신과 타인에 대해서 긍정적인 태도를 형성하게 된다는 것이다.

수용적인 양육 방법에 반대되는 거부적인 양육 방법은 아동을 받아들이지 않고 거절하는 것을 말한다. 자식을 위하고 사랑하는 것은 어머니의 본능이라고 할 수도 있으나 아동을 그저 귀찮은 존재로만 여기는 어머니들도 더러 있다. 이런 어머니들에게서는 자식에 대한 애정이 없는 거부적인 행동이 나타난다. 부부 사이가 좋지 않거나 가정생활이 원만치 못할 경우에도 어머니는 그런 행동을 보일 수 있다. 그러나 이는 아동에게 아주 좋지 않은 영향을 미친다.

어머니가 아동을 거부할 경우 아동은 성격상의 큰 결함을 갖게 된다. 즉 자기를 방어할 줄 모르고, 주위에서 일어나는 일이나 주위 사람들에게 무관심하거나 냉담하며, 다른 사람들에 비해 우울하거나 정서적으로 불안정하고 자신에 대해 부정적일 뿐만 아니라 타인에 대해서도 배타적인 성격이 되기 쉽다고 한다.

Jenkins의 범죄 소년에 관한 연구를 보면 어머니의 거부적인 태도가 범죄 행동에 중요하게 작용하고 있다는 점이 명백히 드러나고 있다. 그의 연구에 의하면 어머니의 자녀에 대한 거부적인 태도는 어려서부터 반사회적이고 비사회적인 범죄 행동과 범죄적인 성격을 낳게 할 가능성이 크다고 보고 있다. 또한 거부된 아동들은 정서적으로 불안정하고 불길해 하며, 사람에 대한 신뢰를 상실하게 되고 비합리적인 파괴 행동을 일삼게 되는 결과를 나타내게 된다고 주장하고 있다. 이러한 주장은 범죄 소년을 그 대상으로 삼았다는 점에서 극단적인 것이라고 할 수 있지만, 거부된 아이들은 누구나 충분히 그럴 가능성을 지니고 있다고 해석할 수 있다. 특히 그의 연구에서 주목을 끄는 점은 초기에는 아동을 수용하다가 후에 가서 거부하는 것과 초기부터 내내 거부하는 경우를 비교하였는데 후자에 비해 전자는 많은 범죄적인 성격과 행동을 낳게 한다고 한다. 아주 어렸을 때는 아동을 거부하는 일이 없다가 후에 가서 부모가 거부적인 태도를 보일 경우 그것은 아동에게 더욱 큰 상처와 장애를 안겨 주게 된다는 것이다(Stagner, 1961).

이와 같은 연구 결과는 아동을 대하는 태도에는 항상 일관성이 있어야 한다는 점을 시사하기도 하다.

따라서 아동의 성격 형성을 위해 중요한 문제는 어떤 양육 방식을 취했느냐보다 어떤 식으로 양육하든 간에 어느 정도의 애정을 가지고 키웠느냐가 무엇보다도 중요하다고 볼 수 있다.

3 의존성을 조장하는 양육 방법과 독립성을 조장하는 양육 방법

의존심을 조장하는 양육 방법이란 아동이 무엇을 할 때, 이를테면 아동의 능력 한계에서 벗어나는 조금 힘이 들거나 어려운 일을 해야 할 때 항상 어머니가 개입하는 경우를 말한다. 조금 어렵더라도 노력하면 될 수 있는 것을 어머니 마음대로 해결해 줌으로써 무슨 일을 하거나 어머니에게 의존하게 만드는 것이다. 어머니의 부주의에서 온 이러한 조그만 경험들이 쌓여 의존적인 습관을 형성하게 되고 어렸을 때는 어머니에게 의존하던 것이 점차 자라면서 의존의 대상이 바뀌게 된다. 따라서 성인이 된 후에도 자기가 보기에 미덥고 능력이 있다고 생각하는 사람에게 의존하려는 경향을 보이고, 무슨 일에나 과감하게 직면해서 해결해 보려는 태도가 결여된다고 할 수 있다.

의존성과 반대되는 독립성을 조장해 주는 양육 방식이란 어렸을 때부터 자발적이고 독립적인 행동을 할 수 있도록 배려해 주고, 그러한 행동을 했을 때 격려하고 이끌어 주며 활동의 기회를 충분히 제공해 주는 양육 방법을 뜻한다. 이렇게 자란 아이는 진취적이고 독립적인 성격을 형성하게 된다고 한다.

일반적으로 보면 의존성을 조장하는 양육 방법보다는 독립성을 기를 수 있는 방법이 성격 형성에 좋은 영향을 미친다고 보고되고 있다.

4 가정의 분위기

가정 환경과 성격 발달에 관한 문제를 논의할 때 아동의 양육 방법과 더불어 중요한 것은 그 가정을 지배하고 있는 분위기 내지는 일반적인 적응 상태이다.

가정마다 아동 양육 방법이 비슷한 듯 하면서도 어느 면에서는 각기 다르듯이 가정의 분위기 역시 가정마다 다르다. 여러 가정을 방문해 보면 눈에 보이지는 않지만 각 가정마다 독특한 분위기를 느낄 수가 있다. 그래서 화목한 분위기에 접할 때는 정서적으로 안정되고 자신의 의견이나 느낌, 주장을 쉽게 표현할 수 있다. 반면 딱딱하고 엄한 분위기에서는 자신도 모르게 위축되고 자유로이 의견을 발표하기란 힘들어진다. 이와 같은 가정의 분위기는 그 가정의 아동 양육 방식을 결정하는 데 중요한 역할을 할 뿐만 아니라 성격 형성과 밀접한 관계가 있다. 특히 민주적인 분위기는 성격 형성에 여러 가지 좋은 영향을 미친다고 한다. 여기서 말하는 민주적인 분위기란 가정 내에서 지켜야 할 여러 가지 규칙이나 제한을 아동들에게 잘 설명해 주어서 지킬 수 있도록 해 주고, 아동이 자유롭게 의견을 발표할 수 있는 기회를 제공해 주는 분위기를 뜻한다. 다시 말해서 일방적으로 억압하지 않고 성인 세계에 대한 참여를 어느 정도까지는 허용하는 분위기를 말한다.

이와 반대로 오랫동안 유교 사상의 지배를 받고 있는 우리의 가정에서는 아이는 무조건 어른 앞에서는 조용히 해야 하고 말참견을 해서는 안 된다고 믿고 있다. 그러나 지금까지 그렇게 해온 것이 좋은 결과만을 가져왔다고는 아무도 자신 있게 대답할 수 없는 것이다.

자라나는 아동, 특히 호기심으로 충만해 있는 아동들을 안전하게 잘 키우려면 아동이 해서는 안 될 일은 물론 제한을 해야 한다. 왜냐하면 아동의 호기심을 잘못 다루어서 좋지 못한 결과를 초래할 수도 있기 때문이다.

그러므로 적절히 제한을 하되 아동을 위한 제한과 활동의 기회 사이에 균형이 유지될 수 있어야 한다. 다시 말하면 아동을 너무 구속해도 안 되고 너무 풀어놓아도 곤란하다는 뜻이다.

또한 경우에 따라서는 아동의 의견을 물어 보거나 중요한 일을 시켜서 아동 스스로 자신이 중요하다고 느끼고 자신감을 가질 수 있도록 해 주는 것이 좋다.

Baldwin(1948)은 민주적인 분위기에서 자란 아동들의 여러 가지 특성을 조사해 본 결과 민주적인 분위기 속에서 자란 아이들은 보다 사교적이며 교우 관계가 원만하고 보다 친절하며 자기 자신의 감정이나 의견을 쉽게 표현하고 모든 일에 있어서 건설적이라고 한다. 또한 다른 사람의 주의를 끌려는 태도가 건전하고 열등의식을 별로 느끼지 않는다고 한다. 이런 특징이 민주적인 가정 분위기에서 길러진다고 본다면 민주적인 가정 분위기는 아동의 자아를 길러 주는 데 좋은 영향을 미치는 것으로 보인다. 즉, 자아력을 형성시켜 주며 자아력은 아동들에게 자신감을 주고 불안을 통제할 수 있는 능력을 길러 주며, 어떤 어려움에 부딪쳤을 때 후퇴하지 않고 대처해 나갈 수 있는 힘을 길러 준다고 볼 수 있다.

5 형제 관계

가정 생활에 있어서 형제간의 관계가 성격적인 특성을 길러 주는 데 작용한다는 것은 정신 의학자들에 의해 강조되어 온 점이다. 그 중에서도 Adler는 형제간에 일어나는 경쟁의식이나 질투심은 적대적인 태도와 협동적인 태도 형성에 기초가 된다 하여 형제간의 경쟁의식을 중요시했다. 그 외의 정신의학자들도 형제간의 경쟁은 정신 건강과 밀접한 관계가 있다고 보았다(Hall & Lindzey, 1997). 아직까지도 이러한 정신의학자들의 주장을 뒷받침할 만한 확고한 연구 결과를 찾아보기는 힘들지만, 가정 내에서 일어나는 형제간의 상호 작용이 이후의 사회 생활을 맺는 여러 종류의 대인 관계의 기초적인 모델이 될 수 있다는 점은 인정해야 할 것이다.

여기서 우리가 주목해야 할 것은 그러한 형제간의 경쟁의식을 조장하는 것이 바로 부모라는 점이다. 여러 가지를 같이 비교하면서 똑똑한 아이에게는 특별한 관심과 애정을 보이는 반면 그렇지 못한 아이에게는 똑똑한 아이를 가리키며 그 애를 좀 닮아보라고 나무라는 예는 얼마든지 있다. 그럴 때에 형제간의 경쟁의식은 물론 서로를 미워하고 적대시하게까지 되는 것이다. 반면에, 부모가 모든 자녀에게 따뜻하고 민감하게 반응하고, 일관되게 한 자녀를 편애하지 않는다면 갈등을 일으키지 않는다(Brody, 1998; McHale 등, 1995).

형제간의 관계에 있어서 또 하나 문제가 되는 것은 출생 순위와 성격과의 관계이다. 일반적으로 첫째 아이와 둘째 아이의 성격은 다르다고 한다. 심리학자들은 이런 성격상의 차이가 출생 순위에서 오는 요인 때문이냐 하는 문제에 대해 관심을 가져왔다. 그들의 일반적인 생각은 첫아이는 태어나서 자기 혼자 부모의 사랑과 모든 관심을 독차지하고 있다가 동생이 태어남으로 해서 자기가 받던 사랑을 빼앗기게 되는 데서 좌절을 맛보게 되고 따라서 성격적 결함을 가져오게 된다고 한다.

그러나 이러한 생각을 완벽하게 지지하는 연구 결과는 아직까지 나타나 있지 않고 다만 한 가지 재미있는 것은 Koch의 연구 결과이다. 그에 의하면 첫째 아이가 2세에서 4세 사이에 동생을 보게 될 때 첫째 아이에게 적개심, 질투심, 공격적인 행동 특성이 더 많이 나타난다고 한다(Stagner, 1961). 이렇게 2세에서 4세 사이를 결정적인 시기로 본다면 첫 아이가 2세 이전이나 4세 이후에 동생이 태어날 경우는 별 문제가 없을 것이라고 이야기할 수 있다.

그러나 Koch가 말하는 결정적 시기가 누구에게나 적용된다고는 볼 수 없다.

우리나라의 경우에 있어서는 오히려 출생 순위 자체나 또는 첫아이와 둘째 아이 사이의 나이 차이보다는 자녀에 대한 부모의 기대가 더욱 문제된다고 볼 수 있다. 동양 여러 나라가 대부분 그렇듯이 장자 상속이라는 전통적 관습으로 인해 부모는 큰아들에게 많은 것을 기대한다. 따라서 책임이 중한 큰아들은 아무래도 성격이 묵직하고 자기 위치 때문에 모험을 즐기기가 어려워지고, 무슨 일을 하든지 자기 자신에 앞서 부모나 그 외의 형제 또는 주위 사람들에게 미치는 영향을 의식하게 될 것이다. 그러므로 자연히 신중한 성격이 형성될 가능성이 높게 마련이다. 그러나 이런 현상도 핵가족이 성행하는 오늘날에 있어서는 모든 가정에 적용된다고 보기가 힘들어졌다.

대표적인 몇 학자의 성격 발달 이론을 제시하면 다음과 같다.

02 성격 발달 이론

1) Freud의 성격 발달 이론

인간의 성격이 어떻게 형성되고 발달되어 가느냐 하는 문제에 관심을 갖고 이를 체계화시킨 최초의 학자는 Freud라고 볼 수 있다. 그는 원래 신경과 의사로서 신경증 환자들이 가진 문제의 근원을 밝히고 치료하기 위하여 인간의 정신 구조와 그 기능을 연구하게 되었다. 그러던 중 그는 환자들이 가지고 있는 문제의 근원이 주로 환자의 과거에 있다는 것을 알게 되었고, 따라서 출생

후부터의 성격 발달에 관한 여러 가지 사실을 밝히게 되었다. 이로써 그는 인간의 성격 발달에 관한 연구의 개척자적 역할을 하였고, 그 후로 그의 이론에 기초하여 많은 이론들이 나오게 되었다. 그의 이론이 지나치게 인간의 성적인 면을 강조하였다든지 과거만을 중요시하는 운명론적 입장을 취한 것들은 그 뒤 학파들의 비판의 대상이 되었으나, 그가 설정한 무의식의 세계라든지 성격의 기능적 구조를 밝혀 낸 것 등은 인간의 정서 발달에 관한 이해에 누구보다도 큰 공헌을 했다고 볼 수 있다.

Freud에 의하면 성격의 발달은 인간에게 있어서 긴장을 일으키는 네 개의 원천이 근원이 된다고 한다. 이 네 가지의 긴장을 일으키는 원천이란 신체적인 성장 과정, 욕구 좌절, 갈등 상태, 위협적인 상황을 말한다. 이와 같은 원천에 의하여 유기체에 긴장이 생기게 되면 그 유기체는 여러 가지 새로운 방법으로 그 긴장을 해소하려고 노력하게 되며, 이러한 노력은 곧 성격에 있어서의 발달을 의미한다고 한다.

다음에 Freud가 말하는 성격의 구조와 기능 및 정서적 발달 단계에 관한 개괄적인 소개를 하고자 한다.

(1) 성격의 구조

Freud에 의하면 인간의 성격은 원초아(id), 자아(ego), 초자아(superego)로 구성되어 있다고 한다. 그러나 이는 실존하는 조직이 아니라 기능적인 구조를 말하며 그 구체적인 설명은 다음과 같다.

① 원초아(id)

원초아는 인간 성격의 원초적인 조직으로 모든 정신적 에너지의 저장소라고 할 수 있다. 이는 본능적 충동의 덩어리로서 비논리적이고 비도덕적이며 동물적이다. 단지 쾌락만을 추구하고 고통을 회피하려는 쾌락 원칙에 따라 움직일 뿐이다. 그러나 원초아는 무의식 속에 파묻혀 있어서 현실과 직접적인 접촉을 할 수 없고 자아를 통해서만 그것이 가능하다.

② 자아(ego)

원초아가 욕구를 충족시키기 위해 외부 세계인 현실과 접촉을 해야 하는 데서 자아가 생기게 된다. 즉 자아는 원초아에서 분화되어 나온 것이며, 이의 일부는 의식 세계에 나와 있다. 자아의 기능은 원초아를 의식적으로 통제할 뿐 아니라 원초아의 에너지를 사회적으로 바람직한 방향으로 이끌어 현실에 맞는 만족을 취하도록 하는 것이다. 어릴 때는 자아의 기능이 아주 약하지만 점점 자라 현실과의 상호 작용이 증가하면 그 기능도 발달하게 된다. 자아는 현실 원칙에 따라 움직이기 때문에 현실의 파악을 위하여 인지 과정이 잘 발달되어 있고 합리적이다.

③ 초자아(superego)

초자아는 성격의 도덕적, 윤리적 측면으로, 자아로 하여금 원초아의 충동을 억제하도록 하는 역할을 한다. 특히 성적 충동이나 공격적 행동의 억제에 노력한다. 초자아는 사회 가치나 도덕관념이 부모를 통하여 내면화된 것이며 양심이라든지 도덕성의 밑바탕이라고 할 수 있다. 따라서 원초아와는 정반대되는 성격을 지니고 있다.

Freud가 말하는 인간의 성격 구조를 몇 마디로 쉽게 설명한다는 것은 어려운 일이다. 보다 깊은 이해를 위해 다음의 사례를 보자.

아주 배가 고픈 아동이 길을 가는 도중 빵가게 앞을 지나게 되었다. 배도 고프고 빵이 너무 맛있게 보여 그냥 집어 먹고 싶은 충동을 느꼈다면 이는 원초아의 욕구가 자아를 통하여 의식화된 것이라고 할 수 있을 것이다. 그러나 먹고 싶다고 집어 먹지 못하는 것은 초자아가 원초아의 충동을 억제하기 때문이며, 주머니에 돈이 있나 뒤적거리는 것은 원초아의 욕구와 초자아의 억제를 중간에서 조절한 자아의 기능이라고 볼 수 있다.

(2) 성격의 역동

Freud는 인간을 복합적 에너지의 체계라고 보고 이로부터 정신적 에너지란 용어를 개념화하였다. 그는 정신적 에너지는 생리학적 에너지로 전환될 수 있으며 정신적 에너지와 생리학적 에너지는 원초아의 본능을 통해 연결된다고 보았다.

그는 본능의 자극이란 신체 내부의 타고난 심리적 표현이라 정의하고, 그것이 인간 행동의 유일한 에너지원이라고 보았다. 그에 의하면 본능은 크게 삶의 본능(life instinct)과 죽음의 본능(death instinct)의 두 가지로 나뉘며, 삶의 본능은 생존과 종족 번식의 목적을 수행하고, 죽음의 본능은 무생물적 상태로 돌아가려는 욕구로 공격 본능이 이에 해당된다고 한다.

그러면 정신적 에너지는 어떻게 사용되고 분배되는가? 그는 정신적 에너지가 원초아(id), 자아(ego), 초자아(superego)에 의해 사용되고 분배되는 방식에 의해 성격의 역동이 결정된다고 보았다. 전체적인 정신적 에너지의 양은 제한되어 있으며, 따라서 에너지 사용을 위해 원초아, 자아, 초자아의 세 가지 체제는 서로 경쟁을 한다. 하나의 체제는 다른 두 체제를 희생해서 어느 정도의 에너지를 취한다. 한 체제가 보다 강해질수록 다른 두 체제는 더욱 약해진다.

원초아는 모든 에너지를 가지며 이 에너지를 휴식과 일차적 작용을 위해 사용한다. 자아는 그 자체로는 에너지원을 갖지 못하며, 원초아로부터 에너지를 빌려와야 하는데 이는 동일시라는 기제를 통해 이루어진다. 동일시로 인해 일차적 작용이 이차적 작용으로 대치된다. 자아는 원초아를 억압하기 위해 에너지를 사용하는데 이를 리비도 반대 집중(anticathexis)라고 한다. 자아는 또한 이 세 가지 체제가 내적 조화를 이루도록 이들을 통합하기 위해 에너지를 사용한다. 또한 초자아도 동일시 과정에 의해 원초아로부터 에너지를 얻는다.

때로는 원초아, 자아, 초자아가 서로 갈등을 일으키게 되는데 이러한 상태를 불안이라고 한다. 불안이 지속되고 습성화되면 사람들은 이 불안을 없애기 위해 개인에 따라 독특한 행동을 취하게 된다. 이를 적응 기제라고 부르며 이 적응 기제의 형태는 곧 그 사람의 성격의 특징이라고 할 수 있다.

(3) 성격 발달 단계

Freud에 의하면 성격 형성과 발달의 중요한 시기는 출생 시부터 약 5세경까지이며, 그 후의 발달은 이 때 형성된 성격이 보다 세분화되고, 정교해지는 데 지나지 않는다고 한다.

앞서도 말한 바와 같이 Freud는 아동이 여러 가지 욕구 불만, 갈등, 불안을 해소하는 과정에서 성격의 발달이 이루어진다고 했다. 그러면 어떤 과정을 통해 이러한 문제를 해결하고 성격 발달을 이룩하는가 하는 문제에 대해 그는 동일시와 대치라는 두 가지 방법을 들고 있다. 이 두 가지 방법을 통해 아동은 발달상의 문제를 해결해 간다고 한다.

1 동일시(identification)

동일시란 쉽게 말해서 모방이라고 할 수 있다. 그러나 피상적이고 임시로 흉내 내는 모방이 아니라 완전히 자기가 그렇게 되어버리는 모방이다.

동일시가 일어나는 주된 이유는 욕구를 보다 잘 충족시킬 수 있는 방법을 터득하려는 데 있다. 그러나 이는 어떤 의식적인 노력에 의해 이루어지는 것은 아니며 거의 무의식적인 과정을 통하여 일어난다. 또한 동일시는 각 발달단계마다 그 시기에 독특한 모양을 갖고 있다. 아주 어린 아이들에게는 그들의 부모가 전지전능한 존재로 보여지기 때문에 아동은 부모를 닮아가게 되며 이를 동일시라고 한다. 자기를 부모와 동일시하면 자기도 전지전능해진다고 무의식적으로 믿기 때문이다. 아동이 점점 자라면서 동일시의 대상은 바뀌게 된다. 즉 그의 현재의 욕망을 만족시킬 수 있는 새로운 대상을 찾게 되는 것이다. 학교에 들어간 아동이 자기도 모르는 사이에 선생님의 행동을 닮게 된다든지 위인전을 읽던 중학생이 자기도 이순신 장군이 될 것처럼 느끼고 그와 같은 성격이나 행동 특징을 갖게 되는 경우는 모두 동일시가 작용한 예라고 볼 수 있다.

그러므로 성격이란 각 발달 단계에서 이룩한 동일시의 총화라고 볼 수 있다. 그러나 어떤 사람의 경우에도 동일시의 가장 중요한 대상은 부모이다.

2 전치(displacement)

전치란 원초아가 충족시키고 싶은 욕망을 채우지 못했을 때 그 욕구 충족의 대상물을 바꾸는 것이다. 예를 들면 공부를 잘 못하는 아동이 운동을 열심히 하여 그에 만족한다든지, 사춘기의 젊은이들이 성적 충동을 직접적인 방법으로 해결할 수 없으므로 댄스파티나 데이트를 함으로써 성적인 욕구를 해소시키는 경우를 말한다. 즉 인간은 욕구 불만이 일어났을 때 그것으로 그치는 것이 아니라 어떤 다른 행동이나 방법으로 그 불만을 해소시키려는 것이다.

Freud는 인간의 사회화란 동물적인 본능적 충동을 사회적으로 받아들여질 수 있는 어떤 다른 행동으로 바꾸는 방법을 습득하는 과정이라고 한다. 또한 그는 인간의 문화도 정신적 에너지가 전치된 결과 이루어졌다고 보고 특히 문화적으로 아주 바람직한 행동으로 전치될 경우 이를 승화(sublimation)라고 불렀다. 레오나르도 다빈치가 모나리자를 그린 것은 그가 어렸을 때 이별한 어머니에 대한 동경의 욕망이 승화된 것이라 한다.

개인의 독특한 흥미, 태도, 가치관 또는 기호 등의 특징도 모두 대치에 의하여 이루어진다고 한다. 그러므로 만일 인간의 정신적 에너지가 다른 형태나 다른 방향으로 바꾸어질 수 없다면 성격의 발달은 이루어지지 않는다고 할 수도 있을 것이다.

성격은 어떤 단계를 거치면서 발달하는 것일까? Freud는 사람은 특별한 경우를 제외하고는 누구나 정신 성적 활동의 3단계(구강기, 항문기, 성기기)를 거치면서 성격을 형성해 간다고 한다. 이 3가지는 각기 신체의 특정 부분을 가리키며, 이와 같은 신체의 부분을 자극함으로써 리비도(성 본능 또는 성적 에너지)를 발산하게 된다. Freud는 아동은 생후 초기 5년 동안 일련의 활발하게 역동적으로 분화된 단계(구강기, 항문기, 성기기)를 거치며, 그 후 다시 5~6년 동안(잠복기) 그 역동은 다소 안정된다고 한다. 그러나 생식기(genital stage)의 출현과 함께 그 역동은 다시 활발하게 분출되고 청소년기에서 성인으로 옮겨감에 따라 성격은 점차 안정되어 간다고 한다. 그는 생후 초기 5년 동안이 성격 형성의 결정적 시기라고 보고 이 기간 동안 신체의 특정한 부분의 반응이 발달의 각 단계를 결정한다고 보았다.

1 구강기(oral stage)

출생 후 약 1년까지를 말하며 이 기간 동안은 입이 리비도(libido)를 발산할 수 있는 가장 유용한 기관으로서 분화되기 시작한다. 아동은 입을 통해 배고픔을 만족시킬 뿐만 아니라 젖을 빨고 깨무는 행동을 함으로써 성적인 쾌감을 얻고 만족을 느끼게 된다. 이 시기의 어린이가 할 수 있는 활동은 주로 어머니의 젖을 빠는 것이므로 성격 발달도 이에 근거한다. 즉 젖을 마음대로 실컷 먹고 구강 쾌락을 충분히 즐기면 성격이 낙천적이 되고 반대로 젖 빠는 행동에 제한을 받으면, 비꼬기를 잘하며 언쟁을 즐기는 성격이 된다는 것이다.

그러나 만 일 년이 지나 항문기로 옮아 왔음에도 불구하고 계속 빨고 삼키는 구순적 만족을 너무 오래 지속시키면 구강기에 고착되어 정상적인 발달을 할 수 없으며, 성인이 된 후에도 구순적 성격을 갖게 된다. 의존적인 성격이 되고 남의 말을 비판 없이 경솔히 믿는 속기 쉬운 성격이 된다고 한다. 따라서 적당한 만족과 적절한 욕구 불만이 성격 형성에 좋은 영향을 미친다고 할 수 있다.

2 항문기(anal stage)

생후 2~3년간을 말하며 이 시기에 리비도(libido) 발산의 중심은 입에서 점차 항문으로 이동하게 된다. 따라서 신체의 항문 부분은 쾌감을 주는 기능을 한다. 어린이는 처음에는 대변을 배설함으로써 불쾌감의 원천을 제거하고 안정감을 얻어 쾌감을 느끼며, 후기에는 배변하지 않고 참는 데서 쾌감을 느낀다고 한다.

배설 훈련이 시작될 때 아동은 본능적 충동에 대해 외적 통제를 받는 최초의 결정적인 경험을 하게 된다. 아동은 항문의 긴장을 제거함으로써 오는 기쁨을 연기시키는 것을 배워야 한다. 이때 엄마가 사용하는 배설 훈련의 방법과 배설에 대한 엄마의 느낌과 태도는 아동의 성격 형성에 광범위한 영향을 미친다고 한다.

어머니가 매우 엄격하고 억압적인 배설 훈련을 시킬 경우 아동은 배설물을 배설하지 않고 억눌린 변비가 생기게 되고, 이런 반응 방법이 다른 행동에도 일반화되면 아동은 억제적(폐쇄적) 성격을 발달시키게 되고, 완고하며 인색하며 권위적 인물에 복종하는 성격이 된다. 또한 이런 억압적인 방법을 사용할 경우 아동은 가장 부적당한 때에 변을 배설함으로써 자기의 분노를 표출하며 이와 같은 반응 방법은 잔인한 성격, 파괴적이며 무질서하고 불끈하는 성격으로 일반화될 수 있다.

반면에 대소변 가리기를 가르칠 때 어머니가 부드럽게 다루고 아동이 배설하는 것을 기뻐하고 칭찬으로 받아주면 아동은 배변 활동을 소중한 일이라고 생각하게 되고 이러한 생각은 후에 창조성, 생산성의 기초가 된다고 한다.

3 성기기(phallic stage)

출생 후 3~5세에 해당되는 시기로 이 기간 동안은 성 기관이 성적 만족의 중심지이다. 이 시기는 또한 오이디푸스 콤플렉스(Oedipus complex) 시기이기 때문에 이 시기의 모든 아동의 행동은 오이디푸스 콤플렉스의 작용에 의해 결정되며, 그것은 일생 동안 그의 성격 형성에 중요한 영향을 미친다. 이성에 대한 태도와 권위적 인물에 대한 태도는 이와 같은 오이디푸스 콤플렉스에 의해 조건화된 결과이다.

남아·여아는 모두 처음에 어머니를 사랑의 대상으로 삼는다. 남아는 계속 자기 어머니를 사랑의 대상으로 삼음으로써 어머니와 가까운 아버지를 경쟁과 적대의 감정으로 대하게 되며 이렇게 함으로써 갈등을 겪게 되나(오이디푸스 콤플렉스), 여아는 처음에 어머니를 사랑하던 것에서 아버지를 사랑하는 것으로 바뀌고 아버지의 사랑을 얻기 위해 어머니를 경쟁 상대로 보고 적대감을 갖는 데서 갈등을 겪게 된다(엘렉트라 콤플렉스).

그러나 남아는 자기가 어머니를 사랑하기 때문에 자기보다 강력한 아버지로

부터 자신의 어머니에 대한 성적 충동의 원천인 남근을 잃게 될지 모른다는 거세 불안을 느끼며, 이 불안에서 해방되기 위해 자기 아버지를 동일시함으로써, 즉 아버지와 똑같은 성격과 태도를 그대로 모방함으로써 어머니의 사랑을 받으려는 대리적 만족을 구하게 된다. 여아의 경우도 이와 비슷한 과정을 거쳐 어머니와 동일시하게 되고 갈등은 곧 해소되어 부모와 새로운 관계를 갖게 된다.

특히 초자아는 이와 같은 과정을 거치는 동안 형성된다고 한다. 즉, 어린이는 성기기의 갈등을 벗어나기 위해 동성의 부모와 동일시를 하게 되며, 이 때 부모의 모든 가치 판단 기준이나 도덕률이 그대로 어린이에게 내면화된다는 것이다. 이러한 이유로 아들은 주로 아버지의 성격을 닮아 남성답게 되고, 딸은 어머니의 성격이나 행동을 닮아 여성답게 된다는 것이다.

4 잠복기(latent stage)

6세에서 사춘기가 되는 12, 13세 이전까지를 말하며 성적인 에너지가 잠재되는 시기이다. 대신 이 기간 동안은 친구 집단에 대한 관심이 커져 특히 동성의 친구를 좋아하게 된다. 거세 불안은 성적이며 공격적 충동을 억누르게 하여 일시적인 성적 잠재의 시기로 들어가게 되는데, 즉 위험한 성적이고 공격적인 충동을 회피함으로써 아동은 거세의 불안을 제거시키고 소녀를 무시하고 동성의 다른 남자 친구를 좋아하는 성적 비활동성의 시기로 들어간다. 따라서 가족 이외의 환경과의 상호 작용으로 인하여 자아와 초자아가 보다 견고하게 발달하며, 또한 부모에 대한 성적 관심은 애정, 존경, 헌신으로 바뀌어진다.

5 생식기(genital stage)

이 시기는 12, 13세경부터 성인이 될 때까지를 말하며 초기 사춘기와 사춘기로 나뉘어진다. 초기 사춘기가 되면 성적 성숙이 이루어지기 시작하며, 잠복기와는 달리 다시금 동물적인 쾌락 추구에 몰두한다. 즉 원초아의 힘이 강하게 나타나 사춘기 특유의 공격성, 야수성이 표면화된다. 한편 자아의 세력도 강력해져 원초아와 갈등을 일으키게 되므로 불안이 많아지고 감정은 극도로 예민해진다. 사춘기가 되어 신체적인 성숙이 어느 정도 이루어지면 사춘기 전기의 불안정성은 사라지고 제법 세련된다. 성적 관심은 이내 부모에게 멀어져 동년배들과의 친교에 몰두하게 되고 이성에 관심을 갖고 정상적인 교제를 통하여 차츰 성인의 성숙한 단계에 접어들게 된다.

2) Sullivan의 성격 발달 이론

▲ Sullivan

Sullivan은 Freud 이후의 신 Freud 학파 중의 한 사람으로 개인은 타인과의 관계로부터 떨어져 홀로 존재할 수 없다는 기본적 입장을 가지고 출발한다. 따라서 그는 Freud와는 달리 사회 심리적인 관계가 성격 발달에 있어서의 결정 요인이라고 보았다. 그는 유전과 성숙의 중요성을 부인하지는 않았으나 사회적 상호 작용이 유기체를 인간답게 만든다고 주장함으로써 정신 분석의 대인 관계 이론가로 알려져 있다.

(1) 성격의 구조

그는 성격이란 대인 관계적 상황에서부터 고립되어 관찰되거나 연구될 수 없는 순전한 가설적 실재이며, 성격의 조직은 심리 내적 사건보다는 대인 관계적 사건으로 구성되어 있다고 한다. 또한 그는 성격은 일련의 대인 관계의 장면에서 일어나는 다양한 과정들의 역동적 중심이라고 보았는데 이러한 다양한 과정들이란 역동성(dynamism), 인간상 형성(personification), 경험 양식(mode of experience)을 말한다.

1 역동성(dynamism)

개인 연구에서 이용될 수 있는 가장 최소의 단위로 지속적이고 순환적인 행동 형태를 말하며 습관과 비슷하다.

독특하게 인간적인 성격을 띤 역동성들이 있으며, 이들은 인간의 대인 관계를 특징짓는 역동성들이다. 한 사람 또는 그 이상의 사람에 대한 습관적 반응은 그것이 감정이건, 태도건, 드러난 행동이건 하나의 역동성을 형성한다. 모든 생각은 똑같은 기본적 역동성을 가지나 그의 환경과 생활 경험에 따라 역동성을 표현하는 양식은 다양하다. 하나의 역동성은 항상 입, 손, 항문, 생식기와 같은 몸의 특정한 부분을 사용하며 그것을 수단으로 환경과 상호 작용 한다.

대부분의 역동성들은 유기체의 기본적 욕구를 만족시키는 목적을 수행한다.

그러나 불안으로 인해 발달하는 역동성이 있는데 이를 자아의 역동성이라고 한다.

불안은 대인 관계의 산물로 생의 초기에는 어머니에게서 아동에게로 전달되고 생의 후기에는 안정감을 침해당함으로써 나타난다. 사람들은 불안을 회피하거나 최소화하고 안정을 구하기 위해 여러 종류의 방어적 수단을 이용하는데 이런 방어 수단들은 어떤 행동은 인정하고 다른 행동은 거부하는 자아의 역동성을 형성한다. 사람의 안전을 지키는 역할을 하는 자아의 역동성은 그것의 현조직과 부조화되는 정보를 배타시하며 경험으로부터 이득을 얻지 못하기 때문에 성격의 나머지 부분으로부터 고립되는 경향이 있다. 불안을 많이 경험할수록 그의 자아의 역동성은 더 확장되며, 성격의 나머지 부분들로부터 더 많이 분리된다. 따라서 자아의 역동은 불안을 억제하는 유용한 작용도 하지만 한편으로는 타인과 건설적으로 사는 능력을 방해하기도 한다.

2 인간상 형성(personification)

인간상 형성이란 한 개인이 자기 자신이나 타인에 대해 가지고 있는 이미지를 말하며 만족과 불안의 경험에서 일어나는 감정, 태도, 관념의 복합체이다. 만족을 주는 대인 관계는 만족을 얻는 상대에 대한 호의적인 인간상을 형성하게 하며, 반면 불안을 일으키는 대인 관계는 불안을 주는 상대에 대한 비호의적인 인간상을 형성하게 한다.

이런 인간상들은 우선은 불안한 대인 관계 상황에서 사람들과 대처해 나가기 위해 형성되나, 그것이 일단 형성되고 나면 타인에 대한 일정한 태도를 지속시키게 한다. 따라서 자기 아버지를 비열하고 오만한 사람으로 인간상을 형성하는 사람은 다른 나이 든 사람에 대해서도 이런 인간상을 투사함으로써 현재의 중요한 사람에 대한 왜곡된 생각을 갖게 된다. 즉, 인간상 형성은 생의 초기에는 불안을 제거하는 기능을 하나 후기에는 대인 관계를 방해한다.

자기에 대한 인간상 형성도 다른 사람에 대한 인간상 형성과 똑같은 원리에 의해 형성된다. 즉, 보상을 주는 대인적 경험을 많이 하면 자기 자신에 대한 좋은 인간상을 형성하며, 불만을 주는 대인 경험을 많이 하면 자기 자신에 대한 좋지 않은 인간상을 형성한다. 또한 이런 인간상 형성은 객관적인 자기 평가를 방해한다.

3 경험 양식(mode of experience)

Sullivan은 개인이 세계를 경험하는 세 가지 다른 방식, 즉 다른 사람들과 관계하는 인지 혹은 사고의 수준이 있다고 보았다. 세 가지 경험 양식은 원형적(prototaxic), 병렬적(parataxic), 통합적(syntaxic) 경험의 관점에서 보았다.

가장 최초의 원시적인 사고 단계인 원형적(prototaxic) 사고는 필수적인 연계나 조직화가 없이 분리된 하나의 순간적인 상태, 감각, 심상, 감정의 흐름을 말한다. 초기 유아의 사고 형태이며 이후의 사고 양식의 전단계이다.

두 번째 단계인 병렬적 사고(parataxic thinking)는 동시에 일어났으나 논리적으로 관련이 없는 사건들 간에 인과 관계를 설정하는 것이다. 예를 들면 어떤 사람이 자기 머리를 긁었는데 그때 유용한 아이디어가 떠올랐다면 머리를 긁는 것이 아이디어를 떠오르게 했다고 생각하는 것을 말한다. Sullivan은 어른들의 사고조차도 대부분 이 수준에 머무른다고 한다. 그 전형적인 예가 미신(supersitition)이다.

마지막 단계인 통합적 사고(syntaxic thinking)는 가장 최고의 사고 단계로 한 집단의 사람들에 의해 표준화된 의미를 갖는 언어와 같은 상징적 활동에 의한 사고로, 경험들 간의 논리적 질서를 부여하며 사람들 간의 의사소통을 가능하게 해준다.

(2) 성격의 역동

Sullivan은 많은 다른 성격 이론가들과 같이 성격은 긴장을 완화시키는 활동을 주로 하는 에너지 체계로 파악했다. 그는 긴장에는 유기체의 욕구로부터 일어나는 긴장과 불안에서 비롯되는 긴장의 두 종류가 있다고 보았다.

유기체의 욕구로부터 일어나는 긴장이란 음식이나 물 또는 공기의 부족 등으로 유기체의 조직에 불균형을 일으킴으로써 일어나는 것을 말한다. 이와 같은 유기체의 욕구가 만족되면 긴장이 완화된다. 그러나 계속 욕구가 만족되지 않으면 무관심해짐으로써 긴장을 완화시킨다.

유기체의 안정이 위협을 받으면 불안이 생김으로써 또한 긴장을 경험하게 된다. 불안한 개인의 욕구를 좌절시키고 능률을 저하시키며 대인 관계를 파괴하고 사고를 혼란시킨다. Sullivan은 어머니가 불안한 경우 그 불안은 아동에게 전달되는데, 이것은 유사한 경험을 연합하는 아동의 부형 사고 작용에 의한 것으로, 아동은 어머니 주위의 가까운 다른 대상들이 불안을 일으키는 것으로 생각하게 된다고 한다. 예를 들면 어머니에 의해 불안이 전달되면 아기는 어머니의 젖가슴도 불안을 일으키는 좋지 않은 것으로 생각해서 그것을 회피하게 된다는 것이다. 아기가 불안을 피할 수 없을 때 잠에 빠지는 경향이 있는데 이는 무관심의 다른 한 형태이다.

한편 Sullivan에 의하면 유기체의 에너지는 긴장 완화를 목적으로 하는 육체적 행동이나 정신적 행동을 함으로써 전환되며, 이런 행동들은 개인이 자라난 사회에 의해 상당한 영향을 받는다고 한다.

(3) 성격의 발달

Sullivan은 유전과 성숙이 성격 발달의 기초를 형성하며 그 위에 대인 관계와 같은 환경이 성격 발달에 영향을 미친다고 본다. 그는 성격이 발달 초기에 안정된다고 보지 않으며, 인간 유기체는 탄력성이 많기 때문에 어느 때나 새로운 대인 관계 상황이 전개되면 성격은 변화될 수 있다고 주장한다.

Sullivan은 인간의 성격 발달 과정을 유아기(infancy), 아동기(childhood), 아동 후기(juvenile), 청소년 전기(preadolescence), 청소년 중기(middle adolescence), 청소년 후기(late adolescence)의 여섯 단계로 나누고 있다.

유아기란, 출생으로부터 언어를 구사하기 시작하는 시기까지를 말하며 이 기간 동안 아동은 주로 입을 통해 자기의 환경과 상호 작용을 한다.

아기는 보살핌을 받음으로써 최초의 대인적 경험을 하며 이 기간 동안에는 배고픈 아기에게 젖가슴이나 음식이 제공된다. 아기는 이때 아기가 어떤 경험을 했느냐에 따라 좋은 젖가슴, 나쁜 젖가슴 등의 가슴에 대한 다양한 개념을 발달시킨다.

또한 이 기간 동안에 무관심과 수면 도피(somnolent detachment)의 역동이 나타나며, 원형 사고로부터 부형 사고로의 전환이 이루어지고 나쁜 엄마, 좋은 엄마와 같은 인간상이 형성된다. 그 외에 손가락 빨기 등을 통해 자기를 돌보는 존재로부터 독립하여 자기 스스로 긴장을 완화시킬 수 있도록 자기의 몸을 분화시키게 된다.

아동기는 언어를 배우기 시작하면서부터 학교에 들어가기 전까지를 말한다. 유아기에서 아동기로의 전이는 언어의 학습과 인간상 형성 사고에 의한 조직을 통해 이루어진다.

언어의 발달은 다양한 인간상들을 통합시키고 자아 체제(self system)를 보다 일관성 있게 통합하도록 해 준다. 또한 아동의 자아 체제(self system)로 인해 성별의 개념이 발달되기 시작하여 남성의 역할과 여성의 역할을 학습하게 된다.

이 시기에 가장 특징적 현상의 하나는 적의 의식(malevolent transformation)의 형성이다. 이 적의 의식은 아동기에 있는 아이들에게 적중에서 살고 있다는 느낌을 갖게 만들며, 이로 인해 타인의 호감적인 접근에 대해 적극적인 반응을 보이지 못하는 경우가 있게 된다.

아동 후기는 초등학교 시절에 해당하는 시기라고 말할 수 있으며, 이 시기에 정서적 발달에 있어서 새로운 사회적인 경험을 맛보게 된다. 따라서 그의 사회적인 관심이 점차로 확대되어 가정으로부터 정신적으로 완전히 탈피하게 되는 시기이다. 이 시기에 아동은 가족 밖에 있는 어떤 권위에 대한 종속적인 관계를 수립하고, 경쟁이나 협동의 의미, 집단 생활의 의미 또는 집단 생활을 통해서 맛볼 수 있는 여러 가지 생활양식을 배우게 된다. 또한 이 시기에 생에 있어서의 지향의 개념이 출현한다.

네 번째 단계인 청소년 전기는 시간적으로 비교적 짧은 시기이며 대체로 중학교 시절에 해당하는 시기라고 볼 수 있다. 이 시기의 특징은 동성 간에서 보다 밀접한 인간 관계를 형성하려는 것이다. 이 시기는 시간적으로 보아 짧은 시기이기는 하지만 이 기간 동안 인간과의 순수한 관계를 형성하는 것을 배우며, 진정한 인간관계를 형성하는 최초의 시기라는 점에서 인간의 정서 발달에 있어서 대단히 중요한 시기라고 Sullivan은 주장한다. 청소년기는 이성적인 활동이 형성되고 발달하는 시기이다. 이 기간은 생리적으로 보아 사춘기에 도달하는 기간으로 많은 생리적인 변화가 수반된다. 또한 그와 같은 변화는 이성적인 활동을 형성하는 방향으로 발달되도록 해 준다. 청소년기는 한 개인이 그의 성적인 충동을 만족시키는데 필요한 안정된 어떤 행동을 형성할 때까지 계속되며, 그것은 청소년 후기로 이어진다.

청소년 후기는 정서 발달의 마지막 단계로서 한 인간으로서의 성숙한 정서를 형성하는 시기이며 성숙한 사회적 인간으로의 발달을 가져오는 시기이다. 따라서 이 시기에는 사회 생활에서 요구되는 의무나 권리, 책임감이 발달되며 자아가 완전히 형성되고 보다 승화된 방법에 의해 충동이나 불안을 해소하는 것을 배우게 된다.

3) Horney의 성격 발달 이론

▲ Horney

Horney는 앞서 제시한 학자들과 같이 성격 발달의 명확한 단계를 제시하고 있지는 않으나 성격 발달이 무엇보다도 가정 내에서의 부모와 자녀간의 사회적 관계에 의한 것임을 강조했다.

Horney는 Freud의 기계론적이고 생물학적인 입장에 반대하고 Freud의 정신 성적 이론 자체를 처음으로 비판했다. 그의 이론은 기본적으로 Freud 심리학의 영역 내에 있으나, 다음과 같은 몇 가지 점에서 Freud와 견해를 달리한다.

첫째, 프로이트의 오이디푸스 콤플렉스는 부모와 자녀 간의 성적이며 공격적 갈등이 아니라, 거부, 과보호, 체벌과 같은 아동과 부모와의 관계에서 일어나는 기본적 장애로 야기되는 불안으로 인한 갈등이며 성적 관심보다는 가족 내에서의 권력 관계에 의한 것이라고 보았다.

둘째, 그녀는 Freud가 여성 심리의 결정 요소라고 주장하는 남근 선망(penis envy)에 대한 개념에 강력히 반대하고 여성 심리는 자신감의 부족과 애정 관계에 대한 지나친 강조에 기인하며 여성의 성 기관으로 인한 열등감이나 남성에 대한 선망과는 아무런 관계가 없다고 주장했다.

셋째, Freud가 주장하듯이 공격성은 인간 본성에 내재하는 것이 아니며 인간이 자기의 안전을 구하기 위한 수단이라고 보았다.

넷째, 자아도취는 실제적인 자기 사랑이 아니며 불안감에서 일어나는 자기 과장과 과대평가라고 보았다.

Horney의 기본 개념은 기본적 불안이며 이는 한 아동이 적대적인 가능성이 있는 세계에서 고립되었다고 느끼거나 무력감을 느끼는 것을 말한다. 아동의 환경 가운데 부모의 많은 좋지 않은 태도들이 아동의 안정감을 해치고 기본적 불안을 일으킨다. 부모의 직접 · 간접적 지배, 무관심, 이상한 행동, 아동 요구의 무시, 깔보는 태도, 너무 많은 칭찬이나 칭찬이 너무 부족한 것, 신뢰와 온정의 결핍, 과보호, 차별 대우, 약속 안 지키기 등은 아동에게 불안감을 일으킬 수 있다.

불안을 느끼는 아동은 이를 극복하기 위해 자기만이 사용하는 전략을 발달시킨다. 예를 들면 자기를 거절하거나 잘못 대해 준 사람들에 대해 적대적이 되고 복수하려고 할 수 있으며, 잃은 사랑을 찾기 위해 지나치게 복종적이 될 수도 있다. 또 열등감을 보상하기 위해 자기 자신에 대한 비현실적이고 이상화된 모습을 발달시키거나 동정을 얻기 위해 자기 동정에 빠질 수도 있다. 지나치게 경쟁적이 되거나 자기 자신을 과소평가 할 수도 있다. 이처럼 불안을 극복하기 위해 사용하는 전략이 그 아동의 성격을 결정하는 원천이 된다.

Horney는 인간에게는 기본적인 세 가지 욕구가 있으며, 이들은 사랑에 대한 욕구(사람에게로 향하는 욕구), 독립의 욕구(사람들로부터 떨어지려는 욕구), 권력의 욕구(사람들에게 대항하려는 욕구)라고 한다. 그녀는 이들 상이한 기본적 욕구로 인해 내적 갈등이 일어난다고 보았다.

이런 갈등들은 모든 사람들에게 보편적인 것이나 어떤 사람들은 부모로부터 거부당했거나, 소홀히 되었거나, 과보호 받았거나, 여러 가지 불행하게 취급받은 초기 경험 때문에 이런 갈등을 보다 더 심하게 느낀다. 정상인은 이들 3가지 욕구들을 서로 용납할 수 있기 때문에 이런 세 가지 욕구들을 통합함으로써 갈등을 해결할 수 있으나, 신경증을 가진 사람은 기본적 불안이 너무 크기 때문에 비합리적이고 신경증적인 해결을 하게 된다. 즉 세 가지 욕구 지향 가운데 단 하나만을 취하며, 다른 두 가지를 억압하거나 또는 이런 상호모순적인 지향들이 없는 이상화된 비현실적인 자아 개념을 발달시켜 명예를 추구하거나 자기를 경멸하고 타인에 대해 병적으로 의존하며 자기 비하를 한다. 또한 내적 갈등의 원인을 외부로 돌리기도 하는데 이로 인해 자기와 외부 세계 간에 갈등이 일어난다.

Horney는 만약 아동이 안정감 있고 신뢰로우며 사랑과 관용과 온정이 있는 가정에서 양육된다면 이런 모든 갈등들은 해소될 수 있거나 피할 수 있다고 본다. 즉 갈등은 사회적 조건들로부터 야기된다고 본다. 이것은 갈등은 인간 본성에 내재해 있으며 따라서 불가피한 것이라고 보는 Freud나 Jung의 견해와는 근본적으로 다른 점이다.

CHAPTER

07 유아 지능 개발의 원리

최근 유아 교육에서는 지능 개발에 대한 관심이 대단히 높다. 유아교육기관에서뿐 아니라, 가정이나 유아를 위한 놀이 자료 또는 기타 유아의 음식물 등을 제조·판매하는 경우에도 지능 개발이라는 말을 흔히 사용하고 있다.

인간의 지적 발달에 관해서는 이미 앞장에서 상세히 밝힌 바 있고, 지력의 발달을 위한 학습 방법 등에 관해서도 이미 기술하였다. 그러나 요즘 유아 지능 개발이라는 말이 흔하게 쓰여지고, 어떤 면에서는 불확실한 이론적 근거와 지식으로 잘못 해석되고 적용되는 면이 없지 않기 때문에 본 장에서는 유아의 지능 개발에 대하여 심리학과 교육학에서 밝혀 놓은 이론적 근거를 정리해 보고, 이러한 이론적 근거가 가정이나 학교 교육 현장에서 어떻게 적용되고 활용되어야 하는가에 관한 원리를 논의하고자 한다. 더욱이 마치 유아 교육은 유아의 지능을 조기에 개발하는 것만이 지상의 과제인 것처럼 오해하는 경우가 많기 때문에 이에 대한 보다 분명한 이해를 돕기 위해서 본 장을 두었다.

01 이론적 근거

심리학과 교육학의 여러 연구 결과들은 아동의 지적 발달의 상당한 정도가 환경의 영향을 받는다는 사실을 밝혀 놓았다. 예컨대 지능의 성장과정에 관한 Bayley(1955)의 연구, 지능 발달에 관한 결정적 시기와 지능 발달에 영향을 미치는 환경 조건에 관한 Bloom(1964)의 연구, 지능과 환경 요인과의 관계에 관한 Anastasi(1958)의 연구, 초기 경험의 중요성이나 영양과 지적 발달에 관한 Hymovitach(1952), Forgus 등(1952)의 연구 등이 대표적이다.

또한 인간의 지능 발달에 있어서 환경과 유전이 얼마만큼 작용하느냐에 관한 연구들도 아동의 지능이 상당한 정도로 환경의 영향을 받는다는 사실을 밝혀 놓고 있다. 유전의 영향을 강조하는 Burt의 연구는 77~88%만을 유전의 영향으로 보고 있고, Leahy는 73%, Newman, Freeman, Holzinger 등은 65~80%,

Woodworth는 60% 정도를 유전의 영향으로 보고 있으며, 나머지는 환경적 조건에 의하여 결정된다고 보고하고 있다(Bloom, 1964, pp.70-71).

이와 같이 인간의 지능 발달 과정과 환경과의 관계에 관한 연구들은 지능발달에 미치는 환경의 영향을 중요시할 뿐만 아니라, '적당한 방법'에 의한 교육적 노력으로 아동의 지능을 조기에 개발시킬 수 있음을 강력히 시사하고 있다. 여기에서 '적당한 방법'이 무엇인가에 관해서는 논의의 여지가 많겠으나, 어쨌든 유아 지능 개발의 가능성은 여기서부터 출발된 것이다.

방금 지적했듯이 유아 지능 개발의 가능성은 인정한다 하더라도 문제는 '적당한 방법'이라는 데 대한 이론적 근거가 무엇이며, 적당한 방법이 구체적으로 어떻게 현실적 상황으로 나타나야 하는가 하는 것이다. 적당한 방법(그러나 이것은 어디까지나 계획적 교육에 의한 것을 전제로 하는 것이다)의 구체적이고 실제적 방안에 대해서는 다음 절에서 논의하고 여기에서는 우선 이론적 주장을 정리하고자 한다.

Kohlberg(1968)는 현재까지 조기 교육에서 유아의 지적 발달을 보는 관점에는 크게 두 가지가 있다고 지적하고 있다. 이 두 가시 관점이란 심리 측정학적 관점과 인지 발달론적 관점이다. 이 두 가지 관점에 관한 논의는 유아지능 개발 과정의 기본 입장을 명백히 하는 데 크게 도움이 된다.

이 두 관점 중 어느 것이 타당한가 하는 문제는 아직 완전히 해결되지 않았으며, 그 중에서 어떤 관점을 선택하는가는 궁극적으로 연구자 및 교육 과정을 구성하는 사람의 입장에 달려 있다고 보지만, 어느 관점을 선택하든지간에 두 관점을 다소간 통합시킬 필요는 있을 것이다. 이 두 관점의 근본적인 차이는 지능의 개념을 보는 관점이 다른 데서 비롯된다. 어느 입장을 취하든지 간에 지능이 일종의 성향 개념(dispositional concept)으로서, 어떤 사태가 주어졌을 때 그 사태에 대하여 반응하는 일관성 있는 성향으로 정의된다는 것은 의심할 여지가 없다. 그러나 두 관점의 차이는 지능을 정의하는 사태의 성격에 있다.

심리 측정적인 관점에 의하면 그 사태는 여러 가지 종류의 비교적 특정한 문제 사태로서 특정 연령층에 속하는 사람들 중에서 통계적으로 일정한 비율이 해결하지 못하는 종류의 문제들이다. 이런 문제 사태가 곧 종래의 지능 검사를 구성하고 있는 문제들이다. 이와는 달리 인지 발달적 관점에 의하면 지능은 비교적 '일반적'인 성격을 띠고 있다는 정신 구조(schema)로 정의된다. 정신 구조가 일반적인 성격을 띠고 있다는 말은 일단 형성된 정신 구조가 그 정신 구조로 해결할 수 있는 일체의 문제 사태에 반응하는 양식이 된다는 뜻이다. Piaget에 의하면 지능을 이루고 있는 이러한 정신 구조에는 크게 '구체적 조작'과 '형식적 조작'의 두 가지가 있다. 구체적 조작 구조를 획득한 사람은 구체적 조작을 요구하는 모든 종류의 문제에 걸쳐서 '구체적 조작'으로 그 문제를 해결할 수 있다는 것이다.

이와 같이 상이한 두 관점은 분명히 유아 지능 개발 프로그램의 일반적인 성격에 차이를 가져오게 한다. 심리 측정적 관점에 의하면 지능 개발이란 곧 특수한 문제 사태에 대한 반응을 가르치는 방법, 즉 '특수한 교수(specific instruction)'이다. 유아의 지능 개발을 위하여 특수하게 교수할 내용을 찾는 일은 어렵지 않다. 유아는 여러 가지를 알지 못하므로 유아가 알지 못한다고 판단되는 문제를 가르쳐 주는 일이 바로 유아 지능 개발이다. 오늘날 알려져 있는 대부분의 조기 교육은 표면상 대체로 이 관점을 채택하고 있는 것처럼 보인다. Head Start, Sesame Street 프로그램에서는 성인의 수준으로 보아 중요하다고 생각되는 능력들, 또는 초등학교 저학년 수준에서 다루어지고 있는 교과 내용들을 가르치고 있다.

물론 이들이 아동에게 부과하고 있는 '특수한 교수'의 내용 중에는 앞에서 말한 인지 발달적 관점에서 중요시되는 분류 능력, 개념 구성 능력 등을 개발시키는 내용이 포함되어 있다. 예를 들면 Sesame Street 프로그램에도 초등학교 저학년의 교과 내용 이외에 분류 관계, 추리 등의 능력을 다루는 내용이 있다. 이 점에서 가장 대표적인 예는 아마도 Montessori 프로그램일 것이다. 이 학교는 Piaget의 이론이 등장하기 전부터, 그리고 Piaget의 연구와는 독립적으로 운영되었는데도 이 학교에서 사용되는 교구 중에는 Piaget의 이론에서 중요시되는 '보존 개념'을 다루는 도구들이 많이 있음을 볼 수 있다.

그러나 이런 상식적인 판단에 기초를 둔 프로그램이 인지 발달적 관점에서 보는 프로그램과 표면상 일관성이 있다고 하더라도, '특수한 교수'에 의하여 지능이 개발된다고 보는 관점은 근본적으로 인지 발달적 관점과는 구별된다.

인지 발달적 관점에 의하면 지능 개발은 '특수한 교수'에 의해서가 아니라 '일반적 경험(general experience)'에 의하여 가능하다. 지능이 그러한 일반적 경험의 결과로 발달한다는 사실은 Piaget의 지능 발달 이론에 비추어 보면 잘 설명될 수 있다. Piaget에 의하면 지능 발달은 동화(assimilation)와 조절(accommodation) 사이의 끊임없는 균형 유지의 과정으로 설명된다. 다시 말하면 지능은 아동이 외계가 나타내고 있는 구조를 자기의 지각 구조 속에 맞추어 내면화하는 과정을 통하여 외계의 구조가 내면의 구조와 완전히 일치할 때 지능 발달의 한 '단계'가 완성된다는 것이다.

Piaget에 의하면 지능은 몇 개의 명확하게 구별되는 단계에 따라 발달한다. 그리고 Piaget의 이론에서 언급되는 구체적 소삭이나 형식적 조작은 각 단계의 발달이 완성되었을 때(즉, 동화와 조절 사이의 균형이 성립되었을 때)사람이 갖추게 되는 정신 구조를 말한다. 앞에서도 말한 바와 같이 이들 정신 구조는 일반적인 성격을 가지고 있어서 일단 형성되면 그 구조를 요구하는 비슷한 문제 사태에 일반적으로 적용된다. 이러한 설명에 비추어 우리는 앞에서 보류해 놓은 문제, 즉 인지 발달적 관점에서 보는 '일반적 경험'의 내용을 미루어 볼 수 있다. 지능 개발에 기여하는 '일반적 경험'이란 그 경험을 통하여 분류, 관계 등 구체적 조작 구조나 가설적인 명제의 형식적 조작구조와 같은 특정한 정신 구조를 연습할 수 있는 그러한 경험을 말한다. 특별히 지능 개발 과정의 구조와 관련하여 생각해 보면, 지능 개발 과정에서 아동에게 주어지는 경험은 지능에 포함되어 있는 정신 구조를 조직적이고 체계적으로 담고 있는 경험이어야 한다는 것이다.

그러면 이러한 경험을 통하여 지능이 개발되는 과정은 구체적으로 어떻게 설명되는가? 인지 발달적 관점에 의하면 그것은 주로 '최적 상위(optimal discrepancy)'와 '탐색 활동(groping behavior)'이라는 두 가지 원리에 의하여 설명된다. 최적 상위의 원리란 현재 아동이 가지고 있는 정신 구조와 아동에게 주어지는 지적 과업이 요구하는 정신 구조 사이에 '적절한 간격'이 있을 때 지능이 개발된다는 원리이다. 그리고 탐색 활동의 원리란 이와 같이 아동이 현재 가지고 있는 정신 구조보다 '적절하게' 높은 단계의 과업을 경험하는 동안 아동은 머리 속으로 '더듬는 일'을 하게 되며 이 더듬는 일이 하나씩 쌓이는 동안 동화와 조절의 기제를 통하여 다음 단계의 균형, 즉, 그 다음 단계로의 발달이 이루어진다는 원리이다.

물론 이러한 설명에서 '적절한 간격'이라는 것이 어느 정도의 간격을 의미하는지는 결코 명백하지 않다. 아마도 적절한 간격이라는 것은 경우에 따라서 직관적으로 판단되어야 할 것이다. 그러나 이 원리는 탐색 활동의 원리와 더불어 지능 개발이 어째서 가능한가를 설명해 주는 데는 충분하다고 본다. 뿐만 아니라 위의 두 원리는 "어떠한 내용이든지 방법만 정확하면 어떤 발달 단계에 있는 어떠한 아동에게도 가르칠 수 있다."는 Bruner의 다소 과장된 듯한 말을 이해하는 데에도 도움이 된다. Bruner가 말한 정확한 방법이란 보다 높은 단계의 내용을 아동이 더듬을 수 있는 수준의 내용으로 바꾸는 것, 또는 아동이 알아듣는 말로 바꾸는 것을 말하며, Bruner가 가르칠 수 있다고 한 말은 사실상 아동으로 하여금 그 내용을 현재 그의 정신 구조를 가지고 더듬을 수 있도록 함으로써 마침내 그 내용 속에 스며 있는 원리 또는 구조를 파악하게 한다는 뜻일 것이다. 그리고 이것이야말로 인지 발달적 관점에서 아동의 지능 개발을 위하여 '일반적 경험'을 제공하는 방법일 것이다.

이상으로 아동의 지능 개발이라는 문제와 관련지어 서로 다른 두 관점을 개략적으로 살펴보았다. 앞에서도 말한 바와 같이 이 두 관점 중에서 어느 입장을 취하는가 하는 문제는 궁극적으로 교육자의 입장에 달려 있는 문제이다. 저자는 지능 개발 프로그램을 구안하고 실천하는 입장은 근본적으로 인지 발달적 관점에 그 기초를 두어야 한다고 본다. 앞에서도 말한 바와 같이 우리는 어떤 특정한 유아 지능 개발 프로그램이 얼마나 장기적인 효과를 가지고 있는지를 알지 못한다. 말하자면 우리가 인지 발달적인 관점에서 가장 충실하게 유아 지능 개발 과정을 실시했다고 하더라도 그 교육을 받은 아동이 성인이 되었을 때 그가 다른 성인에 비하여 얼마나 지적으로 우수한 사람이 될 것인지 아직은 예측할 수 없다. 그러나 Kohlberg의 관찰에 의하면 유아기에 특수한 문제에 관한 '특수한 교수'를 받은 아동이라 할지라도 인지 발달적 관점에 비추어 중요시되는 지적 능력(예컨대 보존 개념의 형성)에 있어서는 그러한 '특수한 교수'를 받지 않은 아동에 비하여 우수하지 않을 뿐만 아니라, 2~3년이 경과된 후에는 '특수한' 지적 능력(예컨대 언어 능력이나 초보적인 수학)에 있어서도 그런 교육을 받지 않은 아동과 구별할 수 없게 된다고 한다.

이것은 곧 심리 측정적 관점에 의한 유아 지능 개발 프로그램이 아동의 지적 능력에 대해 중요하고 장기적인 효과를 나타낼 수 없음을 보여 주고 있는 것으로 해석된다. 유아 지능 개발 프로그램이 장기적인 효과를 낼 것을 기대하며 이러한 기대를 할 수 있는 분명한 증거는 아직 없지만 Kohlberg의 관찰과 같은 소극적인 증거에 의하면 인지 발달적 접근이 보다 중요하고 장기적인 효과를 낼 가망이 크다는 것을 예측할 수는 있다.

한편 Guilford 등에 의하여 대표되는 심리 측정적 관점에서도 여러 가지 시사를 받을 수 있다. Guilford는 종래의 지능 검사 문항들을 요인 · 분석하여 지능을 구성하고 있는 120개의 세포 능력들을 이끌어 내었다. Guilford의 모형에 의하여 분류되는 지능 검사 문항들은 비록 그것이 상식적인 수준에서 지능을 측정하는 것으로 상정된 것이기는 해도 그것들은 그 해결에 필요한 지적 과정이라는 관점에서 몇 가지 커다란 범주로 뭉뚱그릴 수 있다. 더구나 Guilford의 모형은 이 뭉뚱거리는 작업을 아주 편리하게 해준다.

현재까지 우리가 Guilford의 모형을 분석한 바에 의하면 그 모형은 예컨대 분류 · 유추 · 추리 등 몇 가지의 명확한 지적 조작으로 뭉뚱그려질 수 있음을 알게 되었다. 이 모형이 전체적으로 지능의 성격을 정직하게 기술한 것이라고 가정한다면, 그 모형에서 분석된 지적 조작들을 Piaget의 이론에 비추어본 지능의 요소 능력들, 즉 구체적 조작의 분류, 관계 및 형식적 조작의 추리를 포함하리라는 것은 쉽게 예상할 수 있다. 이와 같이 Guilford의 지능 구조이론과 Piaget의 지적 발달 이론을 유아의 지능 개발이라는 문제와 관련지어 통합하고자 한 시도는 유아 지능 개발의 실제에서 크게 도움이 된다.

02 지능 개발의 원리

앞에서 논의된 바와 같은 이론적 근거에서 유아교육기관이나 가정에서 유아의 지능을 조기에 개발하기 위해 적용할 수 있는 원리를 상세히 소개하면 다음과 같다. 이러한 원리는 교육의 실제 사태에 적용하기 위한 지침이기 때문에 교사 자신이 잘 소화하기만 하면 높은 교육 효과를 거둘 수 있을 뿐 아니라, '지능 개발'이라고 난무하는 잡다한 오해된 생각들을 정리하여 부모 교육을 시키는 데에도 크게 도움이 될 것이다.

원리 1

인간의 지적 능력이란 유기체가 환경과 상호 작용 하는 능력으로서 몇 개의 하위 능력으로 구성되어 있다. 그리고 이 지적 능력을 이루고 있는 중요한 요인들은 지각 식별 능력, 수공(手工) 능력, 개념 구성 능력, 유추 능력, 언어 능력, 창의력 등이다. 지능의 개념에 관하여 여러 가지 견해가 있으나 대체로 지능이란 유기체가 환경과 상호 작용 하는 기능이며, 여러 하위 요인이 집합된 능력이라는 점에는 의견이 일치하고 있다. 따라서 지능의 조기 개발을 목적으로 유아에게 교육 프로그램을 계획 실천할 때에도 인간의 지적 능력이란 유기체가 환경과 상호 작용하는 능력으로서 지각 식별 능력, 개념 구성 능력, 유추 능력, 언어 능력, 창의력, 수공 능력 등이 모인 집합적 능력이라고 보아야 할 것이다.

지각 식별 능력이란 유기체가 환경으로부터 받는 감각적 자극을 인식하고 구별하는 능력을 말한다. 즉 어떤 사물의 모양, 크기, 색깔 등을 인지하거나 어떤 상징적 기호를 식별할 수 있는 능력을 지각 식별 능력이라 정의하였다. 이 능력은 Thurstone이 주장하는 기본 정신 능력 중에서 지각 요인(perceptual factor)이나, Sesame Street, Head Start 등의 프로그램에서 기르려고 하는 지각 식별(perceptual discrimination)과 상응하는 능력이다. 이 능력은 모든 지적 행동의 기초가 되는 매우 중요한 능력이다. 예컨대 읽기 학습에서 한글의 ㄴ과 ㄷ을 정확하게 식별하지 못한다면 큰 지장을 초래하리라는 점은 쉽게 짐작할 수 있다.

개념 구성 능력은 두 개 이상의 동일한 대상 혹은 같은 범주의 자극에 대하여 공통된 반응을 나타내는 능력 및 특정한 조건에 맞도록 여러 사물 또는 자극을 분류할 수 있는 능력을 말한다. 예컨대 '바둑이'와 '메리'가 다같이 '개'라는 사실을 안다든지 또는 개 · 토끼 · 호랑이 · 사자 · 사람 등이 모두 '동물'이라는 범주에 속한다는 점을 아는 데 동원되는 능력을 말한다. 개념 구성 능력은 Guilford의 지적 모형에서 산출 차원의 분류(class)를 인지, 기억, 수렴적 생산, 확산적 생산, 평가하는 능력에 해당하며, Gray 등의 개념 형성(concept formation) 능력, Piaget 이론에서의 분류(classification)하는 데 동원되는 보존(conservation) 개념이 여기에 속하는 능력이라 할 수 있다. 한편, 개념 구성 능력에서 중요시되는 분류 능력이란 여러 사물이나 현상을 어떤 속성별로 나누거나, 이미 형성된 부류에 동질적인 다른 사물 혹은 현상을 추가시킬 수 있는 능력을 말한다.

유추 능력이란 어떤 사상 혹은 어떤 문제 사태에서 일정한 법칙이나 관계를 추리해 내는 능력을 말한다. 유추 능력은 어떤 형식으로 개념이 표현되느냐에 따라서 언어 유추, 수리 유추, 도형 유추 등으로 구분될 수 있다. 예를 들어 언어 유추의 경우, 내일 : 어제 = 미래 : ?라는 문제 사태에서 이들 간에 일정한 관계를 추리해 내어 정답 '과거'를 답하는 데 동원되는 능력을 유추 능력으로 보는 것이다.

언어 능력이란 말이나 글을 통하여 자기의 의사를 다른 사람에게 표현 전달하고, 다른 사람의 의사를 올바르게 듣고 이해할 수 있는 능력을 말한다. 이 능력은 기존의 여러 지능 검사에서 취급하는 그것과 유사한 개념이다.

창의력이란 아직 알려지지 않은 새로운 아이디어를 산출하는 능력 및 이러한 능력에 마련된 정의적 특성을 말한다. Guilford는 창의력의 특징으로서 사고의 유창성(fluency), 융통성(flexibility), 독창성(originality)을 들고 있다. 사고의 유창성은 어떤 자극 또는 사상에 관하여 아이디어를 풍부하게 내는 양적인 사고 능력이며, 사고의 융통성은 자극이나 문제 자체의 습관적, 기능적 제한성에 구애받지 않고, 오히려 그것을 탈피하여 자유롭고 다양하게 사고하는 능력이다. 사고의 독창성은 문제 사태에 대하여 희귀하고 독특한 아이디어를 산출하는 능력을 말한다.

위의 다섯 가지 능력 외에, 지적 능력은 아니지만 유아기에 중요한 능력으로 수공(手工) 능력을 들 수 있다. 이것은 눈과 손의 협응으로 어떤 물건이나 장난감을 손으로 다룰 수 있는 능력을 말하며, 유아기의 지적 활동이 주로 구체적인 물체를 다룸으로써 이루어진다는 점으로 보아 지적 능력과 밀접한 관련을 가지고 있는 것으로 볼 수 있다.

위의 기본 전제는 유아의 지능 개발 과정이 지향하는 일반적인 방향과 이론적인 기본 입장에 분명히 일치하고 있다. 또한 지능 개발 프로그램을 구성하고 지도하는 일은 주로 위의 전제에 명시한 지적 능력을 개발하는 데 중점을 두어야 할 것이다.

원리 2

인간의 지적 능력은 몇 개의 명확하게 식별되는 단계를 거쳐 발달하며 유아에게 조직적이고 체계적인 경험을 갖도록 함으로써 그 발달을 촉진시킬 수 있다.

Piaget의 이론에 의하면 유아의 신체적인 성장이나 지각의 발달은 연속적이며 점진적이지만, 지적 능력의 발달은 질적으로 명확히 구분될 수 있는 단계를 거치는 비연속적인 경로를 밟아 나간다고 한다. 그리고 각 발달 단계에 도달하는 연령은 유아의 연습, 동기, 문화적 환경 조건에 따라 차이가 나타나지만, 이 여러 단계를 밟아 나가는 순서에 있어서는 누구나 다 같다고 주장하고 있다. 또한 유아가 한 발달 단계로부터 다음의 발달 단계로 옮겨갈 때에는 기존의 지적 구조가 새로 형성된 구조 속에 흡수 · 통합된다고 한다(Hunt, 1961). 임상적 관찰 결과를 토대로 하여 Piaget는 유아의 비연속적인 지적 발달은 감각 운동기, 전조작기, 구체적 조작기, 형식적 조작기의 순으로 발달 단계를 거쳐 나간다고 주장하고 있다. 한편 Kohlberg의 조기 교육에 관한 논문에서, 인지 발달적 관점에서 볼 때 지력(知力)이 개발되는 과정은 주로 최적 상위(optimal discrepancy)의 원리에 의한다고 주장한다. 최적 상위의 원리란 유아가 현재 가지고 있는 지적 능력의 구조와 유아에게 주어지는 지적 과업이 요구하는 구조 사이에 '적절한 간격'이 있을 때 지력이 개발된다는 원리이다.

이상에 기술한 바와 같이 유아의 지적 발달은 비연속적인 여러 단계를 거쳐 나가며 각 단계에 도달하는 연령은 유아의 연습 · 동기 · 문화적 환경조건 등에 따라 차이가 난다고 하는 Piaget의 주장이다. Kohlberg가 말하는 최적 상위의 원리 등은 유아에게 의도적으로 체계적인 경험을 시키면 지적 발달을 촉진시킬 수 있다는 가능성을 시사해 주고 있다. 나아가서 Bruner가 학습이론의 입장에서 주장하는 "어떠한 내용이든지 방법만 적절하다면 어떠한 발달 단계에 있는 유아에게도 가르칠 수 있다."는 기본 전제도 위에 제시한 전제를 설정하는 데 적극적인 뒷받침을 해주고 있다.

이 기본 전제는 지능 개발의 가능성을 말해 주는 것으로서 일반적으로 지능 개발 과정을 구안하는 데 근간이 되는 전제이기도 하다. 또한 유아의 지적 발달 단계에 적합한 지적 경험을 선정하고, 이를 다시 체계적으로 조직하여야 할 필요성도 이 전제에서 찾아볼 수 있다.

원리 3
인간의 지적 발달은 유아기일수록 그 성장률이 급격하다. 따라서 유아에게 보다 일찍 풍부한 지적 경험의 기회를 제공할수록 지능 개발의 가능성은 그만큼 크다.

지적 능력의 발달에 관한 연구에서는 발달 과정 중에서 어느 시기가 보다 더 중요한가 하는 이른바 '지적 발달의 결정적 시기'에 관한 가설이 있다. 주지하는 바와 같이 지능 발달의 결정적 시기에 관한 문제에 대해서는 많은 이론이 제기되고 있으나, Bloom에 의하면 인간의 지능은 임신에서부터 약 4세까지 50%가 발달하고 7~8세경까지 나머지 중 30%, 그리고 17세경까지 나머지 20%가 발달된다고 주장하여 결정적 시기의 가설은 명백히 유아기의 교육적 중요성을 시사하고 있다.

한편, Bayley(1955)를 비롯한 여러 사람들의 지능의 성장 곡선에 관한 연구 결과에 있어서도 비슷한 지능 발달의 특징을 찾아볼 수 있다. 즉 지능의 발달은 생후 1세에서부터 약 10세까지 거의 직선적으로 급격히 발달하나, 그 이후에는 발달의 속도가 완만하여져서 약 20세 전후에 이르러서는 정체 현상을 나타낸다는 것이다. 이러한 연구 결과에 의하면 유아기에 지능의 성장률이 급격하고 또 이 시기가 지능의 발달에 매우 중요한 시기라는 점, 그리하여 초기의 주위 환경이 지능 발달에 큰 영향을 미치리라는 점을 쉽게 짐작할 수 있다.

원리 4
아동의 지적 발달을 위해서는 동시에 건전한 정서적, 사회적 발달이 뒤따라야 한다. 지적 발달에 수반되어야 할 중요한 정서적, 사회적 요소로서는 지구력, 성취 동기, 긍정적 자아 개념, 지적 호기심, 원만한 대인 관계 등이다.

아동의 지적 발달은 왕성한 지적 탐색 행동에 의하여 촉진된다. 그런데 아동의 지적 탐색 활동은 그 아동의 정서적 특징과 밀접한 관계를 맺고 있다. 예를 들어 어떤 장애물을 극복하고 높은 수준에 도달하려고 한다든지, 다른 사람보다 나아지려고 하는 소위 성취 동기가 높은 사람은 낮은 사람보다 많은 지적 탐색 활동을 나타낸다고 한다. 마찬가지로 자기 자신을 높이 평가하고 자신감에 차 있을 때, 그리고 무엇인가 알아내고자 하는 지적 호기심에 가득 차 있을 때 인간은 보다 더 지적 공격성이 높아진다고 한다. 또한 원만한 대인 관계도 지적인 상호 작용을 확립하는 데 공헌을 할 수 있다.

이러한 의미에서 볼 때 아동의 지적 발달을 촉진시키기 위해서는 건전한 정서적, 사회적 발달이 수반되어야 한다고 본다. 여기서 지구력이란 어떤 일을 끝까지 참고 해내는 능력, 그리고 자신의 진지한 참여 의식과 함께 자기가 하는 일에 흥미를 가지고 도전하는 태도를 말한다. 성취 동기란 어떤 일을 훌륭하게 해내고자 하는 내적 의욕이라 정의된다. 긍정적 자아 개념이란 자기가 처해 있는 생활의 장에서 자기 자신과 주위 환경을 긍정적으로 받아들이며 자기도 무엇인가를 할 수 있다는 자신감을 가지고 자아를 지각하는 것을 말한다. 지적 호기심이란 지금까지 알지 못하고 있는 새로운 사물이나 현상에 대하여 호기심을 가지고 알고자 하는 마음의 자세를 일컫는다. 원만한 대인 관계란 다른 사람과의 관계에 있어서 서로의 인격을 존중하고 신뢰하는 마음가짐으로 상호 작용 하는 것을 말한다.

따라서 유아 지능 개발 과정에서는 앞의 원리 1에 명시한 지적 능력 외에 이상에서 말한 지구력, 성취 동기 긍정적 자아 개념 지적 호기심, 원만한 대인 관계 등의 정서적 · 사회적 특성의 발달을 위한 노력이 병행되어야 한다.

원리 5

지능 개발을 위한 교육 과정은 몇 가지 명확히 정의된 지적 조작 및 정서적 · 사회적 요인을 중심으로 조직 · 운영되어야 한다. 여기서 지적 조작 및 정서적 · 사회적 요인들은 교육 과정의 각 단원의 목표와 활동 내용을 결정한다.

교육 과정의 구성에서는 교육 목표의 설정이 가장 중요한 문제이다. 즉 무엇을 가르치고자 하는 '목표'가 세워져야 한다는 뜻이다. 그러므로 지능 개발 과정에서도 '개발'시키고자 하는 목표가 있어야 한다. 막연하게 지능이라고 하기보다는 좀 더 명백히 정의된 지적 조작을 중심으로 조직 운영되는 것이 보다 효과적일 것이다. 예컨대 아동의 지적 능력을 지각 식별 능력, 개념 구성 능력, 유추 능력, 언어 능력, 창의력, 수공(手工) 능력 등으로 보고 이들 각 지적 조작을 중심으로 교육 활동을 전개시키되, 이들 각 지적 조작은 다시 구체적인 학습 활동으로 전환되어야 한다. 또한 유아의 지적 발달에 수반되어야 할 정서적 · 사회적 요인들, 즉 지구력 · 성취 동기 · 긍정적 자아 개념 · 지적 호기심 · 원만한 대인 관계 등의 발달을 위한 내용도 각 단원의 활동에 반영되어야 할 것이다.

원리 6

아동의 지적 능력을 발달시키기 위한 지적 경험은 되도록 생활의 모든 영역을 대표할 수 있도록 그 내용을 선정하는 것이 좋다. 내용을 선정할 때에 고려할 점은 교육 목표의 일관성, 내용의 참신성과 신뢰성, 전이 가치, 다목표 달성도(즉 통합성) 그리고 아동에의 타당성 등이다.

아동의 지적 능력을 발달시키려 하는 것이 지능 개발 과정의 목표이다. 이러한 목표를 성공적으로 달성하려면 목표 달성에 알맞도록 잘 선정되고 조직된 지적 경험의 내용을 아동에게 체계적으로 제시해야 할 것이다. 그런데 지적 경험을 선정하는 데 있어서는 아동 생활의 어느 한 영역에 편중하기보다는 가능한 한 모든 생활 영역을 망라할 수 있도록 넓은 범위에서 그 내용을 선정하는 것이 바람직하다.

이러한 점을 고려하여 지능 개발 과정의 내용은 이야기, 수, 기하 도형, 생물 현상, 기초 과학, 생활의 도구, 사회 생활, 미적 표현, 자연 현상 등 광범위한 영역에서 골고루 선정되어야 할 것이다.

한편, 내용 선정에 있어서 우리는 다음과 같은 점을 유의해야 할 것이다.

첫째, 교육 목표와의 일관성의 문제이다. 예를 들어 교육 목표로는, 창의력을 내세우고 그 창의력을 기르고자 하는 교육 내용으로는 수동적인 모방과 기억을 요구하는 것들로 이루어졌다면 교육 목표와의 일관성은 결여되어 있다고 할 수 있다. 기본 개념이나 원리의 학습을 목표로 하는 것이라면 아동에게 주어지는 학습 내용도 기본 개념이나 원리를 파악하는 데 적절한 자료가 될 수 있는 것으로 구성되어야 한다.

둘째, 내용의 참신성과 신뢰성을 고려하여야 한다. 가르치고자 하는 내용은 이미 낡은 것이거나 사실과 다른 것이어서는 안 된다는 말이다.

셋째, 될 수 있으면 전이 가치 혹은 활동 범위가 큰 내용으로 구성하는 것이 바람직하다. 다양한 현상을 기술, 설명하는 데 적용될 수 있는 몇 가지 기본 개념 및 원리의 이해가 중요한 이유도 바로 여기에 있는 것이다. 구체적이고 특수한 현상만을 기술하는 사실적 지식은 동일한 상황에 한해서만 적용될 수 있는 것이므로 전이가치가 적다고 할 수 있다.

넷째, 다목표 달성이 가능한 내용으로 짜여지는 것이 좋다. 이것은 동시 학습이라는 학습 심리의 현상과 관계되는 원칙이다. 이를 테면 아동에게 어떤 지적 능력을 육성시키기 위한 활동을 시키더라도 그 활동 내용의 학습, 부재 학습만으로 끝나는 것이 아니라 그 외에 성취 동기, 지적 호기심 등이 동시에 학습된다. 따라서 교육 내용을 선정하는 데는 이러한 점을 유의하여 최대한의 다목표 달성이 가능한 내용을 선정하는 것이 바람직하다.

다섯째, 선정되는 교육 내용이 아동의 능력과 흥미와 필요에 맞는 것이어야 한다. 아무리 좋은 내용이라 하더라도 아동의 능력을 훨씬 넘는 것이거나, 또는 능력 정도에는 맞지만 아동의 흥미를 자아낼 가능성이 없는 것이라면 효과적인 학습을 기대할 수 없다. 그러므로 내용 선정에서는 이러한 점을 충분히 고려하여야 한다.

원리 7
지능 개발을 위한 지적 경험의 조직은 지적 경험의 계속성, 계열성, 통합성을 만족시킬 수 있도록 이루어져야 한다.

여기서 계속성이란 학습 경험의 종적 조직에서 문제되는 것으로, 내용의 조직에 있어서 경험 내용의 여러 요소가 어느 정도 계속해서 반복되어야 한다는 것이다. 즉 한 번의 경향만으로는 교육 효과를 기대하기가 어려우니 만큼 중요한 지적 경험들을 계속 반복시킴으로써 누적 학습(cumulative learning)의 효과를 바라자는 것이다. 계열성도 계속성과 관련을 가지지만, 거기에서 더 발전한 것이라 하겠다. 다시 말하면 계열성이란 선행 경험 혹은 내용을 기초로 하여 다음 경험 혹은 내용이 전개되어 점차적으로 깊이와 넓이를 더해 나가는 것을 의미한다. 같은 지적 조작이라도 자료의 성격에 따라 또는 요구되는 작업의 성격에 따라 난이도가 다를 것인 바, 지능 개발 과정의 계열은 이 난이도를 적절하게 반영하도록 노력하여야 한다. 통합성은 교육 과정 조직의 횡적 관계에서 요망되는 특징이다. 즉 여러 학습 장면에서 얻어진 학습 경험들이 상호 연결되고 통합됨으로써 보다 효과적인 학습과 성장을 촉진 할 수 있어야 한다는 것이다. 교사가 지능 개발 과정을 구성함에 있어서도 도달시키고자하는 목표에 비추어 여러 지적 경험들이 모순 없이 조화·통합되도록 해야 할 것이다.

원리 8

아동의 지적 탐색 행동을 지도하는 으뜸가는 방법은 언어적 상호 작용, 또는 보다 좁게는 질문이다. 그리고 이 질문을 효율적으로 하기 위해서는 아동이 실제로 조작해 볼 수 있는 구체적인 도구도 필요하며, 될수록 아동 스스로 생각할 수 있는 기회를 풍부하게 마련해 주어야 한다.

원리 9

아동의 지적 탐색 활동을 촉진시키는 주요한 심리적 기제는 아동의 지적 탐색 행동에 대한 언어적 및 비언어적 강화를 주는 일이다.

한창 자라나는 아동들의 세계에서 가장 빈번하게 들을 수 있는 말 중의 하나는 '왜'라는 물음일 것이다. "왜 자동차가 가지?", "왜 아기가 울어?" 등 그들은 끊임없이 질문을 한다. 때로는 같은 질문을 몇 번이고 되풀이하기도 한다. 아동에게 있어서는 모든 것이 새롭고 호기심을 불러일으키는 대상이 되기 때문이다. 지능 개발 과정은 바로 이와 같은 '왜?'라는 질문을 의도적으로 아동에게 던져 줌으로써 지적 탐색 행동을 촉진시키려는 교육 과정인 것이다. 그런데 같은 질문을 하더라도 보다 효율적으로 하기 위해서는, 그리고 보다 명쾌한 답을 얻기 위해서는 아동이 실제로 조작해 볼 수 있는 놀이 도구를 주는 것이 좋다. 왜냐하면 직접 놀이 도구를 가지고 노는 가운데 질문하는 것이 보다 구체적인 의미를 지니기 때문이다. 그러나 이때에 아동이 놀이 도구를 가지고 조작하는 활동은 어디까지나 목적 달성을 위한 수단이지 그 자체가 목적이 될 수는 없다. 사실 취학 전 아동에게 있어서 도구를 가지고 조작하는 이른바 수공 능력은 여러 고등 정신 능력을 위한 기본적 능력으로 매우 중요한 것이긴 하지만, 그 자체가 아동의 지적 능력을 구성하는 요인이라고 보기는 어렵다.

한편, 아동의 지적 탐색 행동을 촉진시키는 주요한 심리적 기구는 아동의 지직 담색 행동에 대한 즉각적인 강화를 주는 일이다. 인간의 행동 조건에 유용한 강화의 원리가 많이 소개되고 있다(Bandura, 1954; Ulmann & Krasner, 1965). 유아는 어른들, 특히 부모로부터 인정받기를 좋아한다. 따라서 부모가 아동에게 주는 인정(사회적 강화)을 체계적으로 사용한다면 강화의 원리에 의하여 아동의 지적 탐색 행동을 유발시키고 촉진시킬 수 있을 것이다.

심리적 강화 중에서도 특히 유효한 것은 언어적 강화라고 한다. 지능 개발 과정에서 부모가 사용할 수 있는 정적 강화는 다음과 같은 것이 있다.

① 부모의 표정—미소, 관심, 주목 등
② 언어적 보상—잘하는데, 기특해라 등
③ 신체적 접촉—머리를 쓰다듬어 주는 것, 안아 주는 것 등

한편, 프리맥의 원리(Premack, 1959), 즉 빈도가 낮은 행동이 빈도가 높은 행동에

유발하면 빈도가 낮은 행동이 일어날 확률이 높아진다는 원리를 우리는 지능 개발 과정에 응용할 수 있다. 예를 들어 가정에서 유아에게 "10분간 이것(지적 행동)을 하면 네 마음대로 친구들과 30분간 놀게 해 주겠다."는 식으로 한다면 지적 탐색 행동의 빈도를 높이는 데 유용할 것이다. 이것은 결과적으로 아동의 지능 개발에 도움이 되리라 믿는다. 왜냐하면 지능개발을 위해서는 아동으로 하여금 지적 탐색 행동을 많이 하도록 유도하는 것이 효과적이기 때문이다.

강화의 원리에 관해서는 다음 장을 참고하기 바란다.

원리 10

지능 개발을 위한 교육 과정은 과정의 진행에 따라 과정의 효과를 검증할 수 있는 평가 계획을 포함하여야 한다. 지능 개발 과정의 평가는 근본적으로 지각 식별 능력, 개념 구성 능력, 유추 능력, 언어 능력, 창의력 등의 기본적인 지적 조작 능력을 얼마나 획득하였는가를 판단하기 위한 것이다.

다양한 지적 경험을 통하여 아동의 지적 능력을 육성시키려는 것이 지능 개발 과정의 목표이다. 그러므로 이 과정을 이끌어 가는 사람의 관심은 아동들에게 일정한 지적 경험을 시켰을 때 과연 아동의 지적 능력이 얼마나 향상되었느냐에 있다. 이처럼 사전에 설정한 목표에 얼마나 도달하였는가를 알아보는 일이 평가 과정에서 할 일이다.

평가에는 크게 나누어 형성적 평가(formative evaluation)와 총합적 평가(summative evaluation)가 있다. 여기서 형성적 평가란 교육–학습 과정이 전개되어 가고 있는 적절한 간격마다 학생들이 교육 목표를 얼마나 달성해 가고 있는가 평가하는 것을 말한다. 총합적 평가는 하나의 교육 과정이 종결되었을 때 학생들의 성취도를 최종적으로 평가하는 것을 말한다.

원리 11
지능 개발 과정을 효과적으로 하는 관건은 부모와 교사 또는 이에 준하는 아동의 주위 인물에 있다.

인간이 태어나서 최초로 접하게 되는 환경은 부모를 중심으로 하는 가정 환경임에 틀림없다. 몇몇 특수한 경우를 제외하고는 아동은 어린 시절의 대부분을 가정에서 부모, 특히 어머니를 중심으로 한 가족들과 생활하면서 자기의 타고난 유전적 가능성을 실현하는 데 몰두하게 된다.

이미 알려진 바와 같이 Bloom(1964)에 의하면 일반적인 지능의 발달을 위해서는 '풍요한 환경'을 조성해 주는 것이 중요하다고 한다. 풍요한 환경의 조건은 첫째로, 언어의 효율적인 사용과 언어 능력의 신장을 자극하는 환경이라고 한다. 둘째는, 주위 환경 속의 여러 문화적 요소에 대한 직접적 경험과 독서 등에 의한 간접적 경험의 기회가 풍부한 조건이 곧 지적 발달을 위해서 풍요한 환경적 조건이 된다고 한다. 셋째, 지능 검사에는 논리적 사고력, 문제 해결력과 같은 지적 기능을 다루는 문항이 많이 포함되어 있는 사실로 미루어 보아 일상 생활에서 명확한 사고를 요구하고, 여러 가지 문제를 자기 나름대로 해결해 나가도록 자극하는 분위기가 지적 발달을 촉진할 것으로 믿어진다. 넷째, 부모와 자녀와의 상호 작용의 본질이 지능의 발달에 큰 영향을 미치는 것으로 알려져 있다. 즉 부모가 온정적으로 언어적으로 개입하여 자녀와 열정적으로 상호작용하는 것은 자녀의 지적 발달을 예언 한다(Fagot & Gauvain, 1997; Hart & Risley, 1995; MacPhee, Ramey, & Yeates, 1984).

그에 의하면 지능의 발달에 있어서는 단순한 사회 경제적 지위나 부모의 교육 정도 또는 직업과 같은 지위 변인(status variable)보다는 부모와 자녀와의 상호 작용 속에서 나타나는 성취와 언어 발달에 대한 압력 또는 언어 모델의 질이 더욱 밀접한 관련을 갖는다는 것이다. Helms(1997)의 연구에 의하면 노동자와 하층계급 출신의 아동은 표준화된 IQ검사에서 중류층 또래에 비해 10점에서

15점 정도 낮았다. 이외에도 부모의 역할이 중요함을 증명하는 연구 결과는 많이 찾아볼 수 있다.

이러한 연구 결과에 비추어 본다면 지능 개발 과정을 효과적으로 하는 관건은 대체로 부모에게 있다고 아니 할 수 없다. 부모의 역할로서 중요한 것은 아동에 대하여 지적 성취 동기를 갖도록 온정적 기대 내지 압력을 제시하는 일, 정확한 언어를 사용하여 아동의 언어 발달에 모범이 되는 일, 그리고 아동의 지적 성취 활동에 대하여 즉각적인 보상을 주고 정의적 지원을 적절하게 제공해 주는 일이라 하겠다.

그러므로 유아교육기관에서 유아의 지능을 개발하는 프로그램을 구성할 때 무엇보다 중요시해야 할 것은 부모, 특히 어머니를 위한 프로그램을 구성하는 일이다. 어머니로 하여금 아동의 지적 발달에 관하여 폭넓은 소양을 갖도록 인간의 지능 발달에 관한 지식은 물론 태아기에서부터 환경 요인이 중요하다는 점, 양육법, 영양적 요인, 유아의 두뇌 손상을 예방하는 데 필요한 지식 등을 광범하게 다루어야 할 것이다.

원리 11-1
부모나 교사가 아동의 지적 성취에 대한 기대와 지적 발달에 관한 지식을 많이 가지고 있을 때 지능 개발은 효과적이다.

여기에서 부모나 교사의 아동에 대한 지적 성취 기대란 아동들이 될수록 높은 수준의 교육을 받기 바라는 지적 발달 기대 수준을 뜻한다. 예컨대 부모나 교사가 자녀들의 연령에 비추어 보다 많은 언어적 표현을 하기를 기대한다면 그만큼 아동의 지적 능력의 신장에 대하여 관심도가 높아지고 적극적으로 그 성취를 위하여 노력할 것이며, 따라서 아동의 지능 개발을 위한 과정은 그만큼 풍요로워질 것이다.

유아의 지적 발달에 관한 지식이란 아동의 지력이 발달하는 과정을 알고 있는 것, 각 아동의 지력의 강점과 약점을 알고 있는 것, 그리고 아동이 집 안팎이나 유치원에서 무엇을 배우는지를 알고 있는 것 등 아동들에 대한 관심도를 말한다.

아동이 말하기 시작하는 연령을 아는 부모는 이를 모르는 부모보다, 수 개념이 형성되는 시기를 아는 부모는 이를 모르는 부모보다 아동의 지적 발달에 관하여 보다 많은 지식을 갖고 있다고 할 수 있다.

예를 들어 "우리 아이는 무슨 일이든 기억을 잘 하는데 세심하지가 못하다."라든가, "우리 아이는 기억력은 좋지 않지만 관찰력이 대단하다."라고 말하는 부모는 자기 자녀의 지적 발달의 강·약점을 알고 있을 때 그의 수준에 맞고 약점을 보완하는 방향으로 환경을 조성해 주게 될 것이고, 이로써 지능 개발은 효과적일 수가 있을 것이다.

원리 11-2
부모나 교사가 모범적 언어를 사용하고, 아동에게 정확한 언어를 쓰도록 지도하여 다양한 언어 표현의 기회를 줄 때 지능 개발은 효과적이다.

여기서 '모범적'이란 말은 부모나 교사의 발음, 어휘, 언어 표현 및 사고의 조직성을 뜻한다. 성인의 발음이 정확하고, 사용하는 어휘가 풍부하며 언어 표현이 유창하고 사고가 조직적일 때 우리는 아동의 정상적인 언어 발달을 기대할 수 있는 것이다.

아동에게 정확한 언어를 사용하도록 기대한다는 것은 아동들이 될수록 정확한 언어를 쓰도록 일깨워 주는 부모나 교사의 주의와 그들이 부정확한 언어를 쓰면 바로 지적하고 고쳐 주는 언어 교정을 뜻하고, 예컨대 아동이 "자동차를 타자."는 표현을 "붕~타."라고 했을 때 이 표현이 귀엽다 하여 부모도 그대로 따라 가기만 하고 고쳐 주지 않는다면 그의 언어 발달은 그만큼 늦어지는 것이다.

한편 아동에게 다양한 언어 표현의 기회를 갖도록 한다는 말은 아동의 언어 발달을 위하여 의식적으로 그리고 지속적으로 자녀들에게 말을 하고 들을 기회를 다양하게 만들어 준다는 뜻이다. 예컨대 부모가 자녀와 함께 그림책을 보며 그 내용을 그들에게 이야기해 주거나 그들에게 알맞은 텔레비전 프로그램을 보도록 한 다음 그 내용에 관한 이야기를 주고받거나, 식사 때 아동으로 하여금 하루 동안 지낸 일들을 식구들에게 말해 보도록 하는 것들은 자녀의 언어 발달을 위한 좋은 기회를 제공하는 것이라고 할 수 있다.

원리 11-3
아동의 지적 성취에 대하여 즉각적인 보상을 주고 아동으로 하여금 지적 활동에 관하여 긍정적인 자아 개념을 갖도록 도와 줄 때 지능 개발은 효과적이다

보상을 받는 아동은 행동이 증강되고 그렇지 못한 행동은 소거되기 쉽다. 지능 개발의 경우에도 아동이 어떤 지적 성취를 이루었을 때는 보상을 주어 그와 같은 지적 행동이 증강되도록 하여야 한다.

어린이에게 보상을 줄 때, 고려해야 할 사항은 보상의 기준, 종류, 시기이다. 일반적으로 알려지기는 어린이가 어떤 지적 행동을 했을 때 보상은 그 행동이 일어난 뒤 즉각적으로 주어져야 효과적이다(이성진, 1989). 그리고 보상은 처음에는 조그만 단계에서 주어지고 그 이후에는 큰 단계에서 주어져야 바람직하다.

보상을 주는 경우에, 예컨대 아동이 처음으로 텔레비전의 명암, 고저음을 조정하는 지적 성취를 보일 때, 부모가 즉각적으로 그를 안아 주면서 잘했다고 칭찬하는 경우를 들 수 있다.

유아의 긍정적 자아 개념 형성을 돕는다는 말은 부모나 교사가 아동들로 하여금 자신의 지적 능력에 관하여 긍정적으로 인지하도록 도와주는 어른들의 정의적 지원을 말한다. 부모와 교사로부터 자주 머리가 좋다거나 똑똑하다는 말을 듣는 아동은 그렇지 못한 아동보다 자신의 지적 능력에 자신을 가지고

지적 활동을 보다 적극적으로 하게 되리라 믿는다.

원리 11-4
유아에게 지적 발달에 필요한 다양한 도구와 자료를 제공하여 주고, 가정 내·외에서 풍부한 문화적 경험 및 자연 환경과 접하게 될 때 지능 개발은 효과적이다.

지능 개발을 위해서는 아동이 어떤 물건 또는 장난감을 가지고 직접 구체적인 지적 조작을 해볼 수 있는 기회를 가져야 한다. 따라서 이렇게 아동이 구체적인 지적 조작을 할 수 있도록 아동에게 다양한 도구와 자료를 제공해 주고 이들 자료를 가지고 놀도록 권장하는 것이 필요하다.

아동에게 각종 자료나 도구를 단순히 제공하기만 하는 것으로서는 큰 효과를 기대하기는 어렵고 부모나 기타 다른 성인이 함께 놀아 줄 때에 큰 효과를 기대할 수 있다. 성인과 함께 하는 놀이를 통해 아동은 언어 발달, 사고력의 발달을 이루기 때문이다.

아동에게 장난감을 사줄 때는 완제품보다는 아동 스스로 창의적으로 만들고 꾸미고 조립해 볼 수 있도록 고안된 장난감을 사주는 것이 지적 발달을 위하여 도움이 된다. 한편 가정 내·외에서 풍부한 학습 경험을 제공한다는 것은 아동들이 가정 내·외에서 지적 학습 경험을 할 수 있는 기회를 되도록 많이 만들어 주고, 부모나 교사 자신도 그 주어질 기회의 일익을 담당하는 것을 뜻한다. 여기에서 말하는 다양한 학습 경험 내에는 문화적 경험뿐 아니라 자연과의 풍부한 접촉 모두를 포함한다는 것을 잊지 말아야 할 것이다.

CHAPTER

08

놀 이

유아는 놀이를 통해서 성장 · 발달한다고 해도 과언이 아닐 정도로 유아의 발달 전반에 있어서 놀이는 매우 중요한 부분을 차지한다. 그래서 유아의 생활 그 자체를 놀이라고 보는 견해이다. 그 만큼 유아는 일상의 생활이 놀이가 되어 그것을 통해서 경험하고, 학습하고, 성장한다. 그리하여 놀이가 놀이로만 그치는 것이 아니라 놀이를 곧 교육이라고 할 정도로 놀이가 중요시되고 있다. 놀이를 통해서 유아 자신의 생각이나 감정을 표현해서 다른 사람에게 전달하기도 하고, 놀이로 표현하는 것만으로도 유아의 발달에 큰 영향을 준다는 놀이 이론을 설명하기도 한다. 이 정도로 놀이의 교육적 가치는 지대하다.

따라서 본 장에서는 유아기 놀이의 중요성을 비롯하여 교육과 관련된 놀이로서 놀이가 갖는 교육적인 가치에 대해서 살펴보고, 유아 교육에서 놀이를 어떻게 사용해서 보다 교육적인 방법으로 사용할 것인지에 대해서 기술하였다. 또 놀이를 잘 활용하기 위해서 유아들의 놀이 특징과 놀이 형태는 어떠한지에 대해서 자세하게 살펴보았다.

01 놀이와 중요성

아동이 출생하여 성장하는 동안 아동의 생활에서 놀이가 전부라고 해도 과언이 아닐 정도로 아동에게 있어 놀이는 생활 그 자체라고 할 수 있다.

아동이 놀이를 하는 것은 단순히 노는 데 그치는 것이 아니라 놀이를 통해서 자신의 생각을 표현하기도 하고, 쌓여 있던 감정의 실마리를 풀기도 하며, 생활 속에서 받은 스트레스를 놀이를 하면서 해소하기도 한다. 이처럼 아동의 놀이는 성인들이 생각하는 단순한 운동이나 움직임의 정도를 넘어 아동 자신을 표현하는 수단으로서의 역할을 한다.

아동은 어른의 축소판이 아니고, 한 사람의 인격체이므로 아동이 하는 놀이가 때로는 아동의 생각을 대신하는 심리적 의사 표현이기도 하고, 감정 전달의 매개체가 되기도 한다. 또 아동은 놀이를 통해서 때로는 실패감도 맛보고, 성취감도 느끼는 등 자아에 대한 탐색을 하는 동안 정서적으로 안정감을 얻게 되고, 또래와의 놀이 속에서 사회성을 기르기도 하며 놀이를 하면서 자연스럽게 지적인 능력이 향상되기도 한다.

이같이 놀이는 아동에게 있어서 성장하는 데 꼭 필요한 영양소와 같은 역할을 하며, 아동은 놀이 속에서 성장한다고 할 만큼 아동에게 있어서 매우 중요하다.

놀이는 아동 자신이 가지고 있는 능력을 성장시키고, 자신을 새롭게 인식할 수 있게 도와주고, 자신의 감정을 조절하게 하여 아동이 또래들이나 집단에서 바르게 성장할 수 있도록 돕고, 아동의 자아 실현을 위한 통로 역할을 한다.

이처럼 놀이는 아동의 즐거움, 슬픔, 세상을 바라보는 시각 등 다양한 정보를 제공한다. 특히, 언어가 잘 발달되지 못한 아동은 자신의 감정을 언어로 표현하는 데 무리가 있기 때문에 자신의 생각과 감정을 표현할 수 있는 놀이는 더없이 중요하다.

02 놀이와 교육

1) 생활과 놀이

유아들의 일상생활을 자세히 관찰해 보면 거의 놀이로서 연속되는 것을 쉽게 알 수 있다. 자고 깨면 놀이를 하고, 심지어는 놀이에 열중하여 먹는 것까지 잊고 놀이에 몰두한다. 그들의 생활은 곧 놀이라고 해도 과언이 아니다. 유아들이 나타내는 행동의 대부분이 놀이와 관련되지 않는 것이 없다. 먹기 훈련을 완전히 익히기 전의 유아들은 먹는 행동까지 놀이에 연결한다. 과자를 나름대로 부스러뜨리며 장난스럽게 먹는다든지 밥을 먹는 수저와 반찬을 가지고 놀이를 하면서 먹기도 한다. 즉 놀이는 그들이 세상을 소화하고 자신을 표현하는 유일한 방법인 것이다.

아동의 놀이가 학자들의 학문적 관심의 대상으로 연구되기 전까지는 주로 놀이는 유아들의 부질없는 짓이라고 취급되어 왔다. 따라서 유아들에게까지도 놀이는 늘 일과 공부에 대비되는 말로 사용되어 왔다. 유아들의 일상생활 속에서 놀이와 일이 분명히 구분되었을 뿐 아니라, 교육만이 유아들의 사고와 감정을 가치 있는 방향으로 이끌어 줄 뿐 놀이는 유아들을 잘못되게 한다는 생각을 가지기도 하였다.

유아들은 왜 놀이를 하는가? 그들의 생활은 왜 놀이로써 연속되어져야만 하는가? 이에 대한 질문은 오래 전부터 많은 학자들의 주요한 관심사였다.

Spencer(1855)는 유아들의 놀이는 그들의 잉여 에너지(surplus energy)에 의한 결과라고 설명했다. 그에 의하면 유아는 뇌신경의 중심부에서 지나치게 배출되는 에너지를 소모하기 위해서 자유분방하게 그리고 열심히 놀게 된다는 것이다.

Groos(1901)에 의하여 대표되는 연습 이론(rehearsal theory or preexercise theory)에 의하면 놀이는 유아들의 본능적 행동의 한 가지 형태라는 것이다. 그래서 놀이는 아동들의 성장 발달의 수단이며, 기본적으로 하나의 성장 기제(growth mechanism)라고까지 설명한다.

Appleton(1910) 등의 성장 이론에 의하면 놀이는 유기체가 성장하기 위한 일반화된 동인(generalized drive)이라고 한다. 그래서 아동의 놀이는 차후 성인으로 행동하는 데 필요한 기능을 익히게 하며, 아동들은 본능적으로 이러한 기능의 숙달을 원하고, 또 놀이가 그것을 이루는 하나의 방법이라는 것을 알기 때문에 놀이를 하게 된다는 것이다.

Lange(1910)의 자아 확장 이론(ego expanding theory)에 의하면 놀이는 아동들이 자아를 완성하기 위한 자연의 방법이라는 것이다. Lange와 의견을 같이하는 Claparede(1934)에 따르면 놀이는 자아 또는 성격의 발달을 위한 표현적 활동이며, 인지 능력을 발달시키는 강력한 수단이라고 하였다.

Sully(1908)는 아동들의 놀이는 그들의 상상과 모방의 자발적 표현(expression

of imagination)이라고 해석하였다.

Freud(1922)는 아동의 놀이를 정신 분석학적 입장에서 풀이하여 다음과 같이 설명하였다.

"아동은 그가 실생활에서 인상 깊게 경험한 모든 일들을 놀이를 통해서 반복한다. 아동은 그렇게 함으로써 억압된 감정을 해소시키고 자기도 상황의 주인공이 되고자 한다. 아동들은 불쾌한 경험일지라도 그것을 반복함으로써 불쾌한 인상을 극복하고 그 상황의 주인공이 될 수 있기 때문이다."

Erikson(1950)은 놀이는 아동의 성장욕에 의한 것으로 놀이의 가장 중요한 가치는 놀이를 통해 완성감(a sense of mastery)을 맛보게 되는 것이라고 하였다.

Piaget(1962)는 아동의 놀이는 사고 발달의 필연적인 산물로서 아동들은 놀이를 통해 사물과 사상에 대한 원시적이고도 자기 중심적인 그리고 현상적인 관점으로부터 성인의 객관적이고 합리적인 관점으로 발달되어 간다고 주장하였다.

Lowenfeld(1967)는 놀이에 관한 학설들이 아직 만족스럽지는 못하다고 하면서, 그러나 놀이는 아동들의 생활 전체와 관련되는 모든 자발적 활동임은 분명하나고 주장하였다.

이상 몇몇 대표적 학자들의 놀이 이론에서 볼 수 있다시피 놀이는 아동들의 의도적 행동이라기보다는 성장하고 발달하기 위한 필연적 행동임을 짐작할 수 있다. 놀이가 아동들의 생활을 지배하는 이유가 어디에 있는가도 위의 논의에서 쉽게 추리될 수 있다고 본다. 또한 유아의 생활 지도에서 놀이가 왜 우선적으로 중요하게 고려되어야 하는가도 짐작되리라고 판단된다.

아동의 놀이에 대한 이해를 좀 더 깊이 있게 하기 위해서 지금까지 제기된 다양한 놀이 이론을 요약하여 정리하면 다음과 같다.

1 고전적 이론(classical theories)

① 잉여 이론(surplus energy theory, Spencer & Shiller)

놀이는 기본적 생존에 더 이상 필요하지 않은 잉여 에너지를 소모시키기 위해서 일어나는 유기체의 활동이다.

② 시연 이론(preexercise theory, Groos)

놀이는 본능적 행동으로서, 성장 발달의 수단으로서, 삶을 사전에 연습하려는 충동에서 일어난다.

③ 반복 이론(recapitulation theory, Hall)

놀이는 Darwin의 진화론에 근거하여 인간의 진화 과정에서 거쳐 온 여러 단계의 계통 발생적 현상을 반복하는 행동이다. 즉, 아동기의 놀이에서도 인류의 전 역사가 반복되어 나타난다고 보았다.

④ 레크리에이션 이론(recreation theory, Lazarus)

놀이는 에너지의 결핍을 극복하기 위한 개인의 에너지 재생산을 위한 활동이다.

⑤ 휴식 이론(relaxation theory, Patrick & Muthus)

인간은 일상생활에서 주로 소근육 운동에 의존하는 활동을 하게 되는데, 이때 사용되지 않는 대근육 운동을 시도하기 위한 욕구에서 놀이가 발생한다.

2 역동 이론(dynamic theories)

① 정신 분석 이론(psychoanalytic theory, Freud & Erikson)

놀이는 아동의 두 가지 욕구 즉 성장의 욕구와 적극적인 역할의 욕구를 충족시키기 위해서 생긴다.

② 인지 발달 이론(cognitive developmental theory, Piaget)

놀이는 사실 세계를 자신의 인지 구조 속에 동화시키기 위한 행위이다.

3 생태학적 이론(ecological theory, Parten, Hurlock, & Johnson)

생태적 속성이 유사한 놀이 장면은 유사한 놀이 행동을 유발한다.

4 사회 학습 이론(social learning theory)

① 보상 이론(compensation theory, Atkinson & Hilgard)

놀이란 자신의 무기력을 보상하기 위한 수단으로써 발생하는 것이다.

② 갈등 이론(conflict enculturation theory, Sutton Smith)

놀이란 일상의 갈등 사태를 해결하기 위한 사회적 학습의 한 형태이다.

③ 귀인 이론(attribution theory, Lazarus)

놀이란 개인이 자신이 행한 행위의 결과나 성과를 귀속시키는 하나의 방식이다.

2) 놀이의 교육적 가치

앞에서 지적된 바, 아동들의 생활은 놀이로써 연속되고 그들의 생활은 곧 놀이임은 재론의 여지가 없다. 유아 교육에서 놀이를 중요시하는 이유는 놀이가 그들의 생활 전부이기 때문이기도 하지만, 놀이는 곧 교육이기 때문이다. 최근에 이루어진 아동의 놀이에 관한 연구들은 아동들이 놀이를 통해 긍정적인 영향을 받게 된다는 것이다, 그것은 놀이는 발달적 변화의 도구로서 유기체의 기능과 구조 조직의 질적인 향상을 초래하게 됨을 강조하고 있다(Johnson, Christie, & Yawkey, 1999).

놀이가 교육적으로 가치 있다는 생각은 일찍이 고대 그리스의 철학자였던 Plato나 Aristoteles도 갖고 있었다고 전해진다(Miller, 1968). 특히 Plato는 어린이들에게 산수를 가르치기 위해서 사과를 나누어 주었으며, 건축가로 키우기 위해서 아이들에게 3살 때부터 장난감 연장을 주었다고 전해진다. 그 후 Commenius, Rousseau, Pestalozzi 등 교육 사상가들에 의해 교육에서 어린이들의 자연 발생적 흥미가 중요시되어야 한다는 주장이 대두되었고, 이들 사상을 이어받은 Froebel은 아동의 놀이는 곧 교육이라는 생각으로까지 발전시켰다,

Froebel(1912)은 아동 놀이에 대한 그의 생각을 다음과 같이 나타냈다.

"놀이는 아동 발달의 가장 높은 형태이다. 놀이는 아동의 사고와 감정의 자발적인 표현이며, 이것은 아동의 정신 세계에서 절대로 필요하다. 아동기에 있어서 놀이는 결코 사소하거나 부질없는 짓이 아니라, 심각하고 깊은 의미를 갖고 있다. 어른들은 아동의 놀이를 소중히 생각하고 아동에게 놀이를 권장할 필요가 있다. 왜냐하면 아동은 스스로의 자유로운 놀이를 통해서 장차 자기의 모습을 드러내기 때문이다. 아동기에 어떤 놀이를 하는가는 그 아동의 전

장래를 결정하며, 아동의 마음 가운데 가장 부드럽고 연약한 부분이 놀이를 통해서 발달되고 표현된다."

서양에서뿐 아니라 동양의 고대에서도 놀이를 교육이라는 관점에서 중요시한 흔적은 맹모삼천지교에서도 쉽게 찾아 볼 수 있다. 맹모의 생각은 아동기의 놀이는 곧 그가 장래 어떠한 사람이 되는가와 직접 관련된다고 보았던 것이다.

이상과 같은 우리 선현들의 생각은 오늘날 놀이를 과학적 방법으로 탐구한 많은 아동 심리학자들의 생각과 다를 바가 없다.

Sutton Smith(1970)는 아동이 놀이를 통해서 습득하는 것을 네 가지 기본양식(four basic modes)으로 구분하였다.

① 세계를 모방하는 것(copying the world)
② 세계를 탐구하고 분석하는 것(exploration and analysis of the world)
③ 성취 동기와 경쟁에의 노력을 습득하는 것(acquisition of motivation and effort to compete)
④ 세계를 보다 깊이 이해하기 위하여 경험을 종합하는 것(model construction)

Arnaud(1974)는 아동 놀이에 관한 이론과 연구 결과를 종합하여 놀이의 교육적 기능을 다음과 같이 정리하였다.

① 놀이는 아동의 인지 학습을 조직화하고 활발하게 해준다(cognitive learning).
② 놀이는 아동의 불안과 정상적인 발달 갈등을 극복할 수 있는 힘을 길러준다(mastering anxieties and normal developmental conflicts).
③ 놀이는 아동의 자기 중심성을 감소시켜 사회화의 기술을 습득시키고, 타인에 대한 아동의 감정 이입을 깊게 한다(lessening naive egocentrism).
④ 놀이는 아동을 추상적 상징화의 세계로 이끌어 줌으로써, 아동들로 하여금 직접 경험하지 않은 상황을 정신적으로 조작할 수 있는 능력을 길러준다(symbolization).
⑤ 놀이는 아동의 신체적 활동, 체력 및 신체의 협응 기능을 길러 주어 신체적

발달에 기여한다(physical development).

⑥ 놀이는 아동의 탐색적 활동과 호기심을 자극하고, 어떤 새로운 것에 대한 성취 후에는 다른 것에 도전하게 함으로써 창의적이고 혁신적인 태도를 길러 준다(creativity and innovation).

⑦ 놀이는 아동들로 하여금 문제 해결 능력을 길러 줄 뿐 아니라 문제 해결 행동을 강화시켜 준다(problem solving).

⑧ 놀이의 세계는 가상적인 것이기 때문에 어린이들은 놀이를 통해서 자신을 자유스럽게 표현하게 된다(expression of self).

⑨ 놀이는 어린이들의 현실적인 경험을 재구성시키고 통합시킨다(integration of experiences).

Sutton Smith나 Arnaud의 놀이에 대한 논의는 모두 아동들에게 있어서 놀이는 곧 교육이라는 점을 깊이 시사하고 있다.

이홍우(1973)는 놀이의 교육적 가치를 아동이 사물을 이해하는 수단으로서 또 인간관계를 이해하는 기회로서 중요하다고 주장하였다.

김광웅(1975)은 놀이의 교육 방법적 가치를 논의한 연구에서 어린이들은 우리가 형식적 교육에서 달성하고자 하는 많은 교육 목표들을 그들의 놀이를 통해서 학습하고 있다고 놀이의 교육적 가치를 강조하였다.

장재정(1980)도 놀이 속에 유아의 세계가 있으며, 유아들은 놀이를 통해 제반 발달을 이루어 간다는 점을 여러 실증적 연구를 종합하여 확인할 수 있었다고 보고한 바 있다.

발달에 적합한 놀이는 교육적이며 현재 유아의 사회적, 인지적 능력을 반영하거나 조금 높은 수준의 놀이이다. 유아에게 어떤 놀이 경험은 즐거움이나 기쁨을 주지만 어떤 놀이는 지루하고 유아를 좌절시킬 수도 있다. 유아의 발달과 교육에 기여하기 위해서는 놀이 기회는 적합하고 도전적이어야 한다(Johnson, Christie & Yawkey, 1999).

3) 유아 교육 방법으로서의 놀이

놀이의 교육적 가치는 놀이 자체가 교육이라는 점에서도 고려되어야 하지만, 놀이를 유아 지도에서 교육 방법으로 활용할 수 있다는 점에서도 중요하게 고려되어야 한다.

이미 고대에 Plato가 놀이를 아동의 교육 방법으로 사용했다는 흔적이 남아 있음을 지적한 바 있으나, 오늘날에도 많은 심리학자와 유아 교육 전문가들은 놀이를 교육 방법으로 활용할 것을 주장하고 있다.

놀이가 유아의 교육 방법으로서 보편적인 가치를 갖고 있다고 주장하게 되는 가장 큰 이유는 아마도 놀이에 대한 아동의 자발성과 흥미로움일 것이다. 학습을 효과적으로 이루기 위하여 강조되는 중요한 요인의 하나는 학습에 대한 흥미를 높여 주는 일이다. 만일 놀이를 학습에 적절하게 활용한다면, 학습에 대한 흥미나 학습에의 자발적인 참여는 이미 상당한 정도로 해결되어진 것이라고 하겠다.

일반적으로 유아 교육에서는 그 방법상의 원리로서 다음과 같은 세 가지를 들고 있다(김광웅, 1975).

① 통합의 원리이다. 이는 유아의 교육 내용이 서로 분리되지 않고, 여러 영역의 내용이 상호 관련을 가지며, 통합된 전체로서 주어져야 한다는 것이다.

② 자발성의 원리이다. 유아가 스스로 학습하도록 그들의 흥미를 중심으로 학습을 전개해야 한다는 것이다.

③ 직접 경험의 원리로서, 유아들에게는 구체적인 경험을 통하여 학습하도록 해야 한다는 것이다.

이상의 세 가지 유아 교육 방법상의 원리는 그 근본을 Commenius와 Froebel에 두고 있다고 할 수 있으며, 간단히 통합의 교육, 아동 중심 교육, 생활 중심 교육이라고 정리할 수도 있을 것이다. 이은화(1974)는 이 세 가지 원리가 가장 이상적으로 실현될 수 있는 학습 형태는 바로 유아의 놀이 활동을 통한 것이라고 주장하였다.

Bloom은 유아 교육은 '학습하기를 학습하는 것(learning to learn)'으로서 유아들에게 일찍부터 읽기, 쓰기, 셈하기 등을 가르치는 것과 본질적으로 혼동해서는 안 된다고 하였다. 그는 '학습하기를 학습한다는 것'은 보다 근본적인 문제로서 유아들로 하여금 학습하는 행동 자체에서 기쁨을 얻도록 동기를 유발시키고, 성인을 그들 자신의 발달을 위한 정보원으로 보도록 이끌어 주는 것이라고 주장하였다(Newsweek, May 22, 1972).

만일 유아 교육에서 Bloom의 이러한 견해를 그대로 받아들인다면, 놀이는 '학습하기를 학습하는 방법'으로서 가장 적절한 조건을 갖고 있다. 왜냐하면 놀이는 아동들의 자발적인 활동일 뿐 아니라 아주 즐기는 활동으로서 그들은 놀이를 통해 성취를 이루고, 다음의 학습을 하도록 자극을 받고 동기가 유발되기 때문이다.

김광웅(1975)은 놀이에 관한 이론과 연구 결과를 종합적으로 분석하여 다음과 같은 여섯 가지 놀이의 속성을 상정하고, 이와 같은 놀이의 속성들은 곧 놀이가 유아 교육 방법으로서 가장 적절하다는 점을 드러내 주는 것이라고 주장하였다.

① 놀이는 아동들이 가장 즐기는 활동이다.
② 놀이는 아동들의 자발적인 활동이다.
③ 놀이는 체험적이다.
④ 놀이는 다양한 경험을 포함한다.
⑤ 놀이는 반복적이다.
⑥ 놀이는 탐구적이며 창의적이다.

놀이가 유아로 하여금 가장 효과적으로 학습하게 하는 방법일 수 있다는 점에 대해서는 커다란 이의가 없는 것 같으나, 보다 어려운 문제는 유아 교육에서 놀이를 교육 방법으로 활용하고자 할 때 그들의 놀이와 주어진 학습과제를 어떻게 체계적으로 관련시키느냐 하는 것이다.

놀이를 교육 방법으로 활용한 유아 교육 프로그램이 다른 형태의 프로그램보다 얼마나 효과적인가에 관한 실증적 자료는 몇몇 연구에서 찾아 볼 수 있다. 이들 연구가 일반적으로 시사하는 바는 놀이가 어느 교육 방법보다 언제나 효과적이라고 단정 할 수는 없지만, 놀이는 유아의 교육 방법으로 활용할 만한 충분한 가치가 있다는 것이다.

Weikart(1971)는 Beriter Englemann의 Language Training Curriculum과 Piaget의 Cognitive Oriented Curriculum, 그리고 놀이 활동 중심으로 한 Unit Based Curriculum의 효과를 비교 연구한 결과, 놀이 활동을 중심으로 한 Unit Based Curriculum은 언어 능력이나 기타의 지적인 능력 개발에 있어서 다른 두 개의 커리큘럼과 동일한 효과를 내었다고 한다.

Nalbandian(1971)은 전통적인 교사 중심의 Englemann Becker Program과 놀이 및 탐색 활동을 중심으로 한 New Nursery Program의 효과를 비교한 결과, 유아들의 인지 능력 발달에 있어서 New Nursury Program은 교사 중심의 Englemann Becker Program보다 의의 있게 높은 효과를 나타내었다고 하였다. 또한 사회 정서적 발달에 있어서도 상당히 유의한 효과를 내었다고 보고하였다.

Karnes(1972)은 5년 동안의 종단적 연구를 통하여 교육 방법으로서의 놀이의 효과를 검증한 결과, 놀이가 어떤 교육 전략보다 아주 효과적이라고 할 수는 없지만, 놀이를 도입한 유아 교육 프로그램이 유아의 교육 방법을 개선시킬 수 있는 가능성은 확인할 수 있었다고 결론지었다.

우리나라에서도 주정일, 김광웅(1976; 1977)의 연구를 통해서 놀이를 중심으로 한 유아 교육 프로그램이 다른 프로그램 보다 유아의 지능 발달이나 사회성 발달을 돕는 데 있어서 결코 미흡하지 않다는 점이 실증된 바 있고, 많은 연구를 통해 놀이의 경험이 유아의 인지 발달에 중요한 영향을 미치고 있음을 입증하고 있다(김연옥, 1993; 김호숙, 2000; 박상숙, 1999).

이상의 논의를 통해 놀이가 유아 교육 방법으로 효과적으로 활용될 수 있다는 점은 분명한 근거를 갖고 있다고 할 수 있겠다. 그러나 아직도 문제로 남는 것은 앞에서도 잠깐 언급했다시피, 놀이를 어떤 방식으로 유아의 학습 과제에 관련시키느냐 하는 것이다. 이 문제에 대해서는 몇몇 학자들이 나름대로 연구를 위한 프로그램을 구성하였을 뿐, 그 방법에 대한 보다 체계적인 이론이 제시되어 있지 않다. 이제까지의 방법은 아주 소박한 입장에서 적당히 놀이를 활용했을 뿐이다.

김광웅(1975)은 이 문제에 대한 몇 가지 가설적 견해를 제시하고, 앞으로 여러 실증적 사태에서 이러한 가설들이 검증되어야 한다고 제기한 바 있다.

김광웅이 제안한 유아 교육 방법으로서의 놀이 활동이 갖추어야 할 형식적 조건을 보면 다음과 같다.

① 놀이 활동으로 구성된 유아 교육 프로그램은 교육 과정 구성의 기본 원리인 학습 경험의 연속성, 계열성, 통합성이 전체적으로 고려되어야 한다.

② 놀이는 그에 참여한 모든 유아들에게 균등한 학습 경험의 기회를 제공하도록 구성되어야 한다.

③ 놀이는 학습시키고자 하는 경험을 모두 포함하도록 구성되어야 한다.

④ 놀이는 유아들의 직접적인 경험과 활동을 중심으로 구성되어야 한다.

⑤ 놀이에서 이루어지는 구체적인 활동 내용은 탐색적이어야 하며, 이러한 탐색 활동이 제한 받지 않도록 구성되어야 한다.

⑥ 놀이 활동은 유아가 자발적으로 참여할 수 있도록 유아의 능력에 적절하고, 유아의 흥미를 유발시키고, 또 유아의 욕구를 충족시킬 수 있도록 구성되어야 한다. 또한 놀이에 포함된 경험 내용은 다음의 학습 활동을 유발시키도록 유아의 지적 호기심을 자극하는 것이어야 한다.

⑦ 놀이는 유아의 창의적 사고와 활동을 제한하지 않도록 구성되어야 한다.

⑧ 놀이는 교사가 관찰자로서, 또 조력자로서 참여할 수 있도록 구성되어야 한다.

⑨ 놀이 활동 내에서 교사는 유아의 학습 활동에 대한 강화자(reinforcer)로서의 역할을 할 수 있도록 조직되어야 한다.

⑩ 놀이는 그 활동 자체에 교육 평가의 기능이 포함되도록 구성되어야 한다.

03 유아 놀이의 특징과 형태

1) 유아 놀이의 일반적 특징

유아들의 놀이는 너무도 다양하고, 또 연령, 성, 문화와 시대, 가정 환경, 주거 환경 등에 따라 상당한 차이가 있을 것이기 때문에 이들을 체계적으로 분류하기란 대단히 어려운 일이다. 이 책에서는 우선 생후 초기부터 6~7세경까지 나타나는 유아 놀이의 특징을 개관하고, 외국 또는 우리나라 학자들의 몇 가지 분류와 이에 따른 놀이 도구들을 소개하고자 한다.

생후 1세까지의 아기들은 자신의 감각 기관과 운동 기능을 이용하여 이러한 활동으로부터 오는 감각 운동적 만족에 제한된 놀이를 한다. Waddle(2009)은 생후 초기의 놀이는 감각 운동 시행(sensory and motor experimentation)이 그 특징이라고 지적하였다. Stern(1924)은 3개월까지는 자신의 사지를 움직이는 놀이에 불과하고, 그 후부터는 다른 대상과 관련된 놀이가 시작된다고 보고하였다. Whitley(1929)는 아기들은 처음에는 대근육 활동에 의한 놀이를 하다가 차츰 소근육 활동에 의한 놀이가 증가된다고 보고하였다. Appleton(1910) 등 대부분의 학자들은 따라서 생후 초기 유아들의 놀이는 아주 단순한 활동의 반복에 불과하며, 그 특징을 단순성(simplicity)과 반복성(repetition)이라고 할 수밖에 없다는 데 의견을 같이 하고 있다.

Furfey(1930)의 관찰에 의하면 역할 놀이 활동(dramatic play or role play)은 2세가 되어야 그 원초적인 형태를 찾아 볼 수 있다고 한다. Arlitt(1928)에 의하면

3세경까지는 놀이 활동 그 자체를 즐기지만, 5세가 되면 놀이 활동 자체보다 그 결과에 더 관심을 갖게 된다고 한다. Kirkpatrick(1922)은 3세 이후 유아의 놀이 활동은 단순하지만 자유스럽고 상상적이라고 그 특징을 제시하였다. Arlitt(1930)는 상상적 놀이(imaginative play)는 유치원 연령이나 초등학교 초학년에 그 절정을 이루며, 이러한 상상 놀이는 유아가 세계를 자기 나름대로 이해하고자 하는 충동의 표현이라고 하였다. Shallit(1932)는 4세 유아에게서 가장 흔히 관찰되는 극 놀이 활동(dramatic play)은 주로 동 · 식물, 가족 등과 관련되는 것이며, 자동차나 기차와 관련을 갖는 놀이는 그 이후에나 크게 부각된다고 주장하였다.

유아의 놀이에서 가장 두드러진 특징은 성인이나 동물을 흉내 내는 것(imitation)으로서 대개 3~5세 유아들의 거의 모든 놀이에서 발견된다. Forbush (1914)는 3세 이후의 유아들은 거의 대부분 어른들의 행위에서 그들의 놀이 아이디어를 얻는다고까지 주장하였다.

또한 유아기가 되면 유아들의 놀이 활동은 근육을 기술적으로 활용하는데 집중되기도 한다. Palmer(1916) 등의 관찰에 따르면 3세 이전 유아들은 달리기, 기어오르기, 뛰어오르기 등 단순한 운동을 많이 즐기지만, 4~5세가 지나면서부터 난간 위를 걸어가기, 한 발로 뛰기 등 보다 기교적인 놀이 활동을 즐기게 된다는 것이다. Stern(1924)의 관찰에 의하면, 5세가 되면 많은 유아들이 수영이나 스케이팅을 잘할 수 있을 만큼 운동 기능의 조절이 원활하다고 한다.

유아기에 나타내는 놀이의 특징 중 중요한 것의 하나는 구성 놀이(constructive paly)를 즐긴다는 것이다. Wood(1913) 및 Hulson(1930a)의 관찰에 의하면 유아들에게 가장 흔한 놀이의 하나는 찰흙으로 만들기나, 블록으로 만들기라고 한다.

또 하나 유아기에 발견되는 놀이는 수집하기라고 볼 수 있다. 무엇이든지 관심 있는 물건들을 모아보고, 많이 모았을 때 자랑으로 여기거나 이를 세어보고 다른 아이들의 것과 비교하는 데서도 즐거움을 찾는다. Hall(1921)의 관찰에 의하면 물건 수집하기는 이르면 3~4세경부터 시작하여 이것이 대체로 7~8세경까지 지속된다고 한다.

유아 놀이의 특징을 놀이 도구라는 입장에서 살펴볼 필요가 있다. 2세 이전의 유아들은 대체로 단순한 놀잇감들을 만지작거리거나, 입에 넣어보거나 던지는 등의 놀이를 즐기지만, 2~3세가 지나면서부터는 여러 가지 놀잇감을 가지고 조작하는 활동이 증가된다. Bridges(1927)는 3세 유아들은 원기둥 등을 모양에 맞게 구멍에 끼우는 놀이를 특히 좋아하며, 남녀아를 불문하고 4세 유아들은 색연필이나 크레용으로 단순한 모양을 그리는 활동을 즐긴다고 보고하였다. Bott(1928)의 관찰에 따르면 2~3세 유아들은 자동차 등 기계로 된 놀잇감을 즐기며, 4세가 되면 모래나 블록을 가지고 놀기를 특히 즐긴다고 한다. Hall(1921)은 인형은 특히 5세 유아들이 즐기는 놀잇감이라고 지적하였다. Hulson(1930b)도 4세 유아들은 모래나 블록 놀이를 인형이나 동물 놀이보다 즐긴다고 보고하였다. Van Alstyne(1932)은 2~6세 유아들이 일반적으로 가장 즐기는 놀잇감은 블록, 찰흙 및 인형이라고 자신의 관찰 결과를 제시하기도 하였다.

유아 놀이의 특징 중 놀이 행동에서 뚜렷한 성차가 나타난다(Johnson, Christie, & Yawkey, 1999). Fagot와 O'Brien(1994)는 신체 활동 수준에서의 성차는 4세나 5세 이전에는 나타나지 않지만 이후에는 여아보다 남아가 더욱 활동적이고 거친 특성이 발견된다고 하였다. 성차는 놀이 환경에서도 차이가 나는데, 남아는 실외 놀이를 여아는 실내 놀이를 선호하는 경향이 있었다(Cunningham, Jones, & Tayor, 1994; Smith & Index, 1993). Benjamin(1932)은 여자 아동들은 인형 놀이를 즐기지만, 남자 아동들은 인형보다 자동차, 비행기, 카우보이 놀이 등을 더 즐긴다고 보고하였고, 연령에 따른 유아 놀이의 특징은 놀잇감에도 있지만, 보다 근본적인 문제는 놀이 방법이라고 주장하는 학자도 있다. Hetzer(1931)는 2세 이하 유아들의 놀이는 특수화되지 못한 조작 활동(조형 활동)이나 탐색적 활동에 불과하지만, 그 이후부터의 놀이 활동은 특수화되고 의미 있는 조작 활동이라고 주장하였다. 특히 연령이 증가하면서 가상 놀이 수준이 높아지고(문현주, 1996), 블록 놀이에서도 단순한 구조에서 복잡한 구조로 발달하고(이재선,

1989), 게임도 연령이 높아질수록 게임방법이나 규칙이 복잡하고 고도의 기술을 요하는 게임을 많이 하는 것으로 나타났다(정현숙, 1985).

유아 놀이의 특징은 놀이에 소요하는 시간이라는 차원에서도 찾아 볼 수 있다. 연령이 증가함에 따라 놀이 시간이 증가한다는 것은 일반적인 견해이다. 그러나 2세 이하의 어린 아기들의 놀이 시간에 대한 관찰 결과는 별로 찾아 볼 수 없다. Bridges(1927)의 관찰에 의하면 3세 유아들은 아무리 길어도 한 가지 놀이에 15분을 초과하는 일은 드물며, 4세 유아들의 놀이 시간은 중앙치로 6.2분이라고 보고하였다. Van Alstyne(1932)은 그의 면밀한 관찰 결과에 의하여, 2세 아동은 아주 즐기는 놀잇감에 평균 7분을 집중하며, 3세는 8.9분, 4세는 12.3분, 5세는 13.6분이라고 보고하기도 하였다. 유아 놀이의 특징은 사회적 참여도에서도 찾아 볼 수 있다. 대체로 1세 미만 유아들의 놀이 활동은 자기 중심적이고 개인적인 것이라고 할 수 있다.

유아들이 또래들과 어울려 놀 때 또래의 수가 얼마나 되는가에 관한 문제도 중요하게 고려될 수 있다. Salusky(1930)가 2년 3개월부터 4세 된 유아들이 놀이 집단을 구성하는 것을 관찰한 결과에 따르면 40%가 4~5명, 29%가 2~3명, 그리고 10명 이상이 어울려 노는 경우는 5%에 불과하다고 보고하였다.

유아들이 놀이 친구를 선택하는 데 관련되는 요인에 관한 문제도 중요하게 취급될 수 있다. 그러나 이제까지의 연구로는 이 문제를 심각하게 취급한 것 같지는 않다. Callman은 지능, 신장, 성격, 행동 등의 유사성은 유아의 교우 집단 형성에 별로 영향을 미치지는 않지만, 성은 중요한 요인으로 작용한다고 보고한 바 있다(Huber, 1928). 그와 같은 견지에서 또래의 강화, 특히 동성 또래의 강화는 성 유형화된 유아의 행동으로 변화시키는데 효과가 있다(Lamb, Easter-brooks, & Holden, 1980). Callman과 달리 Chevalera Janovaskaja(1927)는 3~5세 유아들에 있어서 교우 집단은 양성이 섞여서 이루어지며, 다만 남자 아동들은 그들만으로 친구 관계를 갖는 경향이 있다고 보고하기도 하였다. Palmer(1916)는 성보다 연령을 더 중요한 요인이라고 강조하면서 유아들도 대체로 같은 또래끼리 어울려 놀기를 좋아하지만, 나이가 들수록 이 경향은 더욱 심해져서 좀 큰 아동들에게 연령상의 차이는 교우 관계 형성에 큰 장벽이라고까지 하였다. 또한 Hagman(1933)은 2살 정도는 성을 구별하고 놀지는 않으나, 4살 정도는 동성끼리만 놀려고 한다고 보고하였는데, 이것은 놀이에 있어서 성의 분리는 4세경부터 본격적으로 나타나기 시작함을 알 수 있다(Johnson 등, 1999).

이상에서 논의한 유아 놀이의 특징은 모두 미국 등 서양의 연구 자료에 근거한 것이기 때문에 우리가 받아들일 때 문화적 차이를 충분히 고려해야 할 것이다.

2) 유아의 놀이 유형과 놀이 도구

유아들의 놀이 형태가 어떻게 분류될 수 있느냐 하는 문제는 분류의 근거가 무엇이냐에 따라 상당히 다를 수 있다.

Parten(1943)은 유아원에서 관찰된 유아들의 놀이 형태를 사회적 행동이라는 기준에서 여섯 가지로 분류하였으며, 이는 가장 널리 알려진 유아의 놀이 유형이다. Parten이 제시한 여섯 가지 놀이 형태는 비 참여 행동(unoccupied behavior), 방관자적 행동(onlooker behavior), 혼자 놀이(solitary play), 평행 놀이(parallel play), 연합 놀이(associative play), 협동 놀이(cooperative play) 등으로 이들은 대체로 아동들의 연령과 밀접한 관계를 갖는다. 즉 혼자 놀이는 2~3세 이전의 유아들에게서 주로 관찰되는 것이며, 평행 놀이는 2~3세 유아들에게서 주로 나타나며, 연합 놀이는 3~4세, 그리고 협동 놀이는 4~6세 유아들에게서나 관찰된다는 것이다.

Smilansky는 유아의 놀이를 그 내용에 따라 기능 놀이(functional play), 구성 놀이(constructive play), 상징 놀이(극 놀이 포함), 사회극 놀이(sociodramatic play), 규칙이 있는 게임(Games with rules) 등으로 구분하고, 연령이 어릴수록 감각 운동 놀이의 양이 많고, 연령이 증가할수록 주위 세계에 대한 이해가 넓어지면서 구성 놀이에 참여하고자 하는 욕구가 증가된다고 하였다(Wolfgang, 1977). 이원영(1981)도 Smilansky의 분류를 3~7세 유아의 발달과정(연령)과 관련시켜, 상징적 놀이는 유아의 연령과 큰 상관없이 지속되지만, 감각 운동 놀이는 연령 증가에 따라 감소되고, 반면 구성 놀이는 연령 증가에 따라 증가되기 때문에 연령에 따라 적절한 놀잇감을 주어야 한다고 주장하였다. 또한 이원영은 유아들의 놀이를 흥미 영역에 따라 소꿉 놀이, 책보기, 쌓기, 그리기, 과학 놀이, 역할 놀이, 조작 놀이, 모래 놀이, 물 놀이, 목공 놀이, 음악 활동 등 11개로 구분하고, 각 영역별 놀이에 필요한 놀잇감의 종류를 제시하였다. 특히 그는 이러한 분류와 놀잇감은 유아교육기관에서 놀이를 활성화시키기 위한 기초 자료가 된다고 주장하고, 유아교육기관에서의 놀잇감은 유아들의 흥미를 중심으로 배치되어야 한다고 제안하였다.

유안진(1981)은 우리나라 고유의 아동 놀이를 정리하고 그 교육적 의의를 논하면서, 한국 고유의 아동 놀이를 발달 단계별로 구분하였다. 그는 1~3세를 감각 및 동작 훈련기, 3~5세를 고운 세 살기, 5~7세를 미운 일곱 살기 등으로 구분하고, 1~3세의 영아기는 도리도리, 짝자꿍, 곤지곤지, 잼잼, 고네고네, 불무불무, 따로따로, 목말타기 등 주로 감각 훈련과 동작 훈련에 집중된 놀이가 주종을 이룬다고 하였다. 고운 세 살기에는 세상달강, 자장가, 약손, 까치야 까치야, 부끙아, 꼬부랑 할머니, 이거래 저거래, 속말타기, 깨끔뛰기 등의 놀이가 있으며, 이는 주로 이유, 대소변 훈련, 언어 발달, 신체 발달을 위한 교육적 근거에서 마련된 것이라고 정리하였다. 그리고 미운 일곱 살기에는 이거래 저거래, 깨끔뛰기, 술래잡기, 이뽑기, 오줌싸개, 공기받기, 윷놀이, 자치기, 팽이치기, 팔매던지기, 과녁 맞추기, 소꿉짱, 숨박꼭질, 연날리기, 그네뛰기, 널뛰기 등으로 규칙이 요구되기도 하고, 집단적 놀이로서 주로 사회성을 발달시키기 위한 교육적 의의를 지닌다는 것이다.

연구자들은 남아와 유아가 놀이에 사용하는 놀잇감의 종류에서 유의한 성차를 발견하였다(Johnson, Christie, & Yawkey, 1999). 우리나라 유아들의 놀이 종류나 놀이 도구 또한 성차 따라 차이가 있었다(김광웅, 1973). 그림 그리기나 낙서, 이야기하고 듣기, 오리고 자르고 붙이기 등은 남녀가 공통으로 즐기는 놀이지만,

남자 아동이 특히 좋아하는 놀이는 연령과 큰 상관없이 총칼싸움, 전쟁 놀이, 자전거 타기 등인 반면 여자 아동들은 인형 놀이와 소꿉 놀이를 좋아하였다. 또한 남자 아동들이 즐기는 총칼싸움, 전쟁 놀이, 딱지, 구슬치기 등은 여자 아동들이 싫어하고, 여자 아동들이 즐기는 인형 놀이나 소꿉 놀이는 남자 아동들이 싫어하는 경향이 있었다. Wardle(1991)은 남아는 바닥에서 밀거나 당기는 놀잇감, 블록, 바퀴 달린 놀잇감을 선호하는 경향이 있고, 여아는 책상 위에서 색칠하기, 퍼즐 맞추기, 인형 놀이하기를 선호한다고 하였다. 즉 여아는 구성 놀이(constructive play)에 관심을 보이는 경향이 있고, 남아는 기능 놀이(functional play)에 관심을 보이는 것을 드러내었다. 결국 놀이나 놀이 도구에 대한 관심의 차이는 유아기부터 남녀에 따른 차이가 아주 두드러지게 나타난다고 볼 수 있다.

놀이 또는 놀이 도구의 유형과 종류가 유아의 여러 측면의 발달과 구체적으로 어떻게 관련되는가 하는 것도 고려해 볼 만한 문제이다.

이순일(1968)은 실내 · 외에서 볼 수 있는 대부분의 놀이는 아동들의 근육 활동에 도움을 주며, 운동 기능은 물론 협응 기능을 발달시켜 건강한 신체를 만든다고 주장하였다. 그는 또한 놀이는 신진 대사를 조절시켜 주고 특히 실외 놀이는 신선한 공기를 마시게 하고 햇빛을 받게 하여 구루병(비타민 D 결핍증)을 예방하고 상처의 회복을 빠르게 한다고도 하였다. Vandenberg(1981)는 놀잇감의 유형과 사회적 놀이의 관계를 밝혔는데, 소근육 운동 놀잇감은 단독 놀이와 평행 놀이를, 대근육 놀잇감은 연합 놀이를 유도했다. 이숙재(1988)는 복합 놀잇감을 가지고 노는 유아는 단순 놀잇감을 가지고 노는 유아에 비해 구성 놀이와 상징 놀이를 연합 놀이로 하는 경향이 있다고 하였다. 오은순(1993)은 블록의 유형과 수에 따라 유아의 놀이가 달라짐을 밝혔는데 속이 빈 블록은 집단 놀이에, 단위 블록은 집단 놀이, 혼자 놀이, 평행 놀이 등에 고루 활용되었고, 블록 수가 부족한 경우에 속이 빈 블록보다 단위 블록을 가지고 놀 때 혼자 놀이, 평행 놀이, 집단 놀이가 많이 나타났다고 하였다.

장재정(1980)은 아동들은 실내 · 외에서 놀면서 실내와 실외의 온도가 다르다는 것을 지각하며, 봄, 여름, 가을, 겨울을 경험해 봄으로써 따뜻하고 덥고 시원하고 추운 것을 알게 되는 등 일상 생활의 놀이를 통해 많은 개념이 형성된다고 하였다. 또한 장난감 놀이를 통해 아동들은 사물의 형태, 크기, 색깔, 질감 등을 이해하게 되므로 놀잇감은 유아들의 기본 개념을 형성시키는 데 큰 도움을 준다고 하였다.

놀이는 유아의 인지 발달에 영향을 미친다. 유아로 하여금 세상 사물과 사상에 관한 기본 개념을 익히는 데 도움을 줄 뿐 아니라, 많은 연구들은 놀이가 지능과 일반적인 정신 발달을 향상시킨다는 밝혀내고 있다(Johnson, Christie, & Yawkey, 1999). 뿐만 아니라 유아들의 문제 해결력을 길러 준다는 점도 간과할 수 없는 중요한 부분이다(Simon & Smith, 1983; Sylva, Bruner, & Genova, 1976). 유아들은 놀이의 과정에서 여러 가지 문제 사태에 직면하게 되며, 놀이를 지속하려면 어떠한 방법으로든 이를 해결하지 않으면 안 된다. 집단 놀이를 하게 되는 경우는 이러한 문제가 집단 사고에 의해 해결될 수도 있다는 점을 유아라고 하더라도 완전히 배제할 수는 없다. 결국 놀이는 아동들에게 여러 가지 문제를 수용하고, 대처하고, 해결하는 데 필요한 기본적인 태도와 능력을 갖추게 하는 데 큰 도움을 준다고 할 수 있다.

놀이는 일반적인 언어의 발달에도 큰 도움을 준다(Frost, 1992). 즉 유아들은 자유로운 놀이 상황에서 이야기를 주고받는 동안에 말솜씨와 어휘력이 발달되고 언어의 상징적 의미를 깨닫게 되고 단어와 구, 절 등 여러 가지 문장의 구조적 관계도 알게 된다. 또한 소꿉 놀이에서 어른들의 역할을 수행해 봄으로써 어른들이 사용하는 말을 사용해 볼 기회를 얻게 되고, 언어의 다양한 활용성을 이해하게도 된다.

소꿉 놀이나 역할 놀이 등 가상 놀이(make believe play)를 통해 유아들은 언어의 발달뿐 아니라 상상력과 창의력을 발달시키기도 한다. 여아들이 인형과 소꿉 도구를 가지고 어머니의 생활과 사고와 감정을 재현하는 것이라든지 남아들이 전쟁 놀이, 총싸움 놀이, 자동차 놀이 등을 통해 성인의 세계를 재현한다든지 의사 놀이나 학교 놀이를 통해 그들이 당면할 세계를 상상하고 가상적으로 실현해 보는 것은 모두 아동들의 상상력의 발달과 관련된다는 것이다. 뿐만 아니라, 그림 그리기, 만들기, 점토 놀이, 무용 등은 그것이 그대로 유아의 창의성을 길러 주는 데 직접적으로 도움이 된다. 놀이 연구들은 놀이가 창의성 간의 인과적 관계가 있음을 밝혀내고 있다(Dansky & Silverman, 1973, 1975).

놀이가 아동들의 정서적 성숙과 사회성의 발달에 기여한다는 점은 이미 앞에서도 밝힌 바와 같다. 놀이를 통해서 그들의 감정과 욕구를 표현하고, 불만을 해소하기도 하며, 스스로 나아갈 길을 찾는다는 점은 주지의 사실이다. 또한 놀이 집단에서 경험하는 다양한 인간관계의 경험이 사회적 적응력을 높여 주고, 타인을 이해하고, 자기 통찰을 갖게 한다. 즉, 유아는 본래 자기중심적 본성 때문에 모든 형태의 조망 수용에 어려움을 갖는다. 그러나 유아는 사회극 놀이 등을 통해 조망 수용 능력과 사회적 능력 발달을 하게 된다(Johnson, Christie, & Yawkey, 1999). 이러한 맥락에서 놀이를 중심으로 한 유아 교육 프로그램이 아동의 사회 정서적 발달을 돕는 데 상당한 효과를 낸다는 점은 국내·외의 연구를 통해서 입증되었다(Nalbandian, 1971; 주정일 · 김광웅, 1977).

CHAPTER

09 행동 수정의 이론과 실제

Early Childhood Education Psychology

인간을 보다 합리적이고 과학적인 방법으로 이해하고자 하는 노력의 결실 중의 하나로 탄생한 것이 행동주의이다. Allport는 행동주의적 인간관은 인간을 반응하는 존재로서 파악하며 다른 유기체와 다를 바 없는 반응체로 보는 것이라고 했다. 그러므로 인간도 쥐나 비둘기와 마찬가지로 생물학적 · 행동적 · 수리적 연구의 대상이 될 수 있다는 전제를 지닌다.

인간의 행동은 하등 동물에 비해 복잡하지만 원칙적으로 예측이 가능하다고 보고 있다. 그러므로 행동주의적인 입장에서는 인간의 현재 행동이 어떤 선행 조건에 의해서 결정되며 중요한 것은 겉으로 드러나는 행동뿐이라고 주장하고 있다.

이 같은 행동주의적 영향력은 문제 행동 치료 시 두 갈래로 나뉘어 진다. 하나는 Pavlov의 입장을 근거로 하는 행동 치료(behavior therapy)로써, 이는 외래 환자들을 항상 일대일로 치료하며 주로 정신 신경 문제를 다룬다. 다른 하나는 강화를 통해서 변화하고 측정이 가능한 행동에 중점을 두는 Skinner의 입장을 근거로 하는 행동 수정(behavior modification)으로서 병원이나 지적 장애인 수용소같이 입원 환자들이 있는 상황에서 발달되었다.

앞으로 여기서 다루게 될 행동 수정은 행동주의적 인간관을 모태로 하버드 대학교의 Skinner 교수가 개발시킨 행동 이론이 바로 이 이론의 기반이 되고 있다. 행동 수정 이론은 전통적인 다른 방법들과 달리 과학적인 실험 자료에 그 근거를 두고 있기 때문에 인간 행동의 이해와 그 수정 전략을 체계화하고 과학화할 수 있다. 또한 그 원리가 간단하기 때문에 현장 적용이 비교적 쉽다.

이와 같은 행동 수정 방법은 이상 행동의 치료뿐 아니라 정상 아동의 생활지도, 학습 행동의 교정, 사회 적응 행동의 훈련, 발달이 지체된 특수아의 교육, 특수 기능의 훈련, 소비자의 구매 행동 연구 등 인간이 활동하는 모든 분야에서의 행동을 수정하고 효율화하는 데 폭넓게 응용되고 있다. 그러므로 개인의 생활 적응, 교육 및 학습의 효율성을 높여 개인의 정신 건강에 기여할 뿐 아니라, 인적 자원을 절약하고 생산을 능률화하는 등 보다 폭넓은 사회 문제에 기여함으로써 우리의 생활 환경을 보다 행복하게 하는 데 큰 역할을 담당하는 것 중의 하나가 될 것이다.

01 행동 수정의 이론적 배경

1) 행동의 정의

행동이란 무엇인가?

어떤 사람의 추정에 의하면 행동이란 말이 기술적으로 사용되는 경우만 살펴봐도 약 20여 개의 정의가 있다고 한다. 이희승의 「국어대사전」에 의하면 행동이란 생물이 몸의 안팎의 자극 또는 자극 상태에 대하여 나타내는 전체적으로 조정된 반응이라고 했다. 또한 「Webster 사전」(1975)에 의하면 행동이란 '유기체의 활동 및 자극에 대한 유기체의 반응'이라고 했다. 여기서 반응이란 환경에 대한 개인 집단 또는 종의 반응을 의미한다.

두 정의가 모두 행동은 자극에 대한 반응이며 인간과 환경의 상호 작용이라고 보고 있다.

우리가 일반적으로 생각하는 행동이란 '사람들의 활동'이다. 특히 과학자들은 행동이란 관찰이 가능한 것으로, 이것이 환경에 미치는 영향을 양적으로 측정할 수 있는 것으로 보고 있다. 그러므로 행동에 관한 연구는 과학의 범주에 들어간다.

2) 행동의 유형

미국의 심리학자 Skinner는 그의 행동 이론에서 행동을 수동 행동과 작동행동의 두 가지 유형으로 나누고 있다.

▲ Skinner

(1) 수동 행동(respondent behavior)

수동 행동이란 인간의 의지와는 관계 없이 일어나는 행동이다. 이는 어떤 자극에 의해서 부득이 일어나기 때문에 반사적 행동(reflex behavior)이라고도 한다.

예를 들면 고무망치로 무릎을 탁 쳤을 때 다리를 튕기게 되는 것, 어두운 방에 들어가면 동공이 커지는 것, 더우면 땀이 나는 것, 배고플 때 음식 냄새를 맡으면 침이 나오는 것 등으로, 이러한 행동은 우리 스스로가 통제할 수 있는 것이 아니라 자율 신경에 의해 조절되는 것이다.

러시아 학자 Pavlov는 최초로 수동 행동에 관한 연구를 했다. 그는 개에게 먹이를 주어 타액을 분비하는 조건 반사 실험을 했다. 그 과정을 기호로 표시하면 다음과 같다.

이와 같은 수동 행동의 특징은 항상 자극이 반응을 앞서며, 특정 자극은 반드시 특정 반응을 유발시킨다는 데 있다.

자극(S) ⟶ 반응(R)

예 먹이 ⟶ 타액분비

(2) 작동 행동(operant behavior)

작동 행동이란 사람이나 동물이 자기 의사에 따라 스스로 행동하는 것을 말한다.

예를 들면 일상 생활 중에 하는 행동, 즉 친구를 만나고, 숙제를 하고, 스스로 맡은 일을 처리해 나가는 일 등은 어떤 자극에 의해서라기보다는 개인 의사에 따라 일어나는 행동들이다. 대부분 이런 행동들은 행동이 일어난 뒤에 오는 자극에 따라 영향을 더 많이 받는다. 이와 같은 인간의 행동을 Skinner는 다음과 같이 기호로 표시하였다.

반응(R) → 자극(S)

예 심부름 함 → 엄마의 칭찬

심부름하는 행동에 영향을 미침

반응에 뒤따라오는 자극을 조절함으로써 인간 행동의 통제가 가능한 원리가 바로 행동 수정의 기본 원리가 되고 있다.

3) 조건화

인간에게 반응을 일으키게 하는 자극은 크게 두 가지로 나눌 수 있다. 하나는 수동 행동에서 이야기한 바와 같이 선천적으로 어떤 특정 자극이 제공되기만 하면 자율 신경계가 스스로 반응하는 자극이고, 다른 하나는 후천적으로 학습에 의해서 전혀 자극력이 없던 것이 힘을 얻어 반응하는 경우이다.

후자의 경우와 같이 지금까지는 아무런 관계도 없던 자극이 어떤 반응을 일으키게 되는 새로운 관계를 형성시키는 훈련 과정을 조건화라 한다.

조건화(conditioning)는 조건 반응을 형성시키는 과정에 따라 수동 조건화와 조작적 조건화로 나뉜다.

(1) 수동 조건화(respondent conditioning)

❶ 수동 조건화

일반적으로 일정한 자극에 대해서는 일정한 반응이 있다. 예를 들어 개에게 고기를 주면(자극) 타액을 분비한다(반응). 그러나 개에게 종소리를 들려주었을 때 개가 놀라긴 해도 타액을 분비하지는 않는다. 하지만 종소리를 들려주고 곧이어 고기를 주는 일을 몇 번 반복하면 종소리만 듣고서도 타액을 분비하게 된다.

원래 종소리 자체는 타액을 분비시키는 힘이 없다. 그런데 이것이 반응을 일으킬 수 있는 자극(고기)과 여러 번 짝지어져서 주어졌기 때문에 반응을 일으킬 수 있는 힘(타액 분비)을 얻게 되어 결국은 종소리만 들어도 타액을 분비하게 되는 것이다.

이 과정을 도표화하면 다음과 같다.

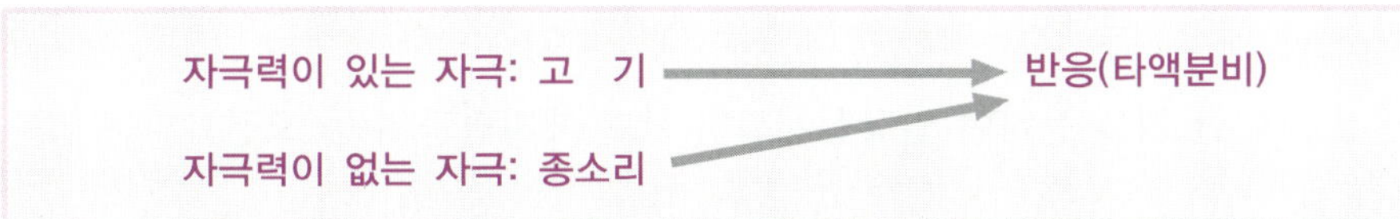

위의 예에서와 같은 현상을 수동 조건화라 한다. 그리고 수동 조건화에 의해 학습된 행동을 수동 행동이라 한다.

❷ 수동 조건화의 연구

러시아의 생리학자 Pavlov의 조건 반사의 실험 결과에 감명을 받은 Watson은 전통적 심리 치료의 불확실성과 비효율성에 정면으로 도전하여 공포증과 같은 정서 반응이 환경 자극에 의하여 학습(조건화)될 수 있다는 것을 실험으로 입증하였다. 그의 실험은 극히 간단한 것으로서 흰쥐가 어린 Albert(흰쥐를 두려워하지 않는 11개월 된 아기) 앞에 나타날 때마다 갑자기 요란스런 징소리를 내어 아기를 놀라게 하는 것이었다. 이 실험을 통하여 Albert는 쥐를 두려워하는 공포 반응을 학습하게 되었다. 또한 이 실험 이후 Jones는 Watson의 지시에 따라 수동 조건화의 방법으로 아동의 공포증을 치료하는 데 성공함으로써, 심리 치료에 대한 새로운 대안을 제시하는 데 크게 공헌하였다.

1920년대 초에 이루어진 Watson과 Jones의 연구는 전통적 심리 치료에 새로운 전기를 제공하였으나 Hull, Dollard와 Miller 등의 심리학자들이 학습 이론을 체계화하기까지 별로 빛을 보지 못하였다.

1950년대에 이르러 Wolpe는 Pavlov의 조건 반사 연구, Hull의 이론, Watson과 Jones의 실험, 그리고 Sherrington의 근육 활동의 연구 등을 토대로 하여 상호 제지법(reciprocal inhibition)을 제안하였다. 그리고 1958년에는 상호 제지법에 관한 책을 발간하여 수동 조건화의 원리를 통한 행동 치료의 신기원을 이루었다. 그는 공포나 불안을 상호 제지시킬 수 있는 반응으로 근육의 이완, 성적 반응, 자기 주장 등을 사용하였다.

한편 영국에서는 Eysenk가 전통적인 정신 분석적 방법의 비효율성을 비판하면서 그 대안으로 학습 이론적 방법을 제시하였다. 1960년에는 「행동 요법과 신경증」이란 책을 통하여 임상실에서의 상호 제지법과 수동 조건화의 방법을 활용한 사례를 발표했으며, 1963년부터는 '행동 연구와 치료'라는 학술적 잡지를 출간하여 수동 조건화의 연구뿐 아니라 조작적 조건화의 연구도 함께 게재하기에 이르렀다.

(2) 조작적 조건화(operant conditioning)

1 조작적 조건화

어떤 행동 다음에 따라오는 결과를 체계적으로 잘 조절하면 그 행동이 미래에 다시 발생할 확률을 증가시킬 수도 있고 감소시킬 수도 있다. 이와 같은 과정을 조작적 조건화라 한다.

Skinner는 다음과 같은 실험을 했다. 조그만 빈 상자 안에 지렛대 하나를 장치해 놓고 굶주린 쥐 한 마리를 그 안에 집어넣었다. 그리고 쥐가 지렛대를 누르면 음식이 떨어지도록 장치해 놓았다. 배고픈 쥐는 먹을 것을 찾아 상자 안을 이리저리 돌아다니다가 우연히 지렛대를 누르게 되었다 그 결과 음식이 떨어져 쥐는 그것을 주워 먹었다. 이런 과정이 몇 번 반복되는 동안 이 쥐는 지렛대를 누르면 음식이 나온다는 것을 알게 되었다. 그래서 배가 고플 때마다 지렛대를 눌러 음식을 받아먹는 법을 배우게 되었다.

다음 실험에서 Skinner는 쥐가 지렛대를 아무리 눌러도 음식이 나오지 않도록 했다. 그러자 쥐가 지렛대를 누르는 행동이 점차 감소하더니 결국은 중단되어 버렸다.

이상의 실험에서와 같은 현상을 조작적 조건화라 하며 조작적 조건화에 의해서 학습된 행동을 작동 행동이라 한다.

2 조작적 조건화의 연구

Skinner는 1938년에 「유기체의 행동」이란 저서를 통하여 동물의 행동에 관한 실험 결과를 발표하였다. 실험 상자 안에서 쥐가 지렛대를 누르는 행동은 그 행동을 한 다음 즉시 주어지는 음식에 의하여 강화된다는 것을 발견하고 작동 행동의 강화 원리를 정립하였다. 이 실험을 계기로 동물의 행동에 미치는 강화 효과에 관한 실험 연구들이 많이 이루어졌다. 그리고 1953년 Skinner는 다시 「과학과 인간의 행동」이란 책을 통하여 행동의 원리가 인간의 행동에 적용될 수 있다는 점을 시사하였다.

1950년대에는 정적 강화와 소거법을 응용하여 인간의 행동을 예언된 방향으로 변화시킬 수 있음을 예시하는 많은 연구들이 이루어졌다. 예를 들면 Fuller는 우유를 강화 자극으로 사용하여 심한 지적 장애인에게 오른손을 수직으로 번쩍 쳐들게 하는 훈련에 성공했고, Skinner의 제자인 Azrin과 Lindsley는 젤리를 사용하여 어린 아동들이 놀이에 서로 협조하는 행동을 강화시켰다.

이상의 연구는 강화의 원리가 인간의 행동을 통제하는 데 효과가 있음을 실험해 본 것뿐이며, 실용적 목적으로 이루어진 것은 1959년 Ayllon과 Michael의 연구였다. 즉 정신과 병동에서 일하는 모든 종사자들이 강화, 소거, 도피 훈련 등의 방법을 사용하여 환자들의 망상적 대화, 음식 거부, 기타 부적절한 행동들을 수정하는 일이었다. 그리고 1958년부터는 '행동의 실험적 분석'이라는 전문지가 Indiana 대학교에서 출간되어 작동 행동에 대한 기초 실험 연구와 응용 연구를 촉진하는 역할을 하였다.

1960년대의 연구 특징은 정신박약아, 자폐증 아동, 심한 퇴행을 보이는 정신병자들이 주된 연구 대상이었다는 점과 또 하나는 통제된 임상실이나 시설에서만 응용 연구가 이루어졌다는 점을 들 수 있다. 그리고 1965년에 Ullman과 Krasner는 최초로 「행동 수정 사례집」을 발간했으며 행동 수정이란 말을 처음으로 사용한 것 같다. 이 책에서는 작동 행동에 관한 것뿐 아니라 Pavlov와 Hull의 입장도 소개되어 있어 행동 수정 연구의 활력소 구실을 하여 왔다.

1960년대 후반에 이르러 Skinner의 입장을 취하는 작동 행동의 연구는 북미 전역에 붐을 일으켰다. 많은 대학에서 '행동 수정' 교과목을 개설하였으며 여러 대학교에 훈련원이 세워지기도 하였다. 응용 연구의 분야도 정상 학급, 대학의 교수법, 가정에서의 자녀 지도 등 광범위한 분야로 급속히 확대되었다.

1960년부터는 Kansas 대학에서 '적응 행동 분석'이란 전문지가 출간되어 인간 행동의 발달과 효율성 등에 관련된 모든 행동의 응용 연구 분야를 개척하고 촉진하는 구실을 하여 왔다.

02 행동 수정의 기법

1) 바람직한 행동의 강화 방법

(1) 정적 강화(positive reinforcement)

1 정적 강화

정적 강화란 말은 우리가 흔히 쓰고 있는 상(賞)이라는 말과 동의어로 볼 수 있다.

주어진 상황에서 어떤 사람이 무엇을 할 때(반응) 즉시 어떤 결과가 뒤따르게 되면 이 사람은 다음에 비슷한 상황을 만났을 때 같은 행동을 다시 하게 된다(장기 효과). 이 같은 결과를 정적 강화라 한다.

예를 들어 길에 떨어진 휴지 조각을(상황) 초등학교 학생인 철수가 주워 쓰레기통에 넣었다(반응). 마침 이 길을 지나던 철수 담임 선생님이 이를 보고 철수의 머리를 쓰다듬어 주면서 "철수는 참 착하구나"하고 칭찬을 해주셨다(결과). 그 후부터 철수는 길을 가다가 휴지 조각이 떨어져 있으면 언제나 주워서 쓰레기통에 넣게 될 것이다(장기 효과).

2 정적 강화의 효율적인 사용 방법

① 증가시키고자 하는 행동을 구체적으로 선택해야 한다.

선택된 행동이 '공중도덕 지키기'와 같이 추상적인 것이 아니라 '휴지 줍기'와 같은 구체적인 행동이어야 한다.

② 적절한 강화물(reinforcer)을 선택해야 한다.

몹시 목이 마를 때 음료수는 누구에게나 정적 강화물이 되듯이 어떤 것은 모든 사람에게 자연적으로 정적 강화물이 된다. 그러나 개개인에게 적절한 강화 자극은 사람마다 각각 다르다. 철수는 사탕을 좋아하나 영희는 사탕을 싫어하고 초콜릿을 좋아할 수 있다. 그러므로 중요한 것은 행동을 변화시키고자 하는 대상에게 가장 효과적인 강화물을 알아내어 이를 사용해야 한다는 점이다. 이러한 강화물의 조건으로는 쉽게 구할 수 있고, 바람직한 행동이 일어난 즉시 줄 수 있으며 포화가 쉽게 일어나지 않으면서 반복적으로 사용할 수 있고, 이를 소모하는 데 많은 시간을 필요로 하지 않는 것이어야 한다.

③ 강화물의 포화(satiation) 상태는 피해야 한다.

포화는 더 이상 강화 효과가 나타나지 않는 만큼 강화를 많이 받은 상태를 의미한다. 과자 한 봉지를 다 먹은 아이에게는 과자류가 강화물의 역할을 할 수 없다. 그러므로 강화물의 양을 적게 하고 또한 강화물을 사용하기 이전 얼마 동안은 주지 않아야 효과적이다.

④ 최대의 효과를 얻기 위해서는 바람직한 행동이 일어나는 즉시 강화가 주어져야 한다.

철수가 휴지를 주웠을 때 아무도 이에 대해 반응을 보이지 않았다면 철수의 휴지 줍는 행동은 다음에 계속 일어나지 않을 수도 있을 것이다.

⑤ 강화 계획은 미리 알려 준다.

행동을 증가시키기 위해 강화를 줄 경우 왜 강화를 받는지 이야기하거나 이해시킬 필요가 반드시 있는 것은 아니다. 그러나 강화 계획을 미리 알려 줄 경우 강화 효과를 촉진시킬 수 있다.

⑥ 정적 강화물은 차츰 자연 강화물로 대치시켜 가도록 해야 한다.

정적 강화물을 적절히 사용하여 한 행동을 강화시킨 후에는 자연 환경 속의 강화물로 그 행동을 유지시키는 것이 필요하다. 그렇지 않으면 훈련 프로그램에서 형성된 바람직한 행동이 자연 상황에서는 이루어지지 않을 수 있기 때문이다.

(2) 조건 강화(conditioned reinforcement)

1 조건 강화

원래는 강화하는 힘이 없지만 다른 강화물들과 적절히 짝지워짐으로써 강화력을 얻은 자극을 조건 강화 자극이라 한다. 조건 강화 자극은 제2차 강화 자극 또는 학습된 강화 자극이라 부르기도 한다.

대부분의 아이들은 사탕이나 과자를 자연적으로 좋아하기 때문에 사탕이나 과자는 그것 자체가 강화력을 지니게 된다(이 같은 자극을 제1차 강화라고 한다). 그러나 돈은 그것 자체만으로써는 아무런 힘이 없지만 돈으로 먹을 것 · 옷 · 집 등 원하는 것을 살 수 있기 때문에 강화력을 지니게 된다. 그러므로 돈은 조건 강화 자극인 것이다.

조건 강화 자극으로는 물질적인 것 외에도 칭찬과 같이 비물질적인 자극도 강화 자극이 될 수 있다.

예를 들어 병도가 심부름을 했을 때 아빠가 병도에게 과자를 주면서 "우리 착한 귀염둥이야."라고 말하거나, 미소를 지으며 등을 어루만져 주는 등 애정의 표시를 할 경우를 생각해 보자. 처음에는 아버지가 등을 어루만져 주는 것이 아들의 행동에 별 효과를 줄 수 없었겠지만 아빠의 선물과 등을 어루만져 주는 것이 서로 자주 연결되어 계속되어진다면 등을 어루만지는 것만으로도 아들에게 만족을 줄 수 있고 병도의 활동을 강화할 수 있는 조건 강화 자극이 된다.

다시 말하면 병도는 아빠의 애정을 받을 수 있는 행동, 즉 심부름을 더 잘

하게 된다.

2 조건 강화의 효율적인 사용 방법

① 조건 강화 자극은 이를 사용하고자 하는 상황에서 다루기 쉬운 것이어야 한다. 앞의 예에서 아빠가 병도에게 선물로 준 과자는 쉽게 구할 수 있고, 또 전달해 주기 쉬우므로 매우 적합한 자극이다. 그러나 만일 아버지가 과자 대신 장난감을 만들어 주는 것을 택했다면 늘 사용하기가 어려울 것이다.

② 가능하면 각 개인이 주변에서 자연스럽게 접할 수 있는 것을 사용해야 한다. 아빠가 병도에게 선물을 주면서 "우리 착한 귀염둥이"라는 말을 했기 때문에 나중에는 자연스런 상황에서 착하다는 말만 들으면 '착하다'는 칭찬을 들을 수 있는 행동을 계속하게 될 것이다.

③ 조건 강화를 이루어 나가는 초기 단계에서는 조건 강화 자극이 제공되어지는 즉시 후속 강화 자극이 뒤따라와야만 한다.
즉 아빠가 병도에게 착하다는 말을 하면서 곧이어 과자를 주어야 한다. 그러나 나중에는 조건 강화 자극 다음에 후속 강화 자극을 바로 주지 않고 점차 지연시켜 줄 수 있다.

④ 후속 강화 자극은 여러 종류를 다양하게 사용하여야 한다.
여러 후속 자극 중 적어도 하나는 어느 때나 조건 강화 자극의 강화력을 유지시키기에 충분한 강화력이 있을 것이기 때문이다.

⑤ 대상이 여러 명일 때는 조건 강화 자극이나 후속 강화 자극을 얻는 데 심한 경쟁심을 유발하지 않도록 해야 한다.
개개인의 능력에 따라 강화 받을 수 있도록 프로그램을 잘 짜면 이 문제는 해결될 수 있을 것이다.

⑥ 이외에도 정적 강화 자극에 적용된 법칙들을 첨가시키면 더욱 좋다.

(3) 토큰 강화(token reinforcement)

1 토큰 강화

칭찬과 같은 자극은 금방 사라져 버리고 만다. 그러나 돈과 같은 조건 강화 자극은 음식과 같은 강화물과 바꿀 수 있으므로 그 때까지 효과가 지속된다. 이러한 종류의 조건 강화 자극을 소위 토큰이라 하며 토큰을 사용하는 프로그램을 토큰 강화라 한다.

다시 말하면 토큰 강화란 조건 강화의 한 종류로써 물질적, 사회적 보상을 직접 제공하는 대신 구매력을 가진 상징적인 표나 점수 등을 주는 강화 체제를 말한다. 다른 강화 체제보다 토큰 제도는 많은 장점들이 있다.

① 강화 자극의 포화를 방지할 수 있다.
토큰은 여러 강화 자극과 언제나 바꿀 수 있으며 또한 강화 자극을 자기가 선택할 수 있기 때문이다.

② 눈으로 보고 손으로 만질 수 있는 것이기 때문에 자기의 행동이 강화를 받고 있음을 실감할 수 있다.

③ 언제 어디서나 강화를 줄 수 있다.
바람직한 행동을 하는 즉시 줄 수 있으므로 바람직한 행동을 식별하는 데 도움이 된다.

④ 하나의 강화를 여러 조각으로 나누어 줄 수 있다.
예를 들어 자전거 한 대를 부상으로 받기 위해서는 여러 조각의 토큰을 모아야만 되게끔 할 수가 있는 것 등이다.

⑤ 강화력이 제일 높은 강화 자극이 무엇인지 쉽게 발견할 수 있다. 집단을 대상으로 실험할 때 대상자들이 토큰을 가지고 제일 많이 교환해 가는 물건이나 특혜가 무엇인지를 살펴보면 그들이 제일 좋아하는 강화 자극들이 무엇인지 쉽게 알 수 있을 뿐만 아니라 강화력의 서열까지 매길 수 있게 된다.

⑥ 목표 행동 학습에 대한 의욕을 높여 준다.

부모나 교사는 아동과 한자리에 앉아서 목표 행동을 무엇으로 할 것인지를 정하고, 그 행동에 대하여 얼마의 토큰을 줄 것인지 그 값을 정하기 때문에 아동으로 하여금 참여하려는 동기를 강하게 자극시킨다.

⑦ 토큰의 가치는 그것을 주는 사람의 기분과는 관계없이 언제나 일정하다.

예를 들어 칭찬은 칭찬하는 사람의 기분에 따라 많은 차이가 있다. 그러나 토큰의 가치는 사람의 감정에 좌우되지는 않는다.

이와 같은 토큰 제도는 정상아뿐 아니라 부모나 교사의 칭찬, 관심 등 일반적으로 사용되는 강화에 별로 반응하지 않는 학생들을 다루는 특수 환경, 특히 정신 병동, 지적 장애인 학교 등에서 효율적으로 사용할 수 있는 방법이다.

2 토큰 강화의 효율적인 사용 방법

① 토큰은 행동 수정 대상자들에게 강화력을 발휘할 수 있는 것으로 선정해야 한다.

② 토큰은 바람직한 반응을 보인 즉시 칭찬과 더불어 주어야 한다.

③ 일반적으로 강화를 주는 주위 사람들로부터, 점진적으로는 행동 수정 대상자 자신에게로 옮아가야 한다. 즉 궁극적으로는 대상자 스스로가 자신을 강화하게 되고 자신의 행동을 통제하도록 하기 위해서이다.

④ 토큰 강화의 초기 단계에서는 토큰이 자주 지급되어야 한다.

⑤ 토큰과 강화물을 교환하는 횟수는 처음에는 자주 하다가 나중에는 점차 그 횟수를 줄여야 한다.

학교 다니는 아동의 경우 처음 3, 4일은 하루에 한두 번 교환해 주고, 점차 그 횟수를 줄여 3주일쯤 후에는 일주일에 한 번 정도가 좋다.

⑥ 바람직하지 못한 행동을 할 경우 벌금으로 토큰을 사용할 수 있다.

이때 바람직하지 못한 행동을 할 경우 내야 할 토큰의 수는 미리 대상자에게 알려 주어야 한다.

⑦ 토큰 강화에서는 항상 기록하는 것이 중요하다. 기록 내용에 포함되는 사항들은 다음과 같다.

–행동 수정자의 목표 행동과 이 행동이 일어난 상황

–각자가 받은 토큰 수

–강화를 준 사람

–구입한 물품

–이를 얻는 데 필요한 토큰 수 등

⑧ 토큰 강화를 운영하는 사람들도 행동 수정 대상자와 마찬가지로 적절한 행동에 대해서는 자극 강화를 받고, 부적절한 행동에 대해서는 교정이 이루어져야 한다.

⑨ 토큰 강화를 실시하기 전에 반드시 토큰 강화의 운영 방법을 자세히 기술한 지침서나 시행 규칙을 준비해야 한다.

⑩ 토큰은 위조할 수 없도록 독특하고 정교하게 만들어져야 한다.

⑪ 집단을 대상으로 토큰 강화를 할 경우엔 각자가 받을 토큰을 달리하여 훔치거나 노름을 하는 등 부당하게 토큰을 취득하지 않도록 해야 한다.

2) 바람직하지 못한 행동의 소거 방법

(1) 소 거(extinction)

1 소 거

어떤 행동의 빈도나 강도가 낮은 수준에 이르기까지 강화 자극을 계속해서 제거해 가는 과정을 소거라 한다.

계속 강화를 받아 온 행동일지라도 일단 강화 제공이 중단되면 그 행동은 점차 감소되어 버린다. 예를 들어 4살 된 딸과 엄마, 아빠가 아침을 먹으려고 밥상에 둘러 앉아 있는 데 딸아이는 밥투정을 하면서 밥을 먹지 않는다. 엄마 아빠는 이를 못 본 체 하고 식사를 끝낸다.

이와 같이 딸아이가 밥투정을 할 때마다 엄마 아빠가 모른 척 할 때 이 아이가 밥상에 앉아 밥투정하는 일은 점차 줄어들 것이다. 다시 말해 여러 차례 같은 행동을 해보았으나 더 이상 보상이 뒤따르지 않으면 이 행동은 점차 줄어들게 된다는 것이다.

2 소거의 효율적인 사용 방법

① 소거는 상반 행동(incompatible behavior, 바람직하지 않은 행동과 동시에 일어날 수 있는 바람직한 행동)과 동시에 사용하는 것이 효과적이다.
예를 들어 '동생을 잘 때리는 행동'을 없애려면 '동생과 사이좋게 노는 행동'을 찾아 이를 강화해 주면 된다.

② 감소시키고자 하는 행동에 대해서는 실험자가 주는 강화 자극 이외의 다른 외부 강화 자극이 주어지지 않도록 해야 한다.
예를 들어 엄마는 아이의 칭얼대는 버릇을 고치려고 이를 무시하는데, 아빠나 할머니가 칭얼댈 때마다 달래 주고, 요구 조건을 들어준다면 소거 계획은 이루어질 수 없다. 오히려 칭얼거리는 빈도를 더 증가시키는 결과를 낳게 될 수 있다.

③ 소거 방법을 사용하기 위해서는 특별한 장소를 정하거나 설비를 할 필요가 있다.
예를 들어 몸을 구부리는 문제를 가진 지적 장애인을 치료하려면 딱딱한 종이를 소파에 수직으로 붙인 다음 방구석에 놓고, 몸을 숙이면 TV가 보이지 않도록 설치할 필요가 있다. 또한 아이의 칭얼대는 행동을 소거시키고자 할 때는 백화점같이 구경거리가 많은 장소에서는 적합하지 못하다.

④ 소거에 대하여 말하거나 이해시킬 필요가 반드시 있는 것은 아니다. 그러나 상대방에게 '만일 네가 X하면 Y(강화)가 더 이상 주어지지 않을 것이다'라고 말하는 것이 효과를 증진시킬 수도 있다.

⑤ 소거는 간헐 강화보다 지속 강화를 받은 경우 더 빨리 이루어진다. 그러므로 간헐 강화 받은 행동을 소거하고자 할 때는 시간을 여유 있게 잡아야 한다.

⑥ 감소시킬 행동을 선택할 때는 구체적인 것으로 하고, 한 번에 중요한 문제가 변화를 가져올 것으로 계획해서는 안 된다.

⑦ 실험자가 처한 상황이 소거 과정을 관철시킬 수 있는 상황인지를 파악해야 한다.

소거법 적용 시 바람직하지 않은 행동은 줄어들기 이전에 더 악화되며, 때로는 공격적 행동이 나타나게 되므로 행동이 아동 자신뿐 아니라 다른 사람에게 해를 끼치지 않는가에 주의해야 한다.

⑧ 소거 프로그램을 적용하기 전에 일정 기간 동안 바람직하지 않은 행동이 얼마나 자주 일어나는지를 관찰 기록해야 한다. 이렇게 하는 동안에는 그 행동에 주던 강화는 계속 주도록 한다.

⑨ 바람직하지 못한 행동이 완전히 없어진 뒤에도 때때로 다시 나타나는 경우가 있으므로 이에 대한 대비가 필요하다.

(2) 벌(punishment)

1 벌

벌의 원리는 다음과 같다.

① 주어진 한 상황에서 어떤 사람이 어떤 행동을 했을 때 즉시 어떤 결과(벌)가 뒤따라온다.

② 그러면 다음에 그 사람은 먼저 주어진 상황과 비슷한 상황에서는 같은 행동을 할 가능성이 적어지게 된다.

이와 같이 벌이란 어떤 결과로써, 반응이 일어난 뒤 결과 자극이 주어져서 그 반응의 빈도를 줄어들게 하는 것을 말한다.

일반적으로 벌이 신체적 고통을 수반하는 것으로 쓰이고 있으나, 행동 수정 방법에서는 신체적 고통을 포함해서 반응의 빈도를 줄이는 모든 것을 벌이라고 한다.

가정이나 학교에서는 아동의 행동 지도를 위해 여러 형태의 벌을 사용하고 있다. 그러나 벌을 받는다는 것은 불쾌한 일이며 또한 부작용도 많으므로 그 벌은 최후의 수단으로 사용해야 하며, 매우 신중하게 사용해야 한다.

2 벌의 효과적인 사용 방법

① 감소시키고자 하는 행동을 구체적으로 선택해야 한다.

② 바람직한 상반 행동은 벌이 주어지는 행동과 동시에 일어날 수 없으며 강화를 받을 수 있는 것이어야 한다. 가능한 자연적 환경에서 유지될 수 있는 행동을 선택하면 좋다.

③ 바람직한 상반 행동이 일어날 수 있는 가능성을 증가시키기 위하여 많은 격려를 해주며, 바람직한 행동은 적절한 강화 계획에 따라 강력한 강화물로 강화해 준다.

④ 벌의 사용 초기 단계에서는 벌을 받게 되는 행동의 원인을 찾아 이를 소거해 주어야 한다.

예를 들어 엄마가 동생을 예뻐하는 경우에만 장난감을 던지고 부서뜨리는 행동을 한다면, 형이 보는 앞에서는 동생을 예뻐하지 않도록 한다.

⑤ 바람직하지 못한 행동에 대해 주어지는 강화는 가능하다면 어떤 것이든 소거시켜야 한다.

예를 들어 칭얼거릴 때마다 안아 주고 달래 주며 먹을 것을 사준다면 바로 이것이 칭얼거리는 행동을 강화하고 있는 것이다.

⑥ 벌은 바람직하지 못한 행동이 일어난 다음 즉시 이를 제거할 수 있는 것으로 선택해야 한다.

⑦ 벌을 줄 때는 정적 강화와 함께 제시되지 않도록 해야 한다.

예를 들어 아이를 회초리로 종아리를 때린 뒤 우는 아이가 불쌍하게 여겨져 곧 아이를 안고 달래 준 다음 맛있는 음식을 준다면 오히려 바람직하지 못한 행동을 강화시켜 주는 결과를 가져오게 된다.

⑧ 벌을 사용하는 사람은 침착하고 사무적인 태도를 취해야 한다.

3) 새로운 행동의 형성

(1) 행동 형성법(shaping)

1 행동 형성법

행동 형성법은 한 개인이 현재 하지 못하는 행동을 새로이 하기 위하여 최종 목표 행동을 여러 단계로 나눈 뒤 낮은 단계부터 하나씩 강화하여 점진적으로 목표 행동에 접근해 가는 과정을 말한다.

행동 형성법의 실례는 우리 생활 주변에서 흔히 찾아볼 수 있다. 예를 들어 아기가 '엄마'라는 말을 배우는 과정을 살펴보자. 처음에는 아기가 단순히 성대를 울리는 것부터 시작하여 점차 옹알이를 하고, 응음 · 음마의 단계를 거쳐 엄마라는 발음을 하게 된다. 각 단계가 진행될 때마다 어머니들은 좋아서 아이를 칭찬해 주고 안아 주고 얼러 주며 말대꾸를 해준다.

이와 같이 별다른 의미나 의도 없이한 사소한 행동이 주위로부터 물질적 · 사회적 또는 상징적인 강화를 받게 되면 이 행동을 자주 하게 된다. 그리고 이러한 사소한 행동은 비슷한 형태 또는 좀 더 큰 형태의 행동으로 점진적인 변화를 하게 되고, 이 변화된 행동이 계속적으로 강화를 받게 되면 나중에는 처음의 사소한 행동보다는 상당히 발전된 하나의 커다란 행동을 하게 된다.

2 행동 형성법을 효율적으로 사용하려면

① 최종적으로 바라는 목표 행동은 분명하고 구체적인 행동으로 정하고 확인해야 한다. 예를 들면 '학급에서의 좋은 행동'보다는 '10분간 조용히 공부하기'가 바람직하다. 그리고 가능하면 어떤 새로운 행동이 형성된 후 일상 생활에서 자연스럽게 강화 받을 수 있는 행동을 고르도록 한다.

② 목표 행동(terminal behavior)을 향하여 점진적으로 접근할 수 있는 시발점이 되는 행동, 즉 시발 행동을 찾고 확인해야 한다.

시발 행동(starting behavior)을 선택하기 위해서는 대상자가 하고 있는 행동 중 목표 행동과 가장 유사한 것으로 관찰 기간 동안에 적어도 한 번쯤은 일어날 수 있는 행동을 찾아야 한다.

③ 목표 행동에 계속적으로 접근해 가기 위한 단계 행동들의 목록을 작성한다.

④ 프로그램을 운영하기 전에 대상자에게 앞으로의 계획을 말한다.

⑤ 시발 행동이 일어날 때마다 즉시 강화를 주어야 한다.

⑥ 대상자가 전 단계의 행동을 완전히 익히지 못했을 경우에는 절대 다음 단계로 넘어가서는 안 된다.
만일 언제 다음 단계로 넘어가야 할지 잘 모를 경우에는 대상자에게 현 단계를 10번 정도 시행하여 6번 정도를 정확히 할 수 있으면 된다.

⑦ 각 단계마다 강화의 양을 고르게 해야 한다.

⑧ 만일 대상자가 행동을 하려 들지 않거나 진전이 없을 경우는 너무 빨리 단계를 옮겨 갔거나, 각 단계들의 크기가 적당치 못했거나, 강화가 비효과적이었기 때문이다.

(2) **용암법**(fading)

1 용암법

용암법은 반응을 일으키는 자극을 점진적으로 통제하여 일부 변화된 자극 또는 완전히 새로운 자극에 의해 반응이 유발되게 하는 것을 말한다.

예를 들어 용암법으로 아이에게 동그라미를 그리도록 가르치는 과정을 살펴보자.

점선으로 원이 그려진 종이를 여러 장 준비한다.

① 처음에는 여러 차례 아이의 손을 붙잡고 아이가 점을 연결하여 원을 그릴 수 있도록 도와준다.

② 그 다음에는 아이의 손등에 실험자의 손을 올려놓기만 한다.

③ 아이가 연결해야 할 점을 손가락으로 가르쳐 준다.

④ '점을 따라 원을 그려 봐'라고 지시만 준다.

이와 같이 하여 일단 아이가 점선을 따라 원을 그릴 수 있게 되면, 점선을 용암시켜 점선 없이도 원을 그릴 수 있게 가르칠 수 있다.

용암법은 점진적인 변화를 가져온다는 점에서는 행동 형성법과 같다. 그러나 행동 형성법은 자극은 동일하나 반응이 점차 변화하는 것이고, 용암법은 반응은 동일하나 자극이 점차 변화한다는 점에서 다르다. 이와 같은 용암법은 정신지체아나 자폐증 아동들의 학습에 많은 도움을 주고 있다.

2 용암법의 효율적인 사용 방법

① 어떤 특정한 자극에 대하여 나타나는 반응이 일상 생활 속에서도 쉽게 유지될 수 있도록 목표 자극을 선정해야 한다.
예를 들어 수세기를 가르칠 때 책상 위에 숫자만큼 구슬을 올려놓으라는 것보다는 교사가 대상자 가까이 가서 손을 내밀고 구슬을 달라는 것이 더 자연스럽다.

② 바람직한 행동을 유발시키는 자극 통제를 할 때 최초의 자극을 잘 선정해야 한다.
예를 들어 수세기를 가르칠 때, 대상자가 종이 위에 동그라미 한 개가 그려진 경우에는 상자에서 동그라미를 하나 집어다 그 위에 놓을 수 있으면 이것이 최초의 자극인 것이다.

③ 현재 바람직한 행동이 일어나고 있는 상황과 목표 통제 자극에 도달하기 위하여 용암시켜 준 상황을 명확히 분석하여 용암 단계를 세부적으로 짜고, 한 단계에서 다음 단계로 넘어가기 위한 규칙을 정해야 한다.

④ 용암 과정은 점진적으로 하여 될 수 있는 한 오류를 덜 범하도록 해야 한다.

(3) 행동 연쇄법(chaining)

1 행동 연쇄법

행동 연쇄법은 가르치고자 하는 행동을 일련의 세부 행동들로 나눈 뒤 이를 단계별로 학습시켜 최종 목표 행동에 도달시키는 과정을 말한다.

정신 지체 아동에게 세수하기를 가르치는 예를 하나 들어보자. 세수하기는 단일 행동이 아니라 순서에 따라 해야 할 여러 행동으로 이루어져 있다. 이 각각의 행동을 단계적으로 표시해 보면 다음과 같다.

① 오른쪽 소매를 팔꿈치까지 걷어 올리기
② 왼쪽 소매를 팔꿈치까지 걷어 올리기
③ 두 손을 세숫대야 물에 넣어 완전히 적시기
④ 두 손바닥으로 물을 담아 허리를 구부린 채 얼굴에 부비기
⑤ 비누를 꺼내 두 손바닥에 묻히기
⑥ 비누를 비누 각에 다시 넣기
⑦ 비누 묻은 두 손을 비벼 거품을 내기
⑧ 비누 묻은 손으로 얼굴과 목을 문지르기
⑨ 두 손을 대야 물에 넣어 비누를 닦아 내기
⑩ 두 손으로 얼굴과 목의 비누를 물로 닦아 내기
⑪ 수건으로 얼굴과 손을 닦기
⑫ 수건을 걸이에 걸기
⑬ 비누갑을 덮고 제자리에 갖다 놓기
⑭ 세숫대야 물을 하수구에 버리기
⑮ 세숫대야를 제자리에 갖다 놓기

실험자는 대상 아동인 영수에게 지시 내용을 행동으로 옮길 수 있도록 도와주었다. 그리고 영수가 지시대로 잘 따르면 강화를 해주었다. 그리고 실험자는 같은 단계로 여러 번 반복했으며, 그때마다 영수가 혼자 행동할 수 있도록 도와주는 것을 점차 줄여 나갔다. 이와 같은 방식으로 각 단계들을 훈련시켜 최종적으로 영수가 혼자서 세수를 할 수 있게 되었다.

이상의 예를 기호로 표시하면 다음과 같다.

$$S^D_1 - R_1 - S^D_2 - R_2 \cdots S^D_{15} - R_{15} - S^+$$

예 S^D : 식별 자극
R : (반응)
S^+ : 마지막 반응 다음에 주는 정적 강화물

이와 같이 식별 자극과 반응이 잇달아 일어나 각각의 반응은 그 다음 반응을 일어나게 하는 식별 자극이 된다. 첫 번째 자극(S)은 '세수를 해라'는 지시로 이에 대한 반응(R)은 '오른쪽 소매를 팔꿈치까지 걷어 올리기'였다. 오른쪽 소매를 걷어 올린 것은 '왼쪽 소매를 걷어 올리기(R)'에 대한 자극(S)이 된다. 이런 식으로 영수가 강화를 받으면서 세수하기가 완전히 끝날 때까지 계속된다. 이와 같은 과정을 자극–반응의 행동 연쇄라고 한다.

2 행동 연쇄법의 효율적인 사용 방법

① 가르치고자 하는 행동은 그 구성 내용을 세부적으로 나누어야 한다.
② 행동 연쇄의 각 행동 부위들은 일정한 순서에 따라 가르쳐야 한다.
③ 행동 연쇄를 이루는 각 세부 행동들은 대상자가 큰 어려움 없이 학습할 수 있도록 간단해야 한다.
④ 다음 단계를 가르치기 전에 반드시 앞서 배운 단계가 완전히 학습되었는지를 확인해야 한다.
⑤ 각 단계 행동은 충분히 숙달시켜야 한다.
⑥ 이미 훈련된 단계 행동도 철저히 반복시켜야 한다.
⑦ 가르치려는 행동이 긴 행동 연쇄로 되어 있을 때는 몇몇 행동 단위들에 대해서도 강화물을 추가하여 제공해 주는 것이 좋다.

03 행동 수정의 절차

행동 수정의 절차는 첫째 문제 행동의 선정 및 정의, 둘째 행동의 관찰 방법 선정, 셋째 행동 수정의 실험 설계 및 실시로 나뉜다.

이상의 세부적인 절차 내용을 도표화하면 다음 페이지의 그림과 같다.

1) 문제 행동의 선정 및 정의

문제 행동이란 어떤 환경에서 부적절한 행동을 습관적으로 자주하여 자기 생활에 지장을 주고 이웃과 사회에 폐를 끼치는 행동을 일컫는다. 이와 같은 문제 행동을 수정하기 위해서 우선적으로 이루어져야 할 일은 행동에 대한 명확하고 구체적인 정의를 내리는 일이다. 즉 관찰과 측정이 가능한 행동을 구체적으로 기술해야만 한다.

대부분 사람들은 문제 행동이 나타날 때 추상적인 용어를 사용하는 습관이 있다. 예를 들어 '철수는 너무 공격적이다'하는 표현은 '공격적'이란 단어가 포함하는 의미가 너무 크기 때문에 문제 행동을 수정할 때 곤란을 겪게 된다. 이와 같은 경우에는 공격적인 행동이 구체적으로 어떻게 나타나는지를 살펴서 '다른 아이들이 놀 때 훼방 놓는 행동', '남을 때리는 행동' 등과 같이 구체화시켜야 한다.

또한 문제 행동 자체보다는 그 행동의 동기에 집착하는 습관이 있다.

공부하지 않는 문제 행동을 가진 아이를 공부할 마음이 없는 것으로 생각하고, 친구와 어울리지 못하는 아이를 어울려 놀고 싶지 않은 것으로 생각하는 등 문제 행동의 원인이 동기에 있는 것으로 돌려버린다. 그러나 행동 수정 이론에서는 이 같은 경우 동기가 형성되지 못해서가 아니라 공부하는 행동, 친구와 어울려 노는 행동이 지속될 만큼 충분한 강화를 받고 있지 못하기 때문이라고 해석한다.

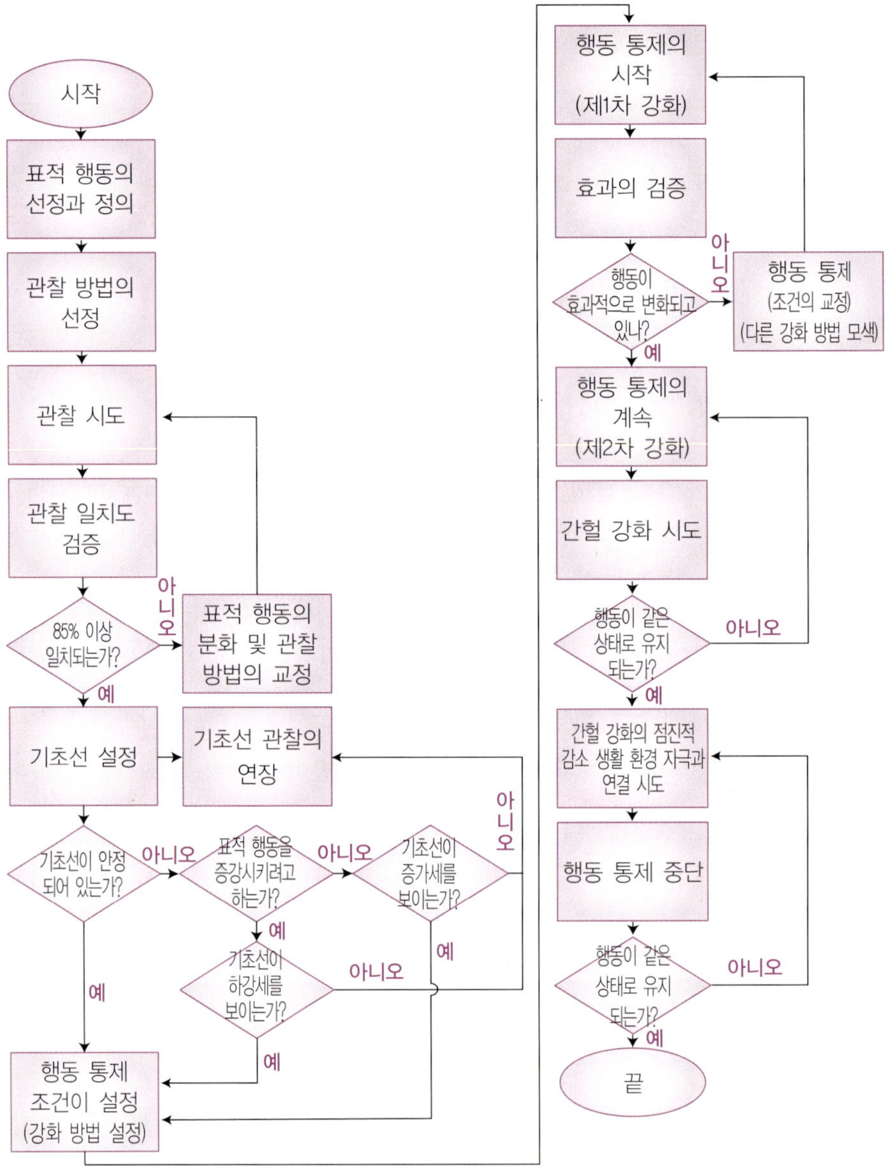

행동 수정의 절차

그러므로 행동 수정을 효과적으로 성공시키려면 문제 행동을 구체화시키고, 문제 행동을 강화 · 유지시키고 있는 자극이 무엇인지를 분석하는 조치가 필요하다.

2) 행동의 관찰 방법

문제 행동의 선정 및 정의가 구체적으로 이루어졌으면, 실제 문제 행동을 어떻게 관찰 · 기록하는지가 다음 문제로 대두된다.

(1) 관찰 방법의 종류

1 계속적 관찰법(continuous recording)

계속적 관찰법은 촬영기로 영화를 촬영하듯이 발생하는 모든 행동을 낱낱이 관찰하는 것을 말한다.

이 방법은 여러 가지 행동에 관한 많은 정보를 얻을 수 있지만, 관찰 시간이 너무 많이 소요되고 모든 행동을 다 기록한다는 것이 불가능한 어려움이 있다.

2 사건 횟수 관찰법(event recording)

이 방법은 어떤 종류의 행동이 발생할 때마다 그 개개의 사건 수를 세는 방법이다.

예를 들어 담화 시간에 '옆 사람과 장난치는 행동'을 관찰하고자 한다면 정해진 관찰 시간 동안 이 행동이 일어난 횟수를 세면된다. 이 방법은 다른 일을 하면서도 별지장 없이 관찰 기록할 수 있는 편리한 방법이다.

3 지속 시간 관찰법(duration recording)

어떤 행동이 시간적으로 얼마 동안이나 지속되는가를 알아보고자 할 때 쓰는 방법이다. 즉 관찰 기간 중 발생된 어떤 행동의 지속 시간을 관찰하는 것이다. 예를 들어 영희가 집에서 공부하는 시간을 알고 갔으면 영희의 공부 시작 시간과 끝난 시간을 재어 이를 며칠간 계속해 보면 된다.

이 방법은 스톱워치가 있으면 편리하나 보통 시계로도 충분히 측정할 수 있다.

4 동간격 관찰법(interval recording)

이 방법은 전체 관찰 시간을 동일한 단위의 시간 간격으로 나누어 놓고, 관찰하고자 하는 행동이 그 단위 시간 중에 발생하고 있는지의 여부를 확인해 보는 방법이다.

예를 들어 경철이가 수업 시간에 주의 집중 하지 않는 행동을 10분간 관찰하기로 했다고 하자. 그러면 10분을 1분 간격으로 나누어 10등분한 다음 각 1분마다 주의 집중하지 않는 행동이 일어났는지를 살펴본 다음 그 빈도를 알아보면 된다.

이 방법은 행동의 지속 시간뿐 아니라 발생 횟수까지도 동시에 관찰 기록할 수 있으며 여러 종류의 행동을 동시에 관찰할 수도 있다. 그러나 다른 일을 하면서 관찰 · 기록하기는 어렵다.

5 시간 표집법(time sampling)

이 방법은 표집된 관찰 시간을 동일한 시간 간격으로 나누어 관찰한다는 점에서는 동간격 관찰법과 비슷하지만, 각 시간 간격이 끝나는 순간에만 행동을 관찰한다는 점이 다르다.

예를 들어 재호의 손가락 빠는 행동을 20분간 관찰한다면, 우선 20분을 1분 간격으로 나눈 뒤 각 1분이 지날 때마다 한 번씩 재호를 쳐다보고 재호가 손가락을 빠는지 안 빠는지의 여부를 확인하는 것이다.

이 방법은 관찰자가 다른 일을 하면서도 관찰 · 기록할 수가 있다.

(2) 관찰의 신뢰도

1 관찰의 신뢰도

관찰의 신뢰도란 어떤 행동을 관찰할 때 관찰된 내용이 객관적인 사실과 얼마나 잘 일치하는지의 정도를 말하며, 관찰의 일치도라고 한다.

관찰자는 기계가 아니고 사람이기 때문에 여러 가지 편견으로 인하여 관찰 내용이 주관성을 띄기 쉽다. 실제는 아무런 변화가 없는 행동을 관찰자의 편견으로 변화가 있는 것으로 관찰·기록할 수도 있고, 또 그 반대일 경우도 있다. 그러므로 이를 방지하고 가능한 한 자료의 객관성을 유지하기 위한 것이 바로 관찰의 신뢰도를 검증하는 일이다.

실제로 신뢰도란 둘 이상의 관찰자가 같은 관찰 내용을 같은 시간 동안 관찰하여 이들이 서로 얼마나 일치하는지를 백분율로 표시한다.

2 신뢰도 계산

신뢰도를 계산하는 방법은 여러 가지가 있으나 이 중 많은 연구자들이 쓰고 있는 방법을 하나 소개하기로 하겠다.

① 공식

$$\text{신뢰도(R)} = \frac{A}{A+B+C} \times 100$$

A : 두 관찰자가 모두 일어났다고 보는 행동
B : 주 관찰자만 일어났다고 보는 행동
C : 신뢰도 관찰자만 일어났다고 보는 행동

② 계산 예

문제 행동 : 형민이의 유치원에서의 공격적인 행동

관찰 내용 : 발로 차기, 물건 던지기, 옆 사람 꼬집기, 뒹굴기

관찰 시간 : 5일간 매 자유 놀이 시간마다 30분간 관찰

관찰 방법 : 사건 횟수 관찰법

$$\begin{aligned} R &= \frac{A}{A+B+C} \times 100 \\ &= \frac{6}{6+2+3} \times 100 \\ &\fallingdotseq 55\% \end{aligned}$$

주 관찰자의 관찰 기록 내용

날짜 / 관찰 내용	1	2	3	4	5
	발 물	**발** **물**	발 물	발 **물**	발 물
	엿 뒹	엿 물	**엿** 물	엿 **뒹**	엿 **뒹**

신뢰도 관찰자의 관찰 기록 내용

날짜 / 관찰 내용	1	2	3	4	5
	발 물	**발** 물	발 **물**	발 **물**	발 **물**
	엿 뒹	**엿** 물	**엿** 물	엿 **뒹**	엿 **뒹**

3) 행동 수정의 실험 설계 및 실시 절차

(1) 기초선(baseline) 설정

연구자는 행동 수정을 시작하기 전에 미리 그 행동의 발생 수준을 파악해 두어야 한다.

이와 같은 행동 파악 기록을 기초선 설정이라 한다. 즉 기초선은 실험 전의 행동 기록이다. 기초선을 엄밀하게 설정하는 이유는 행동 수정에 사용될 방법이 과연 행동 변화에 효과가 있는지 없는지를 알아보기 위한 것이다. 기초선은 사전 검사와 같은 구실을 한다.

예를 들어 성미 엄마는 '성미가 전보다 더 떼를 쓴다'고 아이의 행동을 애매모호 하게 평가한다. 그러나 이 경우 성미의 행동을 자세히 관찰·측정해 보면 떼쓰는 행동이 전보다 훨씬 줄어든 경우도 있고, 훨씬 늘어난 경우도 있을 수 있다. 그러므로 행동의 기초선을 정확히 측정하여 그래프에 그려놓고 그 행동이 변해가는 모습을 비교해 본다면 행동에 대한 올바른 판단을 할 수 있고, 또한 행동 수정 절차의 효율성 여부를 명확히 알 수 있게 된다.

(2) 실험 처치 I 과 효과 검증

문제 행동의 기초선이 설정되면 바람직하지 못한 행동을 감소시키고, 바람직한 행동을 증가시키기 위한 실험 처치가 이루어져야 한다.

행동 수정자는 치밀한 사전 계획에 따라 적용할 실험 처치 방법을 제시해야 한다. 따라서 언제 실험 처치를 해야 할 것인가를 살펴보면 다음과 같다.

첫째, 행동의 강도가 증가 또는 감소 경향을 나타내고 있을 때에는 기초선이 고정될 때까지 실험 처치를 보유한다.

둘째, 행동의 강도를 감소시키는 것이 목적일 때는 기초선이 상승하고 있을 때 실험 처치를 가해야 한다. 반대로 행동의 강도를 증가시키는 것이 목적일 때는 기초선이 하강하고 있을 때 실험 처치를 가해도 좋다.

실험 처치에 대한 효과 검증은 행동의 변화가 과연 실험 처치를 가해서 이루어진 것인지 아닌지를 과학적으로 증명하고자 하는 것이다.

효과 검증 시에는 다음 두 가지 방법이 주로 사용되고 있다.

1 반전법

반전법이란 행동 변화의 원인으로 예상되는 실험 처치를 일단 중지하고, 다시 실험전의 상태로 돌아가 관찰해 보는 방법이다. 이 기간 중에 행동이 다시 기초선 상태로 복귀되면 그 실험 처치 방법의 효율성은 검증된 것이다.

반전법은 다음과 같은 단계로 이루어진다.

① 기초선 I : 실험 처치를 가하기에 앞서 행동의 수준을 관찰 · 기록한다.
② 실험 처치 I : 실험 처치를 가하면서 행동 강도에 대한 관찰 기록을 계속한다.
③ 기초선 II : 실험 처치를 가하던 것을 일단 중단시키고 기초선 I의 상태로 돌아가 행동측정을 계속한다.
④ 실험 처치 II : 다시 실험 처치를 가한다. 즉, 실험 처치 I과 같은 상태로 돌아간다.
⑤ 추후 관찰 : 수정된 행동이 계속 같은 수준으로 유지되고 있는지를 확인하기

위하여 공식적인 실험이 끝난 다음에 주기적으로 행동을 측정해 본다.

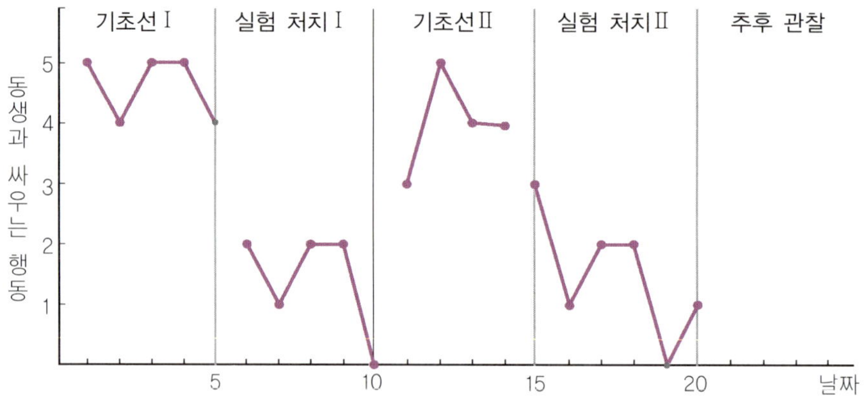

반전법 설계의 예

2 복식 기초선법

복식 기초선법이란 행동 변화의 원인으로 예상되는 실험 처치 방법을 다른 사람이나 다른 행동 등에 더 확대 적용시켜서 그 효율성을 검증해 보는 방법이다. 따라서 다른 사람이나 다른 행동에도 변화를 가져오면 그 실험 처치방법의 효율성은 검증된 것으로 본다.

복식 기초선법은 다음 단계로 이루어진다.

① 다수 기초선 작성 : 한 개인이나 집단의 여러 가지 행동을 동시에 관찰 · 기록하여, 각 개인의 행동에 대한 기초선들을 작성한다.

② 실험 처치 :

- 행동의 변화가 생길 때까지 한 행동(기초선 I)에 실험 처치를 가한다.
- 같은 실험 처치 방법을 제2의 행동(기초선 II)에 적용한다.
- 계속 제3, 제4의 행동(기초선 III, IV)에 같은 실험 처치를 가해 본다.

다음 그림은 철수의 시험 성적을 과목별로 관찰 기록한 것이다.

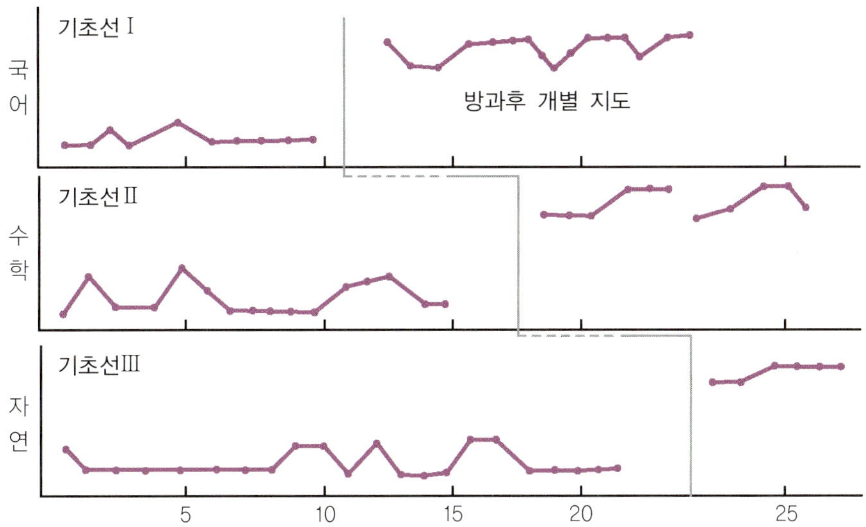

(3) 실험 처치 II와 추후 관찰

행동 수정이란 하나의 연구인 동시에 그릇된 행동의 치료 과정이다. 효과검증 단계에서 연구를 중단하면 마치 훌륭한 약을 만들어 놓고 실제로 환자의 치료에는 사용하지 않은 것과도 같다. 그러므로 대상자의 문제 행동을 완전히 고칠 때까지 행동 수정은 계속되어야 한다. 이와 같은 목적으로 사용하는 것이 바로 실험 처치 II와 추후 관찰이다.

실험 처치 II는 대상자의 학습 행동이 어느 정도 습관화되었다는 확신을 얻을 때까지 실시한다. 그리고 바람직한 행동이 계속 유지되고 있는지 또는 어떻게 변하고 있는지 등을 알아보기 위하여 추후 관찰을 계속해야 한다. 추후관찰은 매일 실시하지 않아도 된다.

04 행동 수정 연구 사례

1) 토큰 강화를 통한 유아의 집단 활동 참여 행동의 증진

1 대상 아동

민호는 대학 부속 유치원에 다니는 만 4년 4개월 된 남아이다. 매우 귀엽게 생겨 주위 사람들의 호감을 많이 산다. 그러나 민호는 유치원에서 집단 활동에 거의 참여하지 않는 문제가 있었다.

2 목표 행동 및 세분화

목표 행동은 민호의 집단 활동 참여 행동의 증진으로 이를 구체적으로 세분화하면 다음과 같다.

① 집단 활동이 시작될 때 스스로 와서 참여하는 것
② 바른 자세로 앉거나 서는 것
③ 교사의 지시를 따르는 것
④ 손들고 교사에게 이야기하는 것
⑤ 교사에게 주의 집중 하는 것

3 관찰 시기 및 측정 방법

담화 시간 시작부터 10분간 10초 간격의 동간격 관찰법

4 관찰의 신뢰도

두 명의 관찰자가 10번을 동시에 관찰한 결과 평균 86.7%의 일치도를 보였다.

5 행동수정의 절차

① 기초선 기간(1주간) : 두 명의 관찰자와 교사가 민호의 평상시 행동을 관찰 기록하였다.

② 실험 처치 I (2주간) : 민호가 목표 행동을 할 때마다 교사는 칭찬과 격려 등 사회적 강화와 함께 토큰을 주었다. 그리고 토큰으로 교환할 수 있는 후속 강화물은 민호가 좋아하는 장난감 칼, 총 등으로 정했다.

③ 실험 처치II(2주간) : 이 기간 동안에는 민호가 목표 행동을 했을 때 사회적 강화만을 주었다.

④ 추후 관찰 : 실험 처치II 기간이 끝난 후 3주 동안 매주 1회씩 민호의 행동 변화를 관찰 기록했다.

❻ 결과 및 논의

민호의 목표 행동 관찰 횟수는 기초선 기간 평균 14회에서 실험 처치 기간에는 48.8회, 실험 처치II 기간에는 49.4회로 점차 상승했다. 그리고 추후 관찰시도 계속 높은 수준을 유지하고 있었다. 이로써 집단에 참여하지 않는 민호의 행동이 토큰 강화와 사회적 강화로 바람직하게 수정, 유지되었음을 알 수 있다.

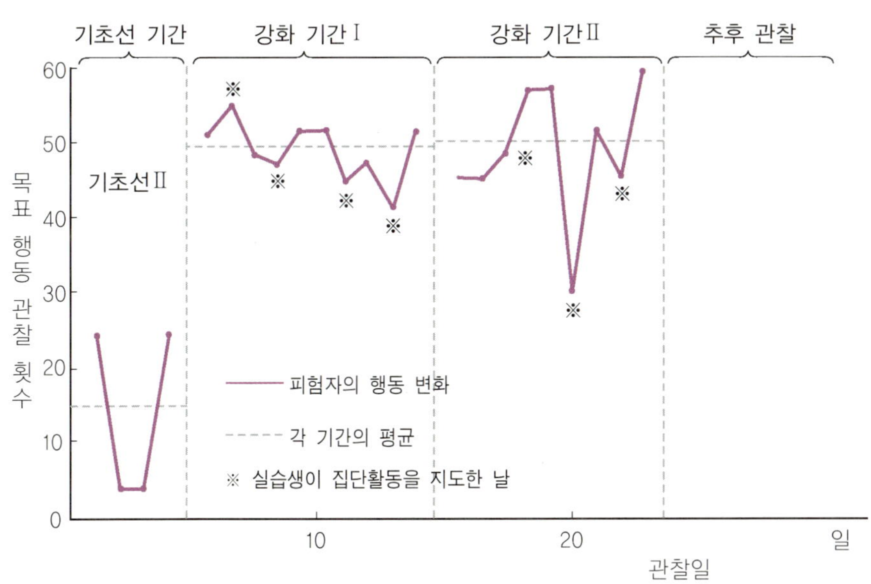

민호의 목표 행동의 변화

2) 소거에 의한 말대꾸하는 행동의 수정

1 대상 아동

성철이는 초등학교 4학년에 재학중인 남아이다. 학업 성적은 매우 낮고 수업 중 교사와 자주 말싸움을 일으킨다. 언제나 성철이는 교사가 말한 정답을 결코 받아들이려 하지 않고 자기 답이 맞는다고 우겨댄다.

2 문제 행동의 선정

성철이의 말대답하는 행동

3 관찰 기간 및 측정 방법

과외 시간 30분 동안 사건 횟수 관찰법

4 행동 수정의 절차

① 기초선 기간(10일간) : 강화 조건 없이 성철이의 말대답하는 행동만 관찰 기록했다.

② 실험 처치 I (5일간) : 이 기간에는 성철이의 말대답하는 행동을 무시했다. 답이 틀렸을 경우 한번만 대답해 주고 그 외의 행동에 대해서는 일절 모른 척했다.

③ 반전 기간(4일간) : 실험 처치 I 기간 동안 일어난 문제 행동의 감소가 과연 행동의 무시에 의한 소거 효과인지를 알아보기 위해 교사는 다시 성철이의 말대답하는 행동에 반응을 보였다.

④ 실험 처치 II (4일간) : 다시 성철이의 말대답하는 행동을 무시했다.

5 결과 및 논의

성철이의 말대답하는 행동은 기초선 기간 동안 시간당 평균 2, 3 회에서 실험 처치 I 기간에는 평균 0.6회, 반전 기간에는 평균 2회, 실험 처치 II 기간에는 평균 0.5회로 나타났다.

이로써 성철이가 말대답하는 행동은 교사의 관심을 얻을 수 있을 때는 계속되었고, 그러한 행동이 교사의 관심을 얻지 못하고 무시될 때는 소거되고 있음을 알 수 있다.

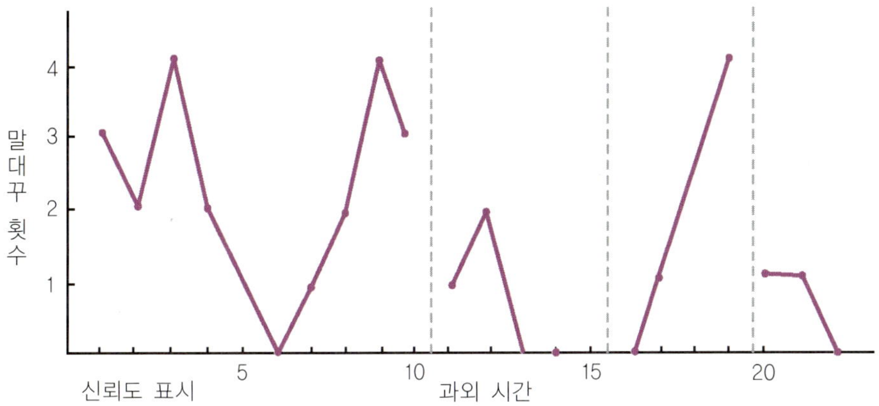

성철이의 문제행동의 변화

CHAPTER

10 특수아 교육 심리

근래 유아 교육 심리학의 중요한 관심 분야의 하나는 특수아이다. 특수아라면, 시각 및 청각 등의 감각 장애아, 지체부자유아, 정신 지체아, 정서 장애아 등을 흔히 그 대상이라고 볼 수 있는데 그 중 정서 장애와 관련된 사항은 정상아들의 문제를 취급하는 문헌에서도 아동의 문제 행동이나 부적응 행동이란 주제로 자주 취급되어 왔다. 본서에서도 제5장과 제9장에서 이러한 문제를 다루었다. 그러나 감각 장애, 지체 장애 등은 특수아 교육만을 전문적으로 취급하는 문헌 이외에서는 취급하기가 쉽지 않으며, 일반 교사 모두의 관심사도 아니다. 다만 정신 지체아, 그 중에서도 경도의 정신 지체(mild mental retardation)는 그 수도 많을 뿐 아니라, 상당한 정도가 정상아의 문제를 취급하는 범주에 속하기 때문에 간접적으로 취급되는 경우는 있다.

이러한 이유로 본서에서는 특수아 문제를 취급함에 있어서 경도의 정신 지체아를 학습 지진아(slow learner)란 이름으로 취급하였고, 이에 대비되는 영재아를 도와 줄 수 있는 방법을 논의하였다. 그리고 자폐아는 정서 장애아와 구별하여 취급하지 않을 수 없는 분야이기에, 또 일반 유아교육기관 교사나 부모들도 알고 있어야 할 내용이기에 가능한 범위에서 상세히 다루어 보고자 하였고, 마지막 절에서는 최근에 많은 연구가 진행되고 있는 ADHD(주의력 결핍 과잉행동장애)를 논의하였다.

01 학습 지진아

1) 학습 지진아의 정의와 식별

모든 아동과 청소년이 형식적인 학교 교육을 받게 됨에 따라 발생된 하나의 중요한 문제는 일부 아동이나 청소년들이 학교의 교육 목표가 요구하는 학업을 제대로 성취하지 못한다는 것이다. 학교 교육에서 목표로 하는 성취수준을 모두 완벽하게 달성할 수는 없는 것이지만, 각급의 교육에서 요구하는 최소한의 학습은 성취해야만 교육의 의의를 찾을 수 있는 것이다.

이와 같이 제대로 학업을 성취하지 못하는 원인이나 배경은 여러 가지가 있을 수 있으나, 그 중 대표적인 것은 기본적인 지적 능력이 결핍된 아동이나 청소년들은 학습 태도가 대단히 느리거나, 일정한 수준 이상의 지적 능력을 요구하는 학습에서는 좌절되어 버리고 만다. 학습 지진아(slow learner)란 바로 이러한 아동에 해당되는 용어로서, 학교 교육에서 특별한 지도와 배려를 하지 않으면 안 될 경우를 지칭한다.

학습 지진 현상은 학교 교육을 이수해 가는 과정에서 자연스럽게 노출되고 나타나지만, 학업 성취의 정도만을 가지고 본다면 다른 요인에 의해서도 학업 성취가 아주 낮을 수 있기 때문에, 지적 능력의 결핍에 의한 경우만을 별도로 판별할 필요가 있는 것이다. 지적 능력이 결핍된 아동들은 지능에 관련된 과제의 해결에서뿐만 아니라, 일부 다른 성격 특징이나 행동에서도 차이를 보인다. 그러나 주된 요인이 지적 결함이기 때문에 지능을 측정하여 학습 지진아를 판별하는 것이 통상적인 방법이다(김광웅, 1988).

그러나 지능 검사에 의해 학습 지진아를 판별한다는 것은 매우 조심스러운 일이기 때문에 검사 자체의 결과뿐 아니라, 학습 상황에서 관찰된 학습 행동이나 일상 생활에서의 적응 행동 등이 함께 고려되어야 한다(김광웅, 1988). 지능 검사도 한 가지 검사의 결과만이 아니라, 권위 있는 지능 검사를 두 가지 이상 적용하여 그 결과를 종합적으로 해석해야 할 것이다. 집단으로 실시되는 간편형의 지능 검사는 그 타당성이나 신뢰도가 낮기 때문에 전통적으로 권위 있는 개인적 지능 검사가 사용되어야 한다. Wechsler 아동용 지능 검사(WISC)와 유아 초등용 Wechsler 지능 검사(WPPISI)의 한국판을 사용하면 상당히 타당한 결과를 얻을 수 있다. 여기에 잘 제작된 집단 지능 검사를 함께 사용하는 것도 좋은 자료가 될 것이다. 지능 검사 결과의 해석에 있어서, 학습 지진아나 정신 지체라고 판정하려면, 전문가의 해석과 판단에 의거해야 한다. 또한 한 번의 검사로 판단하기 어려운 경우가 많기 때문에 장기간에 걸친 관찰이 뒤따라야 한다는 점에 유의해야 한다.

대체로 지능 검사로 측정된 IQ 70 미만인 경우를 학습 지진이나 경도 정신 지체로 분류하는 관례가 있으나, IQ 70 미만이라는 것은 하나의 규준적 자료에 근거한 것이지 모든 경우를 이 수치 하나만으로 판정해서는 안 된다. IQ 라는 것은 절대값이 아니라 그 집단 안에서의 상대적인 수치를 나타내는 것이기 때문에, 지능 검사와 지능 지수에 대한 이론적 이해와 임상적 경험에 의해서 그리고 관련된 다른 자료와 종합하여 IQ라는 수치가 나타내는 의미를 해석해야 한다. 특히 Wechsler 지능 검사는 언어성 검사와 동작성 검사로 구분되어 있고, 이들은 또 10개의 하위 검사로 구성되어 있기 때문에 특히 전문적 해석이 요구된다. 이와 같이 신중하고 근거가 명확한 진단을 하지 않을 경우, 발달 과정에 있는 아동이나 청소년에게 학습 지진아나, 정신 지체아라는 오명(stigma)이 붙게 되면, 그의 일생에 심각한 영향을 미칠 수 있기 때문이다. 특히 이러한 명명하기(labeling)의 문제는 유아나 나이가 어린 학령기 아동에게 더욱 심각할 수도 있다. 아동은 전혀 의식하지도, 알지도 못하는 사이에 '이름(label)'이 붙게 되고 주위의 사람들도 그러한 아이로 대하게 되어, 단순한 임시적인 발달적 지체를 영구적인 결함으로 만들어 주는 결과가 될 수도 있기 때문이다.

2) 학습 지진아의 행동 특징

뇌손상(brain damage) 등과 같은 신체적 이상(organic defect)에 의한 경우를 제외하면, 대부분의 학습 지진아들은 정상의 평균 아동이나 높은 지적 능력을 가진 아동들과 동일한 발달 유형을 갖고 있다. 다만 가족적 또는 환경적 결핍(familial-environmental defect)으로 인하여 발달의 속도가 늦고 발달 수준이 낮을 뿐이다. 따라서 학습 지진아들은 정상아들이 어릴 적에 보이던 것과 유사한 특징을 보이는 경향이 있다. 이제까지 밝혀진 학습 지진아들의 특징을 정리해 보면 다음과 같다(Balla & Zigler, 1979; Biehler & Snowman, 2003; Hallahan & Kaufman, 1978; Robinson & Robinson, 1978).

① 학습 지진아들은 대체로 일상생활의 여러 장면에서 좌절감을 많이 느낀다. 즉 좌절에 대한 내성(tolerance)이 낮은 것이다. 마찬가지로 성공에 대한 기대감이 낮고, 반면 실패에 대한 기대감이 높은 경향을 보인다. 따라서 결과적으로 낮은 성취기대와 목표를 설정하게 된다.

② 학습 지진아들은 자신감이 결여되어 있고 낮은 자아 존중감(self-esteem)을 갖고 있다. 이는 앞에서 기술한 좌절에 대한 내성이 약하고, 성공에 대한 기대감이 낮다는 것과 같은 맥락에서 쉽게 이해될 수 있을 것이다. 즉, 학습 지진아들은 다른 또래들이 쉽게 해 내는 과제를 자기는 의심을 갖게 되고, 결국 자신감이 결여되어 낮은 자아 존중감이 형성된다는 것이다. 결국 자신의 능력과 잠재성에 대해 강한 긍정적 느낌을 갖지 못하고 자아개념 또한 부정적으로 형성될 가능성이 높다.

③ 학습 지진아들은 개념에 대한 이해가 지나치게 단순하고, 한 가지 사실이나 원리를 다른 사태에 적용하는 일반화의 능력이 낮다. 그래서 선행경험이 미래의 유사한 상황이나 문제해결에 도움이 되도록 사용하지 못한다.

④ 학습 지진아들은 주의 집중의 3가지 주요 구성 요소에서 심한 어려움을 갖는다. 즉 주의 집중 지속 시간(일에 대한 시간의 길이), 주의 집중의 범위와 초점(산만한 자극의 억제 및 한 자극에 집중하기), 그리고 선택적 주의(주요자극 특성의 변별)이다. 또한 기억하는 기간이 짧다. 또한 학습 상황에서는 한 가지 측면에만 몰두하고 다른 측면의 것들은 제대로 지각하지 못하거나, 지각하더라도 고려하지 않는다.

⑤ 학습 지진아들은 언어 발달에 지체를 나타낸다. 언어의 발달은 대개 2세경부터 놀라울 정도로 급속하게 이루어지는데 학습 지진아들은 4~5세가 되어도 언어의 습득이나 활동에서 두드러진 발달을 보이지 않는다.

이상의 특징 중 인지 발달적 측면을 Piaget의 이론에 비추어 보면, 초등학교 연령의 학습 지진아들은 구체적 조작기의 특징을 제대로 갖추지 못하고 전조작기 유아와 유사한 사고 구조를 나타내게 된다. 즉, 정상아들과 달리 사물을 분류할 때 한 가지 속성에 의해서만 분류가 가능할 뿐, 두 가지 이상의 속성이 관계되면 분류를 하지 못한다. 유아기 때에는 주로 언어 발달의 양상이나 지각 운동 능력으로 학습 지진의 가능성을 가늠해 볼 수 있고, 6세 이후가 되면, 언어 능력이나 분류 능력 등 여러 측면의 인지 발달 수준을 평가하여 학습 지진의 가능성을 추측해 볼 수 있다. 청소년기의 학습 지진아들은 평균 이상의 지능을 가진 청소년들과 달리 추상적 사고 능력에 장애를 나타내며, 한 가지 상황의 경험이나 원리를 다른 상황에 적용하여 일반화시키는 데에도 큰 곤란을 느낀다. 또한 문제 해결에서 가설을 설정하고 검증하는 식의 사고 과정을 조작하지 못한다. 학습 지진의 청소년들은 구체적 조작기 초기에 해당하는 아동의 사고 능력을 지니고 있는 것처럼 보인다.

3) 학습 지진아를 도와주는 방법

학습 지진아의 발달이나 학습을 도와주는 방법에는 여러 가지가 있겠으나 다음과 같은 원칙과 입장에서 도와주는 것이 큰 효과가 있다고 하겠다.

1 우선적으로 중요한 원칙은 학습 지진의 가능성을 될수록 조기에 발견해 내는 일이다.

학습 지진이나 발달적 지체는 연령의 증가에 따라 누적되기 때문에 조기 발견, 조기 교육이라는 원칙은 학습 지진아를 도와주는 일차적인 문제가 된다. 초등학교 입학 전 유아기에 그 가능성을 발견하면 그 만큼 그 아동을 도와줄 수 있는 방법도 많고, 효과도 크게 기대할 수 있기 때문이다.

2 학습 지진아들에게는 가능한 좌절을 경험할 것 같은 상황으로부터 피하게 해 주어야 한다.

부모나 교사의 이러한 노력에도 불구하고, 학습 지진아들이 스스로 이겨낼 수 있는 한계를 벗어나는 좌절을 경험할 수밖에 없는 경우에는, 그들을 격려해 주고 곧, 쉬운 과제나 다른 신체적 활동에 참여하도록 학습 상황을 변화시켜 주어야 한다. 학습 지진아들은 능력 있는 다른 아동들과 달리 쉽게 좌절을 느끼기 때문에 학급에서는 이러한 좌절의 경험을 최소화시키도록 도와주어야 하기 때문이다. 가장 좋은 방법의 하나는 학습 지진아들에게 별도의 학습 과제를 주어서 그들이 다른 아동들과 비교되지 않으면서 자기에게 주어진 과제를 수행하도록 도와주는 것이라고 하겠다. 교사의 이러한 노력에도 불구하고 학습 지진아들은 자주 여러 가지 좌절을 경험할 수밖에 없을 것이다. 왜냐하면, 학급 전체가 하는 활동인 경우 별도의 과제를 주기도 곤란한 문제가 있을 수 있고, 개별적인 과제를 준다고 하더라도 이것을 모두 잘 해 내는 것도 아니기 때문이다. 따라서 교사들은 학습 지진아들이 주어진 과제를 잘 해 내지 못하고 고통을 받고 있다고 판단될 때마다 보다 손쉬운 과제로 전환시켜 주고, 여러 종류의 신체적 활동에 참여하도록 유도하는 것이 도움이 될 것이다. 예컨대 초등학교 학생들의 경우, 수학 문제 푸는 데 큰 장애를 겪으면, 이를 억지로 지속시켜 심한 좌절을 경험시키지 말고 그림 그리기나 운동장에서 뛰는 과업으로 전환시켜 주는 것이 크게 도움이 될 것이다.

3 학습 지진아들의 자아 존중감을 고양시키는 데 부모나 교사는 최선을 다 할 필요가 있다.

어른이든 아동이든 자기의 생활과 행위 속에서 보람과 자기만족을 통한 자기 존중감을 얻어야만 행복을 느끼고 열심히 살아갈 수 있다. 학습 지진아일수록 이러한 요구는 더 강한 것이다. 학습 지진아들은 여러 과제를 수행하는 데 다른 또래들보다 능력이 부족하다는 인식 때문에 자기 자신의 인간적 가치를 낮게 평가하는 경향이 있기 때문이다. 그래서 이런 아동들에게는 더욱 교사가 긍정적 감정을 가지고 있다는 점을 자주 그리고 명확히 표현해 줄 필요가 있다. 부모나 교사가 그렇게 지각해 주고 대우해 주면 아동도 자기 자신에 대해 긍정적 감정과 태도를 갖게 되는 것이다. 또한 그보다 더욱 중요한 것은 학습 지진아들 스스로 주어진 학습 과제를 해결하도록 도와주어 스스로 자기 자신을 존중하는 마음을 조성하게끔 하는 일일 것이다. 이의 구체적인 방법에 대해서는 다음 항에서 계속 언급될 것이다.

4 학습 지진아들에게는 그들의 능력에 적당하고 친숙한 단순 학습 과제를 많이 제공해 줄 필요가 있다.

학습 지진아들은 개념을 지나치게 단순화시켜 이해하는 특성을 갖고 있어서 복잡한 문제는 제대로 소화를 하지 못하고 좌절해 버리기 때문이다. 따라서 그들이 이미 습득하여 친숙하고 성취 가능성이 높은 단순한 과제로부터 단계적으로 차츰차츰 어려운 과제에 접하도록 하는 것이 효과적이다. 책읽기의 경우에도 무리하게 어려운 어휘나, 내용이 복잡한 이야기보다는 친숙하고 쉬운 어휘로 구성되고 줄거리가 단순한 내용의 이야기를 먼저 읽게 하고, 적당한 칭찬과 격려를 받으면서, 다음의 보다 어려운 과제로 진행되는 방식을 택해야 할 것이다.

5 학습 지진아들에게는 될수록 짧은 시간 내에 완수할 수 있는 과제를 주고 즉각적인 피드백을 끌어내도록 힘써야 한다.

그들은 주의 집중 시간이 짧기 때문에 오랫동안 집중해야 하는 종합적 사고를 요구하는 과제는 감당하지 못하고 좌절해 버리기 때문이다. 또한 학습 지진아들은 만족의 지연에 잘 적응하지 못하기 때문에 시간을 오래 끌거나, 즉각 보상이 주어지지 않는 경우 곧 싫증을 내게 되기 때문이다. 그래서 학습 지진아들에게는 가능한 대로 즉시 피드백과 강화 자극이 주어지는 과제를 주는 것이 좋다. 먼 미래의 목표를 제시하면서 학습 동기를 유발시키려는 노력은 성과를 거두지 못할 가능성이 크기 때문이다.

6 학습 지진아에게는 일단 학습한 과제라도 계속 반복시켜 줄 필요가 있다.

그러나 학습 방법이나 내용을 조정하여 계속해서 흥미를 갖고 즐길 수 있도록 도와주지 않으면 안 된다. 학습 지진아들은 기억 기간이 짧고 오래 전에 학습한 것을 재생해 내는 데 장애를 받기 때문이다. 이러한 학습 지진아의 특징은 앞서 말한 바대로, 개념을 지나치게 단순화시켜 이해한다든지, 일반화 능력에 한계가 있다는 것과 관련된 것이다. 지적으로 우수한 아동들은 자기가 학습한 내용들의 관계를 스스로 잘 이해하고 구조화시킬 수 있기 때문에, 기억의 기간도 길고, 재생도 잘 되며, 쉽게 일반화시킬 수 있다. 그러나 학습 지진아들은 기억이 단편적으로 이루어질 뿐 구조화되지 않는다. 따라서 계속 반복해서 학습하지 않으면 기억되지 않는다.

교사가 해야 할 중요한 역할은 학습 지진아에게 개별적으로 어느 정도의 반복 학습이 필요한가를 미리 판단해서 가르치는 일이고, 이러한 반복 학습이 지루하고 초점 없이 이루어지지 않도록 세밀한 관찰과 배려를 하는 것이다. 예를 들면, 어떤 학습 지진아에게 10개의 낱말을 5일간에 가르친다고 할 때, 그 낱말을 하루에 두 개씩 나누어 학습시킬 것이 아니라, 하루에 3~4개씩 학습시켜 같은 낱말의 학습이 반복되도록 계획하는 것이다. 다만, 동일한 낱말을 반복 학습함으로써 생기는 지루함을 없애기 위해, 게임의 방법 등 학습 방법을 바꾼다든지, 학습 자료를 새로이 마련하는 등의 보완적 조치가 필요하다. 또한 기억력을 향상시키기 위한 간단한 기법을 가르치고 그러한 기법의 활용이 기억에 도움이 되는지를 지적해야 한다.

7 학습 지진아에게는 프로그램 학습이 효과적일 수 있다.

프로그램 학습 자료는 학습 과정이 아주 작은 단계로 세분되어 있고, 각 단계마다 즉각적인 피드백이 제공되기 때문에 학습 지진아의 특성에 잘 맞는다고 볼 수 있다. 우수아들에게는 프로그램 학습이 오히려 매력적이지 못하지만, 학습 지진아들에게는 큰 매력을 가질 수 있다. 자신감이 없고, 한 번에 한 가지만을 생각하고, 일반화시키지 못하고, 주의 집중과 기억 기간이 짧은 학습 지진아의 특성에 프로그램 학습은 적절한 방법과 자료가 될 수 있다.

8 학습 지진아의 교육에서는 과제 수행의 진척 상황을 면밀히 분석하고 기록해 두는 것이 중요하다.

학습 지진아들은 실패 기대가 높고, 쉽게 좌절하기 때문에, 그들에게 그들 자신의 성취를 가시적으로 명확하게 보여주는 것이 대단히 중요하다. 프로그램 학습 자료처럼 문제 하나를 풀 때마다 책자의 빈칸이 메워지고, 답을 잘 맞혔다고 격려가 오고, 다음으로 넘어가라는 지시가 있는 경우에는 이상의 문제가 자연스럽게 해결되기도 한다. 방식의 접근과 처리는 모든 학습 지진아의 학습 과정을 면밀히 관찰하고, 자료를 차트로 작성하여, 성공적으로 스티커를 붙여 주거나 색칠을 해 주어 가시적으로 강화 자극을 받도록 하는 것이다.

또한 완전 학습 방법을 적용하는 것도 필요하다. 세분된 목표를 설정하고, 그에 맞는 작은 과제를 주고 성취도를 평가하고 보충 학습을 시키고, 다시 성취의 정도를 평가하는 방식이 학습 지진아의 학습에 큰 도움이 될 것이다. 각 단계의 평가 때마다 성공적으로 과제를 수행하면 점수를 부여하고 단원별로 총점을 계산하여 명확한 강화 체계를 만들고, 이러한 일련의 과정을 일목 요연하게 학습 지진아들에게 보여 줄 수 있는 기록 차트를 만든다면 보다 높은 학업 성취를 이루는데 크게 도움이 될 것이다.

02 영재아

1) 영재아의 정의와 식별

여러 학습 상황에서 주어진 학습 과제를 제대로 소화하지 못하고 학습 속도가 떨어지는 지진아가 있는 반면에, 학습 속도가 보통 아이들보다 빠르고 지적 능력이 탁월한 영재아(gifted and talented child)가 있다. 영재아들은 사고 능력이나 기억 능력이 우수하기 때문에 다른 아동들 보다 주어진 학습 과제를 빨리 해결하고 보다 높은 수준의 능력을 요구하는 과제를 원한다. 따라서 이에 적절한 지도가 이루어지지 않는다면, 그들은 오히려 학습에 싫증을 내게 되기 때문에 제대로 그들의 발달을 도와주지 못하는 결과를 초래하게 된다.

영재아는 일상의 학습 상황에서 교사들의 세심한 관찰에 의해 자연스럽게 발견되기도 하지만 전통적으로 지능 검사 등의 표준화된 측정 도구에 의해서 변별되어 왔다. 초기의 영재성을 정의한 Terman(1925)에 의해 지난 수년간 IQ 140 이상의 득점을 하는 상위 2% 이내에 든 아동들이 영재의 준거에 해당하였다. 그러나 최근에 이러한 지능 검사가 지적 능력의 좁은 범위의 기능(주로 Gardner의 언어적 및 논리 수학적 지능과 Sternberg의 분석적 능력)만을 측정한다는 비판을 받아 표준화된 지능 검사만을 가지고 영재를 식별하고 있지는 않다.

1978년 미국 영재아교육법에 따르면, 영재아를 지적 능력이나, 창의력, 특정 학업이나 리더십, 공연이나 시각적 예술들과 같은 영역에서 잠재 수행능력이 뛰어나다는 증거가 있는 아동으로 정의하고 대부분의 주에서는 연방 정부의 정의를 수용하여 영재를 판별하는데 널리 사용되고 있다. 전통적인 패러다임에서는 영재성은 지능에 중점을 두었다면 최근에는 이러한 협소한 정의에서 탈피하여 새로운 패러다임으로 전환하고 있다. Feldhusen(1992a)은 영재를 규정 짓는 주요 특성으로 재능(talent)을 강조하고, Renzulli(1978)는 평균 이상의 지적 능력 뿐 아니라, 높은 수준의 과제 집착력, 창의성 등 세 가지 인간 특성간의 상호작용에 기초하고 있다. 한편, Marker(1993)의 경우, 문제 해결의 관점에서 높은 지능, 높은 창의성, 뛰어난 문제 해결 기술들의 세 가지 요인들을 통합하였다. 특히 복잡한 문제에 도전하기를 즐기는 문제 해결자로 정의하고 있는 것이 특징이다. 이러한 정의들은 전통적인 정의와 비교하여 많은 유형의 영재성에 중점을 두고 있고, 재능(talent)을 중요시함으로써 유전보다는 환경적 요소들이 중요하다는 것을 시사하고 있다. 결국 영재아에 대한 새로운 개념은 재능에 대한 이해를 확대하는 동시에 지능을 덜 강조하고 있어 이전의 정의와는 완전히 달라지고 있음을 알 수 있다.

2) 영재아의 행동 특징

영재성은 능력이나 특성이 복잡한 상태이다. 어떤 학생은 특별한 재능을 가지고 있어서, 대부분의 학생들이 가진 전형적인 재능과 일치하는 경우는 거의 없다. 학업적인 면에서 두각을 나타내지 않을 수도 있지만 음악, 무용, 미술, 리더십과 같은 분야에서 특별한 재능을 가질 수도 있다.

Heward(2000)에 의하면 영재아의 학습적, 지적 특성은 빨리 습득하고, 파지(把持)하고, 많은 양의 정보를 사용하며 하나의 아이디어를 다른 것과 연관시키는 능력을 가지고 있다. 또한 일반인들은 인식하지 못하는 광범위한 지식 운용을 하며 문제를 새롭게 구성하고, 새로운 해결책을 창안하여 문제를 해결하며 추상적인 상징체계들을 습득하고 조작할 줄 안다.

Biehler와 Snowman(2003)는 영재아가 공유하고 있는 특징을 언어, 추상적인 논리적 사고와 수학을 필요로 하는 과제에 탁월하며, 정보를 부호화하고 그것을 인출해내는 일이 빠르다고 한다. 자신의 학습 방법과 학습에 영향을 미치는 조건들을 잘 알고 있어서 새로운 문제나 상황에 전이하는데도 빠르다. 특히 동기와 과제 지속성이 매우 높다. 그러나 일반아 보다는 더 고립적이고 내향적이며 정서적으로는 섬세하고 때로는 타인의 감정을 알아채고 동일시하는 능력이 뛰어나다. 따라서 그들은 사회정의에 대한 높은 감각과 타인의 요구에 대해 깊이 자각함으로써 또래보다 훨씬 심한 갈등과 불화를 경험하기도 한다. Silverman(1995)는 영재 아동의 특성을 주변 환경에 강한 호기심과 지적인 호기심이 강렬하고 같은 연령의 아동에 비해 어휘나 아이디어에 매료되고 완벽한 것을 추구한다고 설명한다. 또한 타인의 생각을 따르는데 어려움을 느끼고 정확함을 요구한다.

이와 같이 영재아의 특징은 여러 학자들에 의해 다양하게 규명되어 왔다. 그만큼 영재아의 특성도 다양하기 때문이다. 여기서 주의할 점은 이러한 특성이 영재아 한 개인의 특성이 아니라 영재아 집단에 대한 일반적인 특성이라는 것이다. 모든 영재아가 다 이런 특성을 가지고 있는 것은 아니다. 영재아는 일반 아동에 비해 개인 내적인 차가 훨씬 크다는 것을 고려해야 하고 차별화된 교육과정, 교수전략, 자료, 경험 등이 필요하다.

3) 영재아를 도와주는 방법

영재아가 갖는 개인적인 특성이 모두 다르고 처해 있는 환경이 다르기 때문에 일률적인 지도 방법을 제시하기는 쉽지 않지만 다음과 같은 점들은 일반적으로 추천되는 내용들이다.

① 일단 우수한 아동이라고 판정이 되면 이 아동의 교육을 위해서 부모와 관련 전문가와의 상담을 통해서 지도 방안을 마련하는 것이 좋다. 많은 아동을 지도해야 하는 교사의 입장에서는 극히 일부의 우수한 학생을 독립적으로 책임지는 것은 여러 가지 면에서 적절치 못하기 때문이다. 학습을 보다 속진(acceleration) 시키고 심화(enrichment) 시키기 위한 방법은 여러 가지가 있고, 이러한 방법은 아동의 개인적 특성이나 사정과 조화를 이루어야 하는 문제도 있음을 잊지 말아야 할 것이다.

우리나라에는 공식적인 월반 제도가 없기 때문에 이를 학교 교육의 행정적 입장에서 처리하기는 힘들다. 다만 교사의 개별적 지도나 과외의 학습 등을 통한 보완적 방법을 선택해야 할 것이다. 그러려면 당연히 부모, 그리고 관련 전문가와 의논이 되어야 한다. 또한 지적 측면의 발달 과정이 자연적으로 전인적 발달을 촉진시키는 것이 아니며 오히려 다른 면에서는 장애를 경험할 수 있는 가능성도 크기 때문에 세심한 주의가 필요할 뿐만 아니라, 부모의 철학적 신념도 충분히 고려되어야 할 것이다.

② 학교 교육의 평범한 상황에서 이들을 도와 줄 수 있는 방법은 수평적 보완 학습과 수직적 보완 학습이다. 수평적 보완 학습은 다른 아동들과 동일한 수준의 학습을 하되 보다 풍부한 자료로써 학습을 하도록 과제를 주는 방법이다. 수직적 보완 학습은 보다 높은 수준의 과제를 해결하도록 난이도의 수준을 높여 주는 것이다. 학습 과제의 성격이 난이도에 따른 위계를 갖지 않은 경우에는 학습 진도를 빨리하여 다음의 학습 과제를 할당해 주는 것이다. 따라서 일반 학급에서의 영재아 지도는 개별 지도의

방법을 택할 수밖에 없다. 만일 이러한 아동이 몇 명 있어서 소집단을 구성할 수 있다면 소집단 학습의 형태를 취할 수 있다. 어찌되었든, 교사의 일상적 교수 업무 이외의 일로 처리될 수밖에 없다.

③ 영재아가 소집단을 이룰 수 있는 경우라면 그들이 독창적으로 보완 학습을 하는 방법을 고안하여 자율적으로 학습할 수 있도록 도와주는 것이 좋다. 즉, 교사의 개입은 최소한으로 줄이고, 그들 스스로 문제를 발견하고, 관련된 자료를 찾고, 토의하는 자율적 보완 학습의 기회를 제공하는 것이다. 교사는 이들을 옆에서 지지하고 격려해 주는 역할만으로도 충분할 것이다. 또한 이러한 학습 결과를 다른 모든 학생들에게 공개하여 학급 전체가 이들의 보충 심화 학습의 혜택을 받으면서, 영재아들의 존재를 긍정적으로 받아들이도록 하는 것이 중요하다.

④ 영재아들은 가능한 대로 그들의 흥미에 맞는 영역에 대해 창의적 활동과 학습을 하도록 지도되어야 한다. 앞에서도 지적한 바와 같이 우수한 아동들은 될수록 확산적 사고 능력을 배양하도록 길러져야 한다. 그러기 위해서는 개별적이든 소집단이든 여러 가지 창의적 활동에 참여할 수 있는 기회를 제공해야 할 것이다. 유아들은 유치원 교육 상황의 적절한 창의적 활동에 보다 깊이 참여하여 지력(知力)이 개발되어야 할 것이며, 초등학교에서는 각 개인의 흥미에 적절한 과외 활동 또는 특별 활동의 기회를 제공하여 창의적 사고 능력이 배양되도록 도와주어야 할 것이다.

03 자폐아

근래 아동 문제의 전문가는 물론 부모와 교사들의 새로운 관심을 끄는 문젯거리의 하나는 자폐아이다. 1970년대만 하더라도 자폐아는 정신 장애의 한 부류로 생각해도 별다른 문제가 없는 듯하였으나, 이제 자폐아의 문제는 특수아 문제의 독립적이고 독특한 한 영역을 차지하게 되었다. 이렇게 된 이유는 자폐증의 독특하고 유별난 증상에도 기인하지만, 자폐아로 진단되는 아동의 수가 날로 급증하고 있으며, 수의 증가와 함께 이제까지 관찰되지 않던 새로운 행동들이 출현하기 때문이기도 하다.

현재 자폐아의 발생률을 정확하게 계산할 만한 자료가 우리나라에는 확보되어 있지 않지만, 영미(英美)의 경우 Lotter(1966)는 10,000명 중 4명, Rutter(1971)는 9,000명 중 4명, Wing(1976)은 10,000명 중 4~5명으로 나타날 수 있다. 그러나 최근의 연구에서는 더 많이 나타나 10,000명 중 15명에서 20명이다(Wing, 1993). 유병률이 이렇게 증가한 것은 넓은 진단 준거와 장애를 더 잘 의식하고 알아낼 수 있게 되었기 때문이다. 이와 같이 양적으로도 증가하고 있지만 자폐증이란 일생을 정상적으로 살아갈 수 없는 결정적 장애이기 때문에 그 관심은 날로 증가하고 있다고 보아야 할 것이다.

1) 자폐아의 특징과 증상

어떠한 행동 특징 또는 증상을 나타내는 경우를 자폐증이라고 명명하거나 진단하는가 하는 문제는 자폐아 문제의 일차적 관심이라고 할 수 있다. 공식적으로 자폐증에 대한 연구와 임상적 관찰이 보고되기 시작한 것은 20세기 중반부터이다. 최초로 자폐증(autism)이란 용어를 사용하여 학계에 보고한 사람은 미국의 Kanner 교수이다. 그 후 여러 의학자들이 유사한 증상을 관찰하고 연구도 하였으며, 자폐증이라는 진단명 이외의 용어를 사용하기도 하였다. 자폐증을 이해하는 데 도움이 되겠기에 간단히 그 역사를 소개하면 다음과 같다(Erickson, 1978).

(1) Kanner

Kanner 교수는 1943년 11명의 특이한 행동을 보이는 아동들을 발견하고,

이들의 공통적 특징은 '애정적 접촉에 있어서 자폐적 장애를 갖고 있는 것'이라고 정의하고 그 진단명을 자폐증이라고 붙였다. 당시 Kanner가 자폐아의 특징으로 기술한 내용은 다음과 같다. Kanner의 이러한 관찰 결과는 지금도 상당히 유의하게 받아들여지고 있으므로 자폐아의 이해에 도움이 될 것이다.

① 다른 사람들과 관계를 형성하지 못한다.
② 언어 습득에 지연을 보인다.
③ 언어 습득이 어느 정도 되었더라도 언어를 의사소통의 도구로 쓰지 않는 경우가 많다.
④ 언어적 의사소통 중 반향어(echolalia)를 자주 사용한다. 즉, 남의 말을 그대로 앵무새처럼 반복한다. 질문을 받으면 그 질문에 대한 대답을 하는 것이 아니라 그 질문을 그대로 반복하는 경우를 말한다.
⑤ 반복적이고 강박적인 놀이나 행동을 보인다.
⑥ 기억력은 좋으나 상상력이 없다.

Kanner 이후 많은 학자들과 임상가들, 그리고 교육자들이 이러한 부류의 특징을 가진 아동들을 관찰하고, 그 증세를 보고하였으나, 조금씩 차이가 있었고 진단명도 자폐증 이외의 용어를 사용하기도 하였다. 1961년 Goldfarb는 소아 정신병(childhood psychosis)이라는 진단명을 사용하였고, Creak는 소아 정신 분열증(childhood schizophrenia)이란 진단명을 사용하였다. 1966년 Wing과 1976년 Wing의 보고에서는 유아 자폐증(early childhood autism)이란 진단명을 사용하였다. 그 후 지금과 같이 자폐증(autism)이란 공용어를 사용하게 된 것은 1976년 O'Connor에 의해서이다. 그는 이제까지의 각종 임상 자료를 종합적이고도 체계적으로 분석하고 새로 드러난 증상을 추가하여 복합적 증상(complex symptom), 즉 증후군(syndrome)으로 정리하고자 하였다.

(2) Simmons

O'Connor와 마찬가지로 복합적 증상으로 정리한 대표적 학자 중의 하나는 Simmons(1966)이다. 그는 다음과 같은 여섯 가지를 대표적인 증상으로 들고 있다.

① 대인 관계의 손상(impairment of interpersonal relationship)
② 사회적 행동의 손상(impairment of social behavior)
③ 단순 행동의 반복과 과잉 집착(stereotyped activity)
④ 지적 능력의 손상(impairment of intellectual function)
⑤ 언어의 손상(impairment of language)
⑥ 30개월 이전에 증상이 나타남(revelation of syndrome before 30 months)

(3) Wing

1976년 Wing은 진단을 위한 증후군으로 기본적 손상과 이차적 손상으로 구분하여 다음과 같이 정의하였다.

1 기본적 손상

① 언어의 의사 전달의 문제를 가짐(problems affecting language & communi- cation) : 말을 하지 않는데 가끔 특수한 목소리로 흉내 내기를 잘 한다.
② 감각적 경험에 대한 비정상적 반응(abnormal responses to sensory experi- ences) : 예를 들면 뱅뱅 도는 어지러운 것을 계속 들여다보고 있다.
③ 시각적 이상(abnormalities of visual inspection) : 주의 집중을 안하고 슬쩍슬쩍 지나쳐버리기
④ 운동 조절의 문제(problems of motor control & motor imitation)
⑤ 자율 반사 기능과 신체 발달의 이상(abnormalities of autonomic function and physical development) : 체구가 작고, 때리거나 꼬집거나 심지어는 바늘로 찔러도 아픈 반응을 보이지 않는다. 뱅뱅 맴을 돌아도 어지러움을 느끼지

않는다.

⑥ 기억 이상(unusual form of memory) : 보통 사람은 들은 후 모두 잊고 있는 것을 기억한다든지, 노래 가사 같은 것을 한두 번 듣고 줄줄 외기도 한다.

⑦ 비언어적 기능(skills that are not involve language) : 혼자 하는 비언어적 행동을 기이할 정도로 아주 잘 하는 수도 있다.

2 이차적 문제 행동

① 다른 사람이나 특히 다른 아동에 대한 명백한 무관심(apparent aloofness and indifference to other people, especially to other children)

② 변화에 대한 강한 저항과 기존의 것에 대한 지나친 집착(intense resistance to change & attachment to objects and routiness)

③ 부적절한 정서 반응(inappropriate emotional reactions)

④ 상상력의 결핍(lack of imagination)

⑤ 사회적 미숙(social immature)

(4) Rutter

영국의 Rutter(1971)가 보다 과학적인 접근을 통해 확인한 내용에 근거하여 한국의 홍강의 교수(1982)가 자신의 임상적 관찰을 통해 재확인하고 정리한 내용은 보다 포괄적이고 구체적이다. 이들은 공통적 증상과 선택적 증상으로 구분하여 다음과 같이 자폐아의 문제되는 행동 특징을 기술하고 있다.

▲ Rutter

1 공통적 증상

① 대인 관계 형성의 장애

- 부모와 애착 형성이 안 된다. 부모를 피하고 좋아하지 않는다.
- 눈과 눈이 마주치는 접촉을 피한다.

- 신체 접촉을 피한다.
- 다른 아이들에게 관심이 없고 같이 놀지 않는다.
- 우정이나 우애 등 다른 사람과 정서적 유대를 맺지 않는다.
- 다른 사람의 감정을 이해하지 못하고 공감이 없다.

② 언어 장애

- 전반적으로 언어 발달이 늦다.
- 옹알이, 보고 웃기, 흉내 내기 등이 없는 경우가 많다.
- 말을 듣고 이해하는 능력이 부족하다. 심하면 전혀 딴짓을 하기 때문에 청각 장애가 아닌가 의심한다.
- 말을 하지 않고, 손목을 끌어다가 행동으로 의사를 표시한다.
- 반향이 있다.

③ 변화에 대한 저항

- 자기가 해오던 것만을 반복하고 자기 행동과 환경의 동일성을 유지하려 한다. 한정된 놀이만 하고, 단순한 행동이나 일만 반복한다.
- 특정 물건이나 특정 행동에 대한 애착이 지나치다. 뱅글뱅글 돌기, 바퀴만 돌리고 들여다보기, 책을 넘기기만 반복하기도 한다.
- 변화에 적응하지 못한다. 같은 길, 같은 표시만 있는 데로 다닌다든지 물건이나 가구 놓인 자리가 바뀌면 찾지 못한다.
- 심한 편식으로 같은 음식만 반복해서 먹는다. 새로운 음식은 거절한다.
- 심한 고집으로, 고집을 굽히게 하거나 부모의 생각대로 다룰 수가 없다.

2 선택적 증상

- 집중력이 부족하고 과잉 행동을 보인다.
- 자해 행위를 한다. 자신을 물어뜯고, 머리를 벽이나 바닥에 부딪히는 행동을 한다.
- 대소변 가리기가 지연된다.
- 어떤 감각에 대해서는 지나치게 둔하거나, 또 어떤 감각에 대해서는 지나치

게 민감하다.

- 발달이 불균형하고, 특유한 운동 장애가 있다. 물건을 만지거나 돌리는 등의 운동 기능은 정상인데 언어나 사회성은 극히 지연된다. 손이나 손가락을 눈앞에서 반복적으로 흔든다든지, 발가락 끝으로 걷는다든지, 몸을 규칙적으로 흔드는 등의 특유한 운동을 반복한다.

2) 자폐증의 발생 시기

이상과 같은 이상한 행동 특징이나 증상이 언제부터 출현하는가 하는 점이 또한 중요한 관심사이다. 그러나 자폐증의 증상이 언제 처음 나타나느냐는 확실하지 않다(Mash & Wolfe, 1998). 자폐증의 결함이 약 2세경에 더욱 드러나지만, 사실 자폐증 아동의 부모 중 반 정도는 12개월 전에 이미 무언가 잘못되었다는 생각을 한다. 예를 들어 안아주기를 바란다거나, 눈마주침, 친밀한 사람에게 다가가는 것, 관심, 손뼉을 치거나 손 흔들기와 같은 타인의 행동을 모방하는 등의 초기의 행동들에서 이상이 있다. 또한 일부의 어린이들은 1~2년 잘 자라다가 갑자기 특유한 증상이 나타나고, 심한 퇴행이나 발달 중지 현상을 보이기도 한다. 그러나 3~6세에 자폐아와 비슷한 증상을 나타내는 경우는 대체로 자폐증이라기보다는 전반적 발달 장애인 경우라고 볼 수 있다.

자폐증은 이상하게도 남아에게서 많이 발생된다. 남녀의 발생 비율은 약 4 : 1로써 남아가 여아의 4배쯤 많다. 그 원인은 아직 잘 알려져 있지 않다. 또한 자폐아의 지능은 대체로 평균 이하로 약 80%가 정신 지체(mental retardation)이고, 약 5% 정도가 기계적 기억이나 시각적으로 특수한 능력을 갖고 있다(홍강의, 1993). 이들 중 4명 중 3명은 지능지수 70이하로 발달이 지체되고 1/5 - 1/4의 아동은 경계선 급에 있다(구본권 외, 2002).

3) 자폐증의 원인

자폐증의 원인을 확실히 밝힐 수 있다면, 그 발생률을 줄일 수 있는 예방적 조치나 치료에 큰 도움을 받을 수 있을 것이다. 그러나 자폐증은 경미한 자폐증부터 심각한 자폐증까지 증상과 특징들이 상이한 조합과 여러 수준의 형태로 나타나는 스펙트럼 장애(spectrum disorder)이다. 따라서 아직 그 원인이 확실히 밝혀져 있지는 않지만, 다양한 형태의 자폐증을 설명하는 다양한 원인이 존재한다(Mash & Wolfe, 1998).

① 유전적 요인으로 쌍둥이와 가족 연구의 결과는 자폐증의 원인을 시사하고 있다. 가족연구에서는 자폐증이 있는 사람의 형제와 대가족 구성원의 3%에서 7% 정도가 장애를 가지고 있으며, 가족의 많은 사람이 자폐증의 특징을 보이고 있다고 밝혔다. 쌍둥이 연구에서는 일란성 쌍둥이의 자폐증 일치율이 40%에서 90%이고, 이와는 대조적으로 이란성 쌍둥이의 자폐증 일치율은 0%였다. 이러한 자료들은 유전적 요인을 강하게 시사한다.

② 어머니의 임신과 출산과정의 문제로 어머니의 나이, 임신 중 출혈, 임신중독증, 바이러스 전염이나 바이러스 노출, 분만 후 기력의 부족과 같은 위험 요소가 자폐증이 있는 아동의 약 25%에서 확인되었다. 그러나 이러한 문제가 모든 자폐아에게 일관되게 일어난다는 근거나, 자폐증에만 일어난다는 증거는 없다. 따라서 임신과 출산 과정의 문제가 자폐증의 전반적인 원인으로 보기에는 그 근거가 미흡하나, 태아나 신생아의 발달에 손상을 입힐 수 있는 요인이 된다고 가정한다.

③ 신경심리학적 관점으로 자폐아는 신경심리학적인 결함이 있는데 지능, 집중력, 기억, 언어수행 기능 등을 포함해서 다양한 영역의 손상을 보인다. 따라서 자폐증의 뇌 기능 장애는 여러 뇌 영역에 분산되어 관련되어 있음을 알 수 있다. 또한 실행 기능 영역을 제외하고는 모든 영역에서 손상이 한 영역 전체에 일률적으로 나타나지 않고 어떤 뇌 기능이 안전하게 남아있다는 것을 알 수 있다. 다른 연구는 어떤 영역에서는 상당히 다르다는 것이다. 자폐아의 거의 대부분의 경우 전두엽의 손상이 있고, 언어와 기억과 관련된 뇌의 이상은 개인차가 심하다. 이러한 신경 심리학적 증거

들은 자폐증에는 분산된 뇌 체계가 관련된다는 것을 시사한다.

④ 신경생물학적 관점으로 소뇌의 이상과 대뇌 국부 이상에서 중앙 측두엽과 변연계 구조와 관련된 구조적 이상들이 발견되었다. 자폐아의 대부분이 소뇌의 특정 영역이 일반인보다 작다는 사실이 발견되었다. 중앙 측두엽과 변연계는 신경 회로를 통해 밀접하게 연결되어 있으며 자폐아의 손상된 기능, 즉 감정조절, 학습, 기억 등과 관련된다.

이상에서 살펴보았듯이, 자폐증을 설명하는 단일한 요인은 존재하지 않는다. 특히 최근에는 신경생물학적 관점에서 많은 연구들이 이루어지고 있는 것을 볼 때, 과거에 두뇌의 단일한 이상이나 부모의 양육 방식에서 기인한 것이라고 생각한 것과는 매우 다른 진보를 이루고 있는 것이 사실이다.

4) 자폐증의 치료와 교육

자폐증의 원인이 생물학적 또는 신경학적 이상이라고 하더라도 의학적인 치료나 특정한 약으로 자폐증을 완전히 없애지는 못한다. 따라서 의학적 접근뿐 아니라 심리적, 교육적 노력이 병행된 통합적 접근 방법만이 실효를 거둘 수 있다.

이러한 관점에서 제안된 치료와 교육의 기본 원칙은 다음과 같이 정리해 볼 수 있다.

① 치료에 있어서 제일 중요한 점은 조기 발견이라고 할 수 있다. 일찍 발견되면 될수록 도와줄 수 있는 방법이 많으며, 치료나 교육에 대한 저항도 어릴수록 용이하기 때문이다. 전형적인 자폐증은 30개월 이전에 그 증상이 드러나므로 부모의 세심한 관찰과 전문가의 도움으로 조기 발견이 가능하다.

② 앞에서도 밝힌 바와 같이 자폐증은 발달 전반에 장애가 나타나기 때문에 다방면의 도움이 필요하다. 우선 진단에 있어서도 정확한 의학적 진단과

심리, 교육적 평가가 이루어져야 한다. 이를 위해서는 소아 정신 의학 전문가, 심리학자, 교육 전문가의 공동적 협조가 필요하다. 지적 능력, 운동 기능, 언어, 사회성, 자조 능력 등 각 분야별로 세심한 관찰과 평가를 통해 정확한 진단이 선행되어야 한다. 치료에 있어서도 여러 분야의 전문가가 하나의 팀이 되어 다면적 접근을 해야 효과가 있으며, 이 경우 팀을 지도해 나갈 지도자를 정해서 협조하는 것이 보다 효율적일 수 있다.

③ 자폐아의 치료와 교육에 있어서 부모는 중요한 치료자, 교육자로서의 역할을 해야 한다. 부모는 누구보다도 많은 시간을 함께 보내게 되고, 누구보다도 높은 열의와 정성, 그리고 헌신이 가능하기 때문이다. 실제로 부모가 이와 같이 적극적인 치료자로서, 교육자로서의 역할을 잘 수행할 때 그 효과가 크다는 점은 여러 사례에서 증명이 되었다.

이러한 부모의 역할을 위해 자폐아의 치료에는 반드시 부모 상담과 부모 교육이 필요하다. 부모가 갖고 있는 죄책감, 실의와 절망, 그리고 이차적으로 습득된 부정적 감정으로부터 벗어나 현실을 수용하고 적극적으로 대처할 수 있는 힘을 길러 주어야 한다.

④ 자폐아를 도와주고자 할 때에는 아주 적극적인 방법이 적용되어야 한다. 환경을 잘 조성해주면, 정상의 아이들처럼 저절로 성장 · 발달 할 수 있다는 입장만을 고수해서는 별 효과를 거두지 못한다. 따라서 아주 적극적인 방법과 태도로 자폐아에게 접근해야 하며, 가능한 한 많은 자극을 주고, 저항의 벽을 깨고, 자기만의 자폐적인 세계에서 끄집어내어 다른 사람들과 접촉을 갖도록 해야 한다.

⑤ 자폐아의 치료에서 가장 중요한 것은 대인 관계의 벽을 깨는 것이다. 이를 위해서는 최대한 정상의 아이들과 접촉하도록 해야 한다. 자폐아는 특이하고 아이들과 놀기를 싫어하기 때문에 사회성이 발달할 기회가 없어지고, 또래들을 흉내 내고 배울 수 있는 기회도 사라지고 만다. 최대한 보통의 아이들과 함께 생활하고 함께 놀 수 있는 기회를 만드는 것이

우선적으로 중요하다.

⑥ 자폐아가 언어 장애가 있다고 해서 언어를 습득시키려하거나 교정시키려는 노력만으로 해결될 수 있다고 보고 이에만 치중하는 것은 그리 바람직하지 못하다. 이러한 접근은 치료 초기에는 실제로도 불가능하기 때문에 언어 교육에만 치중하는 것은 부모에게 좌절만을 줄 가능성이 크다. 언어는 분명히 자폐증의 대표적 장애이기 때문에 언어 발달을 도모하고 이를 위한 언어 교육이 필요하지만, 이는 치료와 교육의 일부일 뿐 그것만으로는 되지 않는다. 그 이전에 대인 관계의 문제를 먼저 취급해야 하며, 언어는 이러한 대인 관계와 사회적 관계를 통해 습득되고 교정되어야 한다는 점을 잊어서는 안 된다. 물론 언어 치료사가 치료팀의 한 구성원으로 활동해야 함은 당연한 일이다.

⑦ 자폐아들은 언어 장애, 사회성 결여, 지적 장애, 운동 장애 등을 겸한 중복 장애이므로, 초기의 치료 후 대인 관계에 진전이 있으면 역시 특수교육에 의한 교육적 접근이 큰 실효를 거둘 수 있다.

⑧ 특정의 약이 자폐아의 전반적 치료에 사용되기는 힘들지만, 부분적인 증상과 문제를 해결하는 데 상당히 효과를 볼 수 있다. 예컨대, 과잉행동을 줄여 주고 저항을 감소시키며, 밤에 잠을 자도록 도와준다든지, 위축된 아동을 보다 활동적으로 만드는 데 약물이 큰 도움을 줄 수 있다. 이러한 약물은 자폐아 자신을 도와주는 것이 될 뿐 아니라, 부모나 교육자를 도와주는 것이기 때문에 의사의 처방에 따라 적당한 약물을 사용하는 것은 자폐아의 치료에 필수적 요소라고 하겠다.

⑨ 자폐아의 교육 치료에서는 행동 수정이나 놀이 치료법이 유효하게 활용될 수 있다. 상과 벌, 그리고 타임아웃 등의 방법으로 자폐아의 행동을 교정해 주고, 전문적 놀이 치료사의 도움으로 사회적 관계 형성에 큰 진전을 볼 수 있기 때문이다. 다만 놀이 치료에서, 놀이를 통해 그들의 정신세계에서 상징적 의미를 발견하고, 정서적 갈등을 해결하려고 그들이 놀고 싶은

대로 놀게 해준다는 방식으로는 자폐증의 치료에 도움이 되지 못하고 오히려 변화를 늦추는 결과가 되기 쉽기 때문에, 자폐아를 전문적으로 치료하는 놀이 치료사에 의해서 놀이 치료가 시행되어야 한다는 점을 잊어서는 안 될 것이다. 다만, 놀이를 통해서 사회관계의 폭을 넓히고, 교육 방법의 일부를 놀이를 통해서 한다는 것은 중요하게 고려될 수 있다는 점이라고 평가할 수 있다.

04 주의력 결핍 과잉행동 장애(ADHD)

1) 주의력 결핍 과잉행동 장애의 정의와 특징

주의력 결핍 과잉행동 장애(ADHD; Attention Deficit Hyperactivity Disorder)는 학령 전기나 학령기 아동들에게서 가장 흔하며, 가장 활발하게 연구가 진행되고 있다. ADHD 아동들은 겉으로 문제 행동이 잘 드러나고, 학습에도 장애를 보여 학령기에는 특히 눈에 잘 띈다. 미국에서는 학령기 아동의 3~5% 정도가 ADHD를 보이는 것으로 추정된다(Mercugliano, et al, 1999). 여기에서는 ADHD에 대한 DSM-IV의 기준을 제시하고 논의할 것이다(Wenar & Kerig, 2004).

주의력 결핍 과잉행동 장애에 관한 DSM-Ⅳ 기준

A. (1) 또는 (2) 가운데 한 가지 이상 포함되어야 한다.

(1) 부주의: 다음 증상 중 여섯까지(또는 그 이상)가 적어도 6개월간 부적응적이고 발달수준에 맞지 않는 수준으로 지속된다.

- 자주 세부 사항에 세밀한 주의를 기울이지 못하거나, 학업, 일 또는 다른 활동에서 부주의한 실수를 저지른다.
- 자주 과제나 놀이 활용에 주의를 지속하기 어렵다.
- 자주 자신에게 직접 이야기 할 때 잘 듣지 않는 것 같다.

- 자주 지시를 끝까지 따르지 않고, 학업, 잡일, 작업시의 임무를 다하지 못한다(반항적 행동이나 지시를 이해하지 못하기 때문이 아니다).
- 자주 과제와 활동을 조직하기 어려워한다.
- 자주 지속적인 노력이 필요한 과제(학교공부나 숙제 같은)에 참여하기를 피하거나, 싫어하거나, 또는 저항한다.
- 자주 과제나 활동에 필요한 것들을 잊어버린다(예를 들어, 장난감, 숙제, 연필, 책 또는 도구).
- 자주 외부의 자극에 의해 쉽게 방해 받는다.
- 자주 일상적 활동을 잊어버린다.

(2) 과잉행동-충동성에 관한 다음 증상 중에서 여섯 가지(또는 그 이상)가 적어도 6개월간 부적응적이고 발달 수준에 맞지 않은 수준으로 지속된다.

[과잉행동]
- 자주 손이나 발을 불안정하게 만지작거리고 자리에서 움직거린다.
- 자주 교실이나 다른 상황에서 자리에 앉아 있어야 할 때 자리를 뜬다.
- 자주 상황에 부적절하게 과도하게 뛰어다니거나 기어오른다(청소년이나 성인의 경우에 불안정한 주관적 감정으로 표현될 수 있다).
- 자주 차분하게 놀거나 쉬는 시간을 보내기가 힘들다.
- 자주 끊임없이 움직이고, 모터가 작동하는 것처럼 움직인다.
- 자주 말을 과도하게 많이 한다.

[충동성]
- 자주 질문이 끝나기 전에 불쑥 답을 말한다.
- 자주 자기 차례를 기다리기 어렵다.
- 타인을 방해하거나 끼어든다(예: 대화나 놀이에 참견한다).

B. 손상을 초래하는 과잉행동-충동성 또는 부주의 증상이 7세 이전에 존재한다.

C. 증상들에 의한 손상이 둘 또는 그 이상의 상황에서 존재한다(예: 학교 또는 일터와 집에서).

[유형에 근거한 코드]
- 주의력 결핍 과잉행동 장애, 혼합형: 지난 6개월간 A1과 A2의 기준에 충족될 때
- 주의력 결핍 과잉행동 장애, 부주의 우세형: 지난 6개월간 기준 A1은 충족되나 기준 A2는 충족되지 않을 때
- 주의력 결핍 과잉행동 장애, 주의력 행동-충동성 우세형: 지난 6개월간 기준 A2는 충족되나 A1은 충족되지 않을 때

핵심적인 특징으로는 부주의(inattention)의한 것으로, 부주의한 아동은 나이에 적절한 수준의 주의력을 유지하지 못한다. 어떠한 한 가지 일에 정신을

유지하거나 규칙이나 지시를 따르지 못한다. 자신이 즐기는 일에는 주의를 기울일 수 있지만, 자신이 덜 즐기는 과제를 완성하거나 새로운 것을 학습하도록 요구되어질 때 다른 아동들보다 어려움을 많이 느낀다. 최근의 연구들은 ADHD의 발달 과정에서 과잉행동 및 충동행동의 문제는 3~4세경에 먼저 나타나고 주의의 문제는 5~7세경에 나타나지만 주의의 문제만이 주된 어려움인 경우에는 학령기 초기와 중기에 나타난다.

또 다른 문제는 과잉행동(hyperactivity)의 문제로, 마치 "모터가 작동하는 것처럼" 끊임없이 움직인다. 다른 아이들보다 더 돌아다니고, 더 달리고, 더 기어올라가고, 더 시끄럽게 놀고, 지나치게 말을 많이 한다. 아동의 행동은 힘이 넘치고, 격렬하고, 부적절하고, 목표와는 상관없다. 따라서 매우 행동적으로 보이고 높은 에너지 수준을 보이지만 다른 아동들과 비교해 보았을 때 임무를 완수하지 않는다. 과잉행동의 문제는 부주의와는 달리, ADHD 아동들의 기본적인 특징으로 다른 장애와 일반 아동들과 구분할 수 있는 기준이 된다. 그러나 부주의는 ADHD의 주된 특징이기는 하나 ADHD에서만 적용되지 않을 수도 있다.

충동성(impulsivity)의 문제를 갖고 있는데 "생각 없이 행동하는 것"이다. 그러니까 자신의 즉각적인 반응들을 억제하지 못하고 행동하기 전에 생각하지 못한다. 예를 들어, 다른 사람의 게임이나 대화에 불쑥 뛰어 들어 다른 사람들이 난감해 한다. 결국, 상황이나 타인을 배려하기 위해 자신의 행동을 조절하는 것을 어려워한다. 이러한 특성으로 만족을 지연시키는 일은 더더욱 어려워한다.

위와 같이 부주의, 충동성, 과잉행동을 보이는 모든 아동이 ADHD를 가지고 있는 것은 아니다. 특히 DSM-IV의 분류에 대한 다른 특징들을 설명해야 한다. 즉, 발병 시기로 언제 증상이 발병되었는지를 살펴보아야 한다. DSM-IV에 의하면 증상의 시작은 7세 이전에 나타나야 한다. 그리고 증상의 지속 기간으로 6개월 이상 지속되어야 하지만 어떤 연구에 의하면 12개월이라는 기간이 특히 학령전기에 나타나는 증상의 지속기간으로 적절하다고 한다. 또한 상황이 일시적인 상황에 대한 반응인지 여러 상황에서 지속적으로 나타나는지를 보아야 한다. 학교나 가정, 교우 관계와 같은 아동의 전반적인 생활 영역에서 심각한 손상이 있어야 한다.

부주의, 과잉 행동 그리고 충동성과 같은 핵심적인 특징과 더불어 ADHD 아동들은 관련된 수많은 특성들을 보인다. 첫 번째, 인지적 손상으로 운동억제와 관련해서 실행기능의 결손을 일관되게 보이는데 실행기능은 미래의 목표를 획득하기 위해 문제 해결 상황을 유지하는 능력을 말한다. 이들은 정상 지능이고 똑똑함에도 불구하고, 그들의 지적능력을 일상 생활 상황에서 적용시키지 않기 때문에 마치 지능이 부족한 듯이 보인다. 예를 들어, IQ검사에서도 지속적인 주의를 요구하는 검사에서 특히 저조한데 그것은 그들의 증상의 직접적인 영향 때문일 수 있다. 이와 같은 맥락에서, ADHD 아동은 학업 수행에 따른 어려움을 경험한다. 사실 낮은 학업 성취는 ADHD 부주의형의 아동들에게는 어쩔 수 없는 결과이다. 즉 과제에 주의를 기울이고 지속시키지 못하고, 산만하고, 지시도 따르지 못하고, 학업을 수행하는 일을 조직화하는데 문제가 있기 때문이다. 그래서 실제로 ADHD 아동들은 25% 정도가 학습 장애(learning disorder)를 동반하기도 한다. 전형적으로 읽기와 수학에 어려움이 있다. ADHD와 학습장애가 함께 동반되는 이유는 ADHD 증상 자체가 학습의 곤란을 야기할 수 있고, 이 두 장애가 모두 일반적으로 기본적인 생물학적, 환경적 요인의 결과일 수 있기 때문이다.

두 번째로, 말하기와 언어적 결함이 있다. 예를 들어, 지나치게 크게 말하거나 대화의 주제가 맥락에 상관없이 계속적으로 바뀌고, 타인의 말에 귀를 기울이지 못하고, 타인을 방해하고, 적절하지 않게 대화를 시작하고, 장황하게 말하여 듣는 사람들이 무슨 말을 하는지 이해하기 어렵다.

세 번째로, 의학적 신체적 특징으로 ADHD 아동은 재발성 순환기 감염, 천식, 알레르기, 야뇨증, 배설 문제 그리고 수면 장애와 같은 건강 문제가 있다. 또한 ADHD 아동의 50% 이상이 사고를 일으키기 쉽다. 예를 들어, 교통사고나 자전거를 타다가 사고를 당하기도 한다.

네 번째로, ADHD 아동에게 나타나는 가장 어려운 측면으로 또래 관계 문제가 있는데, 남을 괴롭히고, 성질이 급하고 예측할 수 없고 감정적일 뿐 아니라 관습이나 규칙 등을 따르지 않기 때문에 자주 또래와 갈등을 빚는다. 그러니까 이들은 말로 표현하거나, 상대방이 보이는 얼굴 표현이나 신체의 움직임으로 표현되는 사회적 단서를 지각하지 못한다. 과도한 활동과 시끄러운 소리로 또래와 함께하는 사회적인 놀이 등에 방해가 된다. 충동성은 대화를 단절시키고, 갈등이나 좌절감을 느끼게 되는 상황이 발생할 때 자기 통제력도 잃게 될 가능성이 높다. 이러한 이유로 또래 관계의 어려움이 발생한다.

다섯 번째로, 가족 관계에서 어려움이 있다. ADHD의 증상 자체가 정상적인 사회적 상호작용의 패턴을 어렵게 하기 때문이다. 따라서 가족 관계에 부정적인 영향을 미친다. 즉, ADHD 아동의 상호작용은 부정적으로 아동은 순응적이지 않고, 부모는 지나치게 통제를 하고 지시적으로 반응하고, 형제간에도 갈등을 야기한다.

거의 모든 아동들은 특정한 시기에, 어떤 상황에서 부주의와 과잉행동, 충동성의 증상들을 나타낸다. 그러나 DSM-IV 기준이 적용될 때, 3~5% 범위로 떨어진다. 특히 남아에게서 많이 나타나고, 연령에 따라 감소하는 경향이 있다는 연구 결과도 있다. 특히 ADHD 성차에 대한 초기 연구에서는, 남녀 비율이 9 : 1의 비율로 나타났으나 최근의 연구에서는 4 : 1 정도의 비율로 줄어들었다. 남아들은 여아들보다 ADHD에서 전형적으로 나타나는 행동들을 더 많이 보이는데 왜 남아들이 여아들보다 ADHD를 더 보이는지 확실하지 않다. 이것은 남아들이 더 공격적이고 반항적이라는 사실 때문일 수도 있고, 또 그런 행동이 ADHD와 관계가 있는 경우가 많기 때문에 남아들이 ADHD를 더 가진 것으로 나타날 수도 있다. 그러나 여아들의 경우는 과잉행동과 충동성과 같은 전형적인 증상들이 나타나지 않고, 인지적인 측면에서 손상되어 있는데, 특히 언어능력이 결손되어 있다(Berry et al., 1985; Everett. C. A. & Everett. S. V.,

1999). 여아들은 내재화되어 불안이나 우울과 같은 증상들이 더 나타나고, 학습문제도 더 많이 나타난다. 그리고 ADHD는 모든 사회 계층의 사람들에게 영향을 미치지만, 높은 사회경제적 지위(SES) 집단의 아동보다는 낮은 사회경제적(SES) 집단의 아동에게서 조금 더 많이 발생한다. 그리고 각 문화마다 ADHD의 출현율은 다양하다. 그것은 분류 기준이 다를 수 있고, 문화적 기준과 증상에 대한 허용에서의 차이와 관련이 있기 때문이다.

ADHD 아동은 인지, 학습, 건강 문제 외에도 다른 장애의 발생 비율이 높다. 일반적으로 반항성 장애와 품행 장애, 불안과 우울 같은 정서 장애, 학습 장애이다. ADHD와 다른 장애와 공병(comorbidity)하여 상당히 복잡해진다. ADHD 아동의 반 정도가 반항성 장애의 조건을 만족시키는데 고집이 세고 성질이 급하고, 반항적이다. 이후에 더 심각한 상태인 품행 장애로 진전되기도 한다. 품행장애는 사회규칙을 깨뜨리고, 학교에서 심각한 문제를 일으키고, 높은 위험에 처해있다.

ADHD 아동의 약 25%에서 40%는 불안 장애를 동반하는데 품행 장애와는 달리 충동적인 행동을 억제한다. 또한 부주의로 학습을 방해하기 쉽고, 지속적인 학업실패가 부주의로 연결되어 ADHD 아동 중 19~26% 정도가 학습 장애를 동반한다.

2) ADHD의 원인

최근에 신경생물학적 연구를 통해서 많은 발전이 있었지만, 여전히 ADHD의 원인은 밝혀지지 않고 있다(Everett & Everett, 1999). ADHD의 원인에 대해서 많은 요인들이 밝혀져 왔지만 직접적이라기보다는 간접적이다. 또한 단일 원인에 초점을 두고 ADHD를 설명하는 것은 불완전하다. 그러므로 다음과 같이 포괄적으로 설명할 수 있을 것이다(Mash & Wolfe, 1998).

① 유전적 원인론으로 대부분의 연구에서는 ADHD가 유전된다는 점에는

동의하고 있다. 유전과 관련하여 많은 연구들이 진행되었는데, ADHD는 가계로 유전된다는 것이다. 즉 아동이었을 때 ADHD였던 아버지 중에서, 이들의 자손 중 3분의 1이 ADHD이다. 특히 쌍둥이 연구(Sherman, Iacono, & McGue, 1997)에서 나온 결과들은 ADHD의 유전적 원인에 대한 가장 설득력 있는 증거를 제공하는데 증상과 진단에서 이란성 쌍둥이에 비해 일란성 쌍둥이들의 일치율이 더 높았다.

② 신경생물학적 요인으로 대뇌의 이상을 주장하고 있다. 뇌신경검사 연구는 ADHD 원인에 대한 신경생물학적 이론을 검증할 수 있게 했다. CT검사를 이용한 연구들은 ADHD 아동과 정상 아동과의 사이의 뇌 구조의 차이를 발견하지 못했으나, 최근의 자기 공명 장치(MRI) 연구에서는 전두엽과 선조체에서 뇌의 크기와 밀도의 감소를 나타내었다. 전두엽은 주의력과 각성유지, 충동조절 및 목표지향적 활동의 기능을 담당하는 부위이고, 그중에서도 전전두엽은 선택적 주의력에 중요하다. 또한 선조체의 이상은 도파민계의 저활성과 관련하여 과다활동이나 충동성을 유발한다.

또한 신경화학적 연구에서는 중추 신경계의 이상을 확인하기 위하여 도파민, 노어에피네프린, 세로토닌을 포함한 신경 전달 물질이 연구되었다. 이러한 연구들은 신경 전달 물질 체계가 활동 저하일 것이라는 가정을 하였다. 그러나 지금까지의 연구에서 생화학적 이상은 발견되지 않았다.

③ 출산 전, 출산에 임박했을 시점과 출산 동안의 사건들이 신경계 발달에 영향을 미칠 수 있다. 예를 들어, 출산 시 저체중, 유아의 질환, 임신 동안 모체의 흡연, 초기 신경학적 충격이나 외상, 영양실조, 그리고 출산 전 후의 신경계 발달에 영향을 미칠 수 있다.

④ 환경적 독소는 대뇌 발달과 기능에 영향을 미칠 수 있고, ADHD의 원인이 될 수 있다. 소량의 납에 노출되는 것이 작지만 의미 있는 관계성이 있다(Fergusson et al., 1993). 신체 내의 납과 ADHD 증상 간의 상관은 낮아, 신체 내의 납이 ADHD의 증상 표출에 4% 정도 설명할 수 있다.

⑤ 가정생활과 ADHD 간에 명백한 관련성은 없다고 하나, 가족의 영향이 중요하지 않다는 것을 의미하는 것은 아니다. 즉 가족의 영향은 비록 ADHD의 일차적 원인은 아니더라도 ADHD 및 그와 연관된 문제의 결과를 결정하는데 핵심적인 역할을 할 수 있다. 예를 들어, 어머니의 민감하지 않은 초기 양육, 빈곤 가정에서 양육된 아동에게서 이후에 ADHD 증상이 나타난다는 증거도 있고, 낮은 사회경제적 지위 집단의 아동에서 나타나는 일부 ADHD 행동은 열악한 양육에서 비롯되었을 가능성이 있고, 가족 갈등은 증상이 출연하고 유지하는데 관련이 된다는 것이다.

이상에서 살펴본 바와 같이, ADHD의 원인은 수많은 연구에 의해 원인을 밝혀내려 했으나 구체적이고 직접적인 원인은 이제까지 밝혀지지 않았다. 다만 간접적인 원인과 가설을 상정하고 있을 뿐이다. 따라서 엄청나게 많은 원인들이 가능성이 있을 수 있고, 그러한 원인들이 어느 정도의 확실성을 가지고 설명할 수 있을지는 사실 장담하기 어려운 일이다.

원인에 대한 최근 연구에서는 유전과 뇌신경 검사에 관한 연구들이 급성장하고 있고 뇌 발달과 기능에 직접 효과를 주는 생물학적 요인들을 강조하고 있다. 그러나 이러한 생물학적 요인 또한 정확한 인과 관계를 확인하지 못하고 있다. 결국 ADHD 증상의 양상은 생물학적 요인뿐 아니라, 환경적 위험 요인, 가족 갈등, 학교, 사회 문화적 영향이 시간 경과에 따라 함께 형성한다는 것을 기억해야 한다(Mash & Wolfe, 1998).

3) ADHD의 치료와 교육

수년간에 걸친 다양한 연구와 현장 경험에도 불구하고 ADHD의 최선의 치료 방법이 어떤 것인지에 대한 견해는 아주 다르다. 또한 모든 아동들에게 적용될 수 있는 한 가지 치료 방법은 없다. 그러나 그들의 증상에 대처하고 이차적인 문제를 다룰 수 있도록 도와주기 위해 다양한 치료가 가능하다. 약물 치료뿐 아니라 행동 변화 치료 및 교육적 중재로 ADHD 아동과 부모가 효과적으로 대처하고 주된 증상을 보다 잘 관리할 수 있도록 도와야 할 것이다.

① 약물 치료는 ADHD 아동의 증상 치료에 강력하고 효과적인 중재이다. ADHD를 치료하는데 효과적이라고 알려진 자극제가 있다. 가장 흔히 사용하는 약물은 메틸페니데이트(Ritalin)과 암페타민(Dexedrine)과 페몰린(Cylert)이 있다. 이러한 자극제들은 ADHD 아동의 약 80% 정도에게 주의를 지속하고, 충동통제 및 작업효과의 지속을 극적으로 증가시켰으며 과제와 관련 없는 행동과 소음 및 파괴적 행동을 감소시켰다는 연구가 있다. 주요 증상 뿐 아니라 많은 사회적, 인지적, 그리고 학업적 문제들에도 영향을 미쳤다. 사회적인 측면에서 모자 관계와 가족 관계를 개선하고, 또래 관계에서 공격적인 성향도 감소되어 궁극적으로는 또래 관계도 개선되었다. 인지적인 측면에서, 단기 기억 또한 개선되었고, 학교에서도 학업적인 측면들이 많이 개선되었다. 자극제 약물치료는 적절한 감독하에서 사용될 때에는 일반적으로 안전하다고 알려져 있다. 그러나 부작용도 있다. 식욕 감퇴와 과민성, 두통과 복통을 일으키기도 한다. 그 외의 부작용에 대한 논의들은 근거가 없다고 증명되었다.

② 약물 치료가 ADHD 아동을 괴롭히는 모든 문제를 개선시켜주지 못하기 때문에 심리사회적 중재가 필요하다. 부모 관리 훈련은 부모가 다루기 어려운 자녀의 행동에 잘 대처하도록 돕는다. ADHD에 대한 교육을 통해서 이 장애를 이해하고 자녀의 장애에 대한 죄책감에서 벗어난다. 그리고 구체적인 행동 수정 기법을 배운다. 토큰 강화 프로그램(home token program), 타임아웃, 교사의 학교 생활을 기록한 내용으로 가정에서 보상을 주는 프로그램(home based reward program) 등을 배운다. 이러한 부모관련 훈련을 통해 아동의 반항적이고 불복종적인 행동을 감소시키고, 자녀의 다루기 힘든 행동을 효과적으로 다루는 법을 알게 되고, ADHD 자녀를 기르면서 겪게 되는 정서적인 어려움을 해결하도록 돕는다.

③ 문제 행동들을 감소시키고 적응적 행동을 증가시키기 위해 모델링과 보상과 벌이 사용되는 행동 수정이 활용되기도 한다. 이러한 행동적 중재는 단기간에 특수한 상황에서 사회적 기술과 학업 수행을 향상시키기도 한다. 그러나 행동수정은 지속성이 부족하고 다른 상황으로 일반화가 부족하다.

④ 인지 행동 수정(cognitive behavior modification)으로 ADHD 아동은 자신의 주의와 행동을 모니터하고 조절할 수 있는 기술을 배울 수 있다. 그래서 자기 행동의 궤도를 유지하고 특정 상황에서 자신이 해야 할 것을 평가하는 것, 일이 계획대로 되지 않을 때 대처하는 법, 잘 한일에 대해 스스로 보상을 주는 법을 배운다. 그러나 최근의 연구들에서는 효과가 희망적이지는 않다.

⑤ 사회적 기술 훈련(social skills training)으로 또래들과 긍정적인 상호작용을 할 수 있는 기술을 배우는데 주로 집단에서 행해지는데 모델링, 연습, 피드백, 강화를 통해 이루어지고 있다.

⑥ 학업 기술 훈련으로 공병인 학습 장애의 교정도 필요하다. 아동이 지시에 따르고, 체계적이 되도록 하고, 시간을 효율적으로 사용하게 하고, 자신의 일을 검토해 보도록 하고, 효율적으로 공부하도록 가르친다.

⑦ 중다 개입(multimodal interventions)으로 ADHD는 다중적인 병인을 가지고 있기 때문에 다중적 치료 방법을 선택하는 것이 최적의 방법일 수 있다. 약물 치료, 행동 치료, 부모 관리 훈련 등을 병행하여 사용할 수 있다. 따라서 ADHD 아동을 적절히 치료하기 위해 의사, 교사, 심리학자들이 협력적인 노력이 필요할 것이다.

참고문헌

고문숙, 이혜주, 임영심, 황정숙 (2001). 어린이 놀이지도. 서울: 정민사.

구본권, 신현숙, 여문환, 최세민 (2002). 자폐아동치료교육, 서울: 범한.

김광웅 (1975). 유아교육방법의 탐구(놀이의 교육방법적 가치). 연구노트 4권 7호. 서울 : 한국행동과학연구소.

김광웅 (1996). 유아생활지도. 서울 : 학문사.

김광웅 (1988). 정신 지체아의 정의와 분류에 관한 고찰. 숙명여자대학교 논문집(제28집).

김광웅 (1989). 유아생활지도. 서울 : 교육과학사.

김광웅 (1999). 유아행동지도. 서울 : 교육과학사.

김광웅, 박인전, 방은령 (1997). 영 · 유아 보육론. 서울 : 중앙적성출판사.

김광웅, 방은령 (1992). 아동발달. 서울 : 형설출판사.

김성희, 허혜경 (1998). 유아발달. 서울 : 교육과학사.

김연옥 (1993). 전통놀이가 유아의 인지발달에 미치는 영향: 보존 개념을 중심으로. 한국교원대학교 석사학위논문.

김영욱, 김원경, 박화문, 석동일, 윤점룡, 정재권, 정정진, 조인수 (2005). 특수교육학. 서울: 교육과학사.

김유숙 (2002). 가족치료 이론과 실제. 서울: 학지사.

김호숙 (2000). 전통놀이가 유아의 보존개념 형성에 미치는 영향; 제기놀이, 팽이놀이, 고누놀이를 중심으로. 한국교원대학교 교육대학원 석사학위논문.

김정권, 한현민 (1996). 특수아동의 이해와 교육. 서울: 도서출판 특수교육.

노안영, 강영신 (2003). 성격심리학. 서울: 학지사.

문현주 (1996). 20~35개월 유아의 가상놀이 발달에 관한 연구. 숙명여자대학교 대학원 박사학위논문.

박상숙 (1999). 주제극놀이 활동이 유아의 수학개념에 미치는 영향. 성신여자대학교 교육대학원 석사학위논문.

신숙재, 이영미, 한정원 (2000). 아동중심 놀이치료. 서울: 동서문화원.

안영진 (1997). 신 영 · 유아 발달총서. 서울: 정일.

여광응, 한현민 (1993). 행동수정이론과 특수아동에의 적용. 서울: 도서출판 특수교육

여광응, 조인수 (1998). 발달장애아 부모 및 교사를 위한 행동수정 이론과 실제. 대구대학교출판부.

유미숙 (1997). 놀이치료의 이론과 실제. 서울 : 상조사.

유안진 (1981). 한국 고유의 아동놀이. 서울 : 정민사.

이돈희 (2003). 세기적 전환과 교육학적 성찰. 서울: 교육과학사.

이성진 (1989). 행동수정의 원리. 서울 : 교육출판사.

이숙재 (1988). 유아의 놀이와 문제 해결력에 관한 연구. 성신연구논문집, 27, 203-218.

이숙재 (2006). 유아를 위한 놀이의 이론과 실제(3판). 서울: 창지사.

이원영 (1981). 유아를 위한 교재 및 놀이감. 새세대육영회.

이은화 (1975). 유아교육의 현황과 문제. 서울능력개발사.

이재선 (1989). 유아의 적목놀이 구성에 관한 사례연구. 이화여자대학교 교육대학원 석사학위논문.

이홍우 (1973). 인지학습의 이론. 서울 : 교육출판사.

장재정 (1980). 놀이가 학령 전 아동의 발달에 미치는 효과. 관동대학 논문집 제8집.

정혁표 (1980). 인지 양식과 그 관련 변인에 관한 연구. 동아대학교 대학원 박사학위 청구논문.

정범모 (2000). 교육과 교육학. 서울 : 배영사.

정원식 (1991). 인간과 교육. 서울 : 배영사.

정현숙 (1985). 도시와 농촌의 집단 게임 양상에 관한 조사 연구. 이화여자대학교 대학원 석사학위논문.

주정일, 김광웅 (1977). 유아교육이 아동의 사회적 발달에 미치는 효과. 아동연구지. 2(1).

한국행동과학연구소 (1975). 유아의 지적 능력발달에 관한 연구. 서울 : 한국행동과학연구소.

허 숙 (1980). 인지양식에 영향을 주는 인성요인에 관한 연구. 교육논총. 11(4). 79-100.

홍강의 (1982). 유아 자폐증의 진단과 치료. 자폐아의 치료와 교육 세미나 자료집.

홍강의 (1993). 자폐장애, 소아 · 청소년정신의학, 한국소아 · 청소년 정신의학회. 4(1), 3-26.

황정규 (1968). 교육평가. 서울 : 교육출판사.

Allport, G. W. (1937). Personality: A psychological interpretation. New York : Holt.

Anastasi, A. (1958). Heredity, environment, and question how? Psychological Review, 65, 197-208.

Anita. E., & Woolfolk, H. (2007). 교육심리학*[Educational Psychology]*. (김아영, 백화정, 설인자, 양혜영, 이선자, 정명숙 공역). 서울 : 박학사. (원전은 2004년에 출판)

Anthony, E. J. (1970). Behavior disorders. In. P. H. Mussen(Ed.), *Carmichael's Manual of Child Psychology* (3rd ed.). Vol. 2(pp.667-764). New York : Wiley.

Appleton, L. E. (1910). *A comparative study of the play activities of adult savages and civilized children*. Chicago: Chicago Press.

Arlitt, A. H. (1928). *Psychology of infancy and early childhood*. New York : McGraw-Hill.

Arlitt, A. H. (1930). *The child from one to six*. New York : McGraw-Hill.

Arnaud, S. H. (1974). Some functions of play in the educative process. *Childhood Education, 51*(2), 72-78.

Axline, V. M. (1947). *Play Therapy*. Boston : Houghton Mifflin.

Axline, V. M. (1964). Accepting the child completely. In M. R. Haworth(ed.), *Child Psychotherapy: Practice and Theory*. New York : Basic Books.

Axline, V. M. (1976). 딥스. (주정일, 이원영 역). 서울 : 진명문화사.

Baldwin, A. L. (1948). Socialization and parent-child relationship. *Child Development, 19*, 127-136.

Balla, D., & Zigler, E. (1979). Personality development in retarded persons. Ellis, N.R.(ed.), *Handbook of Mental Deficiency* (pp.143-168). Hillsdale, NJ : Erlbaum. Associates,

Bandura, A. (1954). Behavior theory and the models of man. *American psychologist, 29* (12), 859-869.

Bandura, A., Ross, D., & Ross, S. A. (1963). Imitation of film mediated aggressive models. *Journal of Abnormal and social Psychology, 66*, 3-11.

Baumrind, D. (1971). Currunt patterns of parental authority. *Developmental psychology Monographs, 4* (1, part 2).

Baumrind, D. (1991a). Effective parenting during the early adolescent transition. In P. A. Cowan & M. Hetherington (Eds.), *Family transition*. Hillsdale, NJ: Erlbaum.

Bayley, N. (1955). On the growth of intelligence. *American psychologist, 10*, 805-818.

Becker, W. C. (1965). Consequences of different kinds of parental discipline. In Martin L. Hoffman., & W. Hoffman (eds.), *Review of Child Development Research*, Vol. I (pp.169-208). New York : Russell Saga Foundation.

Bee, H. L., & Mitchell, S. K. (1980). *The Developing Person: A Life-span Approach*. San Francisco : Harper & Row.

Bender, Lauretta (1956). Schizophrenia in childhood-its recognition, description and treatment. *American Journal of Ortho-Psychiatry*, 26, 499-509.

Benjamin, H. (1932). Age and sex differences in the toy preferences of young children. *Ped. Sem. and J. Genet. Psych.*, 42, 417-429.

Bernstein, E. (1968). What does a Summerhill old schools tie look like? *Psychology Today*, 2(5), 37-70.

Bettleheim, B. (1985). *A Home for The Heart*. Chicago : University of Chicago Press.

Biehler, R. F. (1981). *Child development: An introduction(2nd)*. Boston : Houghton Mifflin.

Biehler, R. F., & Snowman, J. (2003). *Psychology Applied to Teaching(10th.)*. Boston : Houghton Mifflin Company.

Bishof, L. J. (1964). *Interpreting personality theories*. New York : Harper & Row.

Bloom, B. S. (1964). *Stability and change in human characteristics*. New York : Wiley.

Bott, H. (1929). Observations of play activities in a nursery school. *Gen, Psychology. Monograph., 4*, 44-48.

Bridges, K. M. B. (1927). Occupational interests of three-year-old children. *Ped. Sem. and J. Genet. Psychology, 34*, 415-423.

Brody, G. H. (1998). Sibling relationship quality: Its causes and consequences. *Annual Review of psychology, 49*, 1-24.

Bruner, J. S. (1961). The act of discovery. *Harvard Educational Review, 31*(1), 21-32

Bruner, J. S. (1961). *The Process of education*. New York : Vintage Books.

Bruner, J. S. (1978). *Toward a theory of instruction*. Cambridge : Belknap Press of Harvard University.

Bühler, C. (1930). *The first year of life*. New York : The John Day Co.

Chang-un-hyo. (1977). *The Effect of Cognitive Style as A Function of Instructional Treatment on Learning Defined Concepts in Geometry*. Doctoral Dissertation, University of Florida State. USA.

Chevalera-Janovaskaja, E. (1927). les Groupemts Spontanes d'enfants a- la-ge Pre-Scholaires. *Archiv de Psychol., 20*, 219-223.

Clapar de, E. (1934). Concerning the nature and function of play. *Archives de Psycologie, Geneve, 24*, 350-369.

Combs, A. N. (1974). *The professional education of teachers: A humanistic approch to teacher preparation*. Boston : Allyn and Bacon.

Combs, A., & Snygg, D. (1959). *Individual behavior*. New York : Harper & Row.

Cunningham, C., Jones, M., & Tayor, N. (1994). The child-Friendly neighborhood: some questions and tentative answers from Australian research. *International Play Journal. 2*(2). 79-95.

D. P. Jackson (1960). *The etiology of schizophrenia*. New York : Basic Books.

Dansky, J. & Silverman, I. (1973). Effects of play on associative fluency. *Developmental Psychology, 9*, 38-43.

Dansky, J. & Silverman, I. (1975). Play: A general facilitator of associative fluency. *Developmental Psychology, 11*, 104.

Despert, J. L. (1944). Urinary control and enuresis. *Psychosom. Med., 6*, 294-307.

Dixon, D., & Saltz, E. (1977). The role of imagery on concept acquisition in lower-SES children. *Child Development, 48*, 288-291.

Dunlap, K. (1949). *Habits: their making and unmaking*. New York : Liveright.

Eggen, P, & Kauchak, D. (2004). *Educational psychology: Windows on classroom(6th ed)*. London : Pearson Education.

Ellis, H. C. (1985). *The Transfer of learning*. New York : Macmillan.

Erickson, E. H. (1963). *Childhood and society* (2nd ed.). New York : Norton.

Erickson, E. H. (1964). Toys and reasons. In M. R. (ed.), *Child psychotherapy: Practice and theory* (pp.3-11). New York : Basic Books.

Erickson, M. T. (1978). *Child psychopathology. Englewood Cliffs*, NJ : Prentice Hall.

Everett, C. A., & Everett, S. V. (2005). ADHD가족치료 *[Family Therapy for ADHD: Treating children, adolescents, and adults].*(김동일 역). 서울: 학지사.(원전은 1999년에 출판).

Fagot, B. I., & Gauvain, M. (1997). Mother-child problem solving: Continuity through the early childhood years. *Developmental Psychology, 33*, 480-488.

Fagot, B., & O' Brien, M. (1994). Activity level in young children: Cross age stability, situational influences, correlates with temperament, and the perception of problem behavior. *Merrill Parmer Quarterly, 40*(3), 378-398.

Farson, R. E. (1968). Praise reappraised. In D. E. Hamachek (ed.), *Human dynamics in psychology and education* (pp.109-118). Boston : Allyn and Bacon.

Feldhusen, J. F. (1992a). Early admission and grade advancement. *Gift Child Today, 15*, 45-49.

Fergusson, D. M., Horwood, L. J., & Lynskey, M. T.(1993). Early dentine lead levels and subsequent cognitive and behavioral development. *Jounal of Child Psychology and Psychiatry, 34*, 215-227.

Forbush, W. B. (1914). *Manual of play*. Philadelphia : George, W. Jacobs & Co.

Forgus, D., & Forgays, J. (1952). The nature of free environmental experience in that rat. *Journal of Comparative Psychological Psychology*, Vol. 45.

Forgus, R., & Shulmon, B. (1979). *Personality: A cognitive view*. New York : Prentice Hall.

Freud, A. (1928). Introduction to the technique of child analysis. *Nerv. Ment. Dis. Monogr.*, No.48.

Freud, S. (1922). *Beyond the pleasure principle*. London and Vienna International Psychoanalytical Press.

Frobel, F. (1912). *Chief writings on education*. London : Arnold.

Frost, J. L. (1992). *Play and playscapes*, New York: Delmar Publishers, Inc.

Furfey, P. H. (1930). *The growing boy*. New York : Macmillan Co.

Gagne, R. M. (1970). *The Conditions of learning* (2nd ed.). New York : Holt.

Gail, T., & Water, P. (1970). *Predicting field independence from intelligence and socioeconomic status: An univariate and a multivariate scheme*. American Educational Research Association.

Gallagher, J. J. & Gallagher, S. (1994). *Teaching the gifted child* (4th ed.). Boston : Allyn and Bacon.

Gates, A. I. (1917). Recitation as a function in memorizing. *Archives of Psychology, 40*.

Getzel, J. W., & Jackson, P. W. (1962). *Creativity and intelligence*. New York : Macmillan.

Gibson, E. J. (1941). Retroactive inhibition as a function of degree of generalization between tasks. *Journal of Experimental Psychology, 28*, 93-115.

Goldfarb, W., Goldfarb N., & Scholl, H. (1966). The Speech of mothers of schizophrenic children. *American Journal of Psychiatry, 133*, 1220-1227.

Gottesman, I. I., & Shields, T. (1966). Contributions of twin studies to perspectives on schizophrenia. In B. A. Maher (ed.), *Progress in experimental personality research*, Vol. III. New York : Academic Press.

Groos, K. (1901) *The play of man*. New York : D. Appleton.

Guilford, J. P. (1968). *The nature of intelligence*. New York : McGraw-Hill.

Hagman, E. P. (1933). The Companionship of pre-school children. *University Iowa Studies: Stud, Child Welfare, 7*(4).

Hall, C. S., Lndzey, G., & Campbell, J. B. (1997). *Theories of personality* (4th eds.). New York : Wiley.

Hall, E.S., & Some of His Pupils (1921). *Aspects of child life and education*. New York : D. Appleton and Co.

Hall, R. V., et al. (1976). The effective use of punishment to modify behavior in the classroom. *Educational Technology, 119*, 24-26.

Hallahan, D. P., & Kaufman, J. M. (1978). *Exceptional children*. Englewood Cliffs, N J : Prentice Hall.

Halpern, D. F.(1997). Sex differences in intelligence implications for education. *American Psychologist, 52*(10), 1091-1102.

Hart, B., & Risley, T. R. (1995). *Meaningful differences in the everyday experience of young American children*. Baltmore: Paul H. Brooks.

Havighurst, R. J. (1972). *Developmental tasks and education*(3rd ed). London : Longman.

Heining, C. (1931). Play and play material. *Recreations, 25,* 18-19.

Helms, J. E. (1997). The triple quandary of race, culture, and social class in standardized cognitive ability testing. In D. P. Flanagan, J. Genshaft, & P. L. Harrison (Eds.), *Contemporary intellectual assessment: Theories, tests, and issues*. New York: Guilford.

Hetzer, H. (1931). Kind und Schaffen: Experimente über Konstructive Betätigungen im. Kleinkindalters, *Quellen und Studien zur Jugendkunde*, 7, 108.

Heward, L. W. (2002). *특수교육학 개론[Exceptional children: An introduction to special education(6th ed)]*.(김진호 외 역), 서울: 시그마프레스.(원전은 2000년에 출판)

Howe, F. (1971). Sexual stereotypes start early. *Saturday Review, Oct.*, 16, 76-94.

Howe, L. W., & Howe, M. M. (1975). *Personalizing Education: Value Clarification and Beyond*. New York : Hart.

Huber, M. B. (1928). The influence of intelligence upon children's reacting interests. New York : Teachers College, Columbia University.

Hulson, E. L. (1930a). An analysis of the free play of ten four-year-old children through consecutive observations. *J. of Juv. Res., 14*, 188-208.

Hulson, E. L. (1930b). Block constructions of four-year-old children. *J. of Juv. Res., 14*, 209-222.

Hunt, J. McV. (1961). *Intelligence and experience*. New York : The Ronald Press.

Hurlock, E. (1978). *Child development*. New York: McGraw-Hill.

Hymel, S., & Rubin, K. H. (1985). Children with peer relationship and social skill problems. In Whitehurst, G. J. (ed.), *Annals of Child Development*, Vol. 2.

Hymovitch, B. (1952). The effects of experimental variations in early experience on problem solving in the rat. *Journal of Comparative and Psychological Psychology, 45*, 313-321.

Iscoe, I., & Carden, J. A. (1961). Field independence, manifest anxiety, and sociometric status in children. *Journal of Consulting Psychology, 23*(2), 184-201.

Johnson, J., Christie, J., & Yawkey, T. (1999). *Play and early childhood development*(2nd ed). London : Pearson Education.

Kagan, J. (1964). Impulsive and reflective children. In J. D. Krumboltz (ed.), *Learning and the educational process*. Chicago : Rand McNally.

Kallman, F. J. (1946). The Genetic theory of schizophrenia: An analysis of 691 schizophrenic twin index families. *American Journal of Psychiatry, 103*, 309-322.

Kanner, L. (1943). Austic disturbances of affective contact. *Nervous Child, 2*, 217-250.

Kardiner, A. (1959). The individual and his society. New York : Columbia University Press.

Keller, F. S. (1968). Good-bye teacher. *Journal of Applied Behavior Analysis*, 79-88.

Kerlinger, F. N. (1985). *Foundations of behavioral research*. International Thomson Publishing.

Kibler, R. J., Barker, L. L., & Miles, D. T. (1970). *Behavioral objectives and instruction*. Boston : Allyn and Bacon.

Kirkpatrick, E. A. (1922). *Fundamentals of child study*. New York : Macmillan.

Klausmeier, H. J., Ghatala, E. S., & Frayer, D. A. (1974). *Conceptual learning and development*. New York : Academic Press.

Kofsky, E. S. (1971). Use of labels and cues in children's concept identification. *Child Development, 42*, 1849-1858.

Kogan, N. (1976). *Cognitive Style in Infancy and Early Childhood*. New York : Wiley.

Kohlberg, L. (1966). Moral education in the schools: A developmental review. *School Review, 74*, 1-30.

Kohlberg, L. (1968). Early education: A cognitive developmental view. *Child Development, 39*, 1013-1062.

Kohlberg, L., & Mayer, R. (1972). Development as the aim of education. *Harvard Educational Review, 42*, 449-496.

Kunihara, S., & Asher, J. J. (1965). The strategy of the total physical response: An application to learning Japanese. I*nternational Review of Applied Linguistics, 3*, 277-289.

Lamb, M. E., Easterbrooks, A., & Holden, G. (1980). Reinforcement and punishment among preschoolers: Characteristics, effects, and correlates. *Child development, 51*, 1230-1236.

Lazarus, R. S. (1975). Patterns of adjustment and human effectiveness. New York : MaGraw-Hill.

Levy, D. M. (1939). Release therapy. *American Journal of Orthopsychiatry*.

Levy, D. M. (1943). *Material overprotection*. New York : Columbia University Press.

Lovaas, O. I. (1974). Interview with Paul Chance. *Psychology Today, 7*(8).

Lowenfeld, M. (1967). *Play in childhood*. New York : John Wiley.

Macfarlane, J. W., Allen, C., & Honzik H. P. (1954). *A Developmental study of the behavior problems of normal children*. Berkeley : University of California Press.

Mackinnon, D. W. (1964). The nature and nature of creative talent. In Rippled, R. E. (ed.), *Readings in learning and human abilities*. New York. : Harper & Row.

MacPhee, D., Ramey, C. T., & Yeates, K. O. (1984). Home environment and early cognitive development : Implications for intervention. In A. W. Gottfried (Ed.), *Home cnvironment and early cognitive development. Longitudinal research*. Orland, FL ; Academic Press.

Maier, H. W. (1988). *Three theories of child development* (3rd ed). New York : Harper and Row.

Marker, C. J. (1993). Creativity, intelligence, and problem solving: A definition and design for cross-cultural research and measurement related to giftedness. *Gifted Education International, 9*(2), 68-77.

Mash, E. J., & Wolfe, D. A.(2001). 아동이상심리학*[Abnomal child psychology]*.(조현춘, 송영혜, 조현재 역). 서울: 시그마프레스.(원전은 1998에 출판)

Maslow, A. H. (1987). *Motivation and personality* (3rd ed.). New York : HarperCollins Publishers.

Maslow, A. H. (1998). *Toward a psychology of being* (3rd ed.). Princeton, NJ : Van Nostrand.

McClearn, G. E. (1970). Genetic influence on behavior and development. In Paul H. Mussen (ed.), *Carmichael's Manual of Child Psychology* (3rd ed.). New York: Wiley.

McHale, S. M., Crouter, A. C., Mcguire, S. A., & Updegraff, K. A. (1995). Congruence between mothers' and fathers' differential treatment of sibling: Links with family relations and children's well-being. *Child development, 66*, 116-128.

Mercugliano, M., Power, T. J., & Blum, N. J.(2004). ADHD의 진단과 치료*[The clinician's practical guide to Attention-Deficit/Hyperactivity Disorder]*.(김해란 역). 서울: 도서출판 특수교육.(원전은 1999에 출판)

Meyer, J. W., Rubinson, R., & Ramirez, F. O. (1977). The world education revolution. 1950-1970. *Sociology of Education, 50*, 242-258.

Miller, S. (1968). *The Psychology of play*. London: Cox Wyman Ltd.

Moldin, S. O., & Gottesman, I. J. (1997). At issue: Genes, experience, and chance in schizophrenia: Positioning for the 21st century. *Schizophrenia Bulletin, 23*, 547-561.

Mussen, Conger, & Kagan (1969). *Child development and personality*. New York : Harper & Row.

Mussen, P. H. (1973). *Psychological development of the child. Englewood Cliffs*, NJ : Prentice-Hall.

Nalbandian, M. K. (1971). *Analysis of two curricular: Engleman-Becker and New Nursery School*, Final Report, Progress for Providence, Inc., RI, Sponsoring Agency : Office of Education, Washington, D.C. : Bureau of Research, July 20.

Neil, A. S. (1960). *Summerhill*. New York : Hart.

Palmer, L. A. (1916). *Play life in the first eight years*. Boston : Ginn & Co.

Papalia, D. E. (1975). *A Child's world*. Sally Wendkos Olds.

Parten, M. B. (1932). Social participation among preschool children. *Journal of Abnormal and Social Psychology, 27*, 243-269.

Parten, M. B., & Newhall, S. (1943). Social behavior of preschool children. In R. Baker (ed.), *Child behavior and development*. New York : McGraw-Hill.

Piaget, J. (1962). *Play, dreams, and imitation in childhood*. New York : Norton.

Premack, D. (1959). Toward empirical behavior laws I: Positive reinforcement. Psychological Review. 66, 219-223.

Renzulli, J. S. (1978). What makes giftedness?: Reexamining a definition. *Phi Delta Kappan, 61*. 180-184.

Robinson, N. Y., & Robinson, H. B. (1976). *The Mentally retarded child: a psychological approach*. New York : McGraw-Hill.

Rogers, C. R. (1942). *Counseling and psychotherapy : Newer concepts in practice*. Boston : Houghton Mifflin.

Rogers, C. R. (1975). *The interpersonal relationship in the facilitation of learning*. In D. A. Read. and S. B. Simoon (ed.), Humanistic education sourcebook (pp.3-22). Englewood Cliffs, New Jersey : Prentice-Hall.

Ruble, D. N., & Martin, C. L. (1998). Gender development. In W. Damon & N. Eisenberg(Eds.),Handbook of child psychology(5th ed., Vol. 3). *Social, emotional, and personality development*. New York: Wiley.

Rutter, M., & Bartak, L. (1971). Causes of infantile autism: Some considerations from recent research. *Journal of Autism and Childhood Schizophrenia, 1*, 20-32.

Saltz, E., & Finkelstein, C. (1974). Does imagery retard conceptual behavior? *Child Development, 45*, 1093-1097.

Saltz, E., Soller, E., & Sigel, I. E. (1972). The development of natural language concept. *Child Development, 43*, 1191-1202.

Salusky, A. S. (1930). Collective behavior of children of a preschool. *J. of Soc. Psych., I*, 367-378.

Satir, V. (1967). *Conjoint family therapy*. California : Science and Behavior Books.

Scarfe, N. V. (1966). Play in education. *In Readings from Childhood Education* (Ed. Margaret Rasmussen), ACEI.

Schaefer, N. V. (1959). A Circumflex model for maternal behavior. *Journal of Abnormal and Social Psychology, 59*, 226-235.

Scott, J. P., & Fuller, J. L. (1998). *Genetic and the social behavior of the Dog(1st ed.)*. Chicago : University of Chicago Press.

Sears, R., Maccoby, M., & Levin, H. (1957). *Patterns of child rearing*. Evanston, III. : Row. Peterson.

Sears, R., Rau, L., & Alpert, R. (1965). *Identification and child Rearing*. CA : Stanford University Press.

Seart, R. R., Whiting, J. W. M., Nowlis, V., & Sears, P. S. (1953). Some child-rearing antecedents of aggression and dependency in young children. *Genet., Psychol. Mooogor., 47*.

Sesame Street Curriculum Memo. (1966). *Statement of instructional goals for the 1971-2 experimental seasons of Sesame Street(mimeographed)*. June, 1971.

Shaffer, R. D. (2002). *Development psychology : Childhood and adolescence*(6th ed). London : Thomson Learning.

Shallit, R. (1932). The dramatic play of ten nursery school children. *Child Development, 3*, 359-362.

Sherman, D. K, Iacono, W. G., & McGue, M. K.(1997). Attention-deficit hyperactivity disorder dimensions: A twin study of inattention and impulsivity-hyperactivity. *Jounal of the American Academy of Child and Adolescent Psychiatry, 36*, 745-753.

Silverman, L. K. (1995). Highly gifted children. In J. L. Genshaft, M. Bireley, & C. L. Hollinger (Eds.), *Serving gifted and talented satudents: A resource for school personnel* (pp. 124-160). Austin, TK: PRO-ED.

Simmons, J., et al.(1996). Modifications of autistic behavior with LSD-25. *American Journal of Psychiatry, 122*, 1201-1211.

Simon, T., & Smith, P. (1985). Play and Problem-solving: A paradigm questioned. *Merrill-Palmer Quarterly, 31*, 265- 277.

Skinner, B. F. (1953). *Science and human behavior*. New York : Macmillan.

Smith, A., & Index, P. (1993). Social interaction in same and cross gender preschool peer groups: A participant observation study. *Educational Psychology, 13(1)*, 29-42.

Smoke, K. L. (1935). The experimental approach to concept. *Psychological Review, 42*, 274-279.

Sontag, M. (1968). Attitudes toward education and perceptions of teacher behavior. *American Educational Research Journal, 38*.

Spencer, H. (1855). *The principles of psychology*. London.

Stagner, R. (1961). *Psychology of personality*. New York : McGraw-Hill.

Stephenson, W. (1935). Some recent contributions to theory of personality. *Character and personality, 4*, 295-304.

Sternberg, R. J., & Zhang, L. F.(Eds.) (2000). *Perspectives on cognitive, learning, and thinking styles. Mahwah*, NJ: Eribaum.

Stren, W. (1924). *Psychology of early childhood*. New York : Holt.

Sullivan, H. S. (1953). *The Interpersonal theory of psychiatry*. New York : Norton.

Sully, J. (1908) *Studies of childhood*. London.

Sutton-Smith, B. (1970). *The playful modes of knowing*. Chicago : University of Chicago Press.

Sylva, K., Bruner, J. S., & Genova, P. (1976). The role of play in the problem-solving of children 3-5 years old. In J. S. Bruner, A. Jolly, & Sylva(Eds.), *Play: Its role in development and evolution* (pp.244-257). New York: Basic Books.

Terman, L., & Oden, M. (1925). *Genetic Studies of Genius: Mental and Physical Traits of A Thousand Gifted Children*. CA : Stanford University Press.

Terman, L., & Oden, M. (1959). *Genetic studies of genius: The gifted group at midlife. Thirty-five Years' Follow-up of The Superior Child*. CA : Stanford University Press.

Thomas, A., & Chess, S. (1986). The New York longitudinal study: From infancy to early adult life. In R. Plomin & J. Dunn (Eds.), *The study of temperament: Changes, continuities, and challenges*. Hillsdale, NJ: Erlbaum.

Ulmann, L. P., & Krasner, L. (1965). *Case Studies in behavior Modification*. New York : Holt.

Van Alstyne, D. (1932). *Play behavior and choice of plat materials of preschool children*. Chicago : University of Chicago Press.

Vandenberg, B. (1981). Environmental and cognitive factors in social play. *Journal of Experimental Child Psychology, 31*. 169-175.

Vinacke, W. E. (1951). The investigation of concept formation. *Psychological Bulletin, 48*. 1-31.

Waddle, C. W. (2009). *An introduction to child psychology*. BiblioLife.

Wardle, F. (1991). Are we shortching boys? *Child Care Information Exchange*, 79(May/June), 48-51.

Warner, W. L., & Lunt, P. S. (1941). *The social life of a modern community*. CT : Yale University Press.

Watson, J. B. (1913). Psychology as the behaviorist views it. *Psychological Review, 20*. 158-177.

Weikart, D. P. (1971). *Relationship of curriculum, teaching, and learning in preschool education*. Ypsilanti, MI : High/Scope, Educational Research Foundation, Feb.

Wenar, C., & Kerig, P. (2004). *Developmental psychopathology* (4th ed). New York :

McGraw-Hill.

White, R. W. (1959). Motivation reconsidered: The concept of competence. *Psychological Review, 66*, 297-333.

Whiting, J. W. M., & Child, I. L. (1953). *Child training and personality: A crosscultural study*. CT : Yale Univ. Press.

Whitley, M. T. (1929). Children's interest in collecting. *Journal of Educational Psychology, 20*, 249-261.

Wing, L. (1976). *Early Childhood Autism* (2nd ed.). New York : Pergamon Press.

Witkin, H. A., Olfman, P. K., Raskin, E., & Karp, S. A. (1971). *A Manual for the Embedded Figures Test*. CA: Consulting Psychologists Press Inc.

Wood, W. (1913). *Children's play*. London : Kegan-Paul, Trench, Trubner & Co. Ltd.

Zanden, J. W. V. (1984). *Educational psychology: In theory and practice*. New York : Random House.

APPENDIX

부 록

I. Piaget의 인지 발달 실험 사례

실험 1
사물의 분류 : 자발적인 분류(Classification of objects–spontaneous sorting)

1 실험 대상

5~7세(유치원~1학년)

2 실험 목적

아동 스스로가 사물을 어떻게 분류하는가를 알아보기 위한 것이다. 이 실험에서 '분류' 개념을 획득하지 못한 아동은 아무렇게나 사물을 분류할 것이며, '분류' 개념을 부분적으로 이해하는 아동은 비슷한 사물끼리 모으기는 하나 일관성이 없을 것이고, '분류' 개념을 완전히 이해하는 아동만이 지속적으로 비슷한 사물끼리 모을 것이다.

3 실험 도구

판자를 사용하여 2″×2″의 정사각형 6개와 지름이 2″되는 원형을 6개 만든다. 그런 다음 정사각형 6개 중 2개를 대각선으로 자르고 원형도 2개만을 반으로 자른다. 페인트나 크레용, 컬러펜 등을 사용하여 같은 모양끼리 서로 다른 네 가지 색으로 칠한다.

4 실험 절차

① 아동에게 카드를 제시하고 아무렇게나 섞어 카드에 어떤 순서가 없음을 보여준다.

② 아동에게 같은 것(혹은 비슷한 것)끼리 묶어 보도록 한다.

③ 아동이 어떻게 하는가를(예 : 자신 있게 하는지 아니면 시행착오적으로 시험 삼아 하는지) 기록하고, 아동이 일단 분류를 끝내면 아동이 분류하는 것 중 한 집단을 지적하여 "어떻게 같은가?"를 묻는다.

④ 이런 식으로 2~3회 분류를 시켜본다.

5 평가 및 주의 사항

만일 아동이 두 번째로 집단을 분류한 이유를 설명할 때 전과 같은 이유를 근거로 하지 않는다고 생각되면, 아동이 분류해 놓은 분류 집단들을 낱낱이 이유를 물어 설명하도록 한다. 분류의 일관성과 설명의 근거로서 분류 능력을 평가한다.

실험 2
사물의 분류 : 지시적인 분류(Classification of objects-directed sorting)

1 실험 대상

5~7세(유치원 1학년)

2 실험 목적

실험자가 지시하는 조건하에서 아동이 사물을 어떻게 분류하는가를 알아보기 위한 것이다. 즉, 실험 1은 아동 자신의 판단에 입각하여 분류하는 것이라면, 실험 2는 지시되어진 조건하에서 분류하도록 하는 것이다.

3 실험 도구

실험 1에서 사용한 도구를 그대로 사용한다. 즉 정사각형, 삼각형, 원형, 반원 등의 네 가지 모양을 각각 3개씩만 이용한다. 그리고 같은 모양끼리 서로 다른 세 가지 색으로 칠한다.

4 실험 절차

① 아동에게 카드를 제시하고 아무렇게나 섞어 카드에 어떤 순서가 없음을 보여준다.
② 아동 앞에 상자 3개를 놓고 각 상자에는 같은 카드끼리 담도록 한다. 이때 카드는 남김없이 다 사용하도록 한다.(카드는 네 가지 다른 모양과 세 가지 다른 색으로 되어 있기 때문에 아동은 색을 기준으로 분류해야 한다.)
③ 아동이 분류하는 과정을 기록한다.

5 평 가

색깔로 분류했는가 아닌가로 분류 능력을 평가한다.

실험 3
포섭 관계(Inclusion relations)

1 실험 대상

5~7세(유치원~1학년)

2 실험 목적

아동이 사물을 분류할 때 부분과 전체를 동시에 비교할 수 있는지를 알아보기 위한 것이다. 대개 5세 아동은 전체와 부분을 동시에 생각하지 못하지만 7세가 되면 가능하게 된다. 그러나 7세 된 아동도 대상이 구체적으로 제시되지 않으면 분류하는 데 어려움을 겪기도 한다.

3 실험 도구

3″×5″되는 카드를 21장 사용하여 세 가지 종류의 꽃(예 : 튤립, 국화, 제비꽃)을 7장씩 그린다. 그리고 각각의 꽃을 노란색 3, 빨강색 2, 오렌지색 2로 색칠한다.

4 실험 절차

① 아동에게 카드를 제시하고 아무렇게나 섞어 카드에 어떤 순서가 없음을 보여준다.
② 아동에게 세 가지 종류의 꽃의 이름을 대주고 같은 것(혹은 비슷한 것)끼리 분류해 보도록 한다. 아동의 반응을 기록한다.
③ 아동이 분류를 끝내면 꽃 한 묶음을 지적하며 "이것들이 어떻게 같은가?"라는 질문을 하여 반응을 기록한다.

5 평가 및 주의 사항

또 다른 꽃 한 묶음을 지적하여 어떻게 그것들이 같은지를 다시 물어 첫 번째와 같은 이유가 되지 않는다면 다른 꽃묶음도 계속 그 이유를 묻는다.
또한 예를 들어 한 아동이 노란 튤립만을 골라 한 다발 꽃을 만들고 빨간 튤립으로 또 한 묶음을 만들었다고 했을 때, 빨간 튤립이 많은가 노란 튤립이 많은가를 묻기도 한다.

실험 4
수 보존(Conservation of number)

1 실험 대상

4~7세(유치원~1학년)

2 실험 목적

물체를 일렬로 배열하고 물체 사이의 거리만을 변화시켰을 때, 물체의 수는 불변한다는 사실을 아동이 이해하고 있는가를 알아보기 위한 것이다. 이때 3, 4세 된 아동은 숫자를 셀 수 있더라도 길이가 더 긴 줄이 더 많다고 생각하고 대답한다. 그러나 약 5세부터는 물체 사이의 거리가 변화하여도 물체의 수는 일정하다는 것을 이해할 수 있다.

3 실험 도구

바둑알 20개(또는 이에 대응되는 것)

4 실험 절차

① 20개의 바둑알 중 8개를 아동 앞에 3cm 간격으로 일렬로 배열을 하고 나머지는 아동 옆에 둔다.

② 교사는 일렬로 배열한 바둑알을 가리키며 몇 개인가를 묻는다. 이때 아동이 잘 세지 못하면 도와준다.

③ 나머지 바둑알을 사용하여 일렬로 있는 바둑알과 같은 숫자(8개)가 되도록 아동이 배열하게 한다.

④ 아동에게 더 가까이 있는 열을 6cm 간격으로 다시 배열하고 다른 열은 3cm간격으로 재배열한다.

⑤ 아동에게 두 열 중 어느 쪽 바둑알이 더 많은지 아니면 양쪽이 같은지를 묻는다. 또한 "왜 그렇게 생각하는가?"를 물어 기록한다.

⑥ 6cm 간격으로 띄어 놓은 바둑알을 다시 3cm 간격으로 재배열한 다음 어느 쪽이 더 많은지 아니면 양쪽이 서로 같은지를 묻는다. 이때 아동의 반응(예 : 놀람, 혼동, 무표정 등)을 기록한다.

실험 5
공간 보존(Conservation of space)

1 실험 대상

4~7세(유치원~1학년)

2 실험 목적

넓이 보존에 관한 문제 상황에 아동이 어떻게 대처하는가를 알아보려는 것이다. 실험 4에서 제시한 문제를 해결할 수 있는 아동들도 실험 5에서는 어느 정도 혼동을 하게 된다. 이 실험에서는 같은 크기의 종이 위에 4개의 블록이 어떻게 배열되든 간에 블록을 제외한 나머지 넓이는 같다는 것을 알아야 문제를 해결할 수 있다.

3 실험 도구

작은 블록 8개, $8\frac{1}{2}''\times11''$되는 종이 2장

4 실험 절차

① 아동에게 종이 두 장을 제시하여 한쪽에 블록을 두고 "이 종이는 농부가 일하는 땅이야. 이 땅은 서로 같고 두 농부는 소가 풀을 뜯어 먹기 위해 같은 넓이를

갖고 있단다."라고 말해준다.

② "한 농부가 집을 지으려고 한다. 이게 바로 집이야."하며 블록을 집어다 종이 위에 둔다. "또 다른 농부도 집을 지으려고 한다."하며 다른 종이 위에 첫 번째와 같은 위치에 블록을 둔다.

③ "두 농부는 소가 풀을 뜯어 먹을 땅을 똑같게 갖고 있니?"라고 묻고 반응을 기록한다.

④ "그 후 두 농부는 모두 돈을 많이 벌어 집을 또 짓게 되었단다." 하면서 첫 번째 종이 위에는 블록 3개를 가깝게 놓고, 두 번째 종이 위에는 블록 3개를 띄엄띄엄 놓는다.

⑤ "두 농부는 소가 풀을 뜯어 먹을 땅을 같게 갖고 있니, 아니면 두 농부 중 어느 농부가 더 많이 갖고 있니?"라고 묻는다. 또한 "왜 그렇게 생각하는가?"를 물어 기록한다.

⑥ 흩어져 있는 블록을 다시 모아 각 종이 위의 같은 위치에 놓이도록 배열하고, 소가 풀을 뜯어 먹을 땅을 누가 더 많이 갖고 있는가를 물어본다.

실험 6
부피의 보존(Conservation of continuous quantity)

1 실험 대상

4~7세(유치원~1학년)

2 실험 목적

수 보존 개념을 이해하는 아동이 부피 보존의 개념도 이해하는지를 알아보기 위한 것이다. 이때 구체적 조작 단계에 있는 아동은 실험 4를 그대로 일반화하지 못하고 본 실험과 비슷한 경험을 충분히 했을 때만 본 실험 6을 성공적으로 해결할 수 있다.

3 실험 도구

같은 크기의 유리컵 2개

좁고 길이가 긴 유리컵 1개(혹은 넓고 길이가 짧은 보울 1개)

4 실험 절차

① 크기가 같은 유리컵 2개를 준비하여 유리컵 1개에는 2/3 정도 물을 붓고 다른 유리컵에는 1/3 정도 채운다.

② 위의 2개의 유리컵을 아동에게 제시하고 어느 쪽의 물이 많은지를 물어본다.

③ 물이 많이 든 컵에서 적게 든 컵 쪽으로 물을 적당히 옮겨 부어 양쪽이 같도록 한다. 이때 아동에게 양쪽 컵의 물이 같은지를 확인하여 만일 다르다고 한다면 같다고 생각할 때까지 스스로 옮겨 붓게 한다.

④ 한쪽 유리컵의 물을 폭이 좁고 길이가 긴 유리컵에 옮겨 붓고(혹은 보울에 옮겨 붓고), 이것과 원래의 또 다른 유리컵의 물을 비교하여 어느 쪽이 많은지를 묻는다. 또한 "왜 그렇게 생각하는가?"도 덧붙여 묻는다.

⑤ 폭이 좁고 길이가 긴 유리컵(혹은 보울)의 물을 다시 원래의 유리컵에 옮기고 또 다른 유리컵과 비교하게 하여 어느 쪽이 많은지를 물어 본다.

실험 7
물질의 보존(Conservation of substance)

1 실험 대상

5~7세(유치원~1학년)

2 실험 목적

물체의 모양이 변하더라도 물체의 양은 변하지 않는다는 것을 알아 보기 위한 것이다. 구체적 조작 단계 이전의 아동은 물체의 모양에만 집착하기 때문에 모양은 변해도 양은 지속된다는 사실을 알지 못한다. 그러나 구체적 조작 단계에 있는 아동은 이 조작이 가능하다.

3 실험 도구

점토 약간

4 실험 절차

① 점토를 가능한 한 똑같은 부피로 $\frac{1}{2}$로 쪼개어 2개의 공을 만든다.

② 아동에게 2개의 공이 같은지를 물어본다. 만일 아동이 다르다고 한다면 아동이 같다고 할 때까지 옮겨 만든다.

③ 하나의 공을 소시지 모양으로 길게 늘이고 또 다른 공모양과 소시지 모양 중 어느 것이 더 큰지 아니면 같은지를 묻는다. 또한 "왜 그렇게 생각하는가?"를 묻는다.

④ 소시지 모양을 다시 공모양으로 변형시키고, 다른 공모양과 비교하여 어느 것이 더 큰지 아니면 같은지를 묻는다.

실험 8
형태의 보존(Conservation of volume or shape)

1 실험 대상

8~12세(2학년~6학년)

2 실험 목적

물체의 모양이 변하더라도 물체의 양은 변하지 않는 것과 마찬가지로 물을 그릇에 담았을 때 다른 모양을 나타낸다고 하더라도 그 양은 불변하다는 것을 알아보기 위한 것이다. 물질 보존 개념이 획득된 아동들이라도 본 실험을 모두 성공하지는 못한다.

3 실험 도구

같은 크기의 유리병 2개, 점토 2덩어리

4 실험 절차

① 2개의 유리병에 물을 각각 $\frac{1}{2}$씩 붓는다. 아동에게 양쪽 유리병의 물이 같은지를 물어보고 다르다고 한다면 같다고 생각할 때까지 옮겨 붓는다.

② 점토를 2개로 쪼개어 같은 크기의 공모양을 만든다. 이때 점토의 크기는 물이 든 유리병에 넣더라도 물이 넘치지 않도록 작게 만든다. 또한 아동에게 점토의 크기가 같은지를 물어보아 다르다고 한다면 같다고 생각할 때까지 옮겨 만든다.

③ 2개의 유리병에 점토를 1개씩 넣고 물의 높이가 같은지를 묻는다.

④ 유리병에서 점토들 꺼내고 점토 1개를 소시지 모양으로 굴린다.

⑤ "소시지 모양과 공모양을 각각 유리병에 넣으면 어느 쪽 물의 높이가 높은지 아니면 같은지"를 묻는다. 단 이때에는 실제로 제시하지 않고 말로서만 묻는다.

⑥ "왜 그렇게 생각하는가?"를 묻는다.

⑦ 실제로 유리병에 소시지 모양과 공모양을 각각 넣고 아동이 어떻게 반응하는가를 기록한다.

⑧ 이때에 반응이 원래의 답과 틀린 결과가 나오면 "네가 생각한 것과 어떻게 다르지?"라고 묻는다.

실험 9
무게 보존(Conservation of volume and weight)

1 실험 대상

10~14세(4학년~중학교 2학년)

2 실험 목적

크기가 서로 같은 2개의 물체가 무게는 서로 다르지만 같은 양의 물과 대치될 수 있다는 것을 알아보기 위한 것이다. 구체적 조작 단계의 아동은 본 실험에서 어려움을 느낄 것이며, 형식적 조작 단계에 들어선 아동만이 비로소 본 실험을 성공적으로 할 수 있을 것이다.

3 실험 도구

같은 크기의 유리병 2개

모양과 크기가 계란과 같은 돌멩이 1개

돌멩이와 같은 크기의 점토(점토는 크기는 같으면서 돌멩이와 무게가 다른 것이면 된다.)

고무줄 2개

4 실험 절차

① 2개의 유리병에 물을 $\frac{1}{2}$쯤 붓고 물의 높이만큼 고무줄을 묶는다.

② 아동에게 양쪽 유리병의 물이 같은지를 물어보아 다르다고 한다면 같게 될 때까지 옮겨 붓는다.

③ 아동에게 점토를 주어 돌멩이의 모양과 크기처럼 똑같이 만들라고 한다.

④ 아동이 점토로 돌멩이의 모양과 크기가 똑같게 만들었다고 생각하면 양손에 점토와 돌멩이를 각각 쥐어 보게 하여 어느 쪽이 더 무거운지를 묻는다.

⑤ 아동이 돌멩이가 더 무겁다는 것을 이해하면, 2개의 유리병에 돌멩이와 점토를 각각 넣어서 어느 쪽이 물의 높이가 더 높아질 것인지를 물어 보아 아동이 추측하는 물의 높이에 고무줄을 묶도록 한다.

⑥ 실제로 각 유리병에 돌멩이와 점토를 각각 넣어 아동의 반응을 기록한다.

⑦ 돌멩이가 점토보다 더 무거운데도 물의 높이가 왜 같은지를 묻는다.

실험 10
형식적 사고의 분석적 측면(Definitions)

1 실험 대상

10세 이상(4학년 이상)

2 실험 목적

아동이 추상 명사를 해석하는가를 알아보기 위한 것이다.

3 실험 절차

① 아동에게 '국기에 대한 맹세'를 글로 써보게 한다.

② 아래에 있는 낱말의 뜻이 무엇인지를 정의내리도록 한다.

- 태극기
- 조국
- 민족
- 영광
- 충성

③ 낱말의 뜻을 물어볼 때는 각 낱말마다 "ㅇㅇ은 무엇을 뜻하는가?"라는 식으로 묻는다.

실험 11
형식적 사고의 분석적인 측면 : 물리학에 관한 문제 해결
(Solving problems in physical science)

1 실험 대상

12세 이상(6학년 이상)

2 실험 목적

아동이 주어진 문제를 어떻게 해결하는가를 알아보는 것으로 구체적 조작 단계에 있는 아동은 이미 경험한 상황에 대해서는 문제를 해결할 수 있으나, 새로운 상황에 대해서는 어려움을 느낀다.

반면, 형식적 조작 단계에 있는 아동은 전에 경험하지 않은 상황이라도 체계적으로 생각을 종합하며, 가설을 설정하여 검증까지도 할 수 있다.

3 실험 도구

길이 40cm쯤 되는 끈 3개

낚시추 3개(무게가 다른 대 · 중 · 소)

4 실험 절차

① 길이 40cm되는 끈 3개를 만들어 각 끈 끝에 추를 하나씩 단다.

② 가장 가벼운 추를 단 끈을 가지고 다음과 같이 해 보인다.
첫째, 서로 다른 위치에서 추를 자연스럽게 낙하시킨다.
둘째, 서로 다른 위치에서 추를 단 끈의 끝을 손으로 들고 있다가 밀어서 낙하시킨다.

③ 끈의 길이는 같지만 추의 무게가 서로 다르다는 것을 아동에게 다시 한 번 환기시킨다.

④ 아동에게 본 실험에서 네 가지 요소가 있음을 알려준다(즉 끈의 길이, 추의 무게가 다름, 추가 낙하되는 높이, 추를 밀어냈을 때의 힘).

⑤ 위의 네 가지 요소 중에서 추를 빨리 움직이게 하는 요소가 무엇인지를 발견하도록 한다. 이때 아동 마음대로 끈을 흔들어 보게 하여 문제 해결을 하도록 한다.

⑥ 아동이 문제를 해결하면 그것을 증명해 보도록 한다(끈의 길이가 추를 빨리 움직이게 하는 주요 결정자임).

실험 12
형식적 사고의 분석적인 측면 : 행동 과학에 있어서의 문제 해결
(Solving problems in behavioral sciences)

1 실험 대상

13세 이상(중학교 이상)

2 실험 목적

아동이 행동 과학에 있어서의 문제 해결을 어떻게 하는지 알아보는 데 있다.

3 실험 절차

① 아동에게 아래에 주어진 가설을 어떻게 검증할 것인지 설명하게 한다.

② 가설 : 많은 광고주가 TV 광고에서 과장을 심하게 하기 때문에 정부에서는 광고의 내용이 사실임을 증명하도록 요구하기 시작했다.

③ 만일 과일 회사에서 "하루에 사과 한 개씩을 먹으면 절대로 병원에 갈 일이 없다."라는 광고를 내었을 때, 정부측에서 이를 증명해 보도록 요구를 한다면 아동 자신이 광고주의 입장이 되어 증명해 보일 수 있는 방법은 어떤 것이 있는가를 묻는다.

실험 13
형식적 사고의 분석적인 측면 : 비현실성 (Unreality)

1 실험 대상

13세 이상(중학교 이상)

2 실험 목적

형식적 사고 단계에 막 들어선 아동이 가설을 어떻게 증명하고 해결하는지를 알아보고자 한다. 이때의 가설은 현실적인 것보다는 어느 정도 비현실적인 특성을 지니는 것이어야 한다.

3 실험 절차

① 아동에게 다음과 같은 질문을 한다.
"오늘날 우리나라에 600~800만 인구가 실업자로 나타나고 있다. 만일 아동 자신이 법과 재정적인 측면에서 모든 권력을 장악하고 있다면 실업률을 감소시키기 위해 어떤 일을 할 수 있는가?"

② 아동에게 이 문제에 대한 해결 방안(가설)을 제시하도록 하고, 그것이 어떻게 해서 타당한 것인가를 설명하도록 한다.

Ⅱ. 아동의 개념 학습

1. 서론

1950년 이후 '개념 발달(conceptual development)' 연구에 대한 관심이 급격히 증가하였으며, 특히 Piaget는 많은 실증적 연구와 체계적 이론으로서 이에 공헌하였다.

발달 심리학의 주요 과제는 어른들이 사용하는 수많은 개념들—'과학', '의자', '지능', '빨강', '에너지' 등—을 아동이 어떻게 획득해 가는가를 증명하여 보이는 것이다.

아동의 발달 과업 가운데서 중요한 비중을 차지하고 있는 것이 개념의 발달이다.

아동을 둘러싸고 있는 세계는 수많은 자극들로서 구성되어 있는데 아동은 개념을 획득 혹은 발달시킴으로써 그와 같은 세계에 효율적으로 대처해 나가는 것이다. 만약 아동 자신이 접하는 사물이나 대상을 개념 형성에 의하여 범주화하지 못한다면 아동은 환경에 접하는 모든 자극에 일일이 같은 과정을 반복해서 반응해야 하는 번거로움이 따른다.

그러나 아동이 개념을 획득하여 활용할 수 있게 된다면 개념은 아동으로 하여금 복잡한 생물적 · 사회적 세계에 적응케 하는 중요한 기능을 하게 된다. 즉 개념의 획득은 사상의 복잡성을 감소시켜 주는 '경제적인 수단(economical way)'이라 할 수 있다.

개념은 아동에게 환경의 복잡성을 감소시킴으로써 일종의 안정성과 정확성을 제공하며, 개념 발달은 이러한 안성정과 정확성을 유지하기 위하여 계속적으로 개념을 수정해 나가는 과정인 것이다.

개념의 발달은 지적 영역에 속한다. 지적 발달의 핵심은 사고의 발달이다. 아동의 사고는 지각 및 운동 기능을 근거로 하는 것이지만, 고차적인 사고의 발달은 개념 발달로부터 성취되는 것이다. 그러므로 개념은 아동의 사고에 있어서 가장 중요한 요소에 해당된다.

개념이 중요함에도 불구하고 '개념'이란 단어의 형식적 정의(formal definition)는 개념을 연구하는 학자들에 의해 매우 광범위하고 다양한 의미로 사용되어 왔다. 이렇듯 개념의 정의가 다양한 이유로 세 가지를 들 수 있다(Klausmeier, 1974).

첫째, 개념들이라고 불리는 실체의 수가 매우 많다.

둘째, 실험실에서나 실생활에서나 모두 개념의 본질에는 실제로 차이가 있다.

셋째, 같은 것을 분류(grouping)하거나 사물을 분류하는 개념의 근거가 개인의 성숙과 학습을 통해 현저하게 발달한다.

우선 여기에서 '개념'의 정의에 대한 논의는 다른 저서에 미루고 아동의 개념 발달에 관한 연구를 살펴보고자 한다. 아동을 구체적인 측면에서 이해하고 지도하는 가정에서나,

유아 교육의 입장에서 볼 때 교육 과정의 구성과 학습 지도 방법에 적절한 도움을 제공할 수 있다는 점에서 아동의 개념 발달에 관한 실험 연구들을 정리해 보고 개념 학습에 영향을 주는 요인들을 간단히 살펴보고자 한다.

2. 아동의 개념 발달 과정에 관한 이론적 고찰

아동의 개념 발달은 크게 세 가지 이론으로 설명이 되고 있는데 하나는 행동주의 이론을 기초로 하는 변별 학습 이론이고 다른 하나는 Piaget를 중심으로 한 인지 발달론적인 입장과 정보 처리 과정 이론이다.

1) 인지 발달론적인 견해

Piaget는 인간이 태어나서 성숙하는 동안에 일어나는 인간의 정신적인 성숙의 변화에 많은 관심을 가졌다.

Piaget에 의하면 아동의 개념 형성 과정은 유기체의 성숙의 결과만도 아니고, 환경 그 자체의 영향만도 아닌 아동과 환경과의 적응적 상호 작용, 즉 동화(assimilation)와 조절(accommodation)이라는 상호 보완적인 두 과정에 의해 이루어진다고 하였다.

'동화'란 개인이 자신의 요구에 따라 환경을 변경시키는 심리적 과정이고, '조절'이란 개인의 환경에 자신의 행동을 적응시켜 나가는 과정이다

Piaget는 아동의 수 개념, 시간 개념, 공간 개념 등과 같은 개념의 발달을 실제로 연구한 결과 아동 개개인마다 적응의 형태가 질적으로 차이가 있음을 발견했다.

Piaget는 아동의 개념 발달 단계를 감각 운동기, 전조작기, 구체적 조작기 ,형식적 조작기의 4단계로 구분하여 설명하고 있다.

(1) 감각 운동기(출생~2세)

1~2세 아동들은 고차원적인 분류 개념을 파악하지 못한다.

예를 들면 '바둑이'가 '개'에 속한다는 것을 알 수도 있지만 보다 광범위한 일반 부류인 '짐승'에 속한다는 것은 이해하지 못한다.

(2) 전조작기(2~7세)

전조작기는 전개념기와 직관적 사고기로 나뉘어진다.

1 전개념기(2~4세)

Piaget에 의하면 개념적 schema의 발달의 근원은 감각 운동기 말기로부터 나타나는 심상과 상징적 schema에 있다. 상징적 schema는 두 가지가 있는데 하나는 사적이고 특이하고 비언어적이며, 다소 의사소통이 어려운 schema이다. 이것은 구체적인 심상을 포함하고 있다. 또 한 종류의 상징적 schema는 언어적이고 의사소통이 가능한 schema이

다. 이것은 다른 사람에게 적응하는 것이고 사회적 법칙과 관습에 일치하는 것이다. 이 schema가 아동의 개념 발달에 커다란 영향을 주게 되는 것이다.

전개념기에 있는 아동의 경우, 말은 대상이나 사물의 어떤 객관적인 속성을 기초로 하여 만들어진 일반적 종류(class)에 대한 명칭이라기보다는 어떤 특수한 사물과 사상의 명칭을 가리키고 있는 것이다. 이러한 개념을 Piaget는 '전개념'이라고 부르고 있다.

전개념기의 특징은 아동의 추리력이 최초로 나타나는 시기이며, 영구성을 띄고 있는 개별적인 사물에 대한 개념이 직접적인 행동과 경험을 통해서 형성되지만, 사물이 공간적으로 분리되어 있거나 시간적으로 간격이 있을 경우에는 그와 같은 개념을 볼 수 없다.

전개념 단계는 아직 논리적인 개념에 도달하지 못하고 있는 것이며, 조절(assimilation)의 측면으로 볼 때 감각 운동적 schema와 개념적 schema의 중간 단계에 위치하고 있다.

2 직관적 사고기 (4~7세)

이 시기에 아동의 개념은 아직도 전논리적 수준에 있다. 이 시기의 아동은 물체의 개념을 이미 획득하였고 물체의 여러 측면에 대해 어떤 심상을 가지고 있다 할지라도 객관적인 유사성을 기초로 하여 물체를 분류하기는 하나, 한 물체가 가지는 여러 가지 특성을 동시에 고려하여 분류하는 능력은 없다. 그래서 아동들은 두 가지 생각을 동시에 진행시키는 데 곤란을 느낀다. 즉 부분들을 동시에 생각하는 능력이나 이 부분들을 전체에 연결시키는 능력에 어려움을 보인다. 또한 아동은 전체의 입장에서 사고하지 못하고 부분들에 몰두하기도 한다.

이 시기에서 아동의 사고는 지각과 완전히 분리되어 있지 않으며, 사고와 지각이 대립된 채로 얻어야 할 경우에는 언제나 지각이 우위에 선다.

(3) 구체적 조작기(7~11세)

아동의 추리 과정(reasoning process)이 논리적인 형태로 나타나는 시기이다. 따라서 이 단계에 있는 아동은 여러 사물들이 하나의 부류에만 속해 있기보다는 여러 부류에 속해 있고, 또 그러한 부류는 다른 부류에 관련되어 있음을 알게 된다.

이 단계에 있는 아동은 분류하는 데 있어 사물이 가지는 색채나 구조적 성질을 무시하고 개념적 명칭(conceptual label), 혹은 분류적 명칭(categorical label)을 사용하여 그 사물의 의미에만 집중하는 경향이 있다.

Bolles(1939)와 Sigel(1953)에 의하면 7~8세 아동은 자극의 지각적인 면이나 구체적인 측면을 기초로 하여 분류하는 경향이 있다고 한다. 즉 7~8세 아동은 흔히 볼 수 있는 대상을 분류할 때 구조의 비슷한 점, 용도의 비슷한 점 등 지각 요인을 기초로 하지만 8~9세 아동은 분류할 때 '짐승', '도구'와 같은 개념적 명칭을 사용하여 지각한다.

이렇게 분류적 명칭을 사용하여 사물에 대해 사고하며 다양한 세계를 조직화함으로써 자기 나름의 개념 체제(conceptual framework)를 사용할 능력이 생기게 된다.

(4) 형식적 조작기(11~15세)

이 단계에 이르러서 비로소 아동은 진정한 의미의 추상적 사고와 개념화가 이루어진다.

그 이전의 단계에서는 한 번에 한 가지 측면만을 고려하여 분류하지만, 이 단계에 와서는 물체의 여러 가지 특성들을 체계적인 순서로 이용할 수 있기 때문에 진정한 의미의 과학적 관찰을 할 수 있다고 Piaget는 주장하고 있다.

Piaget는 그의 지적 발달 단계에서 규정한 연령은 절대적인 것이 아니라 개인의 성장(growth)과 경험적 요소(experiential factor)에 의해 달라지기도 한다.

Piaget 이후 인지 발달론적인 입장에서 개념 발달에 대한 많은 연구가 있었다.

Saltz의 Cognitive-Space Model(Dixon & Saltz, 1977)에 의하면 학령전 아동들의 개념은 관련 속성 차원(relevant attribute dimension)에만 국한된 것으로 본다.

Saltz는 한 개인이 환경의 내적, 외적 자극에 반응할 수 있는 '속성 차원 집합체(attribute dimension set)'를 '인지 영역(cognitive-space)'이라고 정의했다.

하나의 개념은 이러한 인지 영역 속에서 하나의 관점에 의해 결정되어질 수 있다는 것이다. 예를 들면 빨간 사과를 보고 형태, 색깔, 크기의 차원에 따라 보는 관점이 다를 것이며 하나의 개념이 학습될 것이라는 것이다.

또 개념은 많은 차원들에 관한 가치 범위(range of value)를 갖고 있어서 인지 영역 속에 하나의 위치(region)를 갖고 있다.

Huttenlocher는 '개념 식별(concept identification)'을 관련 차원(relevant dimension)으로 선택하고 난 후에 그 차원에 대한 관련가(relevant value)를 분리해 내는 두 가지 단계로 설명하였다.

즉, 여러 형태와 크기, 색깔의 도형들을 아동에게 분류하도록 하였을 때, 아동은 처음에는 형태 또는 색깔, 크기에 따라 분류하고 그 다음에는 분류해 놓은 묶음들을 다시 분류한다.

Sigel, Saltz와 Roskind는 6세와 8세 아동들에게 의사로서 일하고 있는 아버지의 모습이 자기 아버지인가를 물었다. 6세 아동의 40%가 의사가 자신의 아버지라고 말한 반면에 아동의 80%가 자신의 아버지라고 말함으로써 어린 아동일수록 개념이 제한되어 있음을 보여 주고 있다(이광표, 1972).

아동이 개념을 획득할 때에 개념에 대한 정보는 개념이 들어 있는 아주 적은 사례 속에 있는 속성만으로써 제한된 경향을 보인다. 어린 아동들은 처음의 몇 개의 사례에서 얻어진 개념의 속성만으로 자신이 접하는 환경을 다루며, 또한 그 사례에서 얻어진 개념과는 관련이 없는 속성과 관련 있는 속성을 결합시키는 경향이 있다.

예를 들면 한 아동은 여자는 자신을 진찰할 수 없다고 생각한다.

왜냐하면 그 아동이 본 의사는 모두 남자였기 때문에 아동은 자신이 겪은 사례에서 "의사는 진찰하고 치료해 준다."는 관련 속성 외에 "의사는 모두 남자다."라는 관련 없는 속성을 학습하게 된 것이다. 그러나 경험을 통해서 아동들은 처음에 개념을 획득할 때 개념 사례(concept instance)에 있던 어떤 속성들이 그 개념의 문화적 정의(cultural definition)와는 관련이 없다는 것을 학습하게 된다.(위의 예에서 문화적 정의는 "의사는 진찰하고 치료해주는 사람"이다.)

다른 하나의 예를 들어보자.

어떤 아동이 자신의 집에서 순한 개를 애완동물로 키우고 있다면 그 아동은 사냥개를 '개'로 보지 않는다. 이렇게 지나치게 식별하는 경향은 연령이 증가함에 따라 감소하는 경향을 보인다.

2) 정보 처리 과정 이론

Piaget 심리학 다음으로 개념 발달의 인지적 접근 방법으로 중요하게 대두되는 것은 정보 처리 과정 이론이다.

Newell, Simon Shaw(1958), Reitman(1965)은 개념적 행동(conceptual behavior)을 가설의 일반화(hypothesis generalization)와 목표를 검증하기 위해 정보를 수용(reception), 분류(classification), 저장(storage), 인출(retrieval)하는 다양한 과정으로 분석했다.

Hovland와 Hunt는 개념을 학습하는 아동은 자신이 환경으로부터 받은 자극과 피드백(feedback), 수용(receiving), 조직화(organizing), 해석(interpreting)할 수 있는 어떤 원초적이고 기본적인 정보 처리 과정 단위(information processing units)를 가지고 있는 존재로 보는 정보 처리 과정 모델을 발달시켰다. 그들은 아동들은 가설을 설정하고 문제를 잘 해결하기 위해 기억의 단위(memory unit) 속에 각 자극의 속성(attributes of each stimulus)을 저장한다고 가정했다. 해결의 형태는 관계 있는 차원에 대한 여러 가지 다양한 가치(values)의 결합과 일치하는 어떤 규칙성을 설정함으로써 이루어진다. 그들에 의하면 학습자가 중요한 속성을 찾아낼 때까지 분류 과정(sorting process)과 탐색 과정(searching process)이 계속된다는 것이다.

3) 행동주의 이론

행동주의 이론자들의 견해에 의하면 개념 발달은 식별(discrimination)과 일반화(generalization)의 과정에 의해 일어난다.

Smoke(1935)는 개념의 중요한 특성은 어떤 부류를 다른 부류로부터 구별하는 성질에 있다고 하면서 개념 발달에 있어서의 식별의 역할을 강조하였다.

Humphrey는 식별이라는 말보다는 추상(abstraction)이란 용어를 사용하는 것이 적합하다고 주장하면서 추상과 일반화를 중요시하였다. 그는 특정한 상황에서 공통적 특징으로부터 추상이 이루어지며, 이 추상을 통해 일반화가 일어난다고 주장하였다. 그러나 일반화와 추상은 상당한 시행착오를 거친 후에 점차적으로 혹은 갑자기 성취된다고 하였다.

아동의 개념 발달에 있어서 행동주의자들은 지각의 역할을 중요시한다. 그들은 지각이 개념으로 발달한다고 주장한다.

행동주의적 입장에서 볼 때 일반화와 추상의 과정은 다음과 같다(Vinacke, 1951).

① 지각적 강조

② 기지의 특징에 대한 동화

③ 의도적이고 자발적인 분석, 독특한 특징의 분리

④ 변화된 특징의 지각

⑤ 정의적 반응의 제시

⑥ 가설의 이용

아동의 경우에는 지각적 강조, 기지의 특징에 대한 동화, 변화된 특징의 지각이 주로 사용된다고 하였다.

실제로 행동주의자들은 소수의 학자를 제외하고는 아동의 개념 발달에 대하여 관심을 보이지 않았다. 그러나 Harlow나 Kendler는 이 분야에서 매우 중요한 공헌을 하였다.

Harlow는 원숭이와 유아를 대상으로 한 식별 실험으로부터 학습 태세(learning set)에 관한 이론을 발전시켜 이것으로써 아동의 개념 발달을 논하고 있다.

그에 의하면 개념 형성은 식별과 일반화의 과정이며, 이 과정의 저변에는 학습 태세가 작용하고 있다

학습 태세란 특수한 반응이 아니라 학습 방법의 학습(learning-how-to-learn)이라고 할 수 있는 반응 형태이다.

Harlow는 일정한 부류에 속하는 여러 가지 문제들을 해결하고 나면 이러한 부류들의 상황에 대응할 수 있는 반응들의 조직적 형태를 소유하게 되는데(이것이 학습 태세이다) 이는 보다 복잡한 문제를 해결하는 데 응용이 될 수 있다고 주장하고 있다.

학습 태세에서 근본적 역할을 담당하는 것은 식별 작용이며, 개념 형성은 이와 같은 식별에 의존한다고 한다.

식별이 일어나는 과정에 대하여 Harlow는 처음에는 시행착오적 과정을 거치지만, 마침내는 단번에 획득된다고 하였다.

Harlow에 의하면 개념 형성의 바탕이 되는 것은 물체의 형상이 아니라 어떤 물체와 다른 물체들의 관계라고 한다.

행동주의자들은 개념적 행동을 연구하기 위하여 S−R 이론을 적용하여 왔다. S−R설에 의하면 학습은 외적 자극과 관찰될 수 있는 반응간의 연상의 강도(strength of an association)의 변화로 본다. 이 설에 따르면 자극과 반응 사이에 중재할 어떤 사상(event)이 있다는 것을 가정하지 않는다.

그러나 매개 모형설(mediation model)에서는 자극과 반응 사이에 좀 더 복잡한 사상의 연결이 있다고 주장한다.

이 관점에 따르면 외적 자극(S)은 학습자가 자극을 식별하도록 하는 내적 반응(r)을 일으킨다. 이 내적 반응은 내적 자극(S)을 유발하며, 이 자극이 외적 반응(R)과 연결된다. 그러므로 매개 모형설은 S−r−s−R의 연속으로 나타낼 수 있다.

이와 같은 매개 모형설에 입각하여 아동의 개념 발달을 연구한 학자로서 Kendler를 들 수 있다.

Kendler는 색과 크기를 기준으로 한 4장의 카드를 사용하여 반전 교차(reversal shift)와 비 반전 교차(non-reversal shift)를 연구하였다.

Kendler가 3세에서 7세까지의 아동을 대상으로 한 실험의 결과는 3~4세 아동들은 대체로 비 반전 교차에 대한 반응을 쉽게 하였지만, 5~7세 아동들은 비 반전 교차와 반전 교차에 대한 반응이 약 반반이었다.

일반적으로 S−R설에 의하면 비 반전 교차가 반전 교차보다 쉽고, 매개 모형설에 따르면 반전 교차가 비 반전 교차보다 쉽다고 추리할 수 있으나, Kendler의 실험 결과에서 보면 3~4세 아동들은 거의 대다수가 S−R설과 같은 결과가 나왔고, 5~7세 아동들의 반은 매개 모형설에 따른 결과가 나왔다.

행동주의자로서 아동의 개념 발달의 단계를 명확히 제시한 학자로는 Curti를 들 수 있다.

Curti는 아동에 있어서 개념은 다음과 같이 단계적으로 발달하는 것이라고 주장했다.

1 전상징적 단계

아동은 대상이 있을 경우에 한하여 그 특정한 대상이나 사람에 대하여 특징적인 방법으로 반응하는 것을 학습한다.

2 전언어적 상징 행동의 단계

아동은 개념이라고 할 수 없는 어떤 관념(idea)을 가지게 되나 명확하게 일반화하지는 못한다.

3 내현적 일반화 관념의 단계

추상을 보이지만 모호하고 비논리적인 일반화를 한다. 같은 부류에 이름을 붙일 수 있으나 틀릴 수도 있다. 부류에 관한 관념은 내현적이다.

4 외관적 일반화의 단계

아동은 의미 있는 말을 형성할 수 있다. 이와 같은 최초의 일반화는 구체적이고 단편적이며 다소 자기 중심적이다.

3. 개념 학습에 영향을 주는 요인

앞서 말한 바와 같이 Piaget는 그의 지적 발달 단계에서 규정한 연령은 절대적인 것이 아니라 아동의 성장과 경험적 요소에 의하여 특별한 단계에 도달하는 연령은 매우 다양하다고 하였다.

Piaget는 어떤 특정한 단계에 도달하는 연령에 영향을 주는 변화 요인들로서 크게 세 가지를 들고 있다.

1 생물학적인 요인(biological factor)

신경계의 성숙과 연령에 따른 발달을 들고 있다.

2 평형 요인(equilibrium factor)

이는 자기 규제(auto-regulation)와 관련이 있으며, 개인과 환경의 상호 작용에서 일어나는 연속적인 과정도 포함된다.

3 사회적 요인(socialization factor)

인간 사회의 일반적인 사회화 과정과 특정 사회의 교육적 · 문화적 특성이 이에 속한다.

Mussen(1973)은 개인의 인지 능력에 영향을 주는 요인으로 유전적인 요인과 환경적인 요인이 있다고 한다.

심리학자들은 일반적으로 유전적인 요인이 개념 형성과 같은 개인의 인지 능력에 많은 영향을 주지만 한계가 있다고 생각하며, 환경적인 요인도 인지 능력에 큰 영향을 미친다고 생각하고 있다. 일반적인 환경 요인 중 아동의 개념 형성에 커다란 영향을 미치는 것은 가정환경과 사회 계층을 들고 있다.

사회 경제적 계층이 낮은 가정은 아동에게 제한된 경험을 주며, 지적 문화적인 자극을 거의 주지 못한다. 그러므로 인지적인 경험이 결핍되어 개념 획득이 늦어진다.

Sigel과 Olmsted는 중상류층의 아동과 하류층의 아동에게 사물을 분류하도록 하였는데 그 결과, 하류층의 아동은 일반적으로 중상층의 아동보다 분류 능력이 낮았다. 또, 하류층의 아동은 상징적인 사물을 분류할 때 많은 어려움을 겪는다고 하였다.

실험실에서의 개념 학습에 관한 연구와 Bruner의 개념 식별 과제(concept identification tasks)를 토대로 생긴 개념 학습 발달 이론(conceptual learning and development theory)에 의하면 개념 획득에 영향을 주는 요인을 세 가지 요소로 나누고 있다(Klausmeier, 1964).

1 학습자의 특성

이는 학습자의 연령뿐만 아니라 학업 성취도(achievement level)와 인지 양식(cognitive style)과 같은 개인차를 포함한다.

연령이 높은 아동이 일반적으로 어린 아동보다 개념 획득을 잘하며, 중상류층의 아동이 하류층의 아동보다 개념 획득을 잘 하는 것으로 나타났다.

학업 성적이 높은 아동이 개념 획득을 잘하며, 분석적인 인지 양식을 가진 아동이 포괄적 인지 양식을 가진 아동보다 더 잘 해냈다.

2 지시 상황의 특성

개념을 제시하기 전에 주는 지시 상황에서의 언어적 단서에서 주어지는 정보와 제공되는 개념의 유형과 관련이 있다고 한다.

또한 가르치고자 하는 개념과 관련 있는 속성만을 제공하기보다는 관련이 없는 정보도 최소한 제공해야 한다.

관련 있는 속성만을 제공하면 지나치게 일반화시키며, 관련 없는 속성만을 제공하면 지나치게 변별하는 경향을 보이므로 개념을 학습시킬 때에는 관계있는 속성과 관계없는 속성, 즉 사례(instance)와 비사례의 두 가지 존재를 모두 필요로 한다고 하겠다.

3 개념 본질의 특성

'진실', '아름다움'과 같은 타당성이 비교적 낮은 개념이나 추상의 정도가 심한 개념들은 학습하기가 곤란하다.

Heidbreder는 아동들이 구체적이며 지각할 수 있는 개념을 먼저 획득하고 그 다음에는 공간 형태의 개념을, 그리고 수의 개념을 획득한다고 하였다.

이는 개념이 추상적일수록 학습하기가 곤란하다는 것을 보여주는 것이다.

Ⅲ. 인지 양식과 학습

1. 인지 양식의 정의

사물에 대한 인간의 지각에는 개인차가 있고 개인에게는 어떤 습관적이며 일관성 있는 행동 양식이 있다는 것은 오래 전부터 심리학자들에게 잘 알려진 사실이다.

그러나 초기 심리학자들은 이 개인차를 실험적 오차로만 여겼기 때문에 대수롭지 않게 생각했다.

그 후 1951년 Thurstone이 이 지각에서 나타나는 개인차가 성격적인 특성과 관련이 있다고 주장함으로써 이 분야에 대한 관심이 부각되었다.

1961년 Kleine은 인간의 지적 능력뿐만 아니라 사회화 과정을 통해서 형성된 지각 과정의 기구 또는 양식이 인간의 인지적 행동을 결정하는 데 중요한 작용을 한다고 주장했다. Klein은 이것을 인지 조직 원칙(cognitive system principles)이라고 했으나, 일반적으로 이를 인지 양식(cognitive style)이라 한다.

Kagan은 인지 양식이란 외부 환경을 지각으로 조직하고 개념적으로 범주화하는 양태에 있어서 개인의 항상적인 성향이라 하였고, Ausubel은 인지적 조직과 기능 수행에서 나타나는 개인의 자기 일관적이고 지속적인 개인차이며, 개인차는 인성의 차이인 동시에 지적 능력의 차이를 나타낸다고 했다. 또한 Witkin은 개인에 따라 지각 및 지적 활동에서 보여주는 특징적 · 일관적인 기능 양식이라고 했다.

이상의 정의를 종합해 보면, 결국 인지 양식이란 다양한 심리학적 영역에 걸쳐 있는 보다 폭넓은 차원의 개인적 기능을 인지적 측면에서 나타낸 것이라고 할 수 있다.

2. 인지 양식 이론

(1) Kagan을 중심으로 하는 충동성-사려성(impulsivity-reflection)

'충동성-사려성'이란 제시되어진 문제를 얼마만큼 신중하게 해결하는지의 정도를 뜻한다.

충동적인 아동은 문제에 봉착했을 때 문제 해결을 위해 심사숙고함이 없이 마음속의 생각을 즉석에서 단순히 답변하는 경향이 있다. 반면 사려적인 아동은 문제에 답변하기에 앞서 여러 측면에서 문제를 검토한 다음 가장 적절한 것을 선택하려고 한다. 그렇기 때문에 충동적인 아동은 사려적인 아동보다 매사에 실수를 많이 하게 된다. 예컨대 책을 읽는 데 있어 충동적인 아동은 사려적인 아동보다 많은 문제를 나타낸다. 즉, 발음이 자주 틀린다든지 낱말을 생략, 첨가, 대치하는 경향이 있다.

충동성-사려성의 인지 양식을 측정하는 방법은 다양하지만 가장 대표적인 것이

MFFT(Matching Familiar Figures Test)이다. 이것은 한 가지 그림을 제시한 후 그것과 유사한 그림을 여섯 가지 보여 주고 나서 원래의 그림과 똑같은 것을 찾도록 하는 것이다. 이와 같은 문항을 여러 개 제시한 다음 같은 그림을 찾는 데 소요되는 시간과 오답의 수를 고려하여 시간이 걸리면서 정답으로 반응하는 아동은 사려적(reflective)인 아동이고, 순간적으로 답변하면서 오답이 많은 아동은 충동적(impulsive)인 아동이라 할 수 있다.

다음은 MFFT의 한 예이다.

(2) Witkin을 중심으로 하는 장의존성-장독립성 (field dependence-field independence)

장의존적인 인지 양식을 지니는 아동은 일반적으로 지각에 있어 관찰 사물보다도 그 사물의 배경을 형성하고 있는 장(field)에 의존하는 경향이 있다. 반면, 장독립적인 인지 양식을 지니는 아동은 사물의 배경에 관계없이 독립적으로 인지하고, 보다 분석적인 관찰과 지각을 한다.

Witkin은 인지 양식을 장의존성-장독립성으로 구분하는 데 있어 RFT · BAT · TRTC 검사 등의 다양한 방법은 고안했으나 아동에게 적절하면서 대표적으로 사용되는 것은 EFT의 유아용인 CEFT(Children's Embedded Figures Test)이다.

다음의 그림은 CEFT의 한 예에 해당한다.

①

②

③

CEFT는 그림 ②에서 그림 ①과 모양과 크기가 같은 삼각형을 찾아내는 것이다. 이 경우 장의존적인 아동은 인디언 텐트라는 장에 너무 집착한 나머지 텐트 안에 있는 여러 무늬에 의해 혼란이 되어서 그림 ③에 표시된 부분을 쉽게 인지하지 못하게 된다. 반면, 장독립적인 아동은 보다 독립적이고 분석적으로 사고를 하여 정확히 찾아낼 수 있게 된다.

(3) Kagan을 중심으로 하는 개념화 양식(conceptual style)

Kagan은 '충동성–사려성'의 이외에도 개념화 양식을 주장했는데 개념화 양식이란 한 개인이 두 개 이상의 서로 다른 사물 중에서 비슷한 것으로 생각되는 근거를 발견해 내어 규명해 보려는 성향을 뜻한다.

Kagan은 사람의 형태로 구성된 일련의 형태를 제시하고 이들 중에서 서로 비슷하거나 관련이 있는 것끼리 분류하도록 하였다. 그 결과 각 개인마다 다양한 반응이 나타남을 발견하고, 이 반응들을 관계적, 분석적, 추리적 등 세 가지 양식으로 구분하였다. 관계적 양식이란 두 개의 자극을 이들 둘 사이의 전체적인 관계를 근거로 하여 하나의 집단에 속한다고 보는 양식을 뜻하며, 분석적 양식이란 두 개의 자극에 있어서 분석된 부분인 객관적인 요소들 간의 유사점을 근거로 하여 두 자극이 하나의 집단에 속한다고 보는 양식을 뜻한다. 그리고 추리적 양식이란 두 자극간의 객관적인 속성이 아니라 추리된 속성을 근거로 하여 이 자극이 하나의 집단에 속한다고 보는 양식을 뜻한다.

Kagan에 의하면 관계적 양식이 전체 자극에 대한 분석성이 가장 낮은 경우이며, 이것은 Witkin이 말하는 장의존적인 인지 양식에 해당한다고 했다.

다음의 그림은 개념화 양식을 알아보는 한 예에 해당한다.

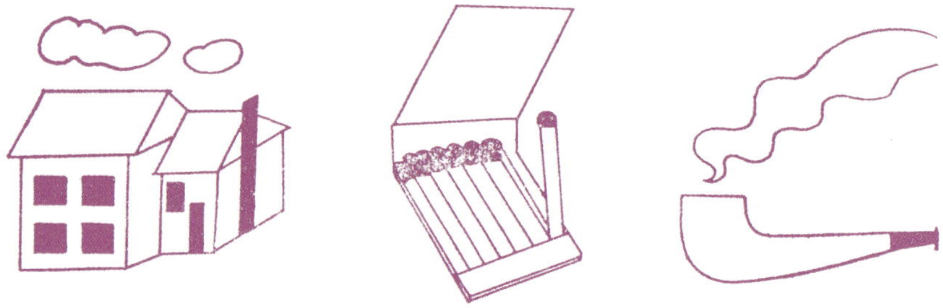

①　　　②　　　③

위의 세 가지 그림 중에서 ②와 ③이 유사하다고 보는 아동은 "담배 파이프는 성냥으로 불을 붙인다."는 생각을 기초로 했기 때문에 관계적 양식을 지닌다고 보고, ①과 ③을 선택한 아동은 "집과 파이프에서 연기가 난다."는 생각을 기초로 했기 때문에 분석적 양식을 지닌다고 보며, ①과 ②를 선택한 아동은 "집에 불이 나는 것은 성냥이 원인이다."라는 생각을 하기 때문에 추리적 양식을 지닌다고 볼 수 있다.

(4) Gardner를 중심으로 하는 고착성-융통성(constricted-flexible)

어떤 자극을 제시할 대 지각에 방해가 되는 제2 요인을 동시에 제시하면 지각에 간섭 현상이 일어난다. 이와 같이 방해 자극이 동시에 주어졌을 때 지각적 제한을 많이 받는 사람은 '고착적'이고, 방해 자극에 비교적 제한을 받지 않는 사람은 '융통적'이다.

또한 Gardner는 분석성과 포괄성(equivalence)의 인지 양식도 주장했다.

이것은 사물을 분류하는 방법에 따라 인지 양식을 알아보는 것으로서, 어떤 사물을 일정한 범주로 분류할 때 분석적인 사람은 항목수를 가지고 적은 범위의 분류 항목을 정하며, 반대로 포괄적인 사람은 비교적 넓은 범위의 항목을 정하고, 그 항목에 되도록 많은 사물을 포함시키려는 양식을 지닌다.

(5) Heider의 내인성-외인성(internal-external locus of control)

Heider는 인간의 행동을 인지적인 측면에서 이해하려고 하여 유기체가 지각하는 사건의 발생 원인, 즉 "왜 그렇게 되는가?"의 "왜"에 대한 지각에 관심을 두었다. Heider는 인간이란 자신이 처한 환경의 인과적 구조를 인지적으로 파악되도록 되어 있다고 가정하였다. 그리고 인간이 사건의 인과 관계를 지각하는 양식으로서 결과에 대한 원인을 내적 요인으로 지각하는 것과 외적 요인으로 지각하는 것으로 분류하였다. 결과에 대한 원인을 내적 요인으로 지각한다 함은 어떤 사건이나 행동의 결과가 자신의 노력 및 능력 혹은 심리적·생리적 요인에 달려 있다고 믿는 것을 말하며, 외적 요인으로 지각한다 함은 유기체 밖의 요인, 즉 우연이나 행운 혹은 그때그때의 상황에 의해 결정된다고 믿는 것이다. 따라서 사건의 원인을 내적 요인으로 지각한다는 것은 어느 정도 사건의 결과를 의도적으로 통제할 수 있음을 뜻한다고 하며, 외적 요인으로 지각한다는 것은 문제 해결에 있어 의존성이 강함을 뜻한다고 할 수 있다.

(6) Klein이 주장하는 leveling-sharpening

Klein은 leveling-sharpening이 자극간의 차이를 극소화하는가 혹은 과장하는가의 경향성에 달려 있다고 보고, leveler는 그 차이를 극소화하려 하고 sharpener는 과장하는 경향이 있다고 했다.

(7) 기 타

그밖에 인지 양식의 종류로는 상황의 여러 측면을 고려하여 반응하는 인지 양식(attentiveness to detail)과 즉각적으로 상황의 단편적 측면만을 생각하여 반응하는 인지 양식(one-track responding)이 있다. 또한 답변을 하는 데 있어 과거의 인습적인 답을 찾으려고 하는 인습적 경향(conventionality)과 반대로 독창적인 자기 주관에 의해 답을 찾으려고 하는 독창적 · 개성적 경향(individuality)이 있다.

이상의 다양한 이론은 어느 정도 상반되는 경향을 띠는 것으로 학급 내에서 교사가 학생을 가르치다 보면 이러한 경향성은 뚜렷이 나타나게 된다.

다음으로는 인지 양식이 학교 생활의 여러 변인들과 어떠한 관계를 갖는지 검토해 보고, 마지막에는 과연 아동의 인지 양식을 좋은 방향으로 전환시킴으로써 보다 바람직한 교육적 효과를 얻을 수 있는지를 알아보기로 한다.

3. 인지 양식과 제 요인과의 관계

(1) 인지 양식과 성격

1 충동성 대 사려성

유치원이나 초등학교 저학년 학급에서는 충동적인 아동과 사려적인 아동 사이에 그들의 성격과 행동에 있어 많은 차이를 나타낸다. 충동적인 아동은 매사에 빠른 성공을 하여 교사나 친구들에게 환심을 얻으려고 하며, 새로운 상황에 부딪칠 때마다 위험을 무릅쓰고 활동적으로 기꺼이 참여하려고 한다.

반면, 사려적인 아동은 되도록이면 실패라는 경험은 회피하려고 하고 높은 산을 오르거나, 좁은 판자 위를 걷는 것 등 신체적인 부담이 가는 행위는 피하려고 하며, 낯선 상황이나 동료 집단과의 놀이를 싫어하는 경향이 있다. 그러나 사려적인 아동은 매사에 실수를 할까 두려워함에도 불구하고 일단 자신에게 할당된 과제가 주어지면 심사숙고 하여 되도록 좋은 결과를 얻고자 최선을 다하려는 경향이 있다.

2 장의존성 대 장독립성

장의존적인 아동은 대인과의 관계에서 의존적이며 권위에 민감하게 반응한다. 예컨대 권위적인 대상-교사나 부모-의 견해에 따라 자신이 원래 가지고 있는 관점을 쉽게 바꾸려고 하는 것이다. 이들은 또한 분석적인 기술이나 독창성이 없는 편이어서 학과목에서도 과학이나 예능 분야에는 별로 관심이 없다.

반면 장독립적인 아동은 대인 관계에서 독립적으로 행동할 수 있으며, 환경에 적극적으로 대처해 나갈 수 있다.

또한 장의존적인 아동은 장독립적인 아동에 비해 열등감이 강하고 주관적이며, 비협조적이고 내향적이며 사회적 부적응 등 바람직하지 못한 성격적 측면을 보여 주기도 하다.

(2) 인지 양식과 지능

1 충동성 대 사려성

Messer(1976)는 지능과 MFFT(충동성-사려성 인지 양식을 알아보는 검사 도구) 사이에 어떤 관계가 있는지를 알아보았다. 그 결과 같은 그림을 찾아내는 데 걸리는 시간과 지능 사이에는 그다지 관련성이 없었지만 그림을 잘못 찾는 횟수와 지능 사이에는 상당히 관련이 있음을 발견하였다(r = -21 ~ -63). 이 결과는 그림을 선택하는 데 있어 심사숙고 하지 않고 함부로 선택하여 잘못 찾는 횟수가 높은 아동일수록(충동적 인지 양식) 지능은 반대로 낮다는 뜻이다. 반면 사려적인 아동은 지능이 높다고도 볼 수 있다.

이와 같은 결과를 토대로 충동적인 아동은 사려적인 아동보다 일반적으로 지능이 낮다고 단정지을 수 있겠지만, 한 가지 검토해 보고자 하는 것은 충동적인 아동은 지능 검사에 임하는 데 있어 충동적으로 답변을 하여 자신의 내적 능력을 최대한 발휘하지 못하기 때문에 지능 검사의 결과가 원래보다 더욱 낮아질 수 있다는 가능성도 인정해야 할 것이다.

2 장의존성 대 장독립성

Witkin은 10세 아동 30명을 대상으로 인지 양식과 지능간의 관계를 알아보았다. 지능 검사로는 WISC(Wechsler's Intelligence Scale for Children)를 사용하였는데 인지 양식은 WISC 중 지각 요인(block design+picture completion+object assembly)과는 상관이 있었으나 언어 요인(information+comprehension+vocabulary)과는 상관이 없었다. 이 결과는 인지 양식이 장의존적인 아동보다 장독립적인 아동일수록 WISC 중 지각 요인의 지적 능력이 우수하다는 것을 뜻한다.

(3) 인지 양식과 SES

1 충동성 대 사려성

저소득층의 가정에서 자라난 아동들은 중류 계층 이상의 아동에 비해 더욱 충동적이다. 이것은 그들 가정에서 아동을 양육시키는 태도에 의한다고도 볼 수 있으며, 이러한 문제를 해결하기 위해 학교에서의 교사의 역할이 중요함을 시사한다고 볼 수 있다.

2 장의존성 대 장독립성

Mumbauer와 Miller는 사회 경제적 지위에 따른 인지 양식을 알아 본 결과 중류층 이상의 아동들이 저소득층 아동보다 장독립적인 경향이 있었다고 한다. 또한 Zimiles는 백인 중류 계층에 속하는 유치원 및 초등학교 1학년 아동들이 저소득층에 속하는 흑인과 유태인 아동보다 인지 양식이 장독립적이었다고 한다. 그러나 Bruininks는 평균 연령이 8.7세인 아동들을 대상으로 SES에 따라 CEFT를 실시한 결과 상관이 없었다고 하며, Need와 Schwartz는 여러 인종이 있는 집단에서 아버지의 교육 수준에 따라 아동의 인지 양식을 알아 본 결과 차이가 없었다고 한다.

그러나 사회 경제적 지위는 인지 양식과 어느 정도 관련 있다고 볼 수 있으며, 이것은 SES에 따라 가정이 양육 태도의 차이에 의한 것이라고 해석할 수 있다.

(4) 성에 따른 인지 양식의 차

1 충동성 대 사려성

초등학교 아동의 경우에 있어서는 성별에 따른 인지 양식에는 그다지 차이가 없다. 반면, 학령전 아동의 경우에는 어느 정도 일관성이 있다. Maccoby와 Jacklin(1974)은 남자 아동이 여자 아동보다 충동적임을 발견하였다.

2 장의존성-장독립성

장의존성-장독립성의 인지 양식에서는 남자 아동이 여자 아동보다 장독립적이다. Witkin, Goodenough, Karp 등은 8세부터 성차가 나타난다고 했으며, Cudden은 5~8세 아동에게는 성차가 발견되지 않았다고 했다.

그러나 대체로 남아가 여아보다 장독립적인 경향이 있는데 이것은 문화가 요구하는 결과라고 볼 수 있다. 즉 남자 아동은 어릴 때부터 독립적 · 지배적으로 크도록 양육되는 반면, 여자 아동은 환경에 순응하면서 온순하게 자라도록 양육되기 때문이다.

이러한 결과를 뒷받침해 주는 것으로 Iscoe와 Carden의 연구가 있다.

Iscoe 등은 초등학교 6학년 아동을 대상으로 인지 양식 · 불안 정도 · 인기도 등을 실시한 결과 장독립적인 소년들은 친구들에게 인기가 있는 반면, 장독립적인 소녀들은 장의존적인 소녀에 비해 오히려 불안하며 인기도 없었다.

연구자들은 이러한 결과도 남아 아동에 대한 문화적인 기대에 차가 있기 때문으로 보았다.

이와 같이 남아 아동이 각기 다른 문화적 기대 속에서 사회적 경험을 하게 됨으로 대인 관계에서도 차이가 나타난다. 즉 여자 아동이 남자 아동보다 대인 관계에서 의존적이다. Witkin은 인지 양식이 대인 관계의 의존성과 서로 상관이 있으며, 장의존적인 사람일수록 권위에 쉽게 순응하는 경향이 있다고 했다. 또한 불안의 수준이 높은 사람일수록 인지 양식이 장의존적인데 이것은 불안이 지각적인 집중력을 감소시키기 때문이다.

4. 교육적인 측면에서 본 인지 양식

(1) Kagan의 충동성 대 사려성

충동성-사려성이 타고난 개인의 기질이라고 하더라도 훈련의 과정을 통해 어느 정도 변화가 가능하다.

특히 학급 상황에서 행동성이 강한 아동일수록 잦은 실수를 범하고, 잦은 실수는 교사와 동료 집단에게 경외당하는 결과를 줌으로 이런 충동적인 아동들은 학교 생활에 부적응 현상을 나타내기가 쉽다. 또한 이런 아동은 침착하지 못한 태도로 시험에 임하기 때문에 자신의 내적 능력을 제대로 반영하지 못해 지능 검사나 학력 검사에서 성적이 나쁘게 나타난다.

충동적인 아동이 보다 학교생활에 신중하게 임하도록 하기 위해서 교사는 다음과 같은 교수 전략을 사용할 수 있을 것이다. 우선 충동적인 아동이 질문에 답변을 하려고 할 때 다시 한 번 생각해서 대답하도록 하는 기회를 주는 것이 좋은 것이며, 보다 적극적인 방법으로는 교사 자신이 사려적인 태도로 모범을 보여 주어 모방 학습(modeling)의 효과를 얻는 것이다.

(2) Witkin의 장의존성-장독립성

장의존적인 아동은 장독립적인 아동에 비해 소극적이며 의존적인 행동 양상을 보여준다. 또한 수업에서 읽기를 지도해 본 결과 장의존적인 아동은 현저하게 읽기 능력의 뒤짐이 나타났다.

그런데 장의존성은 개인에 따라 일관성이 있는 특징이 있으므로 의도적인 변화는 어려운 것 같다. 그러나 장의존성은 사춘기를 지나면서 장독립적으로 변화한다는 연구 결과를 볼 때 인지 양식은 사회화 과정을 통해 변화가 가능하다고 추리할 수 있다. 장독립적인 아동이 장의존적인 아동보다 사회에서 환영받는 측면이 많다는 점을 비추어 볼 때 이 분야에 관한 연구와 관심이 커져야 할 것이다.

찾아보기

저자소개

김광웅

서울대학교 교육학과 및 동 대학원 졸업(학사 · 석사)
단국대학교 대학원 졸업(교육학박사)
미국 Seton Hall 대학교 연구 교수
현) 숙명여자대학교 명예교수
    한국유아특수교육학회/ 한국아동학회/ 한국발달심리학회/
    한국상담심리학회/ 한국인간발달학회/ 한국놀이치료학회 등 회장 역임
    발달심리전문가/ 상담심리전문가/ 놀이치료 교육전문가

[저서]
아동발달, 유아 생활지도, 놀이치료학 외 다수

김숙경

숙명여자대학교 대학원 아동복지학과 졸업(문학박사: 아동심리치료 전공)
MOMTEP(Missouri Montessori Teacher Education Program) 졸업
Chesterfield Day School(St. Louis) 인턴
AMS(American Montessori Society) 3–6세 교사 자격증
서일대학 겸임교수 역임
현) 한서대학교 대학원 강사
    사단법인 한미몬테소리협회 강사
    서울시립 보라매 청소년 수련관 아동상담

[저서]
몬테소리일상영역(공저), 몬테소리감각영역(공저), 몬테소리수학영역(공저),
몬테소리언어영역(공저), 몬테소리문화영역(공저)

개정

유아 교육 심리학

초판 1쇄 발행 2001년 2월 26일
초판 7쇄 발행 2009년 2월 15일
개정 1쇄 발행 2009년 8월 05일
개정 2쇄 발행 2012년 1월 10일

지 은 이 | 김광웅 · 김숙경
펴 낸 이 | 김기섭
책임편집 | 박윤정
표　　지 | 이상은
펴 낸 곳 | 창지사 www.changjisa.com
121-809 서울시 마포구 대흥동 161
전화 (02) 719-2211~3
팩스 (02) 701-9386
등　　록 | 1977년 4월 28일 · 제1-421호

ISBN 978-89-426-0537-8 93370

값 20,000원